JN271728

不思議な迷い人

何故、日本が唯一、非欧米諸国の中で
主要先進国になれたのか？
革命と伝統の弁証法

飯澤 喜士朗

無の遺伝子、神、天皇

文芸社

はじめに

「不思議だ。どうして出来たんだ」と、高三の友人は、私の人生の節目ごとに言った。自伝を書け、面白いから、と言った友人は、私が自伝を書く前に、この世から去ってしまった。

中央大に入学した夏休み、デパートでアルバイトをし、鎌倉の寺で座禅し、伊豆下田に旅行した。九月、駿台予備校から帰って来た友人と会い、再び受験勉強をし、翌年京大に合格した。ＹＭＣＡの寮でキリスト教の聖書を学んだが、聖霊を感じず信徒にならなかった。学生運動をはじめ、三派全学連結成大会に出た。大学院に進学し、教授会団交で作家で助教授の高橋和巳を批判した。修士論文を書かず提出もしなかったのに、修士課程修了の成績証明書を得た。授業料も未納だった。

象牙の塔追い出され夢に迷う

不動産営業をし、物件もパンフレットも見せず、電話で一時間セールストークしただけで、三千五百万のマンションを売った。愛媛県、長野県の見込み客を訪問し、一億一千万の契約を取った。三十一歳で会社をやめ、北軽井沢の客の山荘を借りて、半年暮らした。山荘に訪ねて来た女と結婚した。翌年、時給二千五百円の予備校の非常勤講師になり、八年後、東京都内に土地を買い、京大同期の建築設計士に注文して家を建てた。その建築家は都内の借地の中古住宅をこの後で買った。

子供部屋で、結婚前は絵を描いていなかった妻が絵を描きだした。離婚後、妻の抽象画が百五十万で売れた。

その時々には別に不思議だとも思わなかったけれども、六十八歳になって、友人達の死を見送って、人生ふり返ってみると、なるほど、自分でもよく出来たなと、改めて、不思議だなと思った。

六十八歳まで自伝が書けなかったのは、恥や罪悪を隠そうとする心の殻が打ち破れなかったからだ。左眼が失明し、右眼も視力がなくなって、いわば肉体の一部が死滅しだしたので、心の殻が破れ、恥や罪悪を書く覚悟ができたのだ。離婚して、一歳の時に別れた息子に、否応なく遺伝している父である私の人となりを知らせておきたい気持ちから書くことにした。自分を可能な限り客観視したいので、私小説風でなく、私評論とも言うべき、論理性をもって書くつもりである。

不思議な迷い人

目次

はじめに　3
第一章　巣立ちまで……10
第二章　古京・光と闇……50
第三章　東京無頼……225
第四章　北軽井沢山荘……267
第五章　反体制の生活……274
第六章　独想者……399

第七章　何故、日本が唯一、非欧米諸国の中で
主要先進国になれたのか？　梟雄・北条時政……430
第八章　革命と伝統の弁証法……436
第九章　無の遺伝子、神、天皇……450
終　章　明日への課題……543
おわりに　545

京文証 2391 号

大学院学業成績証明書

氏名	飯澤喜士朗 昭和19年5月10日生	専攻	（――）
昭和43年4月1日入学		昭和　年　月　日博士課程進学・編入学	
昭和46年3月　日修士課程修了見込		昭和　年　月　日単位取得見込・取得	

修士課程				
科目名	研究 成績	研究 単位	演習 成績	演習 単位
社会学	良	4		
〃	優	4		
基督教学	可	4		
修得単位数　単位				
修士論文成績				

博士課程				
科目名	研究 成績	研究 単位	演習 成績	演習 単位
修得単位数　単位				

備考	
評語基準 優 80点〜100点 良 70点〜 79点 可 60点〜 69点	

本書の記載事項に誤りのないことを証明する

昭和45年9月7日

京都大学文学部長御輿員三

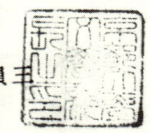

不思議な迷い人

第一章　巣立ちまで

1、記憶がない幼年期

昭和十九年（一九四四）五月、東京の大田区馬込で生まれた。姉に兄三人の末子である。中国、アメリカなどと戦ったアジア太平洋（当時は大東亜）戦争の末期で、大変な食糧難の時だった。母乳が出ず、牛乳は高価で手にはいらず、山羊《やぎ》の乳を飲んだそうだ。幼時から目はひどく悪かった。後頭部が絶壁になった。

生まれて三ヵ月後、食べ物を求めて、父を東京に残して、母は子供たちを連れて、山梨県の寒村日野春に疎開転居した。母方の祖父は新潟県の出身、父は富山県の出身だから、山梨県の日野春には親類縁者は誰もいなかったという。姉は八歳年上だから、この当時の記憶ははっきりしているはずだが、私がたずねても不快だから思い出したくないと言って、ほとんど話してくれない。

父は戦争中は、中島飛行機（富士重工）の工場で働いていたが、敗戦後、占領軍の命令で飛行機の製造は禁止されたので、失業した。

敗戦後の動乱期、父が東京でどう働いて金をつくり、山梨の寒村の母に生活費を送ったのか、父も母も全く話してくれなかった。思い出したくない不快きわまりないことなのだろう。幼児期の記憶はほとんどないのだが、ワラビ、ゼンマイなどの草やイナゴなどの虫、フナなどの川魚を捕って食べたこと、芋ばかり毎日食べていた記憶がある。サツマイモは大人になってから大嫌いになった。野良犬にかまれると病気（狂犬病）になると言われた。野犬に追いかけられて、大変こわかった。今でも犬は好きになれない。

2、羽村、多摩川、玉川上水の思い出

敗戦後五年は、日本国民全てが食べていくだけでやっとの大貧困の時代だった。朝鮮戦争の特需景気が復興の足がかりになった。

昭和二十六年（一九五一）、東京都の羽村に転居した。父が多摩川の砂利を運送する会社のトラックの運転手になったからで、父と初めて一緒に暮らした。羽村には水田はなく、畑地だけだった。農家の離れを借り、風呂は母屋に行って借りた。貧富の差がはっきりして、もらい風呂は少々恥ずかしかった。

羽村小学校に入学したが、ランドセルなど買ってもらえなかった。布の袋に兄ゆずりの教科書を入れた。運動会の徒競走で一等になり、ノート、鉛筆、消しゴムなどをもらった。学芸会ではウサギの役をやった。色白だったからだ。小学校にピアノは勿論、オルガンもなく、児童は鉄屑拾いをして、オルガンを買う費用作りをさせられた。

校庭に白い布を柱にかけて張って、白黒の映画を映したのを見た。嵐寛寿郎主演の『鞍馬天狗』だった。美空ひばりが角兵衛獅子の杉作少年を演じていた。立ち見の映画は無料だった。時たまやって来た紙芝居の『黄金バット』は五円のアメを買えなかったので、見ることができなかった。ベーゴマも買ってもらえず遊べなかった。祭りの時、アメ細工や砂絵などの店が出たが、やはり買ってもらえなかった。

多摩川の羽村の堰《せき》で鰻《うなぎ》をつかまえた。金、銀の鮒、鯉、ウグイ、タナゴ、ハヤ、バカなど捕った。玉川上水が年一回、流水をやめたときは、バケツ一杯魚を捕った。羽村の堰下は浅瀬で膝ぐらいしか水はなかったが、川崎あたりは深くなり泳げた。台風通過後、水流が急になり、泳いでいて溺れそうになった。

姉は都立高校に入学したが、七歳年上の長兄は都立高に合格できず、立川の私立の工業高校に入学した。

昭和二十七年（一九五二）、占領軍の統治が終わり、日本は独立した。羽村の隣の福生《ふっさ》には米軍の横田基地があり、米軍の兵隊がジープに日本の女（当時、パンパンと言った売春婦）を乗せて走りまわっていた。

空襲で東京など大都市を焼きはらい、原爆投下で広島・長崎の住民を何十万も虐殺した米軍は非人道的な悪魔の行状だったが、農地解放など民主改革を行った米占領軍は神の如き行状だった。

記憶力が悪いので、はっきりしないのだが、姉や次兄に聞いた話などでつぎはぎしてみる。

父がトラックの運転手をやめて、タクシー会社に入り、運転手になって、交通事故を起こした。私鉄の踏切で父の運転するタクシーが始発電車に衝突した。父は三ヵ月ほど入院し、半年ほど仕事が出来なかった。当時はまだ、保険制度が普及していなかったので、百万円の損害賠償金を支払わなければならなかった。

当時、会社員の平均月給は、八千円ぐらいだった。自家用車はほとんどなく、タクシーの運転手の稼ぎは歩合給で相当高給取りだったが、百万円は父の年収の十年ぶんになったようだ。一時にまとめて借金を返すことはできないので、何十年間の月払いになったが、事故直後、悲惨な貧苦に一家は落ちこんだ。

当時は中学卒で七割ぐらいの生徒が就職していたから、姉や長兄はよく高校に進学できた。学費の負担は大変だったろう。

母方の祖父が羽村の家によくやって来た。祖父のお伴でよく多摩丘陵の林に行き、草木を採集した。植木好きのお爺さんとしか小学二年の私は思っていなかったが、お爺さんは母に金を渡しに来ていたようだ。

祖父は寺院専門の建築家で三井本社に勤めていた。母の弟は、慶応大の医学部を出たが、軍医にとられて、戦死した。

戦争の犠牲といえば、父もそうだった。戦前、父は個人でタクシー会社をしていた。助手が四人いたそうだ。戦争で車が軍用に取り上げられて廃業を余儀なくされた。個人タクシー会社を再び始めたいというのが父の悲願だった。

交通事故の賠償金の支払いで、借家賃の支払いも出来なかったらしい。姉は授業料滞納で困ったそうだ。祖父が死んだ。正確な年月はおぼえていない。一人残った祖母の面倒を見るという名目で、新宿区百人町の家に引っ越すことになった。

昭和二十八年（一九五三）の夏だった。中央線の大久保駅と山手線の新大久保駅の中間あたり、皆中神社と道路をはさんだ反対のあたりに家はあった。モルタルの二階家に祖母は住んでいた。まだ住宅難の頃だったので、祖母の住んでいた室《へや》以外の他の室は全て間借人たちが住んでいた。祖母の家の裏に平屋の、敗戦直後に急拵《きゅうごしら》えで建てた家があり、そこに一家は住むことになった。

水道は家の外にあり、都市ガスはまだ来ていなかった。便所は汲み取りであった。屋根にペンペン草がはえていた。

3、新宿百人町のボロ家

戸山小学校三年に転入学した。直後、教室でおおあばれした。田舎の羽村と子供達の気風がひどく違っていたからだ。戸山小の近くにロッテのガム製造の木造の工場があった。松ヤニを使っているという噂があった。ロッテの創業者は、早大出だが、実は朝鮮人なので、従業員も朝鮮人が多かった。

クラスに新劇の俳優西村晃の娘がいた。西村の家で娘に芝居の真似ごとをやらされ、モグラの老人役になった。

五年か六年か、学芸会で教師の役をやった。下級生から、先生と言われた。級友からオヤジとアダ名をつけられた。背がクラス一高く席が一番後ろだったので黒板の字がほとんど見えなかった。成績はクラスの平均並みだった。

近所の家でテレビが見られるというので五、六人で遊びに行って見せてもらった。テレビは小型で白黒。眼の悪い私には何だかよく見えなかった。ラジオでドラマやプロ野球中継を聞いているほうが楽しかった。大相撲も人気があった。休み時間よく相撲をしたが、校庭が土でなく舗装されていたので、投げられると痛かった。ドッジボールをしていて足をすべらせて顎を打ったとたん前歯が三本抜けてしまった。入れ歯を作ってもらった。眼医者に視力検査をしてもらい、丸い眼鏡をかけることになった。

五年生の時の老婆の教師が、目が四つもあるのに、わからないのかと怒って、前髪をつかんで、額を机にぶつけた。恐怖心で初めて勉強をする気になった。成績は急上昇し、六年の二学期には級長になった。新聞に載った小説をよく読むようになった。級友からよく本を借りて読んだ。

戸山小にはピアノがあり、音楽の専任教師がいた。ある授業中全員で合唱している最中、ピアノを弾いていた教師が、突然席を離れて、歩き回り、私の所に来て、私の口に手をあてた。私は歌うのをやめた。合唱が終わると教師は手を離して去って行った。このことは私の心に深い傷となって、この時以後、私は人前で歌うことが出来なくなってしまった。どうしても歌わなければならないときは、口をパクパクするだけで、声は出さなかった。恥の感情が次第に強くなってきて、銭湯で女湯に入ることはなくなった。陰毛を恥毛とも言う。女の体を意識しだした。クラスの女の子ではなく、その子の母親の乳房あたりに眼がいった。無意識の衝動にかられて、友達の母親の尻に背後から抱きついてしまったことがあった。衣服の上からと言っても、私は結構背が高かったから、小学生とは言え、痴漢だったのだ。

4、エディプス・コンプレックス

昭和三十年（一九五五）頃、「戦後は終わった」と言われたが、近所の家々に電気洗濯機、冷蔵庫、テレビがあるようになっても、私の家にはラジオだけで電話もなかった。水道が家の内になかったので炊事、洗濯の労苦で母は大変だったのに、タクシー運転手の父の稼ぎだけでは、家計のやりくりができなかったのだろう、母は裁縫仕事をして浴衣や和服を縫っていた。

姉は高校を卒業して、小さな会社に勤めた。高三の長兄、中二の三兄と私は長野市の母の妹、叔母の寺で、夏休みを過ごすために蒸気機関車に乗って行った。

翌年、中三の兄と小六の私の二人だけで長野市の叔母の寺へ夏休み旅に出た。叔母は日蓮宗の寺の住職の妻だった。子供、いとこは三人いたが、長女は私と同じ年だった。叔母は母より十二歳下で、三十二歳と若かった。昭和十九年、二十年生まれの私の同級生の母親は夫が戦争で出征する前に結婚して出産した女達が多く、三十五歳ぐらいだった。友達の母達に比べても叔母は若々しく美しかった。

寺は襖や障子を取り払うと大変広い百畳間になった。百人町の家はせまかった。八畳間と二畳半と便所だけだった。いや、一畳ほどの板の間があって台所だった。尾崎一雄の小説に風呂桶を玄関の土間に置いたと読んだおぼえがあるが、うちには、そんな土間も風呂もなかった。姉は二畳間に一人寝たが、両親と兄弟四人は八畳間で寝た。八畳に六人の蒲団を敷くといっぱいになった。私は母と同じ蒲団に入って寝た。

このことを書くのはつらく恥ずかしく罪の意識すらあるのだが、私の心の恥部をえぐるために書かざるをえない。小学六年生の十二歳の私は百六十七センチぐらいで、母より背が少し高かった。蒸し暑い梅雨の終わり頃の夜、目がさめてしまった。寝汗をかいて不快だった。寝返った時、右手が母の寝巻の胸にふれてしまった。瞬間うずくような感情におそわれた。母の寝巻の内に手を入れて、乳房をつかんだ。性欲の衝動という自覚はなかった。母に甘える乳幼児の思いでは勿論ない。突き動かされるように母のもう一つの乳房の乳首を口にふくんだ。ジーンとしびれる感情が走った。無意識のうちに、右手が乳房から離れて、女体の下腹部へ動いていった。パンツの上にいった時、私の右手は母の手におさえられた。あわてて乳首から口を離した。母は手を離した。烈しい動悸におそわれて、なかなか眠れなかった。

二、三日後、祖母の家の間借人のもぐりの税理士の妻に母が立ち話で、末の子が、幼児返りしてしまって、甘えて困るわ、と言っていたのを聞いた。友達の若い三十代の母親に、衣服の上からとは言え、背後から抱きついた時は、冗談でも悪戯でもしてはいけませんとひどく叱られたが、母は叱らなかった。乳幼児に返った私をかわいいと母は思ったようだった。しかし、私ははっきりした自覚はなかったが、性欲の衝動から乳房を口にふくんだのだ。右手は女の性器を求めて動いたのだが、この時は罪悪感はなかった。

数ヵ月後、父が買って来た三流新聞の小説のさし絵を見た。大型犬が女性の体の上にのしかかっている絵だった。小説は、犬が女と性交するという内容だった。嫌悪感と性欲に対する罪悪感におそわれた。

小六か中一か記憶がはっきりしないが、夏休み頃、姉に連れられて、茅ヶ崎市の姉の会社の上司の家に行った。姉は二十歳ぐらいで、美しかった。団子で短い鼻の私と違って姉の鼻筋は通っていて高くきれいだった。上司の男には小学生の娘がいた。前後の記憶はないが、私はその小娘の腕を取って、組んだのだ。男女の腕組みのようなことをなぜしたのか覚えていない。ただ、娘はひどくおびえて怖がったことを覚えている。これもやはり性衝動のあらわれだったのだろうか。

5、貧苦の思春期

小学校の卒業式で私はクラスの代表として記念品をもらう役に選ばれた。一学期の級長をさしおいて二学期の級長の私を選んだことで、担任の女教師はこんなことを話した。

楽園と当時宣伝されていた北朝鮮へ行く両親に連れられて転校した女児童が、級長の私が朝鮮人と言っていじめも意地悪もせず皆と全く同じように話してくれたのがうれしかったと担任に話したそうだ。学年一の秀才といわれた田山誠が答辞を読んだ。田山は日暮里から電車通学していた。私は一人で初めて山手線の電車に乗って日暮里に行き、田山の家を訪ねた。田山があまりうれしそうな顔をしなかったので、がっかりした。

戸山小の卒業生は四分の三は大久保中、四分の一は西戸山中へ入学した。西戸山中の入学生の九割は西戸山小の卒業生だった。西戸山小・中は隣接していた。生徒は西戸山団地の公務員や大企業の社員の子供達だった。下町的だった戸山小と違って西戸山中は山の手風で感じがひどく違った。

西戸山中の一年のクラスで、私は図書委員になった。一学期は上位の成績だった。夏休みは、朝学校のプールで泳いだあと、西戸山小出身の級友二人から午後中央大付属高校の五十メートルプールに行こうと誘われた。とても深いプールで泳げるか肝試しをしようと言うのだ。後に引けず、行こうと答え、再会する時と所を決めて二人と別れて家に帰った。母に電車賃とプール代と昼食費がほしいと言った。「今は金がないから、ことわってきな」と、母は言った。私は絶句した。恥ずかしくてそんなこと言えないと思った。友達づきあいの遊ぶ金のない貧しさを痛切につらく悲しく思った。

姉は普通高校を出て小さな会社に勤めたが、算盤が出来ず、経理の事務の役に立たなかったので、退職して簿記の学校に入った。この日は夏休みで家にいた。約束の時間に私が来なかったので級友二人が家を探して訪ねて来た。「もうさっき出かけたと言って」と、姉に頼んで私は勝手口から裏庭へ出た。二学期になって教室に行ったが、級友二人は私の顔を見ようともしなかった。私は成績もよく足が速くて背も高かったから、いじめられることはなかったが、無視され友達づきあいされなくなった。成績は落ち出し、二年生では平均並みになった。クラス対抗のバレーボール試合で、私は前衛で活躍し準優勝をした。通信簿にリーダーシップがあると担任の教師は書いた。

五歳年上の次兄が、東工大付属工業高校を卒業して日本石油に就職した。次兄は東工大へ合格できる成績だったが、日石に入社し、給料を母に渡したのだ。私立の工業高校を出て、小さな顕微鏡製造の会社に入った長兄は工員ブルーカラーだったが、国立大の付属工高を出た次兄は事務職ホワイトカラーだった。私は次兄のように東工大付属工高へ入学したいと希望した。

新宿の歌舞伎町へは家から歩いていけたので、母は私を連れて、夜、映画をよく見に行った。コマ劇場でアイ・ジョージと坂本スミ子の歌謡ショーを見た。母は裁縫の内職の関係で、割引券を手に入れていたらしい。

三年の夏休み、クラスの女の子から暑中見舞の葉書が来た。日焼けで顔が黒くなって見分けがつかなくなるのじゃないかと返事を出した。その女の子は私の机の前の席だったが、二学期になってから、その女の子の隣の女の子が、やたらに後ろをふり向いて私に話しかけてきた。この刺激が私を活気づけ、成績が急上昇した。クラスで一、二、学年で十番以内の得点をテストで取った。

東大教授で社会主義協会労農派リーダーの大内兵衛の孫娘が同じクラスにいた。父親は東大教授の大内力で、娘も後に東大に合格した。新宿区の中学校三年の合同の業者テストが行われ、淀橋中の女子が一番だった。私は旺文社の「中三時代」の折り込みテストに応募して九科目九百点満点で一番の賞状とカップをもらった。もっとも「中三時代」を見たら、満点は千人以上いた。芭蕉の「山路来て何やらゆかしすみれ草」という俳句だけ、テストにあったのを覚えている。

東工大付属工高を受験し、電気通信科に合格した。西戸山中から四十人ぐらい戸山高校に入学するので、嫌で、私は都立新宿高を受験しこちらも合格した。国立の工業高は月謝三百円と安かった。都立の普通高を出ても就職先はほとんどない。

6、最初の選択

三歳年上の三兄は、都立工業高校を卒業して、千代田化工建設に入社した。石油コンビナートのタンクを建設する急成長中の会社で、給料は割と高かったようだった。三兄はタンク建設の現場で働くことになっていた。

次兄は日本石油本社に勤務しながら、夜間の日大工学部に入学した。父、姉、兄三人働いて、母も裁縫の仕事をして稼いでいた。

私は目が悪く手先が無器用で、機械いじりは不得手だった。工業高校に入学してやっていけるかどうか心配だった。

都立高の全盛期で、東大合格者数は日比谷が約百八十人、新宿と戸山がそれぞれ約百人だった。新宿高校で百番以内の成績なら東大に合格できる可能性が高かったのだ。高校の事務に問い合わせたところ、私の入学試験での順位は百六十五番だった。

東大合格は難しいが、早稲田、慶応なら入試で合格できそうだった。軍医で戦死した叔父は慶応大医学部出身だった。

私を大学へ進学させてやりたいと次兄が言ったので母は承諾した。口に出して言わなかったが、次兄も母も私が東京工業大へ入学することを願っていると私は思った。

昭和三十五年（一九六〇）四月、入学式で澤渡校長の顔を見て新入生の多くが驚きを隠せなかった。朝校門を入ったところで紺の作業服で掃除をしていた親爺が校長だったからだ。

旧制中学の自由主義教育で有名な校長だと後年聞いた。

英語の沢先生（後に桜美林大教授）は、何だか酔っぱらったような感じで非常に個性的だった。

生物の石川先生は、戦争の体験を話して授業をあまり進めなかったが、生徒達の人気は高かった。教室で細川清（後に法務省局長）を初めて見た時、大変な秀才だと感じた。新聞で日米安保条約の記事を見ていて、外務省局長の宇田川参事官の顔写真が同級生の宇田川に非常によく似ていると思い、翌日、聞いてみた。すると「うん、でも、他の連中には黙っていてくれ」と恥ずかしそうに顔を赤らめていた。「ほう」と私はため息をついた。父がタクシーの運転手だと、私は恥ずかしくて、同級生に話せないでいたのに、政府高官の父を自慢するどころか、恥ずかしがることにびっくりした。

東大に合格できる秀才といわれただけでなく、生まれ育った環境が私と違っていると、恥の感性も違ってくるのかと思った。勉強する部屋どころか、机すら家にない貧乏人の子の私が入学したのは場違いのあやまりだったような気がした。

五月一日、メーデーで代々木公園の日米安保条約反対、三井三池闘争支援の労働組合、総評の集会に参加し、デモ行進した。安保条約の内容についてはよくわからなかった。羽村、福生で見聞した米軍兵達への嫌悪感、反米帝感情があった。いや、それより反岸感情のほうが強かった。戦争中東条内閣の大臣で、父から自動車を取りあげた岸信介がA級戦犯だったのに総理大臣になったことへの激しい憎悪の感情から私はデモに参加したのだった。

三井三池闘争には関心を持って、よく新聞記事を読んだ。石炭から石油へのエネルギーの重点の転換の問題は、日石に勤める次兄、石油タンクを建設する三兄の話から興味を持った。炭坑閉鎖は時勢で、合理化は不可避だと思ったが、首切られ失業する労働者達をどうしたら救済できるのか考えた。

十五歳の高校一年生が考えたところでどうなるものでもなかったが。毎日、三十万、四十万、五十万のデモ隊が国会に押し寄せ、米大統領の訪日が中止となり、六月十五日夜、全学連の国会突入と、東大生樺美智子の虐殺死と革命前の大興奮の中、安保は国会で可決した。テレビ、新聞報道に熱狂していた私は一種虚脱した感情に陥った。

当時、新宿高校は新宿南口から五分ほどで行けた。朝は新大久保駅から電車に乗ったが、帰りは歩いて歌舞伎町を通った。金がなかったので映画館の看板の絵を見て妄想した。職安通りを通った時、屋台にいた女が言った。

「お兄ちゃん、学割で三百円で筆おろしをさせてあげるわよ」

わけはわからなかったが、ひどく動悸がした。私の顔や態度に性欲があふれていたのを感じて商売女が声をかけたのだ。家の庭にはイチジクの木があった。熟《う》れた実を私は好んだ。イチジクの実は何となく小さな乳房に見えた。

イチジクを口に含んで、母を恋う十二歳の夏の夜、母の乳房を口にふくんでから、私は母の体にふれることはしなかったが、母を女として愛着して、学校から帰ると遊びは全くせず、家で母のそばにへばりついていた。

夕方、祖母が珍しく来て、私に小遣いの金をやろうと言った。ケチな祖母の口先だけの話だったが、母はいぶかしく感じた。翌朝、祖母は死んだ。

竹中工務店から月二千円の奨学金がもらえることを知って、申請して受け取った。小遣いの金を得て、古本屋に行って、十五歳で生まれて初めて本を古本屋で買った。ドストエフスキーの『罪と罰』は百五十円だった。『罪と罰』は、このあと何回も読んだから次に書くことが、初めて読んだ時の読後感とは言えない。

貧乏な元大学生ラスコーリニコフが金貸しの老婆とその妹を殺し金品を盗んだ。同時刻同じ建物で働いていたペンキ職人が殺人犯と誤認され逮捕された。ラスコーリニコフは売春少女ソーニャに罪をほのめかし、聖書を読んでもらい、大地に口づけして警察に行き、自白した。死刑を免ぜられ、シベリア流刑の罰を受けたラスコーリニコフにソーニャが付き添っていった。このストーリーを書いていて、どうしたわけか、涙があふれでてしまった。

女体を金で売って家族の生活をささえる聖少女ソーニャの殺人犯ラスコーリニコフを救おうとする愛に感動したからだろうか。しかし、この小説の主題はソーニャの愛を描くことではない。ラスコーリニコフは金を奪うために金貸しを殺したのではなかった。彼は奪った金を石の下に隠して全く使わなかった。彼は自分がシラミ、虫ケラか、ナポレオンのような立法者（この訳語は適切でない。革命家と言ったほうがよいと思う）か悩んだ。

『罪と罰』から少し離れるが、革命の正義をとげる目的のため人民を弾圧する敵対の権力者を暗殺する手段を革命家はとることがあった。

正義の目的のために殺人の手段を正当化する、つまり、殺人を肯定する、悪魔の論理を革命家は確信して実行する。言いかえると、社会正義を行う人が、良心に反して殺人という犯罪を行うわけだ。正義の人が殺人を行うという自己矛盾。

『罪と罰』に話を戻そう。ラスコーリニコフは自分がナポレオンのような立法者なら、殺人を行うことができなければならないと考えて実行した。

立法者（というより革命家）の能力が自分にあるかどうかを確認するために、ラスコーリニコフは金貸しを殺したのだ。この自己確認の殺人は彼の良心に反していた。『罪と罰』の真の主題はここにあると思う。小説の冒頭で、彼は夢を見る。幼い彼が、鞭打たれて殺されそうな老馬を助けてと泣く夢である。

金貸し老婆を殺そうとする青年が、老馬を殺さないでと叫ぶ少年の自分を夢に見る。老婆を殺した青年は老馬を殺さないでと泣く夢を見る魂、良心をもっている。この自己分裂、矛盾こそが『罪と罰』が私につきつけた問題だった。十五歳の私がこのように明快に説明できたわけではない。老婆を殺す人が老馬を殺さないでと願う夢を見ることを奇妙に十五歳のとき感じたのだ。

革命（目的）のために殺人（手段）を正当化する悪魔の論理を、手段が正義にかなっていなければ、目的は正当化できないという論理にどうしたら逆転できるのか、という問題を考える最初の端緒が『罪と罰』の読後感にあったと思う。高一の夏休みは、ドストエフスキーの小説を読むことで過ぎた。

一学期の通信簿で、数学が2だった。三角関数のテストができなかったからだ。東工大など理系進学は無理だとあきらめた。英語は3だったがテストの成績は良くなかった。自信をなくした。

二学期の初め、校内の水泳大会で百メートル平泳ぎに出たが、最下位だった。低迷気味の私を、担任の社会の教師が将来の抱負について話せと指名した。

三井三池の労働争議を見て、労働者の権利を守るために弁護士になって活動したいというようなことを話した。弁護士になるためには司法試験に合格しなければならないが、難しくて君では無理だろうと言う同級生がいた。級友の田中敏明と親しくなったのはいつの頃かはっきりおぼえていない。何となく話し合うようになって、何となく田中に付き合って、社研の部室に行った。

安保闘争が終わり、六月十五日の熱狂が嘘のように消え去って、「アカシアの雨にうたれてこのまま死んでしまいたい」という歌がはやっていた。

田中とは、あたりさわりのないことしか話さなかったと思うが、社研に入部したようなことになって、社会主義、マルクス主義、ロシア・中国革命などの本を少しずつ読むようになった。

プロレタリアート（肉体労働者）独裁というマルクス、エンゲルスの『共産党宣言』には同意できなかった。科学者、技術者、知識人が革命政権の主導者になるべきだと思った。現に、マルクス、レーニン、毛沢東も革命思想家という知識人だったのだから。ただし、資本主義から社会主義へという世界の歴史の進行についてはそうだろうと思った。

日本では、社会主義ではなく、会社主義だと思った。資本家主体の社会から会社主体へと進行していくと考えたからだ。

7、超人と毒虫

一年のクラスの雰囲気は秀才の細川が主導したので、遊び人や不良もいたが、おおむね皆真面目だった。夏休み、千葉の館山の学寮で数日寝食を一緒にしたことや、冬は石炭ストーブを囲んで談笑したことなどが和気あいあいとさせたのだろう。

二年のクラス分けで、田中と別れた。ソ連のガガーリン少佐が人類史上初めて人工衛星で宇宙を飛行し、地球に戻ったニュースに興奮した。昼休み、教室で級友と立ち話をしていると、戸山小で一緒だった田山誠の顔を見た。なつかしくて、声をかけた。

「君が、よく新宿高校に入学できたな」

五十年以上たった今でも、田山のこの冷酷な言葉を思い返すと、怒りの感情がこみあげてくる。

　戸山小の三年の二学期、田山と同じクラスになった。田舎の羽村小から都会の戸山小へ転校した時の成績はたしかに良くなかった。したがって田山の言ったことは間違っているとは言えないと思うが、まわりにいた同級生が私を劣等生と決めこむだろうと考えて、あたたかい配慮のない冷酷な田山の言葉に怒りを感じ、憎んだのだ。田山とはこの時以後全く話をしなかった。

　後年、噂で田山は一浪で東大に合格し、某省のキャリア官僚になったと聞いた。次官、局長にはなれなかったそうだ。

　黒澤明監督の映画『影武者』の音楽で有名になった池辺晋一郎とはテストの時、アイウエオ順になったので、割とよく話した。十七歳の池辺は、一見、欧州の貴公子風だった。一度、池辺の母親が高校へ来たので見たが、やはり貴婦人風だった。天才と評されるように音楽貴族といった印象を受けた。数学の授業中、池辺は教室から出て行った。講堂でピアノを弾くと言った。大学入試に数学はないから？　と聞いた。

「国立大では入試に数学はあるさ。しかし、数学は音楽の理論と同じだから、基本をマスターしておけば、あんなつまらない授業など受けるには及ばないのさ」と、池辺が言ったのには驚嘆した。現役で東京芸術大に合格し、後に東京音楽大の教授になったのだから、天才池辺の言ったことは正しかったのだ。数学はクラシック音楽の理論と同じだという池辺の意見から、音痴の私が数学ができないのは当然だ、ということになる。一年の二学期以後、通信簿で数学は3だったが、数学の授業は苦痛だった。ぼうーっとして黒板から目を離して、前の席を見ると、Kが漫画をノートに描いていた。隣ではMがモデルガンを分解していた。東大一直線をめざしてガリ勉に徹底していたEなどのグループもいた。天才池辺に刺激されて旧制中学の自由主義の名残で、大学受験を忘れて自分の愛好する趣味に熱中する生徒が個性的に二年のクラスでは活動していた。

「地球は青かった」と名言をはいたガガーリン少佐は宇宙を飛んだ鳥人で、超人を連想した私はニーチェの『ツァラトゥストラはかく語りき』を読みだした。正直、難しくて全く理解できなかった。にもかかわらずニーチェの思想ニヒリズムに十七歳の私は深く影響を受けたようだ。いや、戦争の末期に生まれ、敗戦直後に幼児であった私の脳に無意識のうちに無常感、虚無感、ニヒリズムが刷りこまれていたと言うべきだろう。全然意味がわからないまま『ツァラトゥストラはかく語りき』を、私は読みふけった。孤高の超人にあこがれていたのだろうか。教科書で中島敦《なかじまあつし》の『山月記《さんげつき》』を読んだ。

詩人になろうとして失敗し、虎になった男が、臆病な自尊心、尊大な羞恥心と自己批判した警句に高校生は感心したものだ。だが、そんな理由など一切なく、全く不条理に、ある朝、目覚めたら、毒虫になっていた男を描いたカフカの『変身』を読んだ。私は恐れおののいた。超人の空想が毒虫の現実によって消えた。

田中が一ヵ月社研の部室に来なかった。田中のクラスの生徒に聞くと、ずっと欠席していると言った。病気かと思った。電話よりじかに行って見舞ってこようと思い、放課後、中央線に乗って、荻窪で降りて探し歩き、田中の家を見つけた。田中は病人らしくは見えなかった。田中は私を居間に連れていった。五十歳ぐらいの母親と年齢の見当がつかない乱れ髪の大柄な若い女がすわっていた。

私を見るやいなや若い女は立ち上がって、「ガオッ」と異様な叫び声を上げた。知的障害者の方の名誉と尊厳を考えると、これ以上書くことは許されないだろう。

カフカの『変身』を読んだ直後だったので、私は深い衝撃を受けた。このあと田中とどんなことを話したのか、全く記憶にない。田中は修学旅行にも来なかった。もっとも中学と同じ奈良・京都の旅行だから行く気にならなかったのだろう。

文化祭で、田中と一緒に謄写版印刷で「みおつくし」と、文芸風の題の小冊子を作った。戦前の小林多喜二の『蟹工船』、徳永直《とくながすなお》の『太陽のない街』などのプロレタリア小説を読んだ感想文を書いて載せた。「みおつくし」は外村繁の小説の題を借用した。田中も何か書いて載せたと思うが覚えていない。

ある日曜の午前、田中が突然百人町のわが家の玄関に現れた。家の中は一目見れば全て分かる。私は黙って外に出た。

田中は新潟県三条市の中学を卒業し、昭和電工勤務の父の転勤で上京した。兄は東北大の医学部の学生だと言った。

江木隆が百人町の家にいつ頃、私を訪れて来たのか覚えていない。西武線東伏見駅近くの江木の家にいつ頃遊びに行ったのかも覚えていない。クラスが同じだったことのない江木と、いつ知り合ったのか全く思い出せない。どうして親しくなったのか。

江木が苦悩していることは分かったが、苦悩の内容は全然分からなかった。宇宙人みたいな男だと思った。彼の父は私立医大教授、兄は慶応大教授。江木は秀才なのに全く勉強をしなかった。

8、キリスト教

春休みにノーベル文学賞をとったソ連のショーロホフの『静かなドン』を読んだ。ロシア革命の赤軍と、反革命軍の戦争。特にコサック兵を描いた小説だが、あまり面白くなかった。ノーベル賞は自然科学に限定すべきだと思った。文学も本当は賞などいらないと思った。

三年B組になった。学期初めに英語だけ宿題についてテストがあった。その成績表が貼り出された。見ていて驚いた。一学年、四百人。H組まである。上位二十番以内にB組の生徒が一人もいなかったのだ。三十番に私の名前があった。順位表をよく見ると、私をふくめて二年G組の生徒が多かった。二Gの担任の英語の教師が出した宿題のテーマだったから、他の組の生徒は、まじめに勉強をしなかったらしい。

それにしても、Ｂ組には東大に現役合格できる秀才がいないのではないかと心配になった。この順位表で、Ｂ組トップだったというだけで私は議長になった。全く名目だけのことだったが、四月に大学入試模擬テストが行われ、成績順位が出た。総合順位三十番まで貼り出されたが、Ｂ組の生徒は一人もいなかった。

その年、昭和三十七年（一九六二）に新宿高卒業生約百人が東大に合格したが、現役は四十人ぐらいだった。私は数学０点、総合順位百番だった。数学で五〇点を取っていれば、五十番ぐらいになり、一年浪人しガリ勉をすれば東大に合格できるかもしれないが、全く自信がもてなかった。数学０点では、東大どころか国公立大合格は望めない。

竹中工務店の奨学金を母が貯金していたので私大の入学金にあててくれたそうだ。司法試験の合格者数の私大トップは中央大だった。早稲田、慶応などは低かった。都庁などの地方公務員も中央大出身者が多かった。中央大法学部なら、たいして受験勉強しなくても合格できる自信があった。

東大法学部に合格できそうな秀才は牧野秀夫らしいと私は見当をつけた。世田谷の赤堤にある牧野の家に行った。当時の経団連会長の大邸宅の近くにある立派な大きな家であった。牧野は個室を持っていた。牧野の妹の弾くピアノの音が聞こえてきた。当時、ピアノのある家は非常に少なかった。父が医大教授の江木の家にもピアノはなかった。牧野の父は、金融会社のオーナー社長だった。「昔の高利貸しさ。父のあとはつがないよ」大金持ちの父の意に、そむこうとする牧野に、私は少なからず驚いた。牧野は一浪して、東大法学部に入り、司法試験に合格して弁護士になった。

クラスの雰囲気を主導したのは、柏木正宏だった。皆、柏木に好意を持った。彼は映画俳優を思わせる美男子である。私は顔、とくに短くて低い鼻に劣等感を持っていた。

柏木の家は、北新宿にあった。私の家から歩いて二十分ほどで行けた。柏木の姉に一度会った。清潔なイメージの美女だった。私の好きな女優イングリッド・バーグマンに似ていると思った。

歩いて行ける近さだから、柏木の家にしばしば遊びに行き、両親とも親しくなった。柏木の父は、貿易商社を経営しているスマートな立派な紳士だった。

私の母は江戸の下町本所育ちだったが、柏木の母親は東京の山の手の奥様であった。柏木の弟とも親しくなった。典型的、理想的な中流の小市民家庭だと思った。柏木の社交性、悪く言うと、八方美人的な愛想の良さは、温かな温和な家庭にはぐくまれたものと思ったが、それだけではなかった。

柏木はキリスト教の教会に通っていて、洗礼を受けることも考えているのだと言った。キリスト教の愛を柏木なりに実践しているのだった。

柏木が、私の貧しいボロ家に来たとき私は外出していて、母が応対した。夕方、母が「あの人は立派な上品な育ちの人だよ。大切に思って付き合うことだよ」と言った。五月の連休が終わった頃、柏木が、同級生の島清が、東京神学大へ入学する決心をしたと言った。

東京神学大とは初めて聞いた大学だった。キリスト教の新教プロテスタントの牧師の資格を取得できる大学だそうだ。神学は日本の神社、神道の学ではなく西洋のキリスト教の神の学だと聞いて何だか変な違和感を覚えた。

それまで口を利いたことのなかった島清を呼んで、私はいろいろ質問した。島清の返答は全然覚えていないが、弱々しげな、臆病そうな眼をきょろきょろ泳がせて引きつった表情の島清の顔を覚えている。島清は地方公務員の子で、親元を離れて下宿していると聞いたような気がする。

信仰の情熱に燃えてキリスト教の宣教師になろうとしているという感じを受けなかった。偏見だが、牧師の職業に就きたいと、島清は望んだのではないかと思った。

百人町の家の裏隣には、二百坪ほどの広い芝生の庭に二階建ての洋館があって、アメリカから赴任するキリスト教の宣教師の宿舎だった。優雅で恵まれた生活ができる職業だと子供の私は思いこんでいた。

ある日曜の朝、柏木に連れられて東中野の教会に行った。新宿高校の生徒が五、六人来ていた。柏木の一年の同級生古田秀雄（後に岐阜県立美術館長）がクリスチャンホームの子で、幼児洗礼を受けた敬虔なキリスト教徒で、柏木をはじめ、古田の影響で教会に来たのだった。

古田は温厚な人物で、東京芸術大に現役で合格して、画家になるのだが、篤実な人柄で派手なパフォーマンスをする芸術家風ではなかった。

礼拝が始まって、私は、しまった困ったと嘆いた。讃美歌の合唱に私はただ口を開けるだけだった。音程のはずれた私の声で合唱の調和を乱すことはできなかった。音痴の私はキリスト教に入信する資質はないと直感した。

田辺正牧師は五十歳前のやせて背の低い厳しい顔立ちだった。戦争を体験した人の持っている独得な雰囲気を私は直感した。私の邪推だが、戦争で敵兵を殺した、つまり人殺しをしたことの罪責感からキリスト教に入信し、牧師になったのかと考えたのだ。これは多分に島清に対してもった偏見の裏返しの邪推だろう。

礼拝が終わったあと、初めて教会に来た人といって、私は紹介された。私は、「西洋の文化、特に文学を理解するために、その根底にあるキリスト教精神を知らなければいけないと考えて来ました」と言った。ドストエフスキーの『罪と罰』の聖なる売春婦ソーニャの愛を念頭において喋った。ソーニャは家族の生計をささえるために売春をした。殺人犯ラスコーリニコフをソーニャは恋したのではない、性交したのではない、魂と意識の分裂した悲惨な罪人を救う愛からソーニャはシベリア流刑のラスコーリニコフにつきそったのだと考えていた。

ソーニャのような少女は現実には存在しない、空想の産物だと考えながらも、キリスト教の愛の精神を柏木正宏や古田に感じていたのだ。日本の神道とキリスト教の神学の違いにとまどい、讃美歌を歌えない音痴に苦しみながら、柏木にひかれて数回教会の礼拝に出た。キルケゴールの『死に至る病』などその他の作品を読んだのもキリスト教への関心からだった。

9、「大雄山」中大法

キルケゴールの作品の解説にあった婚約破棄の記事には驚かされた。愛するがゆえに婚約を破棄したという逆説の論理がよく理解できなかった。

処女マリアの受胎、神の子イエスの誕生、イエス・キリストの数々の奇蹟、死刑にされた三日後の復活など、特に「ルカの福音書」の物語の非合理さは、信じることができないと私は思ったが、実は不合理ゆえに我信ずという信仰告白があることを知って、理解を越えていると思った。（キリスト教の）神は死んだと宣言したニーチェの思想を十七歳の時かじっていた私はキリスト教に入信することができなかった。

小説でも随筆でもない、ニーチェの『ツァラトゥストラはかく語りき』のような文学と哲学の間にある思想的物語、『荘子』のようなものを書いてみたいと、無謀にも誇大妄想して、夏休み、受験勉強をろくにやらずに、十八歳の私は「大雄山」を中大法の筆名で書いた。実に原稿用紙五十枚の、全くわけのわからない、だが、気宇壮大なスケールの作品を書いたのだった。五十年たった今、内容は全く忘れてしまった。

「大雄山」は、校内雑誌に投稿したが、没になった。今にして思えば、あんな馬鹿なことをしないで、もっと受験勉強すればよかったのにと思うが、中大法（学部）に入ればいいや、と思って、大学入試を甘くみていた。それでも私は二学期から受験勉強をしたが、B組の連中は一学期より一層放課後喫茶店に行って雑談に時を過ごしていた。

東大に現役合格できそうな成績順位四十番以内の生徒のほかの連中は、受験のストレス、不安感から逃げるように、かえって逆に遊んだのだった。模擬テストの結果、日本史で二位、世界史三位で私の名前が掲示板に出た。

種明かしをすると、私の買った問題集にあった問題がそっくりテストで使われていたのだ。私を劣等生扱いにした田山誠がこれを見てどんな気がするか考えて少なからず愉快だった。しかし、数学は0点をとらなかったが、全く出来なかった。教科書の学習範囲内の学期末テストはまあ出来て、通信簿は3だったが、入試の模擬テストでは、記憶していない定理公式を使わなければならない問題が全然解けなかった。数学音痴だったのだ。

10、入試失敗と入学決定

昭和三十八年（一九六三）当時、司法試験合格者数で私大トップだった中央大法学部法律学科を受験した。英国社の試験でまあ大体できたと思った。早稲田大は受験しなかった。母方の叔父が慶応大出身だったからライバルの早大を志望しなかったのだが、私の偏見で早稲田が嫌いだった。早稲田の字意から、地方の農家、大地主の子弟が昔は入学したので、早稲田村の校風ができ、東大に対抗するために、群れをつくり、私小説、自然主義風打ち明け話にふける、といった偏見を私は持っていた。

山梨の日野春、東京の羽村で育った子供の頃、都会からの疎開者の私達家族は農家の人達になじめず、つらい暮らしをした。早稲田大には、友達が一人もできなかった西戸山中学から戸山高に進んだ連中が入って来るだろうと考えて、一緒になりたくなかった。かといってブルジョワ金持ちの子弟が入る慶応大は、プロレタリア労働者の子の私が入る所ではない。中大生は苦学生のイメージが当時強くあった。

数学の成績から、都立大、埼玉大を受験すべきだったのだが、見栄と甘い考えから、一橋大法学部の入試を受けた。足切りの一次試験英数国は分校の教養部で行われた。昼休み、校庭の一隅に、母親、妹と弁当を食べている受験生を見つけて、そのピクニック気分の様子に驚いた。

三日後、発表を見に行った。数学の出来なかったことから予想し覚悟していた通り、一橋大は一次試験で切り落とされた。その日の午後、中央大の発表も見に行った。合格者の番号名前の中に、私の番号名前は、何回見てもなかった。落ちるとは思ってもいなかったので、非常な打撃だった。夕方、新宿歌舞伎町の映画館に入り、白黒のポルノを見た。男女の肉体のからみあいのクライマックスで突然、赤い天然色（カラー）映画になった。夜、蒼ざめて家に帰った。

一週間後、中大から封書が来た。補欠合格したとあった。早大、明大など他大学に合格した者が、中大に入学しなかったので、定員数を確保するため、補欠入学を求めたのだ。補欠ということに自尊心が、いや、中島敦の『山月記』の、尊大な羞恥心が傷ついた。嫌な感じがして補欠入学に気がのらなかった。同じB組の大出と日野も補欠合格で、二人とも入学をすると言った。

東大の合格発表があり、はっきり覚えていないが、私の同期生の合格者数は例年より十人ぐらい少なかった。浪人しても数学の成績がよくなるという自信がなかった。悩んだが、入学金払い込みの期日が来た。

神経質だから、浪人しないほうがいいと母が言った。母が中大入学を決定し、私は従った。しかし、全く浮き立った気分にならなかった。

卒業式で、首席の金築誠志（後の最高裁判事）が、桜咲く時、あ、入学式の答辞と言い間違えたことを妙にはっきり覚えている。金築は、桜咲く、東大合格がうれしかったのだと思った。

11、補欠の恥辱

中大の入学式には出なかった。最初の英語の授業の初めに教授が出席をとった。名前を教授が点呼して終わった。僕の名前がない、と叫んで一人の学生が立ち上がった。すると十人ぐらいの学生が教壇にかけて行った。名簿に補欠入学者の名前が書いてなかった。私は恥辱感で震えて坐ったままで動けなかった。怒りの感情がわいてきた。名簿に補欠の名前を書くのを忘れている大学事務局の配慮のなさ、無神経さに腹が立った。補欠だけでなく、新入生は誰も彼もうち沈んだ感じで、顔に喜色がなかった。皆、一流私大を落ちて三流のC大に入ったと嘆きを口にした。それで初めて私は中央大はセントラルユニバーシティーで略すとC大、三流大と言われていることを知った。東大合格者数二位の新宿高校を出ているのにC大じゃもったいないな、と同じクラスの学生に言われた。気分が落ちこんだ。

五月の連休の頃、母が、祖母の家の間借人の主婦に立ち話をしているのを聞いた。私のあとに赤ん坊を産んだが、すぐ死んだというのだ。「ひどい食糧難だったからねぇ」と主婦が言った。

実存主義のサルトルの『嘔吐』やカミュの『異邦人』『シジフォスの神話』など読んだ。六月の梅雨のうっとうしい頃に読んだ西田幾多郎の『善の研究』に深い感動を覚えた。ジェイムスなどの意識論についての叙述内容ではなくて、読んでいる最中、圧倒的な気迫を感じたのだ。漱石の『行人《こうじん》』やE・ブロンテの『嵐が丘』でも読んでいて狂気じみた異常な精神の気迫を感じたが、『善の研究』からすさまじい気を感じた。西田の『善の研究』に対して、悪の研究、悪人、犯罪者の精神心理を研究したら面白いかもしれないと思った。

中大の法学部は御茶ノ水駅近くにあったが、文学部は水道橋駅が近かった。文学部の教室で作家の佐多稲子の話を聞いた。低いぼそぼそ声でよく聞き取れなかった。D・H・ロレンスの『ホワイトピーコック』の英文を辞書なしで読んだ。ロレンスは労働者の子で、難解な英文が書けなかったようだ。

夏休み、日本橋のデパートでアルバイトをした。大出に誘われて、鎌倉の円覚寺で十日間座禅合宿をした。私がふらふらしていると大出は言った。大出の父はジャズの楽器の演奏者で、父の生き方に息子は反発するものか、大出は堅い役人になりたいと言った。大出は中大卒業後、都庁に勤めた。座禅中、僧に平板で肩をたたかれると気分がすっきりした。キリスト教会の讃美歌の時に味わわされた苦痛と違って、座禅に爽快感を味わった。合宿で知りあった大阪市大の剣道部の主将に誘われて、伊豆の下田へ旅に行った。

九月の学期初め、御茶ノ水駅近くで、柏木正宏とばったり会った。駿台予備校からの帰りだと言う柏木の顔に、充実した気の張った輝きのようなものを感じた。目標に向かって真剣に打ちこんでいるからなと思った。柏木と別れて、本屋に入り、受験雑誌をとった。東大は他大学に在学している者は退学しないと受験を認めないが、京大は他大学に在学したままでも受験を認めるとあった。東大は足切りの一次試験を行うが、京大は行わないとあった。西田幾多郎は戦前、京大の哲学の教授だったなと思った。

12、数学精義 I

京大には、日本人で初めてノーベル物理学賞を受けた湯川秀樹教授が健在であった。唐の詩人杜甫の研究で高名な吉川幸次郎教授もいた。

国家権力に追従する東大法学部に対して、自由で創造性を尊重する京大理学部というイメージを私はもっていた。どちらにしても、私の数学の成績では入試に合格できるわけもなかった。しかし、文学部なら数学の入試はそう難問は出ないのではないか。戦後派作家、『暗い絵』の野間宏、『野火』の大岡昇平、『氷壁』の井上靖は京大文学部出身だった。あこがれで心が燃えてきた。入試まで半年。九割九分駄目だろう。しかし駄目で元々。あきらめて中大にいればいい。一分の合格の可能性に賭けてみようか。夏休み、伊豆下田の旅から帰って、三木清の『哲学ノート』に影響されて、短文を書いた。表現した言葉はおぼえていないが、生命の充実、飛躍する瞬間の重視という内容は記憶している。

人生五十年、その時代と社会の主流の思想に制限されるが、創造を探求して、生命が充実し飛躍する瞬間、時代と社会の制限を突破して、不変なる普遍性、永遠に到達できる。例をあげる。芭蕉は江戸時代五十歳で死んだが、『奥の細道』の旅で、「荒海や佐渡に横たふ天の川」など数々の名句を詠んだ。芭蕉の肉体の生命は死滅しても、彼が創作した『奥の細道』は不変、普遍、永遠の生命を得ている。これは一般論である。不変、普遍、永遠に到達できないとしても、生命の充実、飛躍する瞬間にこそ人生の醍醐味があるのだ。

十九歳の私がこう表現したわけではないが、瞬間重視の内容は変わっていないと思う。あの頃、わけもわからず読んだベルグソンのエランビタール（生命の飛躍）に影響されたらしい。

駿台予備校に通う柏木正宏の充実した緊張感のある輝く顔つきを思い出し、人生の記念、思い出作りに京大文学部を受験してみようと決意した。

英文読解は中大の授業で十分だと思ったが、文法、作文の勉強のため、日記を英文で書くことにした。参考書も英作文用を買った。国語で得点をかせぐために、Ｚ会の通信添削を受けることにした。小遣いの金はこれで消え、全く遊ぶ金はなかった。成績優秀者として何回か通信欄に載った。京大の日本史、世界史という問題集を買った。満点を取るつもりで勉強した。生物と化学は、文学部だから高校の教科書を読めば十分だろうと考えた。

さて、問題は数学である。私は数学音痴だ。音楽同様天与の才能がない。定理公式をおぼえ、例問に応用するやり方を習得できない。特に幾何学が苦手だった。入試によく出る問題を丸暗記するというやり方は、記憶力の悪い私にはできないと思った。高校の教科書を読み直しても何かピンとこない。説明の文章がよくない気がした。本屋で受験雑誌を立ち読みして、岩切の『数学精義』の評判の良いことを知った。『数学精義Ｉ』を買って読んだ。定理公式から例問へいく説明文が理解できた。繰り返し読み直した。論理明快でスッキリしてピンときた。これは論理学だと思った。受験勉強が面白くなって集中できた。中大では誰とも話をしなくなり、家族とも口をきかなくなった。

「精神一到何事か成らざらん」と紙に書いて壁に貼った。

13、京大受験

昭和三十九年（一九六四）一月、司法試験の一次（大学三年以上は免除）を受けた。「階級と階層について述べよ」という小論文テストだった。合格した。中大の英語のテストは法律学科だからか、やさしかった。優だった。

三日間、京都の旅行にいってくるとだけ母に言って手さげ鞄に文房具、参考書、寝巻きなど入れて家を出た。

東海道新幹線は完成していたが、まだ開通していなかった。急行で東京から京都まで七時間かかった。路面電車に乗って百万遍で降り、京大に行った。門衛に聞いて学生課の事務室へ行った。受験生だが、金がないので、安い宿を教えてくれと頼んだ。近衛通りにある学生寮なら無料で宿泊できると女事務員が言った。寮は木造平屋で、古かった。戦争で京都は空襲を受けなかったから戦前の百年以上たっている家屋が多くあった。

寮は学生自治だったので、入試中なのに在寮していた京大生が外来客の宿泊専用という八畳間に連れていってくれた。古火鉢一つだけ置いてあった。三月の底冷えする京都で、隙間風の吹き抜ける古い八畳間に暖房が火鉢一つとは、さすがに情けなかった。学食で四十五円のカレーライスを食べて吉田寮の八畳間に戻った。驚いたことに同室者が二人いた。話してみると二人とも他大学の在学生で、何と文学部を受験するのだと言った。このことは私の孤立感を解消し、奇妙な仲間意識を感じさせたが、私の考えに独創性がないのだなと少々がっかりもした。

三月初めの京都の夜の冷え込みは厳しかったが、火鉢を囲んで無駄話を三人でしていると、何とか寒気をしのげた。寮生が持って来てくれた薄い煎餅布団に入ったが、受験のことが頭に浮かんで来て、眠れなかった。

入試一日目の英語は難しかった。中大の英語のテストのレベルの低さに改めてあきれた。短い英文の和訳は難しく半分もできなかったが、長い英文の大意を読解する問題はできた気がした。

国語、日本史、世界史はできたと思った。しかし、文学部を受験する連中は皆、英国社は大の得意だろう。私の英語のできでは合格点をこえるのは難しいだろうと思った。試験をおえて、同宿の二人と話しながら吉田寮に戻った。A（名前を忘れた。不合格だったからか）が、国語の古文、漢文の問題ができたと声高にしゃべった。Bは暗く沈んだ顔で黙々と聞いていた。同じ文学部受験のライバルだから私とBの戦意喪失をねらって、Aがしゃべっているのだと、Aの悪意を邪推した。が、やはり駄目かなと諦めを感じもした。

二日目、数学の問題を見て、ほっとした。五問全て記述式であったから。一年前の一橋大の一次試験は全て計算問題で全然できなかった。

数学とはいえ、記述式は、結局、国語の表現力。論理的思考と説明で勝負できる。『数学精義 I』の論理等を読解でき得た私の学力で何とかやれると思った。一問題解答できた。

数学0点を覚悟していたので、うれしかった。残り四問題のうち二問題は、何とか記述したが、途中の計算一題に自信がもてなかった。あと二問題は時間切れで全く手つかずだった。寮に泊まったので金が余ったので、ちゃんとした旅館に泊まろうと思い、市内の高そうな宿は避け嵐山へ行った。中学・高校の修学旅行では行かなかったからだ。

三月六日の嵐山には観光客は全くいなかった。寒風吹く渡月橋で、英語単語集を川に投げ捨てた。法輪寺近くの宿に泊まり、終わったなと安堵の息をはいた。翌日、嵯峨野を歩いたが、観光客には一人も会わず、ひっそりと閑寂だった。

14、最初の不思議

新宿の家に帰って、十日位して、テレビ局（テレビ東京の前身）の清掃のアルバイトをやった。中大の学生達の掲示板に弁護士事務所のバイトがあったので、四月に入ったらやろうかなと思った。清掃のアルバイトを十日位して家に帰った。夕方、母が非常に怒って声をとがらせて、「文学部は就職口が少ないから、駄目だよ。第一、京都の下宿代など仕送りできないからね」と言った。びっくりして母のよこした書類を読んだ。入学金一万二千円、一年の授業料一万二千円は、期日までに納入すればよい。しかし、同封の入学の書類は、期日より早く提出することとあった。

京大文学部長足利惇氏と書類の終わりにあった。もしかして室町幕府の初代将軍足利尊氏の子孫かなと驚いた。合格できるとは思ってもいなかったので、発表を見に行かなかったのだが、金の工面がつかず入学手続きが遅くなっていると、事務課が考えたのだろう。当時は貧しい家が多かったから、こうしたことは珍しくなかったのだろう。

京大文学部合格を祝うどころか入学に反対する、激しい母の怒りに閉口して私は困惑した。五十年たった今思うと、母に黙って受験したことと、最愛の秘蔵の末っ子が母の懐から巣立って京都へ飛んで行くことに母は腹を立てたのだろう。

夜、次兄が、文学部に入って何を専攻するんだと言った。美学、つまり、芸術哲学。そりゃ駄目だ。就職口はないな。じゃ、国文学か日本史。うん、高校の教師になれる。そうかい。まあ、どこの大学を卒業するかは、一生を決めることだからねえ。本人が好きなことをさせるしかないかねえ。うん、文学部は、あまり授業に出なくても単位を取れるから、アルバイト、アルバイトで働くから仕送りがなくてもやっていけると思う。入学金も今の清掃のバイト代で出せるから。

この時、司法試験に合格して弁護士になるという十五歳のときみた夢は私の念頭から消し飛んでいた。しかし、文学部に入ってどんな職業につくかという夢も浮かんではいなかった。ただ、憧れの京大哲学科に入学できるという夢の実現にぼうっとなっていた。翌日、入学の手続き書類を郵送した。

次の章で書くべきだが、ここで記す。四月に入学して文学部事務室へ行くと、まだ合格の発表の紙が掲示されていた。番号、氏名が順不同で、私は定員二百人の後から五番つまり百九十五位であった。七月、英語の教授がテストの順位を口頭で名前を読みあげた。三組五十人の後から二番つまり四十八位であった。

一年ぶりに新宿高校へ行った。名目は忘れたが、浪人した生徒の東大合格を祝う会合だったような気がする。法大に入学する田中や江木に会わなかったから。江木は新宿高校に六番で入学したと言っていた。順当なら東大医学部に現役で合格できそうな順位だった。後で聞いた話だが、江木は二浪して、早大の二文（夜間）に入った。

B組では牧野が文Ⅰ（法学部）合格、大津が東北大合格だった。柏木は早大理工学部の応用物理学科へ入学した。私が京大に合格したと言うと、柏木は非常に驚いた。不思議だ、どうして京大に合格できたんだ。

第二章　古京・光と闇

1、反テレビ時代

「変人！」と鋭い声で三兄は言った。「せめて早稲田に入ればいいのに。都落ちすることはないだろう」なじるような口調だった。

三歳年上の三兄とは幼い時からいつも一緒に遊び、しょっちゅうケンカした。三兄と遊んだ思い出をあげたらキリがない。三兄が中学一年の時、新聞配達のアルバイトをした。バイクや自転車に乗らず、三兄は歩いて夕刊をくばった。小学生の私は小走りになって三兄の後を追った。

夏休みに長野市の叔母の寺に三兄と二人で泊まりに行ったことは前に書いた。三兄が高校一年の夏休みに日光の高原の山小屋に二人で泊まりに行った。皇太子（今上天皇）と正田美智子嬢（皇后）の結婚式後の馬車パレードを三兄に連れられて見に行った。

六〇年安保のメーデーの集会デモ行進も三兄に私はついて行ったのだった。私の中学生時代、友達が一人もいなかったが、それほど寂しいとは思わなかったのは、三兄がそばにいてくれたからだ。

三兄は新し物好きだった。ミカン箱ほどの大きさのテープレコーダーを買った。我が家にテレビがおかれたのは、三兄が工業高校を卒業して就職した後だった。強い近視の私は白黒の小さな画面のテレビは好きではなかった。

高校生時代、日曜夕方の人気番組『てなもんや三度笠』、『シャボン玉ホリデー』、プロ野球ナイターなどを見たが、それぐらいだった。昭和三十九年（一九六四）十月の東京オリンピックを前に、東海道新幹線、東名高速道路、国際観光ホテルなどの建設ブームと同時に、映画の衰退とカラーテレビの隆盛の時代になった。

しかし、私は、新宿の家を出て、京都に行ってから、食堂でテレビを見る以外全くテレビを見ることはなかった。オリンピック、テレビにわく東京を離れて行った私にはっきりした時代の主流に背を向ける反時代的意識が自覚されていたわけではなかった。古京は日本人の精神文化の故郷だという自覚はあった。

天皇制の伝統を尊重して、徳川幕藩体制を打倒して革命した明治維新、つまり伝統にのっとって革命することを十九歳の私が明確に意識していたわけではなかったが、古京の魔術的威力に無意識に魅了されていたのだ。

2、洛水寮

四月、新幹線は運賃が高いので乗れず、東海道線の夜間急行で九時間かけて京都へ行った。

烏丸鞍馬口の本山蟻人泉屋常務を、田辺正牧師の紹介状をもって訪ねた。音痴の私は教会の日曜礼拝には高三の時しばらく行っただけだったが、木曜午後の面会に中大入学後月一回ぐらい田辺牧師を訪ね、教えを聞いた。教会に隣接した牧師館二階の四畳半で本棚にかこまれた座卓をはさんで、田辺牧師と話をして、特に受験勉強中は慰めを感じた。中大法学部から京大文学部に転進すると私が言うと、田辺牧師は祝福してくれて、本山蟻人さんへの紹介状を書いてくれた。

蟻人（アリヒト）はキリストに音が似ているから、親でなくてご本人がクリスチャンになってから虫偏をつけたということだった。この時は、蟻人さんは不在だった。奥さんが居間に私をまねき、「卓上の菜のつけ物を食べなさいな」と言った。京都のイメージと違うので驚いた。本山夫妻は青森出身で田舎風の暮らし方なのだそうだ。

私が下宿探しの用件を言ったところ、奥さんは電話をしてから京大教養部の中島誠教授の研究室へ行きなさいと言った。中島教授はボストンバッグ一つ持っただけの私を見て、今夜泊まる所はありますかと言った。ないと言うと、では、特別に今夜だけ許可してあげようと言って、京大ＹＭＣＡの洛水寮の宿泊を認めてくれた。教授は京大Ｙの先輩理事だった。

入寮には学生理事の面接と許可が必要だった。金畑基寮長（医学部六回生）の面接に、中島教授の「今夜だけ」をぬいて、特別に許可だけを言った。寮は木造二階建てで、食堂トイレ以外に八室あった。五畳ほどの板の間で、机椅子に鉄製のベッドがあった。ベッドにはマットレスと毛布がついていた。私は何も買わずにすんだ。電気スタンド、ガスストーブも卒業生が残していてくれたのだ。朝と夜の食事がついて、三千円か四千円だった。破格の安さだった。普通の下宿だと一万円はしたと思う。新築の四階建ての京大熊野寮は四人部屋で二段ベッドだった。一人分だと二畳の狭いスペースだった。個室は当時かなり恵まれた生活だった。天に昇ったような嬉しさを感じた。

両切りのショートピースの缶を買って、蓋を開けた。素敵な香りがした。初めて煙草に火をつけて吸った。紫の煙がひろがり、宙に浮きあがるような解放感、陶酔感が私に生命の喜びを味わわせてくれた。新宿百人町の、敗戦後急造したバラックのボロ家から解放され、個室を得た喜びに私は心理的に酔ったのだった。

翌朝、金寮長に教えてもらった百万遍（東山通りと今出川通りの交差点）の学生アルバイト紹介所に行って、ホテル建設工事でのバイト代が高かったので、働くことにした。オリンピック流れの観光客収容の国際ホテルの建設現場で、夜の九時まで、組んだ足場の上に資材を運ぶ労働をした。十九歳の若さだが、こうした労働は初めてで、コツがわからないからヘトヘトに疲れた。

京大の入学式には出席せず働いた。入学金はこのバイト代で納入したが、授業料は、生活できるか不安だったので、納入せず、夏休みのバイト代をあてることにした。寮費は金寮長が金に余裕があるとき納入すればよい、滞納しても退寮は求めないと言ってくれた。

語学の授業が始まったので、建設現場のバイトをやめて、家庭教師のバイトを探し、小学六年生を教える口を見つけた。連立一次方程式を使えば簡単に解けるのに、鶴亀算や植木算に苦しんで教えた。私立中学入試の算数の問題がなぜあんなに難しいのか、全く理解できない。百害あって一利なしだと思う。

三組はドイツ語クラス。中大ではフランス語を選んだので、四組フランス語クラスに入ったほうが有利だったのだが、中大の一年でフランス語におそれをなしたのだった。音痴の私にはフランス語の発音が全然できなかったのだ。

担任の塩谷助教授（後に東大教授）は四十歳ぐらいで、無教会のクリスチャンで厳格な教え方だった。自宅で聖書研究会を開いていて理由は忘れたが、円町の先生の家を訪ねて行って、叱られたことがあった。

話が先走ってしまった。元に戻す。

英語の授業のあと、自己紹介をすることになり、アイウエオ順トップの私が立って名前を言ってから、〝精神一到何事か成らざらん〟をモットーに合格したと言った。大石英男も浪人生活の信条を言った。浄土真宗の寺の子だった。高倉正暉（後に甲南女子大教授）は、「君の言い方には迫力があったから、皆、影響されて、口々に心にたまっていたものをはきだすようにしゃべったんだ」と私にあとで述懐した。高倉は結核で二年間、休学して高校を卒業したので、私より一歳年上だった。

平安時代から千年古京に住み続けている家の子で、顔は能面の尉《じょう》のようで、女形のやさしい物腰、口調だった。もののはずみで私が幹事になって加茂大橋近くの旅館でクラスのすき焼き会を開いた。ビールを初めて飲んだ。私だけでなく、クラスの大半は受験勉強に専念していた十八、九歳の秀才だから、飲酒は初めてだった。皆がとても喜んだのは、このためだったろう。

五月、二十歳になった私に事件が起きた。ドイツ語の授業後、歩いている私に、クラスの沢村紀子が、「吉田山に行かへん」とはんなりした京女の口調で誘った。沢村は京人形というよりバタくさいフランス人形タイプで、華やかな感じだった。ドイツ語の野暮ったい感じとそぐわなかったから、とても目立った。

団子鼻に牛乳瓶の底のような分厚い眼鏡、角張ったエラのはった顔に私は劣等感をもっていて、女にもてることはないと思っていた。それが色白でアカぬけた優雅な美しい京女の社長令嬢（これはあとで知ったこと）に誘われたのだから、舞いあがってしまった。

吉田神社に参拝して登って行くと冠をつけた直衣《のうし》姿の神官らしい男が両手に包丁を持って、俎板の鯉を料理しているのが見えた。四条流の包丁さばきだとかで、沢村はこれを見物に来たのだった。

私と沢村のことはすぐにクラスの噂になった。大石英男が言った。「近畿予備校でも目立った女だったけど、絶えず移り変わる自分の心をみつめている感じでね（つきあう男がよく変わった、という意味らしかった）、振り回されるから、つきあうのはシンドイと思うな（やめたほうがいいよ）」と。

沢村の家は植物園近くの賀茂川沿いにある。大石の教えてくれた所に行って見た。豪邸ではなかったが、立派な邸宅だった。コリー犬を連れて散歩する沢村を遠目に見たこともあった。

すぐに私はふられたのだが、恋に恋していた私は詩を書いて毎日葉書を沢村に送った。性欲を罪深いと思うということを隠喩で書いた詩があった。フロイトの著作を読みだしたからか。

洛水寮では佐藤（後に愛媛大教授）と仲良くなり、よく木屋町三条の洋酒喫茶に飲みに行った。寮から歩いて三十分もかからなかった。京の町は狭い。佐藤の父喜博は当時有名な教育評論家だった。法学部二回生だが、現役入学だから私と同じ年だった。ある夜、飲みながら話をしていた佐藤が、突然椅子からずり落ちた。酔いつぶれた佐藤をかついで帰った。田崎敏秋（後に高松教会牧師）とどうして諍《いさか》いをおこしたのか、覚えていない。田崎は東京の国公立大付属高出身で現役で法学部に入学した秀才だが、アメリカ人を毛唐と言った。酒、煙草、女嫌いの律法主義のパリサイ人道学者だった。

同じ東京出身なのに、田崎とは全くソリが合わなかった。この不和で一歳年上の私が金寮長の詰問に遭い、ぎゅうぎゅうしめあげられた。

韓国人キリスト教徒は、原理原則に厳格で戒律違反を容赦なく責め立てる風であった。金寮長はその典型的な人であった。概して日本人はルーズで無原則無原理で戒律をどんどん破り体系をばらばらに解体してしまう傾向があると私は思う。

私はキリスト教徒ではなく、一応求道者と言っていたが、教会の礼拝には音痴だからと言って行かなかった。フロイトの精神分析学の本に読みふけっていたときだから、金寮長の意にそわなかったのだろう。

「金さんの愛の鞭だよ」と佐藤は慰めた。キリスト教の祝祭日の夜、寮生八人と一緒に歩いて比叡山に登った。

寮の隣に主事宅と呼ぶ家があった。二階にOという京大を退学した男が住んでいた。「梅雨のある夜、宇宙が爆発する。地球がバラバラに吹き飛ぶ」とOが叫んだ。

Oは統合失調症だと金寮長は言って、Oを入院させた。

学生運動はいわゆる谷間の時代で、学生はシラケ気分だった。六〇年安保闘争の学生達が就職して転向したことや全学連の幹部だった東大生S達が暴力団山口組に入ったことが話題になっていた。

柴田翔の『されどわれらが日々』が芥川賞をとり、田中と手紙のやりとりをした覚えがある。牧野とも手紙のやりとりをしたが、後年牧野にそれを言われるまで忘れていた。

京大の全学自治会はまだ社学同がにぎっていた。教養部委員長は文学部一組の森本忠紀だった。

二組の島田松男は都立上野高の出身で、京大に学生運動をするために入学したと私に言った。三組は自治委員のなり手が出なかった。

大石英男は京大学生新聞の記者になった。私は高倉正暉に誘われて俳句部に入った。

東山七条の高倉の家に遊びに行った。父は市の交通局に勤めていた。母は古い京の女タイプで、うち沈んだもの静かな口調だった。妹二人とも勤めていた。何度か会ったが、どういうわけか、妹達とは親しくならなかった。私のしゃべり方が荒っぽくって、ケンカしているみたいに思われて、敬遠されたらしかった。

夏休み、本山蟻人常務に頼んで、デパートの泉屋のクッキー売り場で高倉を誘ってアルバイトをした。包装が遅いので、ノロマと私が言ったので、高倉がとても怒って、やめると言った。あやまりなだめた。このバイト代で俳句部の岐阜の郡上八幡の合宿に行った。芙蓉の坂長し、という高倉の句の一部だけ覚えている。

油照る哲学教室の小菊かな

稲妻に傘投げ出す女の微苦笑《わらい》

私は自信あったのだが、上級生達は全然評価してくれなかった。この合宿のあと、俳句部をやめた。郡上八幡の盆踊りを見物して、高倉と一緒に京都に帰った。

地塩寮に三組の新島信策がいたので、一緒に帰郷することにした。京大ＹＭＣＡには洛水寮と地塩寮とがあった。洛水寮は旧制三高のＹＭＣＡのもので、大先輩に文化勲章、聖路加国際病院理事長、百歳ごえの超老人、日野原重明がいた。京大Yの学生会館で両寮合同で毎週聖書研究会をしていた。私の一学年上、といっても現役入学だから、同じ年の片柳栄一（後に京大キリスト教学教授）が、中心になっていた。

新島は群馬県の安中の新島学園高の出身で、森の詩人聖者タイプだった。反現代というより非現代的で、政経社会のジャーナリズムに全く関心がなかった。私がフロイトを読んでいたのを知って新島は性的コンプレックスの話をした。私が新島に何を話したか覚えていない。当時、親鸞の伝説的夢告について考えていた。若い親鸞は、観音が、女体となって犯しても許すと告げるという夢を見た、という伝説があった。女体、というより女性器を観音様とあがめるとか、性器を神とあがめる日本人の土俗信仰の底には、性交による出産を農作物の生産と同等視する思想が通底しているのだと思った。

キリスト教、というより正確にはユダヤ教の旧約聖書、モーゼの十戒には、「汝、姦淫するなかれ」とある。姦淫を性交と考えると、性交を禁じたことになる。神父、修道士などカソリックの聖職者は童貞・独身を守っている。姦淫は愛する人との性交以外、つまり金で売買する性交と考えると、愛する人同士の性交は許される。だからプロテスタントの牧師、伝道者は結婚する。しかし、愛していなくても政略など利害打算で結婚する。夫、妻以外の異性と愛しあうことがある。こういう場合にはどう考えたらよいのか。

私と新島は、京都から安中まで一緒に汽車に乗っていろいろ話したが、前述した姦淫について話しあわなかったと思う。ただ、キリスト教信仰の底には、性交をどこか罪（つまり神の教え、戒律に反して破ること）と感じる深層心理があるように思っていた。

新宿百人町の家に帰った私は、初めて浅草に行き、フランス座、ロック座のストリップ劇場へ入った。大蛇を乳房丸出しの上半身に巻きつける蛇娘ショーを百円で見た。ガマの油売りの真剣で紙を切る大道芸人も見た。

九月初め、オリンピック直前の好景気にわく東京を去って古京に戻った。路面電車が牧歌的でなつかしく感じた。改めてつくづく京都は狭いと思った。九条から一条、東大路通りから西大路通りに囲まれた平安京の区画は、歩いて往復できた狭さだった。江戸の旧市内の十分の一、東京の百分の一といったような狭さを感じた。その分だけ、奥底が深いのだろうが。

三兄は大阪堺の石油コンビナートのタンク建設の現場監督になって、新宿の家から出て行ったが、ある夜、三兄から電話があって、私は寮を出て、市電、阪急、地下鉄を乗りついで、大阪南の心斎橋、宗右衛門町のネオン街を探し歩いて、三兄のいるというバーに入った。私を見て、Eさん嘘じゃなかったんやねと、バーの女が三兄に言った。弟が京大生だと言っても女が嘘ばかり言ってと信じないので、私を呼び出したのだった。馬鹿らしくなって、私はコップ一杯のビールを飲んで、すぐバーを出た。建設現場の監督は、作業員達の機嫌をとるために飲食させるので、多額の交際費手当を得ていたので、三兄は別れ際に私にかなりの金をくれた。京大学生新聞の記者の大石英男は、誰彼が、大阪の旧飛田遊廓や京都の宮川町などで売春婦と筆おろしをしたという噂を教えてくれた。

フロイトのエディプス・コンプレックスの種になったギリシャ悲劇のソフォクレス作『オイディプス王』を読んだ。テーベの王子オイディプスが誕生したとき、神託があった。この子は成人して、父王を殺し、母妃と結婚する。これを知った父王はオイディプスを殺せと羊飼いに命令した。羊飼いは田舎に行き、オイディプスを殺すことができず、コリントの羊飼いに渡した。この羊飼いは、子のいないコリント王にオイディプスをわたした。成人したオイディプスはあの神託を知った。愛する父王を殺すという運命からのがれるためコリントを去って旅に出たオイディプスは、山中で輿に乗った老人一行と出会い、言い争いになって、老人を殺した。

朝は四本足、昼は二本足、夜は三本足の生き物は何か、というスフィンクスの謎を、乳児のとき四つんばいで、幼児に二本足で立ち、老人になって杖をついて三本になる人間と答えたオイディプスは、テーベ国民の苦難を救った功績で王妃と結婚し、王子、王女二人を得た。

数年後、テーベにまた災害がおこり、あの羊飼い二人が呼ばれ、オイディプスが山中で殺した老人が父王であり、妃は母であることがあきらかになった。母であり、妻である妃は自殺し、真実を見ぬけなかった両眼を突き刺してオイディプスは盲目となった。ラスト、盲目のオイディプスが幼い王女二人の行末が心配で自殺できなかったと述懐する言葉に泣いた。父を殺し、母と性交して子を得るというのがオイディプスの悲劇の骨子である。

『源氏物語』の中核は幼児期に生母に死なれた光源氏が、父帝の妃藤壺が母と生き写しであるので、性交して、子冷泉を得た。父を裏切って父の後妻を母と想って、性交し、子を得た光源氏は、オイディプス王の亜流だろう。『オイディプス王』を読んで、私はフロイトのエディプス・コンプレックスではないと考えた。

父を殺すという無意識の衝動など私には全くなかった。敗戦で打撃をうけ、自動車事故で多額の借金を負った私の父は、妻や子供達に全然権力、権威がなかった。話もほとんどしなかった。

十二歳の私が、母の乳首を口にふくんだとき、性衝動を感じたことは確かだが、母と一つの布団に寝ざるを得なかった我が家の貧乏のためで、母と一つ布団で寝ていなければ、母を女性として意識することはなかったと思う。小学六年の私が友達の若い母を女体として感じたとしてもだ。母と性交して子を得る、というオイディプスの悲劇は私には無縁だ。

五十年近く経った今思い返すと、オイディプスより、息子と結婚して、孫三人を産んだ母の悲劇のほうがはるかに深く惨めだと思う。夫を愛（性交）せず、息子を盲愛（性交）する母（女）性の悲劇のほうが現代的だと思うのだ。

十一月の時代祭りで三組のＨＮがアルバイトをしたという噂を聞いた。ＨＮの名前に記憶があった。西戸山中の同期生で、戸山高に落ち開成高に入ったという噂を聞いた。京大文学部で同じ組になったのだ。ＨＮには話しかけなかった。よく京大に入れたなと言われたらたまらないと思ったからだ。

玉川幸雄（後に朝日新聞企画部長）ととても親しくなった。玉川は鳥取西高卒。現役入学で、非常に活動力のある勘のよい男だが、じっと椅子に座っていることが苦手で、絶えず友人達を訪ね歩いて話し合う性分だった。私は見栄を張って玉川に嘘をついた。日本史で新宿高のテスト二位だった。その実、通信簿では日本史は3だったのだが、このことは玉川に言わなかった。三組の学生達の間で、私を乱世の英雄タイプか小人《しょうじん》とみるか評価が割れていたのを知っていたからだ。

東京オリンピックをテレビで見たことは全くなかった。バレー東洋の魔女の金メダルだけ記憶している。

京大の十一月文化祭の休みに、五千円の周遊券を買って中国地方を旅行した。山陰線で志賀直哉の『城の崎にて』の温泉地に行き、泊まった。

津和野に行き、森鷗外の生家を見た。小さな二階建ての家に少し驚いた。観光ブームになる前だったから、鯉の泳ぐ堀割の清流が美しい津和野の町に人はほとんど見えなかった。

出雲大社を参拝し、夜、出会った小学校の教師の家に泊めてもらった。ただで、翌日、弁当まで作ってくれたのに味をしめて、萩では夜小学校へ行き、宿直室に泊めてもらった。

秋吉台の鍾乳洞を見て、広島に行った。原爆ドームを見た。原爆で十万人が死んだ広島はゴーストタウンになってしまい、人は住めなくなったと思っていたので立派なビルが林立して復興していたのに驚いた。

この頃、昭和三十九年（一九六四）、原子力発電所の建設計画が現実化しつつあった。広島の市街の復興を見て、原爆（原発事故）の傷痕を克服できる再生力を信じ原発事故恐るるに足らずと思った。

宮島に行き、厳島神社を参拝して、京都へ帰った。

十二月、クリスマスキャロルで夜、同志社女子大の学生寮へ行った。

キリスト教、いや、正確にはユダヤ教の神と日本の神との違いについて考えていた。ユダヤ教の神は、天地宇宙の万物、人間を創造した主体である創造主と言うべきであるのに、神と訳したのは、秀吉によって禁じられ、家康など江戸幕府によって弾圧迫害、虐殺されたためである。

明治初期に禁制をとかれて、布教する際、再び禁教とされないように日本の神々の一つを装ったものだろう。八百万《やおよろず》の神々と言うが、日本の神々には、明確な定義がないのでよくわからない。神道には教義体系がなく原理原則がないのではないかとさえ思われる。唯一絶対で人間を超越した万物の創造主を神と言うのは、日本の神々の不明瞭であいまいな定義の中にすべりこませるのに無理があると思った。

二十歳の私がキリスト教に入信しなかったわけは、音痴で讃美歌がうたえなかったことと、創造主を神と言うことへの不信感があったからだった。そして、神の子イエスの絶対矛盾の自己統一の論理にも疑問があった。このことは後述しよう。

昭和四十年（一九六五）正月前後の記憶はない。新宿の家に帰らず、京都でバイトして正月を過ごしたのか。学年末のドイツ語のテストの前日の夜、三組一の秀才山田誠が私の室に来た。日頃、全然話したこともない山田の訪れにびっくりした。父は北大教授、兄は北大助教授という山田は京大の人文地理にあこがれて入学したと言った。寮を出た山田と一緒に歩いていると、山田がドイツ語をしゃべりだした。翌日のテストに出るだろうテキストのドイツ文を暗誦したのだ。およそ十分間、五十頁の全文を山田は暗誦したのだった。山田がその後、京大教授になったというのは蛇足か。

3、地塩寮

新宿百人町の土地が売れたとかで家は横浜市大豆戸町へ移った。東横線菊名駅から歩いて十分。ものすごい急坂の上の二階家で一年間だけ借りたということだった。大豆戸町の家に十日ほどいて京へ帰り、春休みはデパートでバイトをした。

三組の森実が自殺したと玉川が言った。森実は広島大から京大へ転入した。Z会の国語の成績優秀者に私の名前があったと言ったのは森実だ。森実は三組のガリ版印刷の同人誌にプロ野球選手がバーの女と話をする小説を書いて載せた。通俗小説の一語でバッサリ皆から切り捨てられた。それが、自殺した理由ではなかったろうが、自己の才能の限界を感じて絶望したのだろうと思った。京大に合格できた程度の学力、才能などタカが知れたものだと思うようになった。

一年遅れで授業料を納入した。四月、洛水寮から地塩寮へ移った。片柳さんと親しくなりたかったからで、片柳さんにくっついて片柳さんの友人達を訪ね歩いた。

寮長は杉本隆成、理学部四年（後に東大教授）で、当時ようやく問題になり始めた海洋汚染の研究者だった。

同志社中学の男子の家庭教師バイトを見つけて初めて会ったとき、中学生にクラシックの指揮者、カラヤンとバーンスタインの比較について聞かれて閉口した。音痴の私に答えられるはずがない。不採用となる。喫茶店の娘の小学六年の家庭教師のバイトをした。

次兄が大阪出張で、私に会いに来て、家の経済状態に好転がおきるから、母が仕送りをするだろうと言った。百人町の土地が売れたから、だそうだ。

英語の喜志哲雄助教授（後に文学部長）を見て、仰天した。童顔で、ふけ顔の私より若く見えたからだ。二十七、八歳だったと思うが、この若さで、京大助教授か、と驚いた。独語の田口義弘助教授は三十一歳だったと思う。大江健三郎と同じ年だ。

大江健三郎の講演を京都新聞社の大ホールで聞いた。私より十歳年上のはずだが、二十代に見えた。低いボソボソ声でよく聞きとれなかった。田口先生は地塩寮の先輩だった。教職員住宅のお宅に何度も遊びに行った。私は末子育ちだから年長者に甘えるのが自然で、田口先生も弟分のように接してくれた。旧制高校の名残として教授と学生の親密な交流ができた最後の世代だったと思う。田口先生は学生時代に「双面神」という同人誌を出していた。『光る声』で河出書房の長編小説賞をとった真継伸彦が同人だった。『悲の器』で文壇に華々しくデビューした高橋和巳は田口先生より一歳年上で、京大生同士でも「双面神」の同人でなかったので、面識はなかったそうだ。田口先生は羽根宏のペンネームで、後に詩人クラブ賞を受けた。この頃はユダヤの思想家、ブーバーの『我と汝』などの翻訳を集中的にしていたようだった。

玉川幸雄が私を連れて、同志社大の研究室に鶴見俊輔を訪ねた。鶴見俊輔が他大学の学生の突然の訪れを気さくに受けいれてくれたことに感動した。柔和な人だった。

社会学の作田啓一教授の『恥の文化的再考』が出版された。ルース・ベネディクトの『菊と刀』に指摘された欧米人の罪意識に対して日本人の恥の感情についての再考察だったが、社会学が日本思想を研究対象とすることを初めて知った。当時、京大文学部には、日本思想の講座はなかった。丸山真男の『日本の思想』がベストセラーになった。タコ壺型とかササラ型とか、形態の分類だけしていて、思想の内容の検討がされていない皮相さにあきれた。東大法学部の看板教授丸山真男のお粗末な仕事を京大生達は嘲笑した。

京大哲学科も片柳さんの話では、戦前の西田幾多郎の影響は全く消え、戦後、田中美知太郎教授の主導で、語学重視になっていた。ギリシャ語、ラテン語をやれる自信が丸でなかった私は純哲学専攻は無理、不可能だとあきらめた。片柳さんはアウグスチヌスの『告白』を英語、独語、ラテン語で読んでいた。

私はドイツ語の勉強のため、マルクスの『資本論』『ドイツイデオロギー』『賃労働と資本』のドイツ語本を買って、日本語訳本を参照しながら読んだ。『賃労働と資本』は地塩寮同学年の藤野義一（後の関経連事務局長）が、経済学部の足利教授が授業で講読していると教えてくれたので、聴講に行った。最初の意気ごみはよかったのだが、私のドイツ語の学力の低さではたちまちお手あげになってしまい、日本語訳で『資本論』など読み通すことになった。

最初、論理学だった『資本論』が、後半英国経済の現状分析になった記述を読んで、私は、技術革新や技術の賃金など、技術問題が抜け落ちていることに気がついた。特に、技能技術を習得した労働者の賃金や新商品を開発した技術者の給料について記述していなかったのは、マルクスが現場の労働体験がなかったからだと思った。

構造改革派の雑誌「現代の理論」で、藤沢道郎が「マルクス主義が技術革新を行えないことが問題だ」と述べていた。当時、京大の全学自治会は社学同派がとっていて、日韓条約反対の運動をしていた。地塩寮の法学部三年石川巌（後に書道評論家）は、立て看板を書いていた。私は日韓条約に反対する気にはなれなかった。

京大法学部四年の高原浩之（後に赤軍派政治局員）が京都府学連委員長になって、学生の騎馬の肩車に乗って構内を進行した。高原は名ばかりの委員長で、作戦の実権は書記次長の同大生望月上史がにぎっているのだという内幕の噂を玉川が教えてくれた。教養部の作田教授の研究室で、「てにをは」ができていないと教授に言われた。恥と劣等感について小論文を書いて読んでもらった後の評価で、がっくりきた。英独の語学ができない上に、日本語が駄目だとなると、どうしたらよいのか困った。

小論文の内容ではなく、「てにをは」という基礎力の欠如を作田教授に指摘されたことで、作文に自信を失った。

兵庫県三田市の関西学生セミナーハウスで行われた、関西の大学ＹＭＣＡの合宿、聖書研究会に行った。この合宿研究会の議論は忘れてしまった。私は神の子イエスの絶対矛盾の自己統一についてずっと考えていた。

ユダヤ教の神は万物の創造主で、人間とは本質的に断絶した存在である。私生児のイエスを父なる神の子と神話化したので、イエスは人間（肉体）と人間と質的断絶した神（精神）の絶対矛盾した存在になった。ユダヤ教、キリスト教、イスラム教の唯一絶対万物（人間）の創造主たる神のほか日本の神々、仏達は、人間と本質的に同じである。日本では人間は死後、時には生きていて、神、仏になる。だから、人間（肉体）と神（精神）は本質が同じだから、分裂、矛盾はないのだ。

ところが、神の子イエスは、超人間（精神）と人間（肉体）の分裂、矛盾があるのだ。論理的にだが。この分裂、矛盾をどう統一するのか。この問題が解けないから、私はキリスト教に入信できない。ただ、人間の本質、いや、特質と言うべきか、それは創造主、神の子（精神）の働き、創造性にあると思った。言語、文字、数字、貨幣、国家、衣食住の物品、法律、制度、宗教、文化、スポーツ等々、数限りなくいろいろなものを人間は創造してきた。

寮生の食事をつくっていた寮母さんの精神状態が異常だと医学部六年の坂東、八木が言って、うつ病らしいと見立てやめてもらった。八木隆太郎（後に小児科病院長）は料理名人だったから、寮母の料理の味つけに異常を直感したらしかった。

ドイツ人のエンジニアが日本旅行中金がなくなって地塩寮に来て、一週間ほど泊まった。宿泊代は無料同然だった。よく覚えていないが、イギリスかどこかの留学生に頼まれて、能を見に行った。私のお粗末な英会話力で能楽について説明できるはずがなく、疲れて、見ながら眠ってしまった。

夏休み、デパートでバイトして、その金で北海道へ旅行した。東海道、東北と在来線を乗り継いで青森から連絡線で函館に行った。札幌の北大の時計台付近で知り合った香港の大学生と一緒に阿寒湖へ行った。ユースホステルで、豚肉を食べないイスラム教徒の香港の学生のために、苦心した。自分の英会話力のひどさが情けなかった。列車で寝て東京に来て、移転した実家を探した。練馬区西大泉で西武線の駅から歩いて三十分近くかかった。建て売り住宅で、三百五十万ほどしたようだった。建て売りだが、敷地の半分は車庫だった。父の念願だった個人タクシーが認可されたので、車庫の所有が当然必要だった。家は一階居間、台所、風呂、便所、二階六畳の二室だった。十軒の住宅群の周囲は農地だった。歩いて五分ほどで小さなスーパーや商店があった。

東京都区内といっても、五分歩くと埼玉県だった。農地のあちこちに、虫食い状態で建て売り住宅群が建っていた。

浅草に遊びに行った。隅田川は真っ黒であぶくが噴き出て、悪臭がした。フランス座に入った。ショーの幕間のコントの芸人達が面白かった。後に有名になった萩本欽一がいたと思う。ストリッパーのショーでナスやキュウリを性器に出し入れしたり、火のついた煙草を入れて煙をはき出したのには仰天した。

家で新聞を見ていて、アッと声が出た。新宿高校の同期生で首席の金築誠志が司法試験にトップクラスで合格とあった。金築は二十歳で最年少合格の記録だという。東大法学部の三年になっていなかったのか、早生まれだったのか、覚えていない。金築は、司法官僚として順調に出世して、最高裁判事になった。新幹線人生だ。

新幹線は、まだ運賃が高くて乗れず、東海道線で名古屋まで行った。四日市の大気汚染はひどかった。煤煙が黒い小さな塊となって降ってきた。伊勢神宮を参拝した。八百万の神々の最高峰は、やはり天皇家の祖先として神話化されている天照大神だろう。神道については後述したいが、この伊勢参宮時に思った疑問を書いておく。

ユダヤの神ヤハウェ、イスラム教の神アラーは、宇宙の万物、特に人間を創造した存在だから、絵姿、彫刻像に作られることはない。超人間だからだ。しかし、キリストは人間イエスだから、絵姿、彫刻像が作られる。仏は人間釈迦（正確にはゴーダマ・シッダルダ）が解脱《げだつ》し悟達した存在だから、絵姿、彫刻像が作られる。

天照大神の孫ニニギが日本に降臨して天皇家の始祖となった。応神天皇は八幡神となった。徳川家康は死後、東照大権現になった。権力者だけでなく、政治的敗者達も死後神として祭られる。菅原道真は天神として天満宮に祭られる。つまり、日本の神々は、死後であれ、人間と本質的に同じなのだ。それなのに、日本の神々は、絵姿、彫刻像として作られることはない。なぜか。豊臣秀吉は死後、豊国大明神として祭られたが、将軍になった徳川家康によって、豊国神社は破壊された。つまり、秀吉は神でないので、絵姿が後世に残った。源義経は兄の将軍頼朝によって殺されたが、死後神として祭られたから、絵姿は残っていない。頼朝の画像（真物として一応認める）があるのは頼朝は死後神でなく、仏になったとされたからだろう。西郷隆盛、坂本竜馬の銅像が作られたのは、明治、つまり近代になって、神は絵姿に作られることはないという原理がなくなったからか。日本古来の神として見なされなかったからか。

新宮の駅に夜十一時頃ついた。駅前に旅館などなかった。店は全てしまっていた。野宿するしかないと思って歩いていたら、赤黒い顔の親爺につかまった。ワシの所に泊めてやると連れて行かれた。潮の香がした浜辺の家に入って寝た。朝目がさめて驚いた。土間に板床の室だけの小屋だった。那智の滝を見て京都に帰った。

柏木が弟を連れて地塩寮に来た。嵯峨野の祇王寺のバイトを土、日した。祇王は平清盛の愛人の白拍子、男装の歌舞姫だったが、年下の新参、仏御前に清盛の愛が移って、捨てられ、妹祇女とともに尼になり、嵯峨野の庵に住んだ。それを知った仏御前も尼になり、一緒に仏道に入った。『平家物語』の有名な箇所である。

清盛の座像の眼は水晶だとか、円窓から見える竹林について観光客に説明するガイドのバイトだった。うろ覚えだが、東京新橋の売れっ子芸者が、身体に障害を抱えるようになって解雇され、祇王寺を再興したとかで有名になっていた。六十過ぎの爺さんの執事が赤いスポーツカーに乗って、祇園に遊びに行くことが噂になっていた。

祇王寺の隣に滝口寺がある。やはり『平家物語』で有名な滝口入道にちなむ寺である。祇王寺と滝口寺はセットになって奥嵯峨の観光名所だったが、この頃、観光シーズンの土、日でも来る客はまばらだった。

祇王寺のバイト帰り、よく化野《あだしの》の念仏寺に行った。まだ全く無名、というより観光ジャーナリズムの取材を拒否していた念仏寺は閑寂であった。女客好みの尼寺の祇王寺より、風雅寂然とした念仏寺のほうが、私は渋くて好きだった。

片柳さんに連れられて、片柳さんの友人のIの下宿に行った。離れの小家で、六畳一室に一畳ほどの大きなステレオがあった。ステレオはようやく普及し始めた頃で、非常に高価だった。バッハの無伴奏チェンバロのレコードをかけて小さな座卓にカントのドイツ語原書を開いてIは読んでいた。小さな本立てには英語、独語の本ばかりで、翻訳書すらなかった。

辻村公一教授がハイデッカーの主著『存在と時間』と通例訳されているのに、『有と時』と訳して出版されている（まだ売り出されていず、予告の段階だった）ことがIと片柳さんの話題になった。片柳さんはアウグスチヌスの『告白』の時間論を研究していたからだ。時間を時と訳すことは我慢できるが、存在を有と訳すことは承服できないとIは言った。辻村教授は戦前の西田哲学の流れの最後の人と言われていたが、戦後の語学重視の田中美知太郎教授達の批判を激しく受けていたようだった。ドイツ語の学力のなさに苦しんでいた私は黙って話を聞いていたが、哲学専攻はあきらめるしかないと覚悟した。

片柳さんの友人のKは美学専攻だった。美学は芸術哲学と私は思いこんでいたのだが、Kは日本仏教美術、特にマンダラの画像配置図の研究をしていた。極度の近視の私は、絵の細部がよく見えないので、美術も苦手だった。音痴といい、肉体の劣弱さが結局才能の限界だった。国文学か日本史の専攻を考えたが、京大の哲学に憧れて入学したのだから、やはり哲学科に進みたいと思い、日本の社会思想をやれそうな社会学を専攻しようかなと考えた。就職先もありそうな気がした。

彼岸の休日、左京区松ヶ崎の作田啓一教授の家を訪ねた。玄関に出て来られた作田先生の蒼白なげっそりやつれたような顔を見て、何かとんでもない間違いで突然訪ねたことはよくないことだと感じて、先生にあやまって外に出た。作田先生は厳格な人だから、私の非礼を怒られたのかなと思って帰る道、赤い彼岸花が眼に痛く感じた。数日後、玉川から、作田教授のお嬢さんが自殺したという噂を聞いた。

作田教授の娘が京大生だったか、よく覚えていない。作田教授の父も京大教授だと聞いた。ノーベル賞の湯川秀樹教授の父も京大教授だったが、兄の貝塚茂樹、弟の小川環樹《たまき》も京大教授だった。桑原武夫教授の父も京大教授だった。この頃、戦後占領期の吉田茂総理大臣を評価した論文で有名になった高坂正尭《こうさかまさたか》教授の父も京大教授だった。まだ数えあげれば、多くの親子二代の京大教授がいただろう。

平安王朝貴族の子孫が京都の大学教授になっていると玉川が言った。同志社大の構内の一角にある旧公卿屋敷冷泉家は平安王朝最大の権力者、藤原道長の子孫で『新古今和歌集』を代表する歌人藤原定家の子孫でもあった。精神貴族が古京には実在していたのだと思った。作田教授の娘の自殺の理由を知る由もなかったが、古京の精神貴族社会の目に見えない重圧、ストレスが若い娘の生命をおしつぶしたのか、と思った。

柴田翔の小説『されどわれらが日々』には、共産党員だった東大生が一流会社に就職後、自殺した遺書や妊娠した女の東大生が自殺したとき書いた手紙などが書かれていたが、自殺する動機が浅薄で皮相、何か空虚に感じた。古京の伝統文化の社会的重圧を京大生なりに感じていたからか。

社会学の本を、と思ってマックス・ウェーバーの『プロテスタンティズムの倫理と資本主義の精神』を読んだ。難解で読みづらくて読み終えるまで三ヵ月かかった。プロテスタント特にカルバンの分派ピューリタンの職業倫理、エートスの禁欲が資本の蓄積に重要な役割を果たしたという内容だった。イギリスからアメリカに移住したピューリタン・ファミリーがアメリカ資本主義の基礎づくりをした史実を考えると、ウェーバーの概説はもっともだと思った。しかし、出口勇雄京大経済学部教授の解説を読んで驚いた。近代資本主義は近代ヨーロッパだけでしか成立しなかったとウェーバーは結論づけているとあったからだ。

近代を何世紀と限定していないから幅広く十九世紀までふくめると、明治維新後三十年日清戦争の頃、産業革命によって工業化できた日本近代の資本主義成立はどう評価されるのだろうか。略伝では、ウェーバーは一九二〇年代の大正時代に死んでいる。明治時代の日本資本主義の成立、ロシアとの戦争で日本が勝利した事実を知っていたはずなのだ。

プロシアのドイツ統一の時期は明治維新より数年遅い。ドイツ人学者ウェーバーが近代日本資本主義成立の意義を無視しているのは、ヨーロッパ、白人優位主義の偏見のせいではないか。それにもまして、けしからんと思ったことは、大学生の私でさえすぐ気がついたこうしたことが全く解説で指摘されていないことだ。ウェーバーを神の如く偉い学者だと尊重して、その欠点を何一つ指摘、批判しない日本の学者、教授連中の情けなさは何だ。語学重視のただヨコ文字をタテの日本語に翻訳するだけで事足りるとする学問だから、こうした体たらくになるのだと思った。

『荘子』に、昔の学者の糟粕（カス）を食べるような学問を嘲笑する一節があったのを思い出した。私は『論語』の語句の訓詁注釈をウンコ、ションベンと戯画化し、嘲笑した。だが、次第に、新しい疑問がわいてきた。

ウェーバーの論説では、近代日本の資本主義成立は説明できない。なぜ、欧米諸国以外、唯一、日本だけが、十九世紀末近代資本主義を成立でき、工業化社会になることができたのか。この疑問を解くために社会学を専攻しようと思った。マルクスと同じで、ウェーバーもまた工業化、特に技術革新の論点が抜けていると思った。だから、工業の技術革新を論点にしぼれば、この疑問の解答が得られるだろうと思った。ドイツ語の成績が悪くて心配だったので、田口助教授にお願いして、単位をもらった。教養部の単位はほとんど出席せず、レポートだけで単位を取得できた。

4、反社会学

昭和四十一年（一九六六）、三年に進級する際、文学部から法学部、経済学部などへの転部が認められていたので、三組から、十人ぐらい転部していった。就職を考えると法経へ転部したくなるのだった。学生達の噂では、文学部二百人のうち、上位成績優秀者三、四十人が大学教授、英米文、国文と史学科の学生が高校教師、優を数多く集めた学生がテレビ局、新聞社、出版社など大手有名会社員、その他大勢は中小の名も無い会社に勤め、消息不明者も少なからず出るということだった。中央大法学部にいたら、就職探しの年だが、私は企業のサラリーマンになる気がまったくしなかった。寮の藤野には高校の教師なんかになるな、あんなつらい思いをしてまで京大に合格したんだから、と言われた。藤野は一年浪人生活を経験していた。

大学教授をめざして大学院に進学するには、英語独語の学力がなく、第一、経済力がなかった。京大文学部入学に反対した母が、大学院進学を絶対に許すはずはなかった。

春休み、東京の家に帰らず、四条河原町の高島屋でアルバイトをした。特売の家具売り場で、二十七、八歳の若い主任の話にうなった。同志社大に入学した後、夏、冬、春の休み四年間アルバイトをして、卒業後高島屋に入社したので、高卒十年の社員と同じだと言ったのだ。特売のタンスは四万で、当時の会社員の月給と同じだった。私は一つも売ることはできなかったが、バイトの仏教大の学生が、別々の二人の客に同時に二つのタンスを売るという天才的セールスの技を見せた。坊さんの子は口がうまいとバイト達は陰口を言った。坊さんの子は人から信用されるのだと私は思った。

百六十五センチぐらいの当時としては大柄な二十代後半の女客が私の前に来た。私のセールストークを女客は聞き流して、「一緒に見てくれない?」と言って、私を高級家具売り場に連れて行った。百二、三十センチの整理ダンスの斜めの上板を下におろして引き出すと机になった。代金は四十万だった。当時、最新の大型ステレオと同じくらいの高額だった。

　昭和三十五年安保闘争終了後、池田総理大臣が所得倍増計画を打ち出して、月給が二万から四万に倍増したとはいえ、四十万は会社員の年収を相当上回る額だった。女客は、ミス日本で女優の山本富士子タイプの鼻筋の通った顔立ちだった。ピンク地に落ち着いた柄の服装だった。商品知識のない私は、何も話すことなく女客を見ていた。「アルバイトね、どこの大学?」「京大です」「そうね、その分厚い眼鏡が証拠ね」女客は口を少し開けて声を出さずに笑った。「うち、ノートルダム女子大の同窓会長の仕事を手伝っているの」と女客は言った。

「ノートルダムって、パリの教会、カソリックの、京都にある女子大ですか」

「あなた関東の人、アクセントがきついわね」

「ええ、東京です。新宿高校出身です」

「普通の人と逆ね、京都が好きなのね」

　女客は名刺をくれた。自宅の住所が書いてあった。数日後、長浜寿美に手紙を書いた。住所は上京区室町一条西入ルだから、左京区東一条西入ルの地塩寮から京都御所を通り抜ければ歩いて三十分もかからない近さだった。平安王朝の大貴族邸や室町幕府があった所だ。長浜寿美にひかれたこと以上に室町一条に住む女のイメージにひかれたのだった。古京の都の魔力めいた魅惑について書いた手紙に、長浜寿美は他愛もない内容の返事をくれた。

　地塩寮から法学部四年の石川巌が出て行った。鋭く豊かな感性の詩人肌の人だったが、キリスト教に入信しなかった。森光男理学部三年（後に東海大教授）が入寮した。湯川秀樹教授を慕って、物理学徒になった男で、私は森を大歓迎した。もっとも物理学、特に素粒子論を聞いても全然わからなかった。

私は京大Yの事業部理事になり、初めて理事会で先輩理事の話を聞き、年内に地塩寮が取り壊されることを知った。洛水寮の土地を売って、その代金で地塩寮は鉄筋コンクリート三階建てにする計画が年内にも実行に移されると言うのだ。伊藤忠商事に勤めるK先輩理事の尽力によるものだった。木造二階建ての地塩寮に不都合を感じていない私は不服だったが、反対しても手遅れだった。寮長になった片柳さんも「このままの寮でいいのになあ」と嘆声をもらした。

社会学の池田義祐教授の授業に出て、呆然となった。社会的人間関係、コミュニケーション、小集団、組織、社会構造等対象項目を列挙した概論だった。あきれて文句を言う気にもなれなかった。教養の一年相手の入門講座じゃあないんだ。池田教授はマックス・ウェーバーの学説についての講義もしたが、まるで熱のない棒読みで、自分で研究した苦闘ぶりの痕跡など全く感じられなかった。何だか、他人の研究ノートを借りてきて読みあげているようだった。これが京大教授かと驚きあきれた。

池田教授よりもっとひどかったのが教育学部の姫岡教授の授業だった。黒板に教授は、参考文献の書名を書きだした。英独仏の本の名が次々と書かれた。五、六冊まで書き写して、馬鹿らしくなってやめた。席を立って教室から出て行く学生がいた。一時間近く教授は本の名を板書して教室から去った。十人ぐらい残っていた学生は茫然としていた。私は次の週の授業には出なかったが、噂では三人学生が授業に出たが、教授はまた参考文献を三十分ほど板書して教室を出て行ったそうだ。三回目の授業には野木秀夫（後に神戸商科大教授）だけが授業に出たので、教授は野木を研究室に連れて行って個人授業をしたそうだ。授業をしたくなかったから、姫岡教授はあんなことをしたのだろうか。人文研の飛鳥井雅道助教授は、大逆事件の幸徳秋水の研究で有名だったが、病気休講で一度も授業しなかった。

これは噂で真偽は不明だが、梵語梵文学の講座は大地原豊助教授が開講して十年以上専攻する学生は一人もいず、受講する学生も皆無で、授業は全く行われなかったと言う。大地原助教授は教授に昇進できず、退官したあと、インド哲学の講座に変わったそうだ。

社会学教室では、毎年、農村調査旅行をしていた。研修と親睦をかねた一週間の旅行で、群馬県の高山村に行った。当時、新宿駅西口にあった淀橋浄水場が撤去され京王プラザホテルなどの超高層ビル街の建設が始まり、羽仁五郎の『都市の論理』がジャーナリズムでもてはやされていた。都市社会学に関心をもつ学生はいても農村調査に進んで行く学生などいなかったと思う。しかし、農村調査に行かないと単位がもらえないとおどされていたので、三年全員行った。池田教授の専門が農村社会学で、戦後の公民館建設の研究だということを知った。地方の大学の教授の仕事だなと思った。高山村は大変な、名前通りの田舎だった。東京近郊の農村では耕運機などを使い始め、構造改革が進められていた頃だが、高山村での調査は全く古い村人の親和関係などのおよそ若い学生の興味をひくものではなかった。

高橋三郎助手（後に京大教授）は我関せずの態度で、指導など全くしなかった。

九月になって、前堀信子の家に行った。父は高名な弁護士で、応接間には細長いテーブルがあった。兄は四浪して京大に入り、四年のとき一発で司法試験に合格したと言った。前堀はフランス文学科を終了して社会学科に転入した、顔の長い、才女だった。池田教授の語学力のなさを悪評したあと、前堀は前任の臼井二尚名誉教授は日本社会学会の会長をした政治的人間だったからお追従だけのイエスマン、茶坊主の池田義祐を後任の教授にしてしまったのだと言った。

「つまり、講座制がいけないのだな」「そうよ」前任の教授だけが後任の教授を選ぶことが出来て、教授の地位は講座制に守られて、汚職などの失態がない限り、定年退官まで完全に身分保障されるのだ。十年以上、論文一つ発表しなくても地位は安泰だった。「金持ちのドラ息子だと思ったけど、そうじゃないみたいね」と、前堀は言って、私を驚かせた。タクシーの運転手の息子で職工が兄の私の評価が、それも弁護士の娘の才女が見た評価が、金持ちの息子とは仰天だった。

社会学科のAとKが寮の私の室に来て、本棚に社会学の本が一冊もないと言った。言われて、私も気がついた。講座社会学などの本を一冊も買わなかった。M・ウェーバーの学説を批判するにしても知らなくてはいけないと思って、「ウェーバーの著書やウェーバー研究の論文集、伝記などは買って読んでいたが、反社会学なんだよ」と言うと「反社会学だって、何だい、それは」と、A（後に大阪府高校教員）とK（後に大阪の民放テレビ局員）は呆気にとられて言った。社会学の開拓者の一人、M・ウェーバーの学説を批判する立場だから、反社会学だと思ったが、AとKには説明しなかった。

反テレビ時代、反社会学をまとめると反体制である、反権力である。

反時代は伝統志向、反体制は革命志向、伝統的天皇制を尊重して、現実の徳川幕府体制を打倒した明治維新は伝統にのっとって革命したのである。伝統と革命は一見矛盾しているが、現実の体制を否定する志向において同一だ。しかし、伝統的精神貴族、京大アカデミズムへの幻想は、社会学の池田教授の茶坊主的実態を知って崩れ出した。心理学を専攻した高倉正暉は、園原太郎教授への批判がうっ積していると言った。鉄壁の講座制に守られて、教授の座につくと、学問を放棄して安眠にふけるのだ。京大に入学した時もっていた伝統幻想は、破れてさめた。その分、反権力、革命幻想が強くなってきた。反権力は自己権力志向である。ニーチェの『権力への意志』を読んだ。

キリスト教の神（創造主）は死んだ。人間が神（創造主体）になる。人間が遺伝子操作植物、クローン動物（クローン人間）を創造することをニーチェは予言したのだ。つい筆がすべった。四十数年前（二十世紀後半）にこう考えたわけではない。

文学部の図書室で西谷啓治名誉教授の論文集を見つけて読んだ。内容はほとんど忘れたが、読んでいる最中に圧倒されるような気迫を感じた。西田幾多郎の『善の研究』を読んだときに感じた気迫を思い出した。片柳さんに話すと、西谷先生は西田の高弟で生きている最後の人だと教えてくれた。

キリスト教の宣伝のため京大Yは学内で講演会をしていた。私は事業部理事として講演会を仕切る役目であった。

「西谷先生にお願いしてもいいかな」

「ウーン、キリスト教と無関係だぜ」

「宗教、現代思想、そのニヒリズムの克服というテーマで講演してもらうのはどうですか」

片柳さんは了解した。私一人では心もとないので片柳さんに一緒に来てもらって、西谷先生のお宅にうかがった。先生は七十歳過ぎで大変やせていた。世間から忘れられていて、学生の訪れもほとんどなかったようで、私達を喜んで迎えてくれた。私達の願いを先生は快諾された。三十分も話さなかったが、私は格闘して打ちのめされ、組み敷かれたようなひどい気力の重圧を感じて、お宅の外に出たときにはひどく疲れてしまった。それを言うと、片柳さんは苦笑した。片柳さんは先生にそんな気迫を感じなかったようだった。文学部一番教室二百人収容を考えて申請したのに、学生課は法経一番教室五百人収容を講演会場に割り当てた。学内に立て看板やポスターを貼ったが、大教室がガラガラではないかと心配でたまらなかった。しかし驚いたことに満席で立ち見の学生までいたのだ。いや、相当の年配の聴講者の方が多かった。西谷先生の講演は全く覚えていないが、ともかく大盛況で、「西田哲学の影響力、動員力はすごいなあ」と、片柳さんは嘆声をあげた。

これは五月の連休明けの頃のことだったが、比較のため、九月中旬にやった田中美知太郎名誉教授の講演会についてここで書いておく。新聞雑誌で田中先生は大変有名だった。ギリシャ語の権威だった。火傷による怪異な容貌は、哲学者にふさわしく思われていた。しかし、法経一番教室は四分の一ぐらいしか聴講者は入らなかった。まだ六十代後半の田中先生に私は話をしていても、何の気迫、重圧を感じなかった。

長浜寿美と、いつどこで初めてデートしたのか、全く覚えていない。それほど感激しなかったのか。いつ頃か、寿美と、京極の映画館に入った。英国中世の騎士の恋愛映画で全くつまらなかった。高校三年のとき、新宿で新藤兼人監督の白黒映画『裸の島』を見た。無言劇で、モスクワかどこか外国の映画祭でグランプリをとったので、話題になり、見たのだが、さっぱり面白くなかった。それ以来の映画鑑賞だった。

この映画の後だったか、それとも別のときだったか忘れたが、寿美は私を三条河原町、いや木屋町か、鴨川に張り出した床店に連れて行った。鮎の塩焼きか何かの料理を食べた。勘定書を見てびっくりした。二人で千円だった。寮で朝夕二食、昼は学生食堂で五十円ぐらい、たまに学外の食堂に入っても百円以内の勘定だったのだ。市内の繁華街の料理屋に入ったのは考える間もなく、初めてのことだった。私は千円持っていなかった。そして何と驚いたことに、私を案内した年上の寿美も千円持っていなかったのだ。デートの食事代は男の人が支払うのが当然のマナーだと言う。アルバイトの苦学生とデートしているとは寿美は考えもしなかったのだ。四十万の高級家具を買わなかったが、見ていたプチブルジョワ家庭の娘の一方的なマナーに閉口した。これまで寿美が男とデートしたときは、必ず男が食事代を支払ったのだった。

私は寮に電話した。一年後輩の福山信夫（後に京都市役所職員）が出たので、千円もって大至急川床の店に来てくれと頼んだ。幸い三十分ほどで福山が来てくれた。寮費は月四千円だったから千円は大金だったが、一月後福山には返したと思う。

母から思いがけなく数万の仕送りがあったからだ。遺産相続のカタがついたらしかった。戦前、母の弟が軍医少佐で戦死したあと、母のすぐ下の妹が家督相続人として婿取りをした。戦後、新民法では母達四姉妹均等分割相続になったが、旧民法の名残もあって、新宿百人町の祖父母の土地の売却代金の分割の取り分をめぐって、母と叔母の間の調整がもめていたらしかったが、決着したようだった。この金で、私はM・ウェーバーのドイツ語の二冊の大部の論文集を買った。翻訳でも難解なウェーバーの論文はドイツ語では頭が痛くなるほどだった。語学力のなさに絶望的な惨《みじ》めさを感じた。

夏休みはアルバイトをしないで全国学生ＹＭＣＡの聖書研究会、山中湖のセミナーハウスに京大Yを代表して出た。この聖書研究会で何を話したか覚えていない。ただ私は聖霊について考えていた。神の子イエスは超人間的神（精神、創造主）と人間（肉体的欲望）に分裂した絶対的矛盾の存在である。図式的形式論理で言えば、この分裂した絶対矛盾を自己統一したのが、聖霊である。父なる神、神の子イエス、そして聖霊の三位一体《さんみいったい》説がキリスト教信仰の構造の核心である。しかしである。聖霊がどうしても私には実感できなかったのだ。

全国の大学ＹＭＣＡの聖書研究会に出たあと、私はキリスト教徒にならず離れていくので、その理由を明示しておこう。

二十一歳の私が以下のように明解に言語化できたわけではないが、直感はしていたのだ。神の子イエスを処女マリアが産んだという神話は非科学的で信じることができない。ユダヤ教の神は宇宙の万物、人間の創造主であるから、人間の女と性交できるわけはない。ユダヤ教の論理では神の子は存在できない。だから神の子イエス、聖母マリアの神話化によって、キリスト教はユダヤ教から分離独立したのである。父なる神と聖母処女マリアと神の子イエスの神話化は私の独断的推測だが、ギリシャ・ローマの神話の影響、取りこみによるものだろう。

キリスト教の神のあいまいさ、一面ユダヤ教の超人間、人間と質的に断絶した創造主と一面人間の女と性交する人間と同質の神という二義性のあいまいな非論理さが、私のキリスト教入信の障害になったのだ。

イエスの刑死後の復活、天国での最後の審判などの神話を私は全く信じることはできなかった。ユダヤ教の論理では、イエスはイザヤ、エレミヤなどと同じ預言者の一人だろう。預言者は未来の預言をする者ではなくて、ユダヤ教の神（創造主）の言葉を聴いて預かる者である。「汝殺すなかれ……」など十戒をユダヤ民族に与えたモーゼも預言者だろう。十戒はユダヤ民族の神から与えられた言葉だから。神の与えた十戒を破って神の教えにそむいた罪を厳しくとがめた神の言葉を聴いた預言者達と違ってイエスは罪の赦《ゆる》しという神の愛を説いたから、罪人達の救い主キリストとしてあがめられたのだ。もっとも、罪の赦し（愛）を得るのは、キリスト救い主を信じた幸いな人だけである。ドストエフスキーの小説では、殺人犯ラスコーリニコフは、死刑は免ぜられたがシベリアに流刑され『罪と罰』のままで、罪の赦し（愛）は与えられなかった。彼が罪を悔い改めた、キリスト教信者でなかったから罪の赦し（愛）を得られなかったのだ。

しかし、神の言葉を預かるというのは論理的に考えるとおかしいのだ。神が人間と同質ならそれもいいが、ユダヤ教の神は本質的に人間と断絶しているのだから、人間が聴きとれる言葉、声を言うはずがないのだ。

宇宙万物の創造主の神意を受けて、人間の言葉、声に翻訳、通訳する働きをする存在が、創造主たる神と人間の仲立ちをしているはずだ。この仲立ち役が聖霊である。聖霊は一面で神意を受けて理解する働き（精神）と一面、人間の肉声にそれを翻訳する働き（肉体）の二面性の存在だ。だから、神の子イエスの自己分裂、矛盾（精神と肉体の対立）を統一できるのだ。この聖霊の働きを最初に発見したのが、鋭敏な論理家パウロであった。

この聖霊論はあくまで私の独断的偏見であって、キリスト教の一般的教義ではない。新約聖書の使徒行伝では、パウロははじめキリスト教の迫害者として活動していた。それを叱る神の声を聴いて宗教的回心つまり、罪の悔い改めと赦しによって、キリスト教の宣伝の使徒となった。

パウロの回心のような宗教的体験がない限りキリスト教に入信できないと若い私は考えていた。パウロはこの回心の体験を聖霊が降臨したと考えた。使徒行伝は福音書作家の一人、ルカが創作した物語だと言われているから、神の声を聴くことと聖霊降臨が全く同一であるか、論理的にはあいまいであるが、聖霊をイメージ形象化すると天使である。その反意語たる悪霊をイメージ形象化すると悪魔である。つまり、キリスト教の文脈では、悪魔は神の反意語ではない。天使が愛（罪の赦し）を告げるのに対して悪魔は犯罪（破戒）をそそのかすのだ。

聖霊は外界（神の声）と人間の内部（精神と肉欲の統一）をつなぐ二重性をもっているが、外界から内部への聖霊の降臨が宗教的体験になるわけだが、私はこの聖霊が実感できなかったのだ。だからキリスト教に入信できなかったのだ。

私には宗教的資質がなかったのだ。キリスト教的に言えば、神に選ばれなかった不幸な人間だった。讃美歌を歌うのが得意で大好きだということでキリスト教に入信できる幸福な人が数多くいるだろうに。

　昭和四十年頃キリスト教の非神話化がなされていたので、よく覚えていないが、聖霊を電子と考えることがあった。天上の神と地上の人間を仲立ちする雷光（神鳴り、稲妻）と人間の体内にある電子が感応（雷に感電）することを聖霊降臨と神話化して物語ったと私は考えたりした。山中湖畔のセミナーハウスの合宿を終えて、京都の地塩寮に帰っていた私を玉川が兵庫の三田高原のペンションに泊まりに行こうと誘いに来た。玉川の親類がペンションを経営していると言った。学割に従兄弟割り引きにさせるからと言うので泊まりに行った。玉川の従兄弟は不在だった。東南アジアの国へ蝶の採集旅行に行っていたのだった。玉川は一泊して鳥取の実家へ帰ってしまった。蝶を追って飛んで行った経営者の若い妻は時々ヒステリーをおこし、二歳の幼児にあたり、夜、ペンションの外に幼児を追い出し、戸を閉めた。泣き叫ぶ幼児のわめき声に耐えられなくて取りなして、幼児を抱きかかえて家の内に入れた。翌日、昼寝をしていて奇妙な感触がして目覚めると幼児が私の頬に唾液だらけの唇を押しつけていた。

　このとき本を持っていかなかったので、ぼんやりしていて、疑問が頭にぽっかり浮かんだ。神（創造主）は死んだと宣言したニーチェはキリスト教への信仰を失ったのだから、聖霊の存在も消えてしまい、精神と肉体的欲望を統一する働きがなくなって、自己分裂してしまったのではないか。その自己分裂の荒廃こそがニヒリズムなのだろう。

人間（自己）が神（権力）になろうとする意志によって、ニーチェはニヒリズム克服（つまり自己統一）をなしとげようとしたが、はたせず、異常をきたし、発狂してしまったのだった。聖霊を実感できず、キリスト教を信仰できない私（日本人）は敗戦後の理想喪失ニヒリズムの状況で、なぜ自己分裂せず統一できているのだろうか。論理的に精神と肉欲の自己分裂があるはずだが、なぜ、私（日本人）は自己統一できているのか。現実に自己統一していて何の問題も障害も生じていないのだから、こんな疑問を考えても無意味だと思ったが、疑問は残ったのだった。

ペンションに住友系企業の若い女子社員五人が泊まりに来た。そのうちの一人が私に関心をもち話しかけてきて、私がペンションを去るとき、電話番号を書いてよこした。数日後、神戸で逢い、摩耶山に登り、夜景を見、三宮から港の波止場に行った。名前は忘れてしまったが、ネズミのような顔の女だった。京大生ということだけで食いついてきた女で、このあと逢うことはしなかった。

長浜寿美と映画『罪と罰』をいつ見に行ったのか、よく覚えていない。九月初めかどうか。寿美も私が京大生だから、つきあったのだろう。私は寿美が室町一条に住む京女だから、つきあったのだ。寿美がどういう女なのか、その人となりにはほとんど関心をはらわなかった。京女への憧れが強かったのだ。

5、学友会委員長

社学同の夏期集会に玉川が私を連れて行ったのは、三田高原のペンションに行く前だったかもしれない。討論会は終わっていて、雑談していた玉川がどうして集会に入りこめたのかよくわからなかった。玉川は社学同の活動家連中と顔なじみだったが、セクトのメンバーにはなっていなかった。

春の選挙で、社学同は民青に負けて全学自治会同学会の委員長を失った。教養部と文学部の自治会だけが社学同の支配になっていた。同学会の権力を失って自治会費の金が使えなくなって、社学同の集会は意気消沈していた。それで、ノンセクトの私や玉川が集会に入りこめたのだろう。玉川は吉田山の洋酒喫茶店白樺に私を連れて行った。マスターの高瀬泰司は安保ブントで白樺の店つき娘の婿になった。

京大社学同の活動家に白樺派グループがあったらしいが、私は白樺には一度しか行かなかった。九月末に地塩寮を取りこわすことが決定した。京大ＹＭＣＡの活動もしなくなるので、私は社会学教室の自治委員になると名乗りをあげ、無投票で選ばれた。受験勉強のフラストレーションの発散で教養部の一、二年でデモに行ったり、自治委員になる学生はいたが、三年の後期にはほとんど皆何の活動もしなくなっていた。

私は学生運動ができるのは学生の特権で、京大を出たら政治活動はできないと思っていた。とはいえ、たかが自治委員になることは学生運動の活動家になることをストレートに意味しているわけではなかった。まあ、せいぜいその周辺に近づくぐらいにしか考えていなかった。ただベトナム戦争は次第に激化し、中国の文化大革命も紅衛兵運動が活発化しだしていた。反時代的に生きていた私にも無意識のうちに時代の激動の足音が聞こえていた。

文学部自治会、学友会の委員長は、前期に引き続き、社学同の渡辺義明がやることになっていた。前期の副委員長の中川謙（後に朝日新聞論説委員）は婚約した恋人がいた。副委員長になってくれと渡辺が言うので、ああいいよと答えた。どうせ名前だけのことだと思った。ところが、である。渡辺がデモで警棒で頭をなぐられて大怪我をした。まだヘルメットをかぶり角材をもつ学生活動家のスタイルができていなかった頃だった。

頭に包帯をぐるぐる巻いた渡辺を見て民青がチャンスと見て、まだ決まっていなかった教室の自治委員選挙に対立候補を立ててきた。民青の島（後に同志社高校教師）が応援演説をするので対抗上仕方なく渡辺のかわりに私が独文科、心理学などの教室に行って、ノンセクト、ノンポリ（非政治）の候補を応援した。民青というより共産党に対するアレルギーの強い文学部学生が大半だったので、自治委員選挙に勝った。

渡辺が「ノンポリの委員長のほうが、皆が怖がらないからいいよ」と言って、私を委員長にすると言った。

新宿高校の三年B組で議長にさせられたが、全く名ばかりで何もしなかった。今度も同じかな、と思って引き受けた。副委員長、書記、会計も皆ノンポリで、名ばかりで、何もしなかった。仕方なく私一人学友会ボックスに行ってガリ版印刷をした。新宿高校の二年、社研に入ってボックスでガリ版印刷をしたのを思い出した。あの時は田中がいたが、今度は私一人だけで、頭に怪我をしている田辺もほとんどボックスに来なかった。

私が学友会の委員長になったことは、渡辺と三役以外ほとんど誰も知らなかったと思う。学生大会を開くこともしなかったし、立ち会い演説会もしなかったから、片柳さんにも黙っていた。玉川、高倉、そして大石と三組の友達にも話さなかったが、大石は京大新聞の記者だから知っていたかもしれない。しかし、結構学友会の委員長になったことが後々まで私の意識と行動をしばって規制したのだった。後に引けず前へ押し出していったのだ。

地塩寮を出て、近鉄奈良線の田辺駅近くの雑貨屋の二階六畳に下宿した。京都市内は下宿代が高くて見つからなかった。同志社大の分校建設の話は出ていたらしかったが、まだ田辺には学生下宿はほとんどなかった。

十月初めのデモで私は旗持ちをさせられた。分厚い眼鏡の私をデモのスクラムに入れるのをデモ指揮の社学同の活動家があぶなく思ったからだろうが、旗持ちの新顔は目立ったので、公安刑事二人に目をつけられて、私はデモ隊からはずれて追いまわされた。その頃はまだ公安刑事はビデオ撮影をしていなかった。京都は牧歌的だったから機動隊もおらず、制服警官が警備していた。

三兄は京大に入った私を「変人」とののしったが、中央大にいたら就職を決めて卒業を目前にひかえた時期に誰もやりたがらない自治委員になって成り行きとはいえ、学友会の委員長になったのは変人のきわみだと、学友会ボックスで一人ガリ版切りをして思った。

十月初めのデモは五十人たらずで沈滞していた。ところが、十月八日の夜にテレビニュースで、学生運動の激動の開始の幕が切って落とされたことを知った。

佐藤首相訪米阻止の羽田闘争デモで、京大文学部一回生山崎博昭が警察機動隊の過剰警備で虐殺されたのだ。濃紺のヘルメットにフェイスガード、分厚い制服、黒革の手袋、ジュラルミンの光る盾、黒く鈍重な太い警棒、ごつい革の長靴姿の太った背の高い屈強な警察機動隊員を食堂のテレビで初めて見て恐怖感におそわれた。軍隊じゃないか。ひどすぎる。NHKと違って大阪の民放テレビ局は反東京反政府色が強かったから、機動隊の過剰警備を批判した報道だった。

十月二十日、国際反戦デモは京都でも五百人以上参加した。同志社大は社学同が全学自治会をとっていたので、府学連委員長は同大生Tで、デモ隊の主力だった。立命館大は共産党、民青が教職員組合、自治会をとっていたので、ほとんど参加しなかった。山崎博昭がマル学同中核派だったので、二百人ほどの中核派の白ヘルメット、ゲバ棒（角材）姿がすごみを発していた。一種異様な殺気めいた気分がデモ参加の学生達にあった。デモが終わったあと、円山公園で休んでいたとき、眼を血走らせ口から泡を吹いて、革命が成功したと叫んで走っている学生を見た。恐怖感に耐えられなくなった気弱な学生だと私は思った。

十一月、文化祭で学友会会計の国文科の寺島（後に橘女子大教授）さんの高校の友人、関西大の化粧の濃い派手な服装の女子大生に紹介され、その女と鴨川の土堤を歩いて三条に行って、洋酒喫茶で飲んだ。女のほうから次のデートの日時を指定したのに、約束はすっぽかされ、一時間待ちぼうけさせられた。女の名前は忘れてしまった。当時まだ珍しいマイカー通学していると言っていた金持ちの家の娘だった。

長浜寿美が呼び出しに応じて、奈良の法隆寺見物につきあってくれたのはうれしかった。もっとも法隆寺は修学旅行の中学生達が多く、ゆっくり見られなかった。

十一月二十日の佐藤首相再訪米阻止闘争に行くことを決めた。渡辺義明は行かなかったので、京大文学部から私一人の参加だった。学友会の委員長になったしばりがあったからだ。山崎博昭の虐殺死を思うと、命懸けだと恐怖感で体がふるえた。東京へ行く前夜、マリファナとハイミナール（当時ともに合法だった）を吸って飲んで、異常に昂揚して、田辺の下宿で転倒してしまった。

翌日、京大生十人ぐらい、府学連も含めて五十人ほどで高速バスに乗り東京に行き、夜、東大の駒場寮に泊まった。服を着たままの雑魚寝でとても汚い部屋だった。

あとで週刊誌を読んで知ったことだが、11・20デモ参加者は三千人でうち千百人の学生が逮捕された。

東京、神奈川の警察の留置場がどこも満杯になったそうだ。菊屋橋一号と呼ばれた女子学生は完全黙秘を通した。罪名は何であれ逮捕して留置場にたたきこめば、懲《こ》りて学生運動をやめるだろうというのが公安警察の目論見だったらしい。事態はその逆に動き、学生運動はより一層過激化した。10・8デモで京大生が殺されたので11・20デモでは京都など地方大の学生はデモ隊の後方に配置された。私は機動隊どころか制服警官すら見ることはなかった。

全学連の結成大会が十二月の何日、東京のどこで開かれたか、覚えていないが、私はかなり前方の中央部の所に坐っていた。全学連は全国の大学の自治会の連合組織だが、それは建て前で、実は中核、社学同、社青同三派セクトの連合体だった。委員長は中核の秋山（横浜大）、書記長は社学同の佐藤（明治大）だったが、大会のハイライト基調演説は革共同議長の北小路敏（京大出身、六〇年安保闘争最後の全学連委員長）だった。もの凄い声量の演説だった。

この前後、京大新聞に、第三期学生運動論が載った。七〇年安保条約自動延長粉砕闘争へのアッピールだった。この論文で塩見孝也（後に赤軍派議長）の京大ブントの理論的リーダーの地位が確立したのだと大石英男が言った。一期は敗戦後から昭和二十七年六全協まで共産党学生細胞が主導した。二期は共産党から分離した共産同、通称安保ブントが主導した全学連による六〇年安保闘争、そして三期学生運動を京大ブントは最前衛に立って闘うという闘争宣言だった。

前衛はロシア革命の理論的リーダー、レーニンの「何をなすべきか」で主張されたボルシエビキ党の立場である。二十世紀後半の先進資本主義社会日本に十九世紀末のロシアの革命政治思想をそのまま適用するのは時代錯誤じゃないか、と思ったが、過激派セクトが学生運動の最前衛に立って闘うことに異議はなかった。

ノンセクト、ノンポリの私は後衛だと自認した。日大の全共闘でノンセクト、ノンポリの学生大衆が主役になりつつあることを知らなかった。東大闘争でも安保ブントの残党ともいえる助手、大学院生がリーダーになっていたとはいえ、全共闘の中心はノンセクト、ノンポリ学生であったと思うが、この時はまだ広く知れわたっていなかった。マル学同革マル派（早大文学部だけ）は黒田寛一の著書をあがめていると有名だったが、関西の社学同シンパの学生達は、大阪労働学校の藤本進治の『革命の哲学』を読んでいた。藤本の新著『革命の弁証法』を読んだが、藤本自身書いていたように、中途半端な内容だと思った。アウフヘーベン革命まで論じているが、ジンテーゼ総合が書かれていない不十分な弁証法論理だったからだ。

6、旧主事宅

昭和四十二年（一九六七）二月、ベトナム戦争が激化した。新明和工業の労働争議に関西ブントが介入し、支援デモにと大阪へ行った。機動隊はおらず、御堂筋の大通りをデモ行進できた。田辺駅前の雑貨屋の下宿を出た。肥満した中年の主婦が、「おおきに」と言った。「うち、子供が出来るさかい、お世話できへんから、どうしよう思ってたんやわ」と言った。まるで私が主婦の妊娠に気づいて下宿を引き払うことを申し出たように思っているらしかった。

洛水寮は取りこわされ、その土地は売られたのだが、隣の主事宅と呼ばれていた二階家は残され、その一階の空き室板の間六畳ほどに私は入ることが許された。

三月末の満月の夜、学友会ボックスを出て、ぼんやり歩いていた私を追い抜いてスラリとした女子学生が去って行った。月光をあびた女子学生の影が妙に薄いなと感じた。そして、あれ、と驚いた。靴音が聞こえなかったのだ。ド近眼で特に夜は一段と視力がなくなったせいか、靴がよく見えず、その女子学生が宙に浮いているかのように見えたのだ。私は呆然として立ち尽くした。その瞬間、あ、この女は死ぬんだ。病死か事故死か自殺かわからないが、生命力を失って突然死する人だと直感した。と同時に自分の異常に張りつめた感覚に気づいて学友会ボックスにぽつねんと一人で夜を過ごしていた孤寂に悲哀を覚えた。

四月上旬、新学期晴天の日、百万遍の角の歩道で私は新三回生の女子学生五、六人と立ち話をしていた。よく覚えていないが、たぶん学友会について話していたのだろう。そこへ一人の女子学生が走って来て、美学のA子さんが自殺したとカン高い声で言った。私の前の戸田さんが絶叫して泣いた。崩れそうになった戸田さんを私は抱きささえた。戸田さんは私の胸に顔を押しあてて泣いた。戸田さんの肩を抱きながら、美学のA子はきっと三月月光の夜見たあの女子学生だろうと思った。戸田さんとはこの後、会うことはなかったが、この時一緒にいた女子学生の一人、英米文の東芙美とどういう会話をしたのか全く忘れてしまったけれど、三条木屋町の小料理屋で二人だけで食事をした。東芙美の行きつけの店だった。金がたりないのではないかとひやひやしたが、何とか私が二人分支払うことができた。東芙美は全然アルバイトをせず親の仕送りで優雅に学生生活をエンジョイしているのに、アルバイトに追われている私が食事代を支払うマナーに腹が立ったが、男の見栄で仕方なかった。東芙美は実に健康そうでころころ太っていたが、化粧は近眼の私の目にも下手だった。

学生塾で小学生に教えるバイトをしたが、塾長は京大文学部のオーバードクター（大学院博士課程終了後、浪人）だったが、近畿大の講師に就職できたのでその代わりに私を雇ったのだった。結婚していて子供がいたと思う。

人文研の上山春平教授が文学部で講義された。上山先生と梅原猛京都市立芸大教授（後に文化勲章受章）の共著『日本学事始』は非常に私には刺激的だった。『古事記』『日本書紀』の神話、天照大神が孫のニニギノミコトに日本国の統治を命じて降臨させたのは、持統天皇が孫の文武天皇に皇統を継がせたことを正当化するためである。祖母から孫へという異常な皇統相続を神話によって正当化したのだ。万世一系の神話は天智天皇の死後、壬申《じんしん》の乱に勝って即位した天武天皇の系統を正当化する政治イデオロギーである（天智天皇と天武天皇は同母だが、異父の兄弟なので、易姓になり壬申の乱は易姓革命だと見る学説があった）。祖母神から孫へ、万世一系の天皇家の神話を創作したプランナーは藤原不比等ではないかと上山教授達は推論した。

不比等は、天智天皇を助けて大化改新をなした藤原氏の始祖鎌足の次男で、中国の隋、唐の律令を、日本の天皇制に合うように改変し定着させた。不比等（ひとしくくらべられない）と持統天皇から命名された卓絶した政治家で、後の平安王朝の藤原摂関体制の基礎を形成した実権者であったが、日本古代史を専門的に勉強しない人達はほとんど知らない。神話のアマテラスから孫のニニギへの日本統治の相続と史実の持統女帝から孫の文武天皇への皇位相続、つまり祖母から孫への異常な皇権相続の正当化のプランを企画実行したプロデューサーが藤原不比等であったということは推論であって、史料によって実証できたわけではない。だから、日本古代史アカデミズムは上山春平教授達の功績を容認しなかった。講義終了後、私は上山教授に質問がありますと言った。先生は中庭のベンチに坐って私を横に坐らせてお話を聞かせてくださった。私の質問や先生のお話の内容は忘れてしまったが、先生の包みこむような温和な人柄の大きさは忘れられない。

キリスト教学の武藤一雄教授の講義に出たのは、片柳さんに会うためだった。地塩寮を出てから、ほとんど会っていなかった。京大ＹＭＣＡの会館は取り壊されずあったのだが、私はあまり会館に行かなかった。

片柳さんは大学院に進学したので、キリスト教学教室に、学部学生はおらず大学院生だけであった。武藤教授はブルトマンのドイツ語原書を解説していたが、黒板にドイツ語の文章を書かれて一切和訳しなかった。ドイツ語の文章の所々に日本語がはいる講義だった。私は全く理解できず、体が寒くなった。

武藤教授は東京帝大法学部卒で、戦後キリスト教学に転じられたそうで、旧制高校か帝大の授業を再現していたようだった。

『旧約聖書』はユダヤのヘブライ語、『新約聖書』はギリシャ語、中世の教父のスコラ哲学（三位一体説）はラテン語、宗教改革のルターはドイツ語、そして当然の英語とキリスト教学の研究は外国語の達人でなければできないわけだ。だから、聖霊についての私の考えは独断的偏見でしかない。福音書では、イエスはユダヤ王国の最盛期のダビデ王の子孫として初めに書かれている。ダビデ王の子という血統は父系だから、父はヨセフと福音書はいう。古代社会では父系の血統が重視された。『日本書紀』でも継体天皇は応神天皇の五代の孫とされ、北陸出身で奈良に来るが、二十年間、皇位につけなかったようだ。「ルカの福音書」ではイエスは死刑前に人の子と繰り返し書かれている。神の子とは書かれていないのだ。ダビデ王の子から人の子への変化は、イエスが私生児、父が誰かわからない子と迫害者から非難されたから余儀なくされたのだろう。ユダヤ教では宇宙万物の創造主たる神は、人間ではないから神の子はありえない。だから、人の子イエスなのだ。

神の子イエスの神話はいかにして創作されたか。天上にいる神が聖霊を地上にくだし、処女マリアに受胎させ、神の子イエスを生誕させた。聖霊は精子ではないから、非科学的だが、論理的である。聖霊なくして、神の子イエスの神話はうまれないのだ。聖霊を受胎したからマリアは聖母となったのだ。

聖霊による神話とキリスト救い主の愛（罪、つまり神の戒律を破りなくして死刑にされたイエスが人々の罪を代わってうけたので、人々は罪を悔い改めればゆるされるという罪のゆるし）の思想は使徒パウロのアイデアによるものだ。キリスト教の『新約聖書』の神話思想のプランナーはパウロだというのが私の独断的偏見だが、二十二歳の私がこう明快に言語化できたわけではない。六十八歳の私の論説である。ただ、二十二歳の私は直感でこう思っていたのだ。だから日本神話のプランナーが藤原不比等だという上山春平教授の論説に敬服したのだ。とはいえ、ヘブライ語、ギリシャ語、ラテン語、ドイツ語、そして英語の壁で仕切られて守られているキリスト教学へ語学力のない私は入ることはできなかった。私は武藤教授の講義に二度と出なかった。片柳さんともつきあわなくなった。

委員長をやめてから学友会のボックスには行かなくなった。教養部委員長だった森本忠紀に殴られたことも理由になったかもしれない。いつだったか覚えていない。渡辺義明や私の後の委員長になった河本もボックスにいたと思うが、森本が何で私にアッパーカットをくらわせて、私がぶっとばされたのか、覚えていない。

森本は教養部委員長をやめたあと活動をしなくなり、学友会にもほとんど来なかったのだが、ともかく、いきなり私を殴ったのだ。教養部の一、二年でデモなどさかんに活動して、三年になるとばったりあらわれなくなるのが大多数だが、森本はその典型的活動家だった。その後の消息は知らない。逮捕歴があったはずだから普通の会社勤めはできなかっただろう。

森本に殴られたことにこだわったのは、学生運動の活動家を私は信用できないと思った理由になったからだ。いきなり理由もわからず殴りつける（殺す）連中だ、という不信感を私はもったのだ。

百万遍の喫茶店学士堂は社学同シンパの学生のたまり場だった。大石達京大新聞のメンバーと会うために行っているうちに年下の一、二年生達と知り合いになって、大変驚かされた。二、三歳年下の彼らが熱心に漫画雑誌を読みふけっていたからだ。私は中学生の頃、武内つなよしの漫画『赤胴鈴之助』を読んだ。真空切りをよく覚えていた。高校に入ってから漫画は見なくなった。学友会の委員長になったあと、白土三平の漫画『忍者武芸帳』を活動家達が読んでいることを知った。しかし私の年代の学生は少年サンデーなど週刊漫画雑誌は見なかった。京大生が小・中学生向けの漫画雑誌に夢中になっていることに少なからずショックを受けた。ショックといえば深夜ラジオでザ・フォーク・クルセイダーズの『帰って来たヨッパライ』の異様な歌声を聞いたときも驚かされた。週刊誌「朝日ジャーナル」が新人類と若者を呼ぶのは、この時よりあとだったと思うが、私は自分達が古い世代になったと思った。同志社大に行ったとき、構内に大勢の新入学生があふれて、雑踏の中、歩きにくかった。噂では東京の有名私大はどこも教室に学生が入りきれないと聞いた。戦後のベビーブーム、後に団塊の世代と名づけられた大群衆が大学に入って来たのだ。学生大衆化の波は、京大にも来て、少年漫画に読みふける光景が日常茶飯事になったのだ。中大生のときはそうでもなかったのだが、合格したいきさつが特別だったので、京大生になってから、私は人一倍選良《エリート》意識が強かった。学力不足をかえりみず、ドイツ語原書をやたら買って読んでみたりした。古い教養主義の名残で和辻哲郎の『古寺巡礼』を読み、哲学の道を散歩して、和辻邸を望見したりした。長浜寿美と浄瑠璃寺に行った。六体の阿弥陀像吉祥天女像を見た。

レーニン主義の前衛意識を時代錯誤としりぞけ、ノンセクト、ノンポリの後衛を自認しても、学生運動ができるのは学生の特権だという選良意識は強く持っていたのだ。私が講壇哲学の徒だったら学生大衆の漫画熱を否定しただろう。しかし反社会学を自負していても、私は社会学の徒だから新しい大衆文化の波を肯定し受け入れたのだ。白土三平の『忍者武芸帳』を手始めに漫画雑誌「ガロ」のつげ義春、林静一らだけでなく、「少年サンデー」、「少年マガジン」で赤塚不二夫、石森章太郎(当時)、ちばてつや、永井豪などの漫画を読んだ。特にジョージ秋山のデビュー作『パットマンX』の首に風呂敷を巻きつけた絵に私も子供の頃こうだったとなつかしく思い出した。この人とは同じ年だろうと思い、親近感をもった。後年、五つ児が現実に誕生したニュースを聞いたとき、赤塚不二夫の『おそ松くん』が予言したことだと驚いた。古い京大生選良意識と新しい学生大衆漫画文化感覚との矛盾を私は学生運動によって外化して解消した。これは少々弁証法的論理で図式的にまとめすぎたかも。

京都、大阪のデモ参加だけでなく、東京の王子野戦病院、ベトナム反戦そして成田三里塚の空港建設反対闘争にも参加した。

就職活動をしなければいけない四年生なのに、その真逆の反政府体制の運動に没頭していったのだ。三里塚で休憩して雑談していたとき、警官隊に襲撃された。あわてて逃げ出したとき、上着を置き忘れてしまった。ポケットに学生証が入っていた。それが公安刑事の手に入った。刑事が、練馬の家に来て母に告知した。母は激怒した。このことはあとで次兄から教えられたことだ。母は手紙を書いたり、電話をかけたりせず黙ってその月末から私に仕送りの金をやめたのだった。

三派全学連のベトナム反戦成田三里塚闘争、東大、日大の全共闘、中国の文化大革命、そしてイギリス、フランス、西ドイツの怒れる若者達と、学生の革命的運動の波が連動し高潮した。いつか、前後のいきさつは忘れたが、教養部で人文研の桑原武夫教授の講演会をするので、私が教授を人文研に迎えに行った。雨で教授に傘をさしかけて歩いているとき教授が言った。「関西ではね、私が一番偉いんやで、京大総長よりや」「はあ」私にはわけがわからなかった。「日本学術会議の副議長なんやで」私は「はあ」と、びっくりした。高名な桑原武夫教授を私は精神貴族だと幻想していたので、この偉い人の発言の子供っぽさに呆れてしまった。

同じ人文研の生島遼一教授には感服した。野外の構内でリンゴ箱に立って講演してもらった。ダブルのスーツ姿をシックに決めた生島教授に学生達はフランス紳士だと感嘆した。生島教授はスタンダールやサルトルの翻訳で有名だったが、一方、リルケの翻訳で有名だった文学部のドイツ文学の大山定一教授は、服装を全くかまわない方だったので、お洒落で粋な仏文学者に私達は魅せられたのだった。

作家で評論家の中村光夫の講演をいつどこで聴いたか覚えていない。明治大教授だったから、京大ではなかったと思う。かなり前の席にいた私は、中村光夫の大きく盛りあがっている額にびっくりした。地塩寮で同期の福岡磐雄も額が盛りあがっていたが、その二、三倍はあった。

講演会ついでに、埴谷雄高の印象を書く。天皇といわれた吉川幸次郎教授のお声がかりで作家の高橋和巳が明大をやめて京大の助教授になった。高橋和巳の小説の師匠、埴谷雄高が京大に来たので、同人誌の学生達が講演を頼んだ。幻の名作『死霊』の作家は非常にやせていて、服の下のガイコツとまでは言わないが、鬼気迫る姿だった。埴谷雄高の評論はどれも皆論旨明快なのに『死霊』は何度読み返しても何を主張しているのか、結局よくわからなかったが、奇妙な引力があった。

中文の茂木（後に新潟大教授）が高橋和巳に師事していて、埴谷雄高とも親近していた。講演というより対話座談だったが、内容は覚えていない。

教師になる気はなかったが、単位取得のため九条中学校で教育実習をした。東寺近くの中学校で、下京区は下町で、小売り商店の子供が多かった。源、平、藤原と出席簿の姓に京都だなと思った。実習の終わりの授業で、疑問に思っていたことを中学二年生にストレートに言ってしまった。日本の歴史で、国家権力をにぎったのは天皇から藤原摂関家、そして将軍、大名、さらに明治維新で資本家、官僚機構、そして戦後の民主化で市民勤労者へと移ってきた。さて、主権在民の民主的社会になった歴史は、これで終わりなのか。それとも、さらに歴史は新しく展開していくのか。国民主権と言っても建て前だけのことで、実態は自民党の長期単独政権の国会議員達が国家権力をにぎり、官僚機構、資本家大企業に富が集中し、大多数の中小企業、零細商店、未組織労働者は貧苦している。新しい歴史、社会をどう切り開いていくべきか、どう思うか。民主主義で歴史は終わりなのか、という疑問でやめるつもりが、口がすべって、政治的発言になってしまった。反省会で、教頭から叱られた。不適格と報告されたようだ。

一学期終了で、学習塾のバイトをクビになった。私立中学受験勉強の役に立たないと、小六の子の母親から塾長に文句が出たということだった。母からの送金もなくなったので、久しぶりに建築現場で働いた。四年前に比べて機械化が進んでいて、資材運びの力仕事しかなかった。

地塩寮同期の藤野義一が住友金属に、谷勝利がＩＢＭに就職が内定したのを聞いて、京大に行ったが就職の相談できる部門が文学部には全くなかった。

マックス・ウェーバーの『プロテスタンティズムの倫理と資本主義の精神』でわかるように、キリスト教信者は資本主義体制で優秀な選良になっている。しかし、私はキリスト教信者にならず京大ＹＭＣＡの地塩寮を出て、反体制の学生運動に走ってしまったのだから、大企業に就職しようという気持ちになれなかった。

夏休みで東京の西大泉の家に帰ったら、母に厳しく叱られた。超一流の大企業に就職させるために大学にいかせたのだ。私の、というより世間一般の母親の主張に口答えする気力がおきなかった。駄目、徒労と思いつつ、会社まわりをすることにした。

山一証券に行ったら、五人一緒に面接になった。私の隣は、中大商学部生だった。ああ、中大にいたら司法試験に受からなくても一年前に就職していたのだなと思った。昭和四十年の日銀特融で倒産をまぬがれたけれども「山一証券の先行きは大丈夫ですか」と、私が質問したので、面接官がにがい顔をした。勿論、即不採用だった。

大和証券の人事課長は京大出身で、京大からめったに希望者が来ないと言って応援しようと乗り気になってくれたが、文学部の学生はとらないと部長に言われたそうだ。日本交通公社では、採用してもよいという口ぶりだった。英会話に自信がなかったので、私のほうからやめた。後で地塩寮の一年後輩英米文の平田に話した。平田には年上の婚約者がいた。翌年、平田は日本交通公社に入社した。

私立大の文学部なら、テレビ、新聞、雑誌、出版、広告代理店、観光、ホテルなど、就職先の指導をしたと思うが、京大は全くしなかった。私も真剣に就職先を探さなかった。アルバイト、アルバイトでその日暮らしを自由気ままにすればいいやと甘く考えていたからだが、会社人間になりたくないというのが本音だった。

日本は社会主義ならぬ会社主義の国だというのが高校二年頃からの私の持論だ。ある会社に就職して終身雇用、定年まで勤めると、その会社もしくはその業界内でしか通用しない思考の頭脳に作られ（洗脳とかマインドコントロールされ）、それすら自覚できない人間になってしまうのだ。言いかえると、自由に思考できる創造性を全くなくした、精神のないロボット人間だ。

私はユダヤ、キリスト教の影響で、人間の特質は創造性にあると考える。宇宙万物の創造主たる神に似ている人間の精神は、創造において生き生きと働くのだ。新宿のジャズ喫茶ピットインや風月堂に入って新左翼系ノンポリ・ノンセクト学生活動家達にまじって、私は創造性をどうしたら活性化できるのか考えた。

宇宙万物の創造主たる神を、私はニュートンの万有引力の法則、アインシュタインの相対性原理のような存在だと考えた。リンゴの実は地上に落下するのに、なぜ太陽、月、星々は地上に落下しないのか。この疑問を解くことが、ニュートンの創造性の活性化だったと思う。自分のもった疑問を解くことが、創造的精神の生きる意義、生き甲斐なのだと思う。人間と本質が同じ仏は絵姿、彫刻があるのに、人間と本質が同じ日本の神々はなぜ絵姿、彫刻がないのか。

精神と肉欲の分裂、矛盾を、キリスト教の使徒パウロは聖霊によって論理的に統一したが、聖霊を信じられない私はなぜか自己統一できている。

日本はヨーロッパ諸国を追い抜いて、アメリカについで世界第二位の経済大国になった。そもそも、十九世紀末、欧米諸国以外で、なぜ唯一日本だけが近代資本主義を成立させることができたのだろうか。この疑問の解答を私は卒業論文に書こうと思っていたが、解答が思いつかない。藤本進治の『革命の弁証法』は中途半端だと思ったが、どこがどう中途半端なのか。明治維新は伝統にのっとって革命したと思うが、革命と伝統は弁証法の論理ではどう説明できるのか。明治維新、戦後民主改革で主権在民、議会制民主主義を確立したが、これで歴史は終わってしまうのだろうか。議会制民主主義は十九世紀に最盛期をとげ、二十世紀末限界を露呈しているのではないだろうか。

六〇年安保闘争で、連日、国会を四十万、五十万のデモ隊が取り囲んだ。しかし翌年の総選挙で、反安保勢力は敗北した。議会の選挙運動路線の日共に反抗した新左翼、三派全学連、日大、東大の全共闘は民主主義政治の新しい地平を切り開けるのか。

二十三歳の私をとらえていたこれら疑問の数々を整理しているうちに、六十八歳になった私は、こうした疑問を考えついたことこそが京大哲学科に在学したことの栄光だったのではないか、と思うようになった。このことを書く前までは西谷啓治先生、上山春平先生に会い、片柳栄一さんと友人になれたことが、京大哲学科に在学したことの意義だと思っていたのだが。片柳さんは「文学部に四年いたって、せいぜいあれこれの哲学者の噂話を聞いたにすぎないよ」と言った。確かにその通りだと思った。

しかし、学問の道や噂話は重要なことではない。自分をとらえた疑問を自分の頭で考えて解答を出していくことが、私は人生の意義だと考える。そこに、私の人生の創造性があると思う。他人に評価されようが、されまいが、そんなことはどうでもよい。自分が納得できればそれで十分だ。これは六十八歳で左眼が失明し、右眼も視力がなくなりだし、頭は禿げ、歯は欠けた、言わば、肉体の一部の細胞が死んでいる老爺の意見だ。

二十三歳の私がこう明快に自得できたわけではない。現実の生活はきびしかった。母が金をくれないから、ロッテ製菓の工場でバイトをした。ベルトコンベアーに乗って来る製品に両脇に立ち並んだ工員、バイトが次々と商品をつけていった。手先の不器用な私にはきつい労働だった。

新幹線代がもったいなくて高速バスで京都に帰った。京都の出版社に就職したいと思った。東京で会った田中が漱石の『吾輩は猫である』で落雲館と書かれた私立中・高校で教育実習をし、高い評価を受け、採用されるかもしれないと言ったので、少々あせりだしていた。

卒論の目途もたたなかった。なぜ日本だけが唯一、欧米諸国以外で、十九世紀末に近代資本主義社会を成立できたのか、経済学の本を数冊読んだが、どれも資本の蓄積過程だけを実証的に書いているばかりで、いかにして欧州と遠く離れた極東の日本とが十九世紀末というほぼ同時期に産業革命を成功させ、工業社会を成立させたかを論じる視点がなかった。M・

ウェーバーが近代ヨーロッパのプロテスタンティズムの経済倫理エートスを論じたとき、近代日本を全く視線から落としていたのと同じで、近代日本の経済史を論じる本には、ヨーロッパ経済史を対比的に論じる視野が欠落していた。学者の専門の視野の狭さも結局、講座制の弊害によるのだろうと思った。日本史の学者は西洋史を論じる視野がなく、西洋史の学者も日本史を考える視野がないのは、それぞれの講座の教授の椅子を守るだけで事足りているからだ。社会学の学生にとって、日本史と西洋史の共通点を見つけだすのは難儀だった。

十九世紀末、中国や朝鮮、インドなどアジア諸国がなぜ近代資本主義社会を成立させることができなかったか、ということも視野に入れて考えなければならなかった。

二十三歳の私は直感で、日本と西洋の共通点はただひとつ、中世の封建制しかないと断定した。結論は出た。マックス・ウェーバーの学説とは全く違って、日本と西洋（アメリカはのぞく）とは、中世封建制を母胎として近代資本主義を成立させたのだ。しかし、問題はより難しくなった。中世の地方分権（幕藩体制）の農業生産による封建制度が、なぜ近代の中央集権（明治統一国家）の工業生産による資本主義社会を生み出せたのか。この新しい疑問に私の思考力はうちのめされてしまった。実証主義にこりかたまった近代日本史の本には、こうした論点そのものが全く欠落していた。史料絶対主義で視野の狭い日本史学には論理学的想像力が無用であったらしい。

明治三十年代、日清戦争に勝利した後、日本は産業革命に成功し、近代資本主義社会を成立させたという歴史的事実を史料によって実証すれば必要十分で、それはなぜかなどという質問自体無意味だというのが、日本史学の常識のようであった。社会的事実の実証ということではコントを始祖とするフランス社会学もそれで必要十分ということで、私の質問、論理学的想像力は反社会学の立場になるのだ。

7、カリスマ革命

九月、講義を受けたあと、中久郎助教授の研究室に行った。デュルケイムの『自殺論』をふまえた、逸脱の社会学が中先生の講義であった。ユダヤ教のモーゼの十戒のうち、「汝殺すなかれ」は、他人だけでなく自分自身をも殺してはいけないと自殺を禁止しているのだから、西洋人キリスト教徒にとって自殺は戒律違反、つまり罪である。それに対比して、日本ではいろは歌を漢語で仏教的に言い換えたものに、寂滅為楽がある。寂滅は死で為楽は楽、つまり苦からの解放、つまり死ぬことで生きる（生活難の）苦から救われるという思想があり、自殺、とりわけ男女の愛欲を死でとげる心中が、罪悪感なく、美学的に肯定されている。だから、若者が自殺、心中をしてしまうのだ。こう考えていたが、中助教授には、デュルケイムのフランス社会学の理論をどこまで日本の社会的現実に適応できるものかを聞いた。中先生の答えはよく覚えていない。理論と現実の実証の対応関係は個々の問題のケースごとに考えていくべきで、一義的に割り切れるものではない、といった穏当な答えだったとは思うが。

「就職先は決まりましたか」「全然駄目です」「そう、大学院に来ませんか」「はっ」中先生のていねいな言い方に、大学院に来なさいといった口調を逆に感じてしまった。

中研究室を出て吉田山を登った。ふと、蕪村の名句「愁ひつつ岡に登れば花いばら」を思いだした。茨の花の季節はいつだったかわからないが、初秋の涼風を受けながら、大学院進学は花茨の道だな、と思わざるをえなかった。

一年前の群馬県の高山村での農村調査の打ち上げ会をあざやかに思い出した。前日まで中先生が坐っていた座に学生が坐っていたので、中先生は困惑して突っ立っていた。私がそれに気がついて、その学生を座から去らしたとき、中先生の顔に安堵したやわらかな表情が出た。このことと直接関係なかったと思うが、池田教授は私の座の前に来て、頼もしいと言った。たぶん調査中の学生達への私のリーダーシップを評価したのだろう。

中学二年のとき、校内バレーボール試合で準優勝したとき、担任の教師は通信簿にリーダーシップがあると書いたのをはっきり覚えていたから。山頂の真如堂のまわりをぐるぐる回って考えた。英語、独語の学力の低さで大学教授になれると思うのは甘い。地方の三流私大の教授ぐらいなら語学力のなさをごまかせるかもしれない。柴田翔の『されどわれらが日々』で、東大の英文科の大学院生が地方の大学の教授になって、翻訳書を一冊出して、一生をおえると思うということが書かれていたのを思い出した。

大学院進学は茨の道だ。第一、何よりも金がない。今、現に、親からの仕送りの金はなく、アルバイトの稼ぎで、その日暮らしなのだ。入学したとき、二百人の定員で百九十五番と知って、奨学金の申請をしなかった。

政府、企業からの奨学金をもらっていたら、反政府反体制の学生運動ができるはずがない。大学院に進学しても学生運動を続けるつもりなら、奨学金の申請はすべきではないだろう。どうやって生活し、勉強していくのだ。いや、まあ、それは何とかなるのではないか。アルバイトのその日暮らしに慣れてしまうと、奇妙な楽天家になってしまう。そう簡単には、飢え死にはしないものだ。吉田山をおりて、錦林車庫を通り、哲学の道に行った。誰も通っていなかった。若王子の和辻哲郎京大・東大教授の旧宅（まだ梅原猛は住んでいなかった頃だと思う）を望み見た。

精神（創造性）なき会社人間にはなりたくない。人間の特質は精神（創造性）活動にあるのだ。まだ京大哲学科の自由な創造性豊かな空気のある環境にいたい。哲学の道が終わった。ふと、我に返った。大学院には入試があることを思い出した。英語、独語の入試に合格できるだろうか。

学友会の委員長になってからドイツ語の勉強を全然していなかった。哲学科の講座には原書講読の授業が必ずあるはずなのに、社会学にはなぜか知らないが、原書講読がなかった。ドイツ語の勉強を考えて、卒論のテーマを日本の近代化論からM・ウェーバーの『支配の社会学』のカリスマ支配に変えることにした。ウェーバーのドイツ語原書を読んで、卒論にまとめればよい。だが、その前に生活費を稼がなければならない。

福知山市の予備校が国語の講師を募集していた。京都から山陰線で一時間ほどかかる。記憶していないので、どう話して、東芙美を誘って福知山に行ったのか、わからない。

山陰線の列車に向かいあって話をした東芙美は、朗らかによく笑い、無邪気に小さな旅行のピクニックを楽しんでいるようだった。この人は、失敗、挫折、生活苦を全然経験したことのない天真爛漫なお嬢様育ちなのだと、東芙美をまぶしく見守った。福知山駅で降り、食堂で昼食をたべた。私は予備校に行った。

大学受験の予備校ということだったが、実態は高校生の補習授業だった。現代文だと思っていたのに校長は、古文、それも『源氏物語』の雨夜の品定めの箇所の授業をしてくれと言ったのだ。これにはまいった。古文は大学受験以後全くやっていない。文法は完全に忘れてしまった。専門に勉強していないから『源氏物語』は解釈できないと断わった。「それなら『伊勢物語』はどうか」「伊勢なら何とかやってみましょう」ということになり、藤の花房がどうとか、在原業平中将の兄行平中納言が来たとかいう箇所を高校二年生十人ぐらいのクラスで解釈した。これが採用テストであっさり不合格となった。文法は得点しやすいので、授業では重点的に教えないと駄目だと言われた。

東芙美と福知山から京都へ帰ったときの記憶がない。ガールフレンドとピクニック気分でバイト先に行ったのが、バイト先をしくじったわけだろう。東芙美とこの後、会った記憶が思い出せない。東芙美が私に好意をもっていたことは疑いないと思うのだが、私のほうから離れて行ったのだろうか。

力仕事のアルバイトをした。一輪の手押し車に土かモッコづみの荷を載せて運ぶ雑用だった。書いているうちに思い出した。社会学で一年下の浦野からこのバイトのあとで聞いたことだが、東芙美は九州大教授の娘で、京大には勿論現役トップテン以内で合格したはずだと。これで私は東芙美を敬遠したのだ。

ウェーバーの『支配の社会学』（翻訳書名。正しくは『支配の諸類型』）では、伝統的支配、カリスマ的支配、合法的支配の類型（訳書によっては、理念型、イデアル・ティプス）を三つあげて説明している。伝統と合法はある程度常識的に了解できるが、カリスマ的支配はウェーバーの独創であり、カリスマの用語解説が不可欠だろう。二十一世紀になってカリスマはマスコミでやや乱用され、カリスマ美容師やカリスマ主婦などと笑い種の誤用がされるようになったが、四十五年前は全く世間一般には知られていなかった。私も『支配の社会学』を読んで初めて知ったのだった。

私は、左眼失明、右眼視力障害なので、辞書や本が読めないから、以下、四十五年前の記憶をたどりながら書くので、専門的には誤りがあるかもしれない。カリスマは、神（ユダヤ、キリスト教の創造主）から恩寵として与えられた賜物である。だから、テレビ・タレントなどのタレントによく似た意味であるが、タレントは特定の個人をさすのに対して、カリスマはそうではない。ここが一番誤解されている点だ。カリスマは特定の天才的個人を意味しているのではない。伝統、合法そしてカリスマと支配の理念型をウェーバーはあげているのだから、合法や伝統のようにカリスマは支配のある状態の類型なのだ。だから、カリスマ指導者とか、カリスマ政治家もウェーバー的には誤用だ。

イデアル・ティプスを理想型と訳した学者がいたが、ウェーバー的には正しくはないと思う。理想はある価値判断が入っているけれども、ウェーバーは主観的な価値判断を排除、抑制（ウェーバー的に言えば禁欲アステーゼ）することが厳密な客観的な学問（社会科学）の方法だと考えた。だから、理念型は数々の歴史社会的事例から、学者の主観的価値判断を排除、抑制して、可能な限り客観的に共通する要素、状態を抽象して、典型として整理した類型である。したがってカリスマ的支配は合法的支配や伝統的支配と同じように、政治的支配のカリスマ的状態を典型的、理念的（その特徴が最もよく示されている）類型なのだ。つまり、ある政治的支配の状態がカリスマなのだ。ここまでが前提的説明である。では、カリスマ的支配とは、具体的にどんな政治的支配の状態を意味しているのか。これが本題である。

生活費がなくなってきて、本を読んでいられなくなった。大石英男がバイトを教えてくれた。京大学生新聞通称「学新」が卒業者名簿を作成するので、そこに載せる広告をとってくるアルバイトがあると言うのだ。開業医や弁護士、個人商店などを回って名刺大の広告をとってくるバイトで、完全歩合給だった。時間、場所の制約がなく、バイト生の自由な暇な時に働けばよかった。学新の広告担当の西島に会った。西島は百八十センチの大男だった。大阪人らしく、卒業後広告代理店をつくって、この名簿作成を続けると言った。さらに西島は、名簿作成、販売で稼いだ資金で、京大出版会をつくりたいと言った。当時、東大出版会はあったのに、京大出版会はなかったのだ。西島一人ではなく、歴代の学新の広告担当者達の念願の事業計画だったらしい。住友銀行、武田薬品、大林組などの大企業の卒業者達の名簿は、その企業ごとに作って、その企業から高額の広告代をとるが、それは西島達の業務だった。私は学新のボックスの電話で西島から渡された資料にある開業医院に面会の予約をとって出かけた。交通費節約のため、歩いていける医院ばかりに初めは行った。会った医者は全員名刺広告代を支払ってくれたが、皆一様に京大に卒業者名簿がなかったことに驚いた。

広告取りのバイトが一段落すると卒論を書き出した。カリスマ的支配とは、社会の政治的支配の軌道が社会の状態の変化で暗礁に乗りあげたとき、その軌道を転轍《てんてつ》、切り換えて、新しい軌道に変換しなければならないが、この古い軌道から新しい軌道への転換の状態を言うのである。つまり、この転換の政治的支配の状態をカリスマと言うわけだ。

軌道転換のカリスマ的支配をウェーバーは別の論文（書名を忘れてしまった）で、魔術からの突破ブレイク・スルーと言っていた。非合理的な魔術からの突破とは、合理化である。ウェーバーの別々の論文を読んで、一つにまとめると非合理的な政治的支配の軌道魔術からその魔術を突破、合理化して、より合理的な政治的支配の軌道に転轍《てんてつ》、変換する政治的支配の状態がカリスマ的支配となる。

これから後は、私の独断的解釈である。主観的価値判断の排除、抑制、つまり禁欲というウェーバーの学問の方法から言えば逸脱だが、これが私の性癖、よく言えば独創だが、ウェーバーに忠実でない、批判的な私としては言わざるをえなかったのだ。非合法的な魔術による政治的支配とは、伝統的支配ではないか。より合理的な政治的支配とは合法的支配ではないか。非合理的な伝統の魔術的支配を突破、解放、合理化するカリスマ的支配とは、革命ではないか。カリスマ革命なのだ、と私は考えたのだ。私の読んだ限りのウェーバーの論文（二十三歳のドイツ語、英語の学力不足の学生の読んだ論文の数などたかが知れたものだが）では、カリスマ革命という語は一つもなかった。だから、カリスマ革命は二十三歳の私の造語である。卒論では書かなかったが、私はイギリスのピューリタン清教徒革命がカリスマ革命だと考えたのだ。無論、ウェーバーはこんなことはどこにも書いていないが。四十五年前には考えつかなかったが、カリスマの語義を考えると、魔術からの突破、合理化は、具体例としては『旧約聖書』のモーゼの十戒になるのではないか。出エジプト後、モーゼの十戒によるユダヤ民族の支配が、カリスマ的支配の具体例なのではないか。具体例を抽象化して典型的な理念型を考案したウェーバーの想像力、創造力を逆回転してみると、そう思える。

卒論がいとも簡単に書けたようだが、実際にはそうではなかった。あい間ごとにバイトの広告取りに歩いた。10・20の国際反戦デーで大阪御堂筋デモに行った。夜、桃山学院大の学生会館に泊まったことを覚えている。

十一月、祭の頃だったと思うが、長浜寿美と室生寺に行った。寒い風の吹く夕方、寂莫とした室生寺を出て、バスに乗った。乗客は私達だけ。卒論の仕上げにかかって、間違いに気がついた。私は伝統的支配からカリスマ革命的支配、そして合法的支配と歴史的継起を無意識に想定していたのだが、ウェーバーは理念型をそれぞれ自立して考えていて、理念型間の歴史的関連は全く考えておらず、むしろ排除していたのだ。しかし、もう手遅れだった。書き直しのしようがなかった。頭が白熱してくると、バイトもできなくなった。金がなくなってきた。十円でうどん玉を買って、一日三食、一週間ぐらい食べ続けた。銭湯にも行けず、髭ぼうぼうになった。

卒論にウェーバーの文章を引用した場合、注に、ドイツ語原書と翻訳書の各々の箇所を書いた。ドイツ語に自信がなかったので、翻訳書からの引用を卒論に書いた。ところが、ドイツ語原書からの引用箇所の二カ所だけが、どの翻訳書にも見つからなかったのだ。仕方なく、私のつたない和訳を書いた。

河原町通りの、京都府立医大近くの古本屋でウェーバーの研究書を見つけ、買う金は勿論ないから立ち読みした。林道義東女大教授の研究書だったようなウロ覚えの記憶がある。その頃は、折原浩東大教授がウェーバー研究で名声を得ていたが、私はあまり感服しなかった。林教授の研究書のほうが、シャープで切れがよかった。読んでいて、あっと思った。私が引用したウェーバーのドイツ語原書の一カ所がその本に引用されて精確に和訳されていたのだ。さあ、どうしようか、思案して、思い切って、本を持って古本屋の店主に事情を話した。「一時間、いや三時間、この本を貸して下さい。もう一カ所、引用したドイツ文が和訳されているかもしれない。それを見つけたいのです」私は、学生証を店主に渡した。

四十五年前、昭和四十二年（一九六七）十一月、京都の古本屋の店主にはあたたかな人情があった。京大生は特別に優遇されていたからでもある。今思うと京大の図書館にこの本はあっただろうに、私は冷静さを失って頭が熱く燃えていたのだ。借りた本を持って走って、荒神橋を渡り下宿に戻り、引用箇所をノートに書き抜いた。それから、本を最後まで速読したが、残念ながら、もう一カ所の和訳はなかった。また走って、古本屋へ行った。三時間以上かかっていた。「無理したらあきまへん、病気にならはるやないか」と、店主の言葉。確かに古本屋を出たあと、空腹で目まいがした。引用したウェーバーのドイツ文と和訳は完全に忘れてしまったが、無料で本を貸してくれた古本屋の店主のあたたかな微笑を浮かべた顔は、四十五年たっても覚えている。学新の広告取りのバイトは有り難かった。広告を取ってもらってきた金の一割を手数料として、即くれたからだ。電話でアポを取って会った開業医は皆広告代をくれた。

学生食堂でカツカレーを初めて食べた。うまかったこともさることながら、西洋食のカツとインドつまり東洋食のカレーを組み合わせる日本人のお得意芸、あんパンと同じ創意工夫に感心した。卒論の仕上げの目途がついてホッと息をついて、私は大変なことに気がついた。卒業できる単位を取っていなかったのだ。

何単位不足で何本レポートを書かなければいけなかったのか覚えていないが、数日続けて一日二十枚原稿を書きとばして事務室に提出した。それでも書いた内容を覚えているレポートが二つある。田口義弘先生が翻訳したユダヤの思想家ブーバーの『我と汝』をドイツの社会学者ジンメルの本（題名は忘れた）と対比して、神と人間の社会的関係についてレポートを書いた。

十二月、講義終了後のある朝、下宿に電話が事務室からきて、宗教学の武内義範教授が会いたいということなので研究室に行くようにと言われた。まずい、ばれたかな、と思いながら武内研究室へ行った。浄土真宗の親鸞の研究書を武内教授は出版した頃だったと思う。「君のレポートは優をあげてもよいユニークな視点だということだが、君は私の授業に一度も出席していないから、優はあげないよ」

その時、戸が開いてキリスト教学の武藤一雄教授が入って来た。観念してあやまった。

「すいません。単位不足で卒業できないので、同じレポートを二つ書いて出しました。申し訳ありません」

ブーバーの思想にくわしくなかった武内教授が武藤教授にたずねて、私の所業がばれてしまったのだ。キリスト教学は優、宗教学は可だった。たった一度だけ授業に出た私を武藤教授は覚えてくれていたのだった。それで優。国文学のレポートは授業に一度も出ず、教授の名前すら覚えていないが、優だった。

一年前に出版された遠藤周作の『沈黙』のハイライトシーン。キリスト教布教を禁じた徳川幕藩体制下、密入国して捕まり、牢に入れられたポルトガル人司祭(宣教師)がすでに棄教した先輩の老司祭の誘いによって、イエス・キリストの絵を踏んで棄教する直前、踏み絵のイエスキリストが司祭に言う。

「踏むがいい。私は踏まれるために存在するのだ」

四十五年前に読んだのだから、これが正確な表現ではないかもしれないが、こう記憶している。このハイライトシーンの後でも、何回かこの言葉は繰り返され、確か本の最後もこの言葉だったと思う。踏み絵のキリストが「踏むがいい」と言ったとポルトガル人キリスト教徒司祭が聞いた(幻聴)というのは遠藤周作の創作であるが、リアリティー、真実さがないと私は思う。ポルトガル人というよりヨーロッパ人キリスト教徒は絶対こんなキリストの言葉(幻聴)を聞くことはないのだ。キリスト教の愛とは罪の赦しである。まず罪の自覚と悔い改めがあってキリストの罪の赦しの愛が与えられるというのが信仰の構造である。ヨーロッパ人キリスト教徒は絶対必ずこう発想するのだ。それが信仰だから。ところが、踏み絵のキリストが、踏むがいい(罪を犯すがいい)と言うのでは、罪の自覚と悔い改めがなくて、罪の赦しだけ与えられるのだから、キリスト教の信仰の構造が崩れてしまう。このことは遠藤周作自身、気づいていたのだろう。ウロ覚えだが、キリスト教弾圧の日本人奉行が、この司祭の棄教の理由であるキリストの言葉「踏むがいい」はヨーロッパ人キリスト教徒の本心ではないと言わせていたと思う。日本人のユダとも言うべき、ころび（棄教者）のキチジローが、何度もこの司祭にコンヒサン（告解）罪の悔い改めの懺悔《ざんげ》の聴聞を求めているのに対して、このポルトガル人司祭は踏み絵を踏んで棄教した後、全く罪の悔悟の念をおこしていないのも、キリスト教徒の信仰の構造の崩壊の深刻さを考えるとリアリティー、真実さに欠けると思わざるをえない。

『沈黙』発表直後、ローマ・カソリックをはじめヨーロッパ各国の文学者達から批判が多くあがったのも、大体同じような理由だったと思う。キリスト教の神は沈黙しているのに、踏み絵のキリストが「踏むがいい。私は踏まれるために存在するのだ」と言ったのを聞いた（幻聴）のがポルトガル人、ヨーロッパ人でなく、日本人なら、リアリティーがあると思う。それもイエス・キリストでなく聖母マリアの踏み絵なら大変真実みがあると思う。聖母マリアを隠れ切支丹信者はマリア観音として信仰していた。観音信仰なら、罪の悔悟なくして、即罪の赦しが与えられるだろう。

親鸞伝説に、若い親鸞に観音が女犯の罪を赦すと言ったことを夢に見たと言われているからだ。もっとも、日本人のキリスト教信者が、踏み絵の聖母マリアに「踏むがいい。私は踏まれるために存在するのだ」と言われて、聖母マリアの絵を踏んで棄教する、というのでは、文学作品のドラマチックな高揚さが描写できなくなってしまうだろう。だから遠藤周作はリアリティーよりもドラマチックな最高潮クライマックスを獲得するために、ポルトガル人司祭の幻聴シーンとしたのだろう。二十三歳の学生が一気に二十枚原稿を書き飛ばしたレポートが以上のようであったとは勿論言えない。六十八歳の私の考えによるものだが、骨子、つまり棄教にリアリティーがなく、ドラマ性を求めたということは変わらない。踏み絵のキリスト（夢の中の観音）が踏む（犯す）がいい。私キリスト（観音）は（女体となって）踏まれる（犯される）ために存在するのだ、と語句を入れ替えれば全く同じ内容になる。

この時のレポートには書かなかったが、『沈黙』を読んで気になったことがもう一つあった。日本のことを沼地とか泥沼と言ってキリスト教が根づかない、根がたち切れてしまうと書いてあった。沼地のようなものという比喩の意味は一体何なのか。遠藤周作は、小説だからか泥沼の比喩ですませて、意味内容を一切説明していなかったが、私はキリスト教に入信できなかったので非常に気にかかったのだった。

親鸞は女犯、妻帯したあと、仏教僧ではなく、愚禿《ぐとく》だと自称し、寺でなく道場、信者でなく同朋《どうぼう》と言った。仏教の戒律を破ったのだから、親鸞は仏教僧ではありえないのだ。親鸞の血統を門主とあがめ信仰する門徒、浄土真宗は、だから正しくは仏教一派ではないのだ。仏道と言うべきなのだ。もっとも妻子を捨てて出家した仏陀（ゴーダマ・シッタルダ）の教えに反して、妻子を養って在家そのものの寺に住む僧、住職は仏教ではなくて、どの宗派も仏道だろう。

二十三歳の時、こうはっきり言語化できたわけではないが、神道、日本人の深層の思考回路についての不可解さ、沼地の比喩を明瞭に論理的に言語で説明できないもどかしさを四十五年たった今も、六十八歳の私は感じている。仏教、キリスト教、その他の外来の宗教、思想、イデオロギーを根づかせない、根を断ち切ってしまう（無化する）日本の沼地、例えば土着思想とは一体何なのだろうか。

大晦日の夕方、高倉正暉に誘われて、八坂神社のおけら参りに行った。観光客でなく、地元の住民達でにぎわっていた。高倉はおけら火をもらって帰った。八坂神社に一体どんな神が祭られていて、その神はどんな言葉を教えとして述べているのか、私は無論、おそらく京生まれの京育ちの高倉も、そして多くの地元の参拝者達も知らないのだ。

昭和四十三年（一九六八）正月、加茂川の堤を寒風に吹かれて下鴨神社に参拝した。ほとんど人影がなかった。葵祭りなど皇室ゆかりの神社だから庶民の正月参賀は少ないのかと思い、上賀茂神社に行って見た。参拝者は全然いなかった。まだマイカーブームの前で、駐車場がなかった。天皇家の始祖という天照大神は一体どんな教えを言っているのか、全くわからない。

正月三日、伏見稲荷神社に行った。大変な混雑で千基以上の鳥居の下に参拝者が長蛇の列をつくっていた。稲荷だから、稲の豊作を祈願する神社だという明快さが庶民に受けたのだろう。まさか狐が神体ではないだろうが、どんな神が祭られているのか説明する板書もなく、わからなかった。商売繁盛、交通安全、健康や合格祈願などあたり前の常識で、キリスト教のバイブルやイスラム教のコーランと比較して何ら教理書のない稲荷神社など宗教といえるだろうかと、疑問に思った。

卒論の口頭試問が始まった。カリスマ革命という語はウェーバーの著書にはなく、私の造語だということと、伝統的支配からカリスマ革命的支配、そして合法的支配へと歴史的継起として私は考えたが、それはウェーバーの著書には全然ない考え方であることの二点を池田義祐教授が指摘してくるとき、どう返答したらよいのかあれこれ思案しながら、教室に入った。池田教授が質問したことは、翻訳書が見つからず、唯一私のつたない和訳をつけたウェーバーのドイツ語原書の一カ所の文意、それも文法上の解釈についてだった。どう答えたかは、忘れてしまった。

フランス語が専門の中助教授は黙っていた。「もういい、帰って」と、池田教授に言われて、「えっ」と呆気にとられた。たったこれだけと思いながら教室を出た。一体どういうことだ。ドイツ語の試験じゃないのに。歩いているうちに無性に腹が立ってきた。オレの論文を真面目に本気で読まなかったんじゃないか。ただ注だけを見て一カ所だけドイツ語原書からの引用があるのを見つけて、そこだけ質問してすませたんだ。社会学は一学年定員二十名、確かに二十人のつたない論文を読むのは苦労の骨折りだろう。しかし、それが教授の一番大切で重要な仕事だろう。オレは、金がなくて素うどんで一日三食すませ、必死で真剣にうちこんで、論文を書いたんだ。あの、木で鼻をくくったような不誠実な対応は何だ。だが、私はあわてて自分の怒りにブレーキをかけた。どこにも就職せず、大学院進学を決めたのだ。今ここで池田教授と喧嘩するわけにはいかない。我慢するほかない。「大学院に来ませんか」と、中助教授に言われたことに、私は望みをかけすぎていた。四十五年たって思い返してみると、池田教授にここで見切りをつけて、大学院進学をやめるべきだった、と思わざるをえない。

カリスマ革命の卒論を持って人文研に行き、上山春平教授に読んでもらい、教授の研究室で無給の副手でいいから働かせてもらえばよかったのだ。あの時、そのことに考えが及ばなかったのは、結局私に才能がなかったからだろう。

ウェーバーのカリスマ的支配論は、キリスト教文化圏の歴史から抽象したものだから、私はイギリスのピューリタン革命がその具体例だろうとしか想定できなかった。日本史にもカリスマ革命論が適用できるとは考えなかったのだ。

しかし、四十五年たった今、考え直してみると、上山春平教授が発見、解釈した、大化の改新から平城京、東大寺建設までの律令、記紀神話、仏教戒律の制定期間、特に壬申《じんしん》の乱前後の歴史は、カリスマ革命的支配論の具体例であると思える。

伝統的支配を大化の改新で軌道転換し、唐の律令を導入しようとし、壬申の乱（異父兄弟の天智天皇から天武天皇への易姓革命の可能性大）後、藤原不比等を総合プロデューサーとする律令官僚機構の整備によって律令、都城、神話（万世一系天皇制イデオロギー）、仏教戒律という合法的支配への軌道が確立した。この歴史的継起を抽象化して類型化すればカリスマ革命論になるだろう。

良が池田教授が私の論文に与えた評価だった。大学院の入試は形だけのものだった。

望月が自殺したと聞いたのは、大学院の入試会場に望月がいなかったからだったかしら、望月の父親が神戸大の教授だということも、このとき初めて聞いたのだった。

高橋和巳の思想が最も明確に述べられている『憂鬱なる党派』は京大生の憂鬱な心象をよく描写している。梶井基次郎の『檸檬《れもん》』も三高生が丸善の洋書の本棚を檸檬を手榴弾に見立てて爆破する妄想を描き、古京の学生の憂鬱な心情を浮き彫りにしている。

大学院入試に合格したというのに全く憂鬱で心がはずまなかった。親からの送金も奨学金もなく、アルバイトのその日暮らしで、語学力不足の私が、これから先大学院の五年間どうやって生活して学問を続けていくのか考えると憂鬱にならざるを得なかった。大学院博士課程を修了しても就職できず、浪人しているオーバードクターが少なからずいたのだ。

長浜寿美と東福寺、泉涌寺《せんにゅうじ》に行った。東福寺は京都駅近くのにぎやかな所にあるのに寺の境内は深い森の中のようにひっそり閑として、風雅であった。徳川二代将軍の娘が天皇の皇后になったので創建された寺だと聞いたが武張ったところはなく雅趣があった。この頃、東福寺に観光客はほとんどいなかったが、泉涌寺は、京都の住民も全く訪れることはなかった。皇室ゆかりの寺だという泉涌寺は、東西の本願寺や知恩院などと比べようもないほど小さな寺でひっそりと閑寂であった。

ソ連軍がチェコに侵入し、顔の見える社会主義の改革といわれたプラハの春を弾圧し、ドプチェク書記長を解任した事件は、この三月だったと思うのだが、当時あれほど怒って、反スターリン主義体制を声高に叫んだのに、今ではぼんやりとしか思い出せない。

ベトナム戦争で南ベトナム政府が瓦解したことや、中国の文化大革命で走資派の鄧小平が紅衛兵達に引き回され、農村に追放されたことも、年月がはっきり思い出せない。所詮、遠い外国の事件だからか。

8、大学院修士課程

新宿高校で二年上、社会学で一年上の修士二年の大木康容（後に仏教大教授）が、社会学会を見学に行こうと誘ったので、一緒に新幹線に乗って東京へ行った。大木は池田教授をボロクソに酷評した。私は黙ってうなずいた。大木も卒論の口頭試問で、池田教授から本気で誠実な質問を受けなかったので、怒ったのだろうと推測した。「英語も駄目、日本語もロクに出来ない人だぜ」と、大木が言ったので、少々度肝を抜かれた。

そういえば私も教養部の作田教授から「てにをは」が出来てないと批判されたなあ、と思った。

最終の特別講演は小室直樹だった。当時、小室はまだマスコミで華々しく活躍していなかったが、東大関係者の間で天下の奇才として有名だったと私は初めて聞いた。小室のとても甲高い金切り声だけが記憶に残っている。よく覚えていないが、小室直樹は、どこの大学の教授にもなっていなかったのではないか。ニーチェもウェーバーも三十歳ぐらいで大学教授をやめてフリーになっている。

学新の広告取りのバイトで、国会議員の宿舎をまわって歩いた。十二人ぐらい、衆参、自民、社会、その他合わせて、京大出身の議員がいたと思う。議員本人が会ってくれたこともあった。大体秘書どまりだったが、皆広告料を払ってくれた。参議院の植木光教は京都府選出で、東京帝大卒だが、旧制三高出身で洛水寮の先輩だった。広告取りでなく、訪ねたが、宿舎には住んでいなかった。元NHK職員だったとかで、練馬に家があったのだ。私の家の近くなので、行った。アポなしだったので本人はおらず夫人に会っただけだった。

私が就職しなかったので母は非常に不機嫌だった。急いで新幹線で京都へ帰った。家庭教師のバイトと大阪の夕陽ヶ丘予備校の国語の記述試験の採点のバイトを決めることができた。大学院の入学金だけ納入した。

大阪阿倍野の夕陽ヶ丘予備校に行って、富山善一（後の愛知大教授）と会った。富山は戸山高校卒で、現役で京大に合格し、学新で活動していたので、顔なじみだった。宗教学の大学院に進学し、予備校の英語の試験の採点のバイトをしていた。「講師にしてくれと頼んでるんだけど、アキがないそうだ」と言った。富山がヘーゲルの論理学のドイツ語原書を卒論で扱ったと言ったのでびっくりした。「え、だって、君は教養でドイツ語クラスじゃなかったろう」「うん、二組で、第二外国語は中国語だった。ドイツ語は独学だ。ヘーゲルの原書だけ特別に読めるんだ。ヘーゲルだけの独自の文法や用語があるんだよ」「うーん、なるほど」確かに、私もウェーバー独自の用語文法を勉強しているだけだった。卒論の口頭試問で池田教授ともめたのもウェーバーのドイツ語文法が少々独自で、それを池田教授がわかっていなかったからだ。

院生だけの演習の最初の授業に出た。博士課程の女性の研究発表で、あきれたことに、新聞の人生案内に見る世相の分析だった。社会心理学の研究だというが、そんなの学問じゃない、と思った。

テレビ、新聞、雑誌などマスコミ、ジャーナリズムの社会世相なぞ、長くて十年たてば、古臭くなってしまう。政治・経済の現状分析レポートは十年たったら用済みで捨てられてしまう。学問は芸術と同じで、発表の時代と社会をこえて、いわば時空の壁を突破して、共時制、通時制を得て、他の社会、後の時代にも生命をおよぼしていくのが理想的なあり方だろう。

二千年前の聖書研究、千三百年前の日本古代史研究。自分のいだいた疑問を自分の頭で考えて解いていく志、時空の壁を突破して共時性、通時制に到達しようとする志を私はもちたい。なぜ日本が唯一、非欧米諸国の中で、十九世紀末に近代資本主義社会を成立できたのか。日本とヨーロッパに共通することは、中世に封建制社会を形成したことだ。

なぜ、農業生産による地方分権の封建制社会のヨーロッパと日本だけが、工業生産による中央集権国家、資本主義社会を形成でき、近代化できたのか。

徳川幕藩体制を打倒した明治維新政府の富国強兵の下、殖産興業の政策で上から産業革命を成功させ、資本主義社会を形成できたとは史実であるけれども、ヨーロッパのイギリス、フランス、ドイツなどが、中世封建制社会を打破して、産業革命を成功させ、資本主義社会を成立できた史実と等価同列に扱えるのだろうか。

中世封建制社会を形成しなかった中国、朝鮮、その他アジア諸国、そしてまたヨーロッパでも中世に封建制社会を形成しなかった諸国が、なぜ産業革命を成功させることができず、十九世紀末に資本主義社会を形成できなかった理由は何か。これは問題が大きすぎて、学力不足、才能のない私の手におえる問題じゃない。

卒論では扱えなかったので、修士論文では、この問題を解こうと思っていたのだが、日本史はともかく、英独仏、その他欧州の各国史の勉強をするなんて、アルバイトでその日暮らし生活の自分にできるわけないではないか。

助手の井上俊（後に京大教授、関西社会学会会長）の修士論文は「恋愛結婚の誕生」で、大変評判がよかった。イギリスの近代市民社会の結婚問題の分析だそうだ。井上俊は仙台の医者の息子で、京大教授の娘と恋愛結婚したそうだ。鼻の凸凹を苦にしていた漱石の、口に出して言わない心情を見抜いて、芥川龍之介が短編小説『鼻』を書いて、漱石に激賞されたというがったエッセーを読んだことがある。

この最初の演習の授業の後、私は全く授業に出なくなった。広告取りのバイトで走り回らなければならなかった。

広告取りで社会党の府会議員三上隆に会った。府学連委員長だった、映画監督の大島渚と一緒に活動した人で、役者のような美男子だった。声も美しくセクシーで、婦人票が多く獲得できそうで、こんな魅力的な男でも府議どまりなのかと思った。秘書は同大卒の三十ぐらいの男で、何事も金で片をつけると言ったことを口にした。

広告取りのあとも、烏丸御池の三上事務所でバイトをした。中国で走資派の国家主席劉少奇が死に、総書記の鄧小平が追放され、国防相の林彪が権力闘争に敗れ国外逃亡を試み、失敗して死亡し、毛沢東夫人の江青ら四人組が権力を握った。紅衛兵達の造反有理のスローガンが色あせてきた感じがした。いや、しかし、これがこの時期のことだったか記憶がはっきりしない。

西ドイツ、フランスの過激派革命志向の学生運動が盛んに報道された。パリのカルチェラタンの学生街の闘争が激化した。日大全共闘が二十七億円の使途不明金の追及で古田会頭を大衆団交で辞職においこんだのは、この頃だったか。

東大全共闘議長、大学院博士課程の山本義隆が量子力学だか、原子核の質量だとかの論文を何本も書いた噂を聞いた。山本義隆の『知性の叛乱』が出版され、すぐ買って読んだ。雑誌「情況」の長崎浩の「反乱論」も読んだ。アメリカの女性歌手ジョーン・バエズの「ウイシャルオーバーカム」が学生達に革命歌のように大流行した。

渡辺義明が、卒業後、大阪の新明和工業かどこかの労働争議にブントとして介入して、職革として活動しているという噂を聞いた。夕陽ヶ丘予備校で試験の採点のバイトを一緒にした富山善一から聞いたのだろうか。学新の大岡優は学研に入社し、大石英男は札幌に行き、給食会社に勤めたと言う。驚いたのは、立野が京都の学参出版の文英堂の労働争議に組合専従として活動しているということだった。立野は学新で政治担当だったが、社学同にもブントにも入っていなかったはずなのに。灘高卒で現役で京大法学部に入った立野が小さな会社の労働組合の専従の書記になったことは、やはり東大全共闘が主張しだした自己否定の影響を受けたからだったのか。

明治に東京帝大がつくられて以後百年以上、歴代の総理大臣を出し、政府の官僚機構を形成し、牛耳ってきた、東大、特に法学部こそ諸悪の根源であるから、東大を解体し、東大生は権力者の卵たる自己を否定すべきだ。東大教授は政府の文教官僚の一端でしかなく、大学の自治は虚妄である。

東大法学部の看板教授丸山真男が全共闘が全学封鎖をして研究室に入れなくなって、昭和二十年に、横暴な陸軍もこんなことをしなかったと怒って学生活動家達の失笑をかった。四十五年前の伝聞だから正確ではないかもしれない、よく記憶していたことだ。

東大の大学院の博士課程の院生だと大学教授の椅子は約束されているのに、全共闘にアンガージュ（フランス実存主義の用語。投企と訳していた。参加では不十分で、実存を賭けて闘うという意味があったように思う）し、敗北すれば、教授ポストどころか、研究者としての自己も否定されてしまうだろう。自己否定を肉体的につきつめていけば、自殺になってしまうだろう。自殺は自由の問題と不可分だろう。

サルトルはノーベル文学賞受賞を拒否してカッコイイと思ったが、長編小説『自由への道』を読み進んで、最後に、主人公のマチウが第二次世界大戦の戦場で戦死して終わったことは全くガッカリした。何だ、死んで、自由になるのか、つまらない。これで、サルトルの『存在と無』も『弁証法的理性批判』も、すっかり色あせて苦労して読んだのが、馬鹿らしくなったのを覚えている。

カミュの『反抗的人間』は難しくて、途中で何度も読むのをやめた。ただ冒頭の『我反抗す故に我在り』はデカルトの有名なコギトエルゴスムのもじりだとわかっていても、反抗する自由に我の実存があると、自分勝手に解釈して、サルトルよりマシだと思った。

全共闘運動の自己否定が自殺にいきつくことを考えて、私は自己革新と言いかえた。

錦林車庫近くの富山の下宿に行った。階段をのぼると二階に六畳が二間あった。富山と同

郵便はがき

料金受取人払郵便

新宿局承認

295

差出有効期間
平成28年1月
31日まで
(切手不要)

1 6 0-8 7 9 1

843

東京都新宿区新宿1－10－1

(株)文芸社

愛読者カード係 行

お名前《ふりがな》			明治 大正 昭和 平成 年生 歳	
ご住所《ふりがな》	□□□-□□□□			性別 男・女
お電話番号	(書籍ご注文の際に必要です)	ご職業		
E-mail				
ご購読雑誌(複数可)		ご購読新聞 新聞		

最近読んでおもしろかった本や今後、とりあげてほしいテーマをお教えください。

ご自分の研究成果や経験、お考え等を出版してみたいというお気持ちはありますか。

ある　ない　内容・テーマ(　　)

現在完成した作品をお持ちですか。

ある　ない　ジャンル・原稿量(　　)

書　名			
お買上 書　店	都道 府県　　　　市区 郡	書店名 ご購入日	書店 年　　月　　日

本書をどこでお知りになりましたか?

1.書店店頭　2.知人にすすめられて　3.インターネット(サイト名　　　　　　)

4.DMハガキ　5.広告、記事を見て(新聞、雑誌名　　　　　　)

上の質問に関連して、ご購入の決め手となったのは?

1.タイトル　2.著者　3.内容　4.カバーデザイン　5.帯

その他ご自由にお書きください。

(　　　　　　　　　　　　　　　　　　　　　　)

本書についてのご意見、ご感想をお聞かせください。

①内容について

②カバー、タイトル、帯について

弊社Webサイトからもご意見、ご感想をお寄せいただけます。

ご協力ありがとうございました。

※お寄せいただいたご意見、ご感想は新聞広告等で匿名にて使わせていただくことがあります。

※お客様の個人情報は、小社からの連絡のみに使用します。社外に提供することは一切ありません。

■書籍のご注文は、お近くの書店または、ブックサービス(0120-29-9625)、セブンネットショッピング(http://www.7netshopping.jp/)にお申し込み下さい。

棲していた聖子さんが、左右に分かれた六畳間に住んでいた。聖子さんは秋田の横手市の高校教師の娘で、色白の美人だった。富山より、二、三歳年下の宗教学か倫理学の学生だった。典型的な学生結婚の一例で、当時、漫画『同棲時代』がとてもよく読まれていた。

古京の奥座敷とも言われる貴船神社に行ったのは長浜寿美が誘ったからか、鮎の塩焼きの料理を貴船川の清流沿いの店で食べた。客はほとんどおらず、神寂《さ》びた雅趣があった。古京は老貴婦人の都市だが、貴船神社周辺の森閑とした光景は平安王朝の天才女流歌人、和泉式部の貴船川で詠んだ名歌「物思へば沢の蛍もわが身よりあくがれいづる魂かとぞ見る」を想起させるのにふさわしかった。蛍を魂と見るのは千年前の王朝の貴婦人の感性だろうが、「わが身よりあくがれいづる」魂と肉体から魂が遊離する感覚、思想は、和泉式部だけのことではない。紫式部の『源氏物語』で、光源氏の正妻葵の上の出産の場面で、光源氏の年上の愛人、六条御息所《みやすんどころ》の生霊が肉体から遊離して、物の怪として葵の上を苦悩させる。ウロ覚えだが、生霊が肉体に帰って来て我に返った六条御息所が、葵の上の産所で僧が物の怪退散のためにたいた護摩の臭いが自分の着物の袖にしみついているのに気づく描写にはゾッとするリアリティーがある。つまり肉体から遊離する生霊、魂を実感させる文学的想像力の創造性に迫力がある。

こんなことを長浜寿美に話して、私は何でこんなことをしゃべるのかと自分をあやしんだ。光源氏の年上の愛人をつい連想したのは長浜寿美が私より年上だったからだけだったか。

魂が肉体から遊離する感覚は、千年頃の王朝の女流芸術家だけの特有の感性ではない。千九百年頃に書かれた漱石の小説『行人《こうじん》』で（この作品は漱石の精神、神経異常が非常に強まり、それが緊迫した筆致で表現されているが）、一郎の妻、直が二郎と和歌山に行き、嵐にあって夜、宿泊するとき、私は「魂の抜け殻」と述べる。

「魂の抜け殻」カラはカラダ体だから、魂がカラダ肉体から抜けだして遊離したと言っているのだ。魂の抜けた肉体について、直は、雷に打たれて死んでもよいとか、嵐の海に飛びこんで死んでいいとか言う。「魂の抜け殻」である肉体の死に意味を認めないのだろう。肉体から遊離した魂はどこに行ったのか。

和泉式部は沢の蛍かと見た。紫式部は六条御息所の生霊は光源氏の正妻葵の上に物の怪としてとりついたと『源氏物語』で表現したが、漱石の『行人』は未完なので、直の魂の行く先は表現されていない。

漱石は小説『心』を精神、神経異常を自己分析治療しながら書いた。「心」ココロはトコロ（所）であって、精神の属性である創造性はない。殻カラ、カラダ体も魂の居所だから、キリスト教のパウロの思想の、精神と肉体の分裂、対立、葛藤はなく、心と肉体は親和的である。

前に、会社人間には精神（創造性）はない、と述べたが、会社人間には心はある。会社は組織の代表例だから、組織人間の心は組織の中の心、つまり忠である。組織への忠誠、忠義、忠実であれば必要十分で、組織を逸脱しかねない精神（創造性）はいらないのだ。組織の例を家にすると、家の女、つまり嫁への忠、忠誠、忠実を男達、父、夫、息子は尽くさなければならない。つまり、夫は稼いだ金を全て嫁にささげわたすのだ。

妻子を捨てて出家した仏教僧たる西行は名歌「心なき身にもあはれは知られけり鴫立つ沢の秋の夕暮れ」と詠じた。心、嫁への忠誠心、愛（執着心）は捨てたが、あはれ、しみじみした秋の夕暮れの沢に立つ鴫の美しい自然の光景に情趣を感じる霊気、霊魂はあるのだ。

キリスト教信仰では、精神と肉体を聖霊が統一するが、日本人では、心と体を霊気、霊魂、気魂、気力が統一するのではないか。心と体の統一のバランスが崩れると気持ちが悪く、気味が悪く、無気味で、狂気になるのではないか。だから、逆に、気持ちが最も大切で、気力の充実が肝要なのだ。

貴船川の清流を吹く涼風を感じた二十四歳の私が、こう言語化して考えたわけではない。これは六十八歳の私の思考である。ただ、変人のきわみであった二十四歳の私は、貴船神社を参拝した長浜寿美に、魂の遊離や、心なき身に感じるモノのあはれを話しながら、長浜寿美もまた、普通尋常の女と違っている変人だから、私とつきあえるのだろうと感じたのだ。漱石の精神、神経の異常さは『行人』『心』などの小説だけでなく、鏡子夫人が語った『漱石の思い出』にも表現されているが、鏡子夫人も出産時に、かなりひどいヒステリー発作をおこしたと言われている。

二十四歳の私は年上の長浜寿美の存在が重たく感じだしたのだった。長浜寿美の心と体の統一である魂、気のあり方が気がかりになってきたのだ。大阪の夕陽ヶ丘予備校で採点のバイト代をもらって、富山に誘われて、西成《にしなり》のドヤ街、日雇い労働者の簡易宿街に行き、安売りのひどい臭いのするアルコール、酒といえるのかどうかわからない代物《しろもの》を飲んだ。後日、富山から聞いた話である。安酒場を出て、ドヤ街を歩いていて、酔った私は日雇い労働者と口論になり、喧嘩をした。富山は私を見捨て、一人立ち去ってしまった。富山も酔っていたのだから、これは仕方ないことだろうが、後に大学教授になった富山と私の違いだろう。翌朝、目がさめたとき、軽トラックの荷台に横になっていた。寝汗をかいていた。七月末で暑かった。目の前がよく見えなかった。眼鏡をはずしてみると、分厚いレンズにひびが入っていた。立ちあがって、変な気がして、足元を見ると裸足だった。靴と靴下がなくなっていた。左腕にはめていた時計がなかった。

二日酔で頭が痛かった。やっと靴と腕時計が盗まれたのだと気がついた。ズボンの右ポケットに手を入れてみた。あった、封筒が。取り出して中をみると、バイト代の残りがあった。軽トラックの荷台をおりて裸足で歩いて行くと、何と道傍に靴が並べられていて売っていた。私の靴はなかったが、はけそうな靴を買った。

金がなくて七条烏丸の京都駅から東大路一条西入ルの下宿まで歩いたことがあったが、この時だったかどうか覚えていない。

地塩寮同期でＩＢＭに就職した谷勝利の下宿に行って会った。靴、腕時計、眼鏡のレンズを買うために谷から借金したのかな。谷は広島の修道高校同期の上野勝輝が現役で京大医学部に入学したあと、学生運動をやり、社学同に入って、東大医学部の全共闘の支援活動に奔走していると話した。

地塩寮同期の福岡磐雄が、笹倉製作所に入社したと谷は言った。九州大教授の息子で、秀才の福岡が有名会社に就職しなかったのは意外だったが、海水を真水にする機械の開発をする技術研究所的な会社だと言う。谷はＩＢＭでコンピューターのプログラムの開発をしていると言った。まだパソコンなど小型化されていない、大型電子計算機の頃であった。

卒業生名簿に載せる広告取りのバイトで京都周辺をかけずり回り、夏休みは東京に行かなかった。

アングラ小劇団ブームの口火を切った唐十郎の黒テントが京都に来て、河原乞食の古代の役者芝居の復元か、鴨川の河原で『腰巻お仙』を李礼仙達が演技し、鴨川に入って水音を立てて芝居したのを観劇した。

八月十五日の夜、大文字焼きを東山五条のビルの屋上ビアガーデンで西島達と一緒に見た。広告取りのバイトが打ち切りとなった。よく覚えていないが、京大出版会の設立計画をめぐり意見対立があって、西島が名簿作成の事業からもはずされて、おりてしまったらしかった。

背の高い大男で大人《たいじん》の風のある西島が荒れていて、酒に酔ったせいかどうか、電柱に四、五メートルほど上っていったのは、この大文字見物のときだったろうか。学新の先輩の中谷寛章が三十前の若さで死んだのを知ったときだったろうか。

家電販売の市場調査のバイトを九月頃した。京産大の学生もいて、会社員に京産大生はバイタリティーがあっていいけれども、と遠まわしに嫌味を言われた。年取った京大の院生はバイトとして使いづらいということだった。

バイト代で谷には借金を返した、と思う。谷はＡＦＳで高二の時、アメリカに一年間留学したのでアメリカ資本主義礼讃者だったから、私と主義主張は正反対なのに、寮生時代ほとんど口もきかなかったけれど、このあと、親しく交際を続けていった。

埴谷雄高の講演はこの年の秋だったかもしれない。記憶がいい加減ではっきりしない。般若豊が本名だということ、小説は何が何だか不明瞭でよくわからないのに、「近代文学」の出版発行の実務能力は抜群にすぐれていて、明快であったことなど埴谷雄高の噂ははっきり覚えている。評論集の本の題名は忘れたが、小林秀雄のドストエフスキー論がＥ・Ｈ・カーの原書からのほとんど盗作だと埴谷は書いていて、教祖とまで言われた高名な文芸評論家で明治大教授の小林秀雄が盗作をするなんて信じられなかった。しかし、この年だったか、Ｅ・Ｈ・カーのドストエフスキー論が翻訳出版されたので、小林の論と読みくらべてみた。なるほど確かに、埴谷の指摘通りだと思った。埴谷は小林秀雄の『近代絵画論』もヨーロッパのある本の盗作だと指摘していたが、この本は翻訳されたかどうか知らない。

盗作とまで言われなくても、欧米の研究書を翻訳して換骨奪胎して、自分の研究論文として発表しているケースが日本の大学教授には多いという噂はかなり聞いた。

大学教授が、精神貴族だと思う幻想が崩れていった。ウェーバーは、魔術からの突破、解放を合理化と言ったが、私の自己革新、覚醒がこの幻滅で現実化したのだ。

会社組織人間は、その所属する会社組織に忠誠、忠勤、忠実で、その会社組織の利益だけしか考えない。他人を評価するときは、その人の所属する会社、組織の名前と、その人の地位を示す肩書き、例えば、京大教授しか考えない。私がこれまで、誰それが、後にどんな職についたか書きこんできたのは、この会社、組織人間評価の幻想にとらわれていたからであった。幻想という語を用いたので、当時、学生運動をしていた学生が信望していた評論家、詩人の吉本隆明の『共同幻想論』からとったと思われても仕方ないだろう。

三派全学連がいつ頃分裂瓦解したのか覚えていない。社青同派は最初からたいした勢力ではなかった。中核派は成田三里塚闘争に勢力をつぎこんで革マルとの抗争もあって、拠点大学を失ってしまったようだった。

社学同は明治、中央、同志社、大阪市大と拠点大学をもって、単独で反帝全学連と名のった。パリのカルチェラタンの学生街の闘争に呼応して、神田の学生街で闘争をしようという呼びかけで、明治大のキャンパスに社学同の活動家シンパが結集した。中核派は飯田橋の法政大が拠点になっていたのかどうか。正確な日時は忘れたが、10・20国際反戦デー前のことだと思うが、明大構内の学生集会は、ヘルメット、ゲバ棒、角材、鉄パイプ姿の活動家で血気立っていた。

腰に届く長髪の黒服がぴったり身についてスタイルのいい女が歩いて来たのを見た学生が、あれが噂の魔女だと言った。この噂の女は、後で聞いて知ったことだが、アラブ赤軍派リーダーになった重信房子で、京大ブントの高原浩之の女だということだった。東大全共闘のゲバルト・ローザと呼ばれた大学院生も有名だった。

明大の構内で雑魚寝した翌日、御茶ノ水駅の聖橋あたり、重装備の機動隊が盾を連ねて並び、学生のデモ隊と衝突した。私はデモ隊のかなり後方にいた。

大阪の西成のドヤ街の喧嘩でこわれた眼鏡を新しく買うため眼鏡店に行ったが、検眼した店員が、ひどい弱視だから、大学病院で精密検査をしたほうがいいと言った。府立医大病院で検査した医者は、網膜が剝離する恐れがあるから、激しい運動をしてはいけないと警告した。だから、デモのスクラムには入らなかったのだ。

学生達のシュプレヒコールの声が途絶え、シュー、シュルと空気を切り裂く音が連続して響いた。学生達の叫び声があがり、デモ隊は崩れ、走って逃げて来た。明大正門前あたりにいた私の前、後、左、右、あたりに銃弾がバシバシと道路に当たってはじけた。機動隊の警官が小銃かライフル銃を発射した、と思った。後に催涙弾と知ったが、涙など出なかった。水平射ちはしなかったと警察は発表したが、嘘だと思った。

歩道の敷石を壊して、学生達は石つぶてを投げたが、警官隊の発射する銃弾が大ぶりの雨あられのように飛んで来た。今思い出して幸運だったと言うほかない。私の足元、二、三十センチの所、前、左、右と銃弾は落ちたが、一発も私には当たらなかった。まるで戦場だった。警察は過剰警備であった。

非常に興奮したのだろう。この後の記憶は消し飛んで全くない。どうやって京都に帰ったのか覚えていない。新宿西口コンコースに学生運動の人波があふれて、騒乱状態になったと、あとで聞いたが、この日のことかどうかわからない。

「僕も銃を撃って闘うよ」と、通称、落雲館中・高の教師になった田中が、また中核派シンパ学生の名残で、そう私に言ったのを覚えているが、この神田カルチェラタン闘争のあとに会った時のことだったろうか。

都市ゲリラ戦とか、小銃、ライフル銃とか、鉄パイプ爆弾とか、機動隊の催涙弾発射に対抗するための武装闘争を口にする学生活動家が急激にふえてきた。私は、京大ＹＭＣＡにいた名残で、それには反対だった。非暴力とは言わなかったが、反権力闘争を即暴力絶対とは考えなかった。しかし学生運動は、より過激で、暴力重視派が主導権を握ろうとしてセクト内部のゲバルト抗争が次第に激しくなりだしていった。

天の橋立を見に行ったのは、長浜寿美の誘いだったか、忘れた。京都駅から山陰線で福知山に行き、乗り換えて、日本海沿いの宮津湾の天の橋立まで、二時間以上かかったと思う。

和泉式部の娘、小式部内侍の「百人一首」に載った歌「大江山いく野の道の遠ければ　まだふみもみず天の橋立」は有名だから、暗記している。

陸奥の松島、安芸の宮島とならんで日本三景の一つといわれた天の橋立だが、私達二人以外観光客は一人もいなかった。土産物屋もなく、ひっそり静かだった。遠浅の砂洲で有名なのに反して、全く見所がなかった。「見渡せば花も紅葉もなかりけり　浦の苫屋の秋の夕暮れ」(『新古今集』)の藤原定家の名歌は勿論天の橋立の景色と何の関係もないけれど、春の花、秋の紅葉の美しい情景を想像して天の橋立を見るしかなかった。

「うちは京生まれの京育ちじゃないの」

「うん、そうだと思っていた」

高倉正暉は生粋の京男だった。高倉正暉の彼女は鳥飼姓で、古代の職名だろう。千年以上、古京に住み続けている家の門は、男女ともどこか能面のような顔をしていた。長浜寿美は京女風の化粧衣裳をしていても、どこか隠せない野趣が感じられた。沢村紀子に感じた、どこか遊女めいた色っぽいセクシーさが長浜寿美にはなかった。滋賀県の長浜市で生まれ、高校卒業まで暮らし、京都の平安女学院の短大に入り、卒業後、ノートルダム女子大の三年に転入学したのだと言った。

母の実家が近江八幡市(伊藤忠商事など近江商人の発祥の地として名高い)で商売をしていて、戦後のガチャマン景気(織機をガチャと音立てて布を製造して売ってマン一万円儲けたといわれた繊維景気の俗称）で大儲けをし、祖父の死後、相続した財産で母が室町一条の土地と家を買ったのだそうだ。兄は日大芸術学部の写真学科を卒業して広告代理店の電通に入社し、結婚して七条烏丸の京都駅前のマンションで暮らしているということだった。母が病弱でその看病で婚期（正田美智子嬢が皇太子と結婚したのが二十四歳だったので、その年齢が結婚適齢期と世間では思われていた）を過ぎてしまったのだそうだ。

天の橋立への往復の小旅行で長浜寿美の話を聞いて、父親の話が出てこないので聞いた。長浜は丹後縮緬の織物業が盛んで、父は染料の卸問屋をしていると言った。「ははあ」、私は黙って考えてしまった。

母と娘は京の室町一条に住み、父は近江の長浜で商売をしている。やはり、少々変わっている。丹後宮津の天の橋立でなく、近江の長浜に私を連れて行き、父に紹介し、生まれ育った家と土地を見せるのが普通の仕方だろう。しかし、まあ、変人のきわみの私にそんな対応は必要ないか。母と兄は白鳥のように優美だが、うちは家鴨《あひる》のように不恰好だと長浜寿美は言い、それが婚期をのがした理由だと言いたげであった。

長浜寿美は飲食費を絶対出さないので、バイト生活の私の負担は結構重かった。

大阪の夕陽ヶ丘予備校で試験の採点のバイトを終え、ひと息ついていたら、数学担当の大阪大の博士課程の院生が話しかけてきた。「僕は大学院をやめて、某企業に就職することにした」「えっ、なんで」「僕が研究していた新しい合金の開発に、アメリカの研究者が成功したことが、今月の雑誌に発表されたんだ。もう大学院で研究する意味がなくなってしまったんだ」

彼の残念そうな顔を見ながら、凄い、技術研究者は秒進分歩、国際競争しているんだと、うなった。

文学は時空の壁を突破して、永遠の不変の真実を探究しなければいけないんだと改めて思った。

京都に帰る電車の中で、大木康容に言われたことを思い出した。大学院の博士課程を終了しても、大学への就職口は、主任教授の専権で決められるのだと言う。当時、大学教員の就職はほとんど公募がなく、試験もなかった。池田教授の学力に不満があって、陰で批判しても、就職を考えると、院生達は皆、池田教授に気に入られるようにひたすらご機嫌を取るのだと言う。

川端康成がノーベル文学賞を取った十月以後、批判する声が学生達から盛んにあがった。賞取り運動で、政治権力の助けを得ようと、佐藤総理大臣に会って頼んだとか、自民党の選挙を応援して演説したとか、非難した。川端の先輩の谷崎潤一郎がノーベル文学賞候補になっていたが、『痴人の愛』や『卍《まんじ》』など不道徳、不良、悪魔主義だと、自民党政権が忌避したのだとか、噂された。谷崎の『春琴抄』のマゾヒズムの美学のほうが、川端の『雪国』よりはるかに欧米人に高く評価されると私は思った。

十二月、川端は受賞スピーチ「美しい日本の私」を発表した。「日本の私」は英語でどう訳すことができるのか。『雪国』が欧米人の論理的思考によって理解可能だろうか。無為徒食の島村と温泉芸者駒子の色事は、欧米流の恋愛ではない。駒子には島村への性愛(執着心)はあっても、島村(というより作者の川端)が好きなのは、無垢の少女葉子である。川端は独特の無垢の美少女への偏愛がある。私には、島村には何の魅力も感じられず、駒子が島村を愛するのがなぜかわからなかった。

朝日新聞社員で家庭人の漱石は、組織への忠の心があり、小説創作の精神があったので、心と精神の分裂、対立、葛藤が生じて、精神、神経の異常が昂進した。歌人僧の西行は「心なき身」だが、「あはれは知られけり」と物のあはれ、つまり物の怪に通じる魂(モノとタマは同意)があり、精神(創造性)があった。『雪国』の島村は、妻子持ちだが、家を出てかえりみないから、心はない。評論の翻訳をしているというが、創作ではないから精神もない。無心、無精神だが、無は肯定的に考えられている。『雪国』のラスト、クライマックスの天の川のきらめく星明かりが地上にふり、倉が火事で燃え、少女が死体となって落下する場面には、無の、空虚の美しい抒情の詩趣がある。仏教の無常の観念より以前の、より根深い奥底に流れる日本人独特の空虚な無の感性の詩情が欧米の語に訳されて、理解されるだろうか。『源氏物語』や芭蕉の『奥の細道』は世界文学になり得たと思うけれども。

9、京大全共闘

昭和四十四年（一九六九）正月、二条堀川の京都国際ホテルのラウンジで長浜寿美と会い、コーヒーを飲んだ。学生街の喫茶店のコーヒー代の三倍だ。長浜寿美は私を誘いながら、二人のコーヒー代を私に支払わせた。コーヒーを飲むのに何で国際ホテルに行かなければならないのか、私には理解できなかった。うかつな私も、ようやく京都人が東京の高校を出て、京大に入って来たのは金持ちのドラ息子の気まぐれと誤解することに気がついてきた。沢村紀子も前堀信子もそうだったから、長浜寿美もそうなのだろう。まして、大学院に進学して、大学教授になれる。長浜寿美は、勝手に私について幻想を抱いているように思えた。親から送金も奨学金もなく、バイトでその日暮らしをしている貧しい生活ぶりを正直に長浜寿美に告げるべきか。釣り竿にかかった鯉をたぐりよせて、手に捕える寸前に釣り糸を切って鯉を逃がすことのできる釣り人がいるだろうか。男の本能が、それをゆるさないだろう。騎虎の勢いである。

東大を全学バリケード封鎖し、安田講堂、時計台に立て籠《こも》った全共闘の学生院生を機動隊を導入して、排除するという強硬方針を加藤新総長が決めたという噂が流れた。東大全共闘支援のため、安田講堂に全国から学生活動家が集結しだした。私は眼の悪さを考えて、暴力行動は避けるつもりであったので、年末年始、東京へは行かなかった。山陰線の山家駅近くの塾でバイトの講師を雇うというので出かけた。亀岡より遠かったが、綾部より手前だったと思うが、大変な寒々とした山村だった。こんな山奥の寒村にも学習塾があるのかと驚いた。乱塾列島という語が新聞記事になる前だったと思う。経営者は早大文学部出身で、私と同年であった。別に生まれ故郷というわけでなく、ただ塾がまだ無い所だろうということだけで、山陰線沿いに小さな塾をいくつかつくったのだそうだ。バイトで雇われた身のことを忘れて、私は、早稲田村大嫌いもあって山村にうもれるのは志が小さいと言ってしまった。

東大、日大の全共闘の盛んなのに比べて、早大の学生運動の沈滞は、黒田寛一を教祖とする革マルが文学部の学生をとりこにしてしまったせいかどうかわからなかったが、早大出身者が山陰線の山家などの寒村にくすぶっていいのかと言った。よく覚えていないが、結局、バイトせず、京都に帰って来たのだった。

京大の構内で、久し振りに玉川に会った。玉川は一年留年して、就職試験対策の勉強をして、朝日新聞の入社を決めていたが、そのことは言わず、「安田講堂に支援に行かないのか」と言った。「うん、京大でも寮闘委が学生部を封鎖しているから、時計台にも立て籠るだろう」「京大全共闘を立ちあげる時が来ている」と言ったが、京大はブント、社学同の勢力が強くて、ノンセクト、ノンポリの全共闘作りは至難だろうと思っていた。

私は巨大資本のテレビ、新聞を信用していなかったので、ほとんど見も読みもしなかった。もっぱら弱小資本のラジオを聴いていたが、安田講堂、時計台の全共闘と機動隊の攻防戦は京大近くの食堂のテレビを見続けた。

一月の末頃だったか、長浜寿美とどこで会って、飲食したのかどうか忘れてしまったが、私の下宿に連れこんだ。六畳ほどの板の間で、備えつけの机と椅子、私の小さな本棚、鉄製のベッド、備えつけのガスストーブ。私は不精で眼が悪いせいか、ゴミ、ホコリが気にならなかったので、ほとんど掃除をしなかった。茶やコーヒーなどなかった。国際ホテルなど贅沢好きな長浜寿美が一目見て、不潔だと言って逃げだすかもしれないと思ったが、嫌な顔をしなかった。飾り一つない殺風景な部屋を見れば、私の生活の貧しさは一目瞭然なのに。もしかすると、恋は盲目というから、長浜寿美は幻想の花園と錯覚していたのだろうか。テレビで放映している東大安田講堂、時計台の戦場のような騒乱情況の興奮ぶりが、無意識に私達に感染していたのだろう。突っ立っていても仕方ないが、椅子は一つしかなかった。ベッドに腰かけようとして、私はあお向けに寝ころんでしまった。ガスストーブをつけていたのでオーバーコートをぬいで、椅子の上に置いて、長浜寿美は黙って、私の横にあお向けに寝ころんだ。鯉はまな板の上にのってじっと身動きしなかった。肉体を投げ与えて、男が食いつくのを待っている。女の本能だった。眼をとじて、唇を薄く開けて、女は待っていた。男は唇を合わせ、舌を入れた。本能で男の右手が女の肌着の中に入り、女の裸の尻をつかんだ。長浜寿美が身ぶるいした。私はふと我に返って、手を離して肌着の外に出し、唇を離した。沈黙が長く続いたと思ったが、長浜寿美は黙ってベッドを出て、オーバーを着て去った。

四十四年前の思い出だから、六十八歳の私の脚色が当然入っているだろう。全然、何も互いにしゃべらなかったということはないだろう。忘れてしまった会話を創作する気になれなかったのだ。ただ、二十四歳で初めて女性とキスをした私は、相当ボンヤリしていたのだろう。

翌日、日曜で、谷勝利が珍しく私の部屋にやって来て、「アレッ」と言って本棚の上を見た。白い光沢のあるハンドバッグが置いてあった。長浜寿美が前の日に忘れていったことに、私はそのとき初めて気がついたのだった。その後どうしたのか、記憶はない。谷が訪ねて来たのは、東大の時計台に立て籠もっていた全共闘学生が機動隊の警官によって逮捕、排除されたこと、加藤総長が三月の入試を取りやめることを決めて公表したことを話すためだと思うが、何を言い合ったたか、全然記憶がない。東大の入試がなくなったので、受験生が京大の入試に回って来るだろうと誰もが思った。京大でも学生部を封鎖した社学同系の寮闘争委員会の学生活動家が時計台に立て籠もっていた。ブント、社学同は、関西の学生運動の千人集会を京大で開こうと宣伝した。東大、日大など東京から学生運動の活動家七百人が京大にやって来るという噂が流れた。

数日待ったが、寿美は、ハンドバッグを取りに来なかった。二月何日だったたか、調べればわかることだが、私は左眼を失明し、右眼の視力も弱く、細かい字が見えない。正確な日を書くことは重要なことではないだろう。電話をかけて、室町一条西入ルの寿美の家にハンドバッグを持って行った。市電に乗ると人目につくので、歩いて京都御所を通り抜けて二十分ぐらいで着いた。門はなく、一条通りに面した玄関を開け、一階の板の間にあがり、質素な椅子に坐った。台所、食堂は板戸で仕切っていて、見えなかった。次の間も板敷で、トイレ、風呂は一階にあると寿美は言った。二階の部屋で暮らしているので、一階には生活臭がなかった。テレビも電話もなかったのだ。高島屋の高級家具売り場で初めて会ったのだから、質素な椅子に小さなテーブルしかなかった一階の飾り一つない部屋に、少々驚いた。二月の寒々した日に、人気の感じられない広々とした板の間の椅子に坐って、寿美が出した紅茶を飲みながら、質素倹約始末第一の近江商人の家の奥の暮らしを思った。寿美がハンドバッグを置いて行ったのは、キスに興奮したせいか、そう思わせるようにわざとしたのか、わからなかった。質問していいことではないと思って聞かなかった。帰りは烏丸今出川の同志社大前で市電に乗り、百万遍で降りて、東大路を京大構内沿いにくだって一条通りに行った。

騒音が次第に拡声器の音響や叫び声になって、聞こえてきた。異常な事態の発生を感じて、京大正門の方へ走った。閉まった正門の前に学生が十数人立って開門を叫んでいた。正門横の石垣の上に立った男達が消防のホースで学生達に放水した。一体これは何事だ。問うた私に、ずぶ濡れになって寒さに身ぶるいしていた学生が、大学当局が逆封鎖して、学生を構内に入れないようにしたのだと言った。逆封鎖。関西の学生運動の総決起集会を京大で開かせないために大学当局が正門その他の門を閉鎖したのだった。抗議のデモ隊を作ろうと思って、走って地塩寮に行った。後輩の学生が七、八人いた。平年ならほとんどの学生は帰省していないのだが、東大の時計台落城後、京大がどうなるか心配で居残っていたり、戻って来た学生が結構いたのだった。ノンセクト、ノンポリの普通の学生大衆をも構内に入れないのは不当不正であるから大学当局に抗議しようと呼びかけた私に従って、七、八人の学生が続いた。正門前でデモ隊を作ると、三十人ぐらいの列になった。デモを指揮して先頭に立った私は、消防ホースの放水に狙い撃ちされた。身体が後ろに吹き飛ばされそうになった。激しい怒りでブチ切れた。寒さは感じなかった。デモ隊は四分裂になったが後ろにしりぞいた私は逆封鎖解除、大学当局解体を叫び、再びデモ隊結集をつのった。五十人以上のデモ隊が出来て、再度、正門に向かって行進した。放水で全身ずぶ濡れになり、身体が重くなって足がもつれた。放水の圧力で身体が痛くなった。ノーベル賞学者を輩出する誇るべき自由な創造性豊かな京都大学の幻想が木っ端微塵に破裂して吹き飛んだ。憧れの京大の幻想が消え、放水の暴力によって守られている大学当局の権力の実態を全身で痛感した。

三度、デモ隊を作り、百人近くになった。三回放水をあびて、体力が尽きた。身動きできないほど疲れた。二月の京都の底冷えで、全身震えがとまらなかった。濡れた服が重かった。地塩寮に戻ろうと歩き出して、瞳のきらきら輝く聡明そうな綺麗な女子学生を見た。『雪国』の葉子を思わせる美しい瞳のきらめきだった。かわいい子だと、私が言ったのを聞いた後輩が、後年書いた思い出のエッセイを読んだら、後に東大教授になった上野千鶴子だと書いてあった。瞳の輝きの美しい女優、岩下志摩、吉永小百合は、ひどい近視だそうだ。上野千鶴子もあのとき眼鏡をかけていなかったからだろう。

　大学当局の逆封鎖は二日続いたと思うが、はっきり記憶していない。学生部を占拠していた寮闘委の学生達を教職員組合の日共、民青が実力で排除したあと、逆封鎖は解除された。教養部の自治会は社学同が委員長を取っていたので、社学同主導で京大全共闘が作られた。議長は法学部の院生、織田昌道だった。織田は、後に赤軍派の国際局長になったから、このとき社学同に入っていたのだと思う。織田は、東京の有名な寺の跡取り息子で、延暦寺で修行得度して、権少僧都という僧職になっていた。今は、大僧正になって、大寺の住職におさまっているのだろう。

　経済学部助手の竹本信弘（後に滝田修の筆名で『ならず者暴力宣言』を出版した）が、社学同の同盟費を払ったという噂が流れた。白樺マスターの高瀬泰司ら、六〇年安保闘争の京大ブントの生き残り連中が全共闘に顔を出した。私は参加できなかったが、京大全共闘の裏の幹部会で、作戦指揮をしたのは、関西ブントの同志社大の望月上史だったという話を後に聞いた。

　東大全共闘の実態を知らないが、京大全共闘は名ばかりで、実態はブント、社学同の下部組織でしかなかった。

　総長奥田東、学生部長柏祐賢と全共闘の大衆団交が法経一番教室で二日続けて行われたが、織田議長の一方的な大学当局批判に終始した。言いたい放題だった。聞いていて、日共、民青が教職員組合だけでなく、大学当局の権力を握って牛耳っていることを初めて知った。総長も学生部長も実権を持っていなかったようだった。

日本最大の暴力団、山口組でも、組長ではなく、若頭に実権があるのだと噂で聞いたことがあった。組織の最高位者が権威だけもって実権をにぎっていないという日本独自の実態の祖型は『魏志倭人伝』の邪馬台国の女王卑弥呼と男弟の権威と実権の分離にあったと言えよう。女性の推古天皇の下、摂政の聖徳太子が権力を行使した。元明天皇の下、右大臣藤原不比等が総合プロデューサーとして制定した律令が、天皇の権威と摂政の権力の分離を法式化した。戦後の日本国憲法の象徴天皇と総理大臣の分離体制にもその影響は及んで生きているのだ。全共闘議長と総長の団交での言い合いは名ばかり茶番の芝居にすぎなかった。

大学当局の実権を握った日共、民青と全共闘を牛耳っているブント、社学同との旧新左翼勢力の対立抗争でしかないのだと思った。京大といえども国立大学だから、政府の文教政策を行う管理機構の一端だから警察機動隊を導入すれば筋が通るのに反政府の日共、民青支配下の教職員組合の実力を借りて、新左翼・社学同派の寮闘委の学生達を学生部から排除したのだから。大学当局に自己矛盾があり、弱点があったから、全共闘の抗議に全く反論できず、総長、学生部長は頭を下げるばかりだった。

総長団交は二回行われたが、聞いていて、不毛な猿芝居でしかなかった。

次の日、文学会の自治会室に行くと、活動家達が、文学部教授会見解という文書を問題にして教授会と団交しようと話し合っていた。

逆封鎖した大学当局を支持する見解を教授会でまとめて文書にして配布したもので、どうやら、中国哲学の、毛沢東支援派の教授が主導して決めたらしかった。教養部にいるブント、社学同の指示を受けた梅田信幸が前の委員長の河元に団交の設定をするように求めた。梅田は私と同期だが留年した。中国文学の助教授で作家の高橋和巳が、学生部を占拠していた寮闘委の学生達を日共、民青の組合員が実力で排除する現場に立ち会っていたのは問題だと梅田は言った。決められた教授会との団交の前日、中文の助手、吉田富夫から、高橋和巳が自己批判したいと言っていると知らせがきた。院生学生の共闘会議を作るとか、誰が教授会との団交で議長するか話し合って決めたわけではなかった。

定員二百人の一番教室に立ち見ができ、入りきれない人達が廊下に立つなど、二月下旬の休みの時期なのに教授会団交は熱気をおびて始まった。高橋和巳助教授を批判する論理を考えた私は議長としてマイクを握った。教授会見解の文書を批判した後で、私は高橋和巳を批判した。

「先生は、著書『孤立無援の思想』でソホクレスのギリシャ悲劇『オイディプス』の運命について論じています。父を殺し、母と結婚したことがオイディプスの運命と考えるのではなく、スフィンクスの謎をとき、旅の途中で殺した老人が父であり、妻とした王妃が実は母であったという真実を王妃や羊飼いがとめるのをふり切って探求し、テーベの王の地位を捨て、真実を見ていなかったと眼を自ら突き刺して盲目になったことこそがオイディプスの運命なのだと書いておられます。運命解釈はともかく、孤立無援となり、自己の身分地位を否定し、真実をとことん探究してやまないオイディプスの精神を読みとくことこそが、父殺しや母との姦淫の悲惨を読むよりもはるかに重要だという先生のお考えに、私は教えられました。孤立無援になっても、自己否定しても、あくまで真実を探究する精神こそ、東大の全共闘の活動家達が実践したものであり、彼らを支援し、連帯を表明する私達の立脚点でもあります。当然、高橋和巳先生ご自身の精神であると信じています。中国文学の専門家の先生にギリシャ文学の読解を教えていただいたわけですが、先生のご著作『暗殺の哲学』で、初めに司馬遷の『史記』の刺客列伝を述べ、次いでカミュの『反抗的人間』『シジフォスの神話』『正義の人々』、ドストエフスキーの『悪霊』を引き、十九世紀末ロシアのテロリスト群像、『蒼ざめた馬』のロープシン、二重スパイのアゼーエフを語られ、さらに戦前の日本の暗殺者、一人一殺の井上日召に及んでおられます。和漢洋の暗殺の哲学を論じられる先生は日本史、東洋史、西洋史の講座制の壁を突破しておられます。豊かな想像力による創造性のいとなみを行う自由な精神は、専門の、いわゆるタコ壺に閉じこもる守旧派の講座制の壁の突破、解体を不可避とします。全共闘は大学解体をスローガンの一つにあげました。私は世界史の中の日本、比較文化史の視点から、タコ壺の守旧派講座制の解体を、真理探究のため求めるのです。当然、高橋先生ご自身の精神も同意だと信じます。さて、先生の思想が最も端的に表現されていると私の考えるご著作『憂鬱なる党派』でこう書かれておられます。破防法反対闘争の折、不当処分に抗議して総長室前に坐りこみ、ハンガーストライキをされた学生の先生が、ふと学生達を取り締まる大学権力側に立っている未来の自分の姿を予想して慄然となった、と。高橋先生は、過日の大学当局の逆封鎖の時、権力当局の要請に従って学生部を占拠した寮闘委の学生達を日共、民青の教職員組合員が実力で排除されたのに立ち会われ、その正当性を一般学生に欺瞞的に示す役割に加担なさったと聞いております。まさしく、『憂鬱なる党派』で先生が予想された通りのことが実現されたわけです。だが、しかし、先生、孤立無援を恐れず守旧派のタコ壺たる講座制に安住する自己を否定し、豊かな想像力で創造性のいとなみを行う自由な精神は、そうした精神を弾圧する大学権力側に立つことを容認できるでしょうか。

高橋先生の作家としての創造性、自由な精神と、大学権力の一端である助教授としてのいわば文教官僚としての行動は、自己矛盾しているのではないでしょうか。私は漢文の成績が悪く、儒学については無知の門外漢ですが、明代の王陽明は知行合一をとなえたと聞きかじっております。江戸期の近江聖人、中江藤樹も知と行の一体を実践した、と。日本の、いわゆる進歩的知識人は、外国の革命勢力に支援のメッセージを発表しながら、いざ自分自身の立場があやうくなるような国内の革新的事態に直面すると、きわめて守旧的、自己保身に走ります。

大学権力に抗議してハンガーストを行った学生時代の精神と大学権力側に立った現在の助

教授としての行動の自己分裂、矛盾対立を、作家として高橋先生は、どう解決なさるのでしょうか。是非お聞かせ下さい。いや、もっとストレートに申しあげます。孤立無援、自己否定、自由な精神を主張なさった先生は、これまでの助教授としての行動を自己批判なさるべきです」

四十四年前、二十四歳の私がマイクを握って話したことを再現できるわけはない。六十八歳の私の考えた論理による話だが、基本的な骨子は同じだ。無意識に敬語を使ってしまったが、たぶん四十四年前は、敬語はそれほど使わなかっただろう。高橋和巳は自己批判したわけだが、著書『孤立の憂愁を甘受す』に、二回行われた教授会団交について書いているので、私は、これ以上書くことはしない。高橋和巳批判の演説をしたあと、疲れて話すことが思い浮かばず、議長としてマイクを持って立ち往生してしまったのを覚えている。日を変えて教授会団交は二回行ったのだが、二回目の団交はほとんど忘れてしまった。

教養部のドイツ語の田口義弘助教授が文学部校舎にいる私のところに来て、「君は破滅志向か。政治活動をしたかったら教師の職についてからすべきだ。院生の今、政治活動したのでは、君の将来は破滅してしまうぞ」と言う。私は黙って聴いていた。「もう手遅れです、ブレーキがはずれて、とまりません」とつぶやいた。私の将来を心配してくださった田口先生のやさしさが有り難かった。

寿美と会って、下宿のベッドに一緒に寝たが、キスだけした。疲れて、とにかく眠たかった。寿美が服を着たままでも横に寝ていてくれただけでも、たかぶった神経が休まった。

高橋和巳のエッセイ『孤立の憂愁を甘受す』が「朝日ジャーナル」に載った。前か後か忘れたが、社会学の助手井上俊の学生運動に言及したエッセイが「朝日ジャーナル」に載った。池田教授が井上助手を呼びつけて厳重に注意し、井上助手が、以後ジャーナリズムへは売文しないと誓約したという噂が流れた。翌年か、はっきり覚えていないが、井上助手は大阪大の助教授になった。

助教授も教授の助なので、教授に昇進できるまで、主任教授に絶対服従なのだという。教授会に参加していても、助教授には発言権がないということだった。確かに、私の卒論の口頭試問でも中助教授は全く発言しなかった。しかし、実際に研究にうちこんでいて、授業に熱気がみなぎっていたのは、三、四十代の助教授達であった。

鉄壁の身分保障がされた京大の学部の講座制の教授のポストに納まったが最後、研究者としての墓場に入ったようなもので、タコ壺なんてなまやさしいものではないと講座制のない教養部のある助教授は言った。「私の名前は絶対他人にもらしてはいけないよ」と、私に念を押した。

講座制で守られていない教養部や研究所の教授達がジャーナリズムに積極的に売文しているのは、愚者の楽園に化した京大の学部の講座制の教授ポストで安眠している腐敗したアカデミズムへの反抗だという。大学の自治は美名だが、現実は教授会の自治で、講座制の墓場に閉じこもって教授ポストを死守することでしかなかった。だから、私達全共闘は新しい学問を創造することを求めて講座制の打破、大学解体を求めたのだ。しかし、高橋和巳のエッセイ『孤立の憂愁を甘受す』には、一番痛いところを突かれたと書いてあったのに、講座制の解体については一言もなかった。

総長団交、文学部の教授会団交が終わると、二月だから、構内に学生達の姿はなくなった。東大の入試がなくなったので、京大の入試は絶対実施するという大学当局と、入試阻止闘争をやろうとする全共闘のにらみ合いになった。教授会に乱入して、再び団交をしろという作戦命令をブントから受けた織田が私に伝えた。織田は社学同員だが、教養部でも学部でも自治委員にならず、表に出なかった。後に、教育学部に転入学して、梅花女子大の教授になった。競馬で百万もうけたとか愉快な男だと人気者だった。

愚かな私は、エエカッコシイで、教授会に乱入し、再び団交の議長になってしゃべった。文学部長は仏教学の長尾雅人教授だったが、白髪の長老は俗世のことは全くわかりませんといった様子だった。教授連は皆、黙って、全く発言しようとしなかった。一方的な演説で私は疲れて口をつぐんだ。しばらくボーッと放心状態になっていたが、隣でしゃべりだした院生の言葉に「へぇ」と感心した。

昭和四十四年（一九六九）のことだから、記憶がはっきりしないが、このとき団交を一日一回一時間ぐらいで打ち切り、連続六日やったように覚えている。だから、隣の院生の話に感心したのは、二回か三回目で、その後は私に替わって、その院生が実質上リーダーになった。この時の教授会団交まで、全くノンポリだったのに、私以上に過激で、根源的な発言をした院生は、心理学の修士課程二年の林屋慶彦であった。黒眼のよく光る利発そうな色白の美男だった。頭の高速回転はすばらしく、一を聞いて十を話しだすという超秀才の切れ者だった。あとで聞いた話では日本中世の芸能史の権威、林屋辰三郎立命館教授の甥で、宇治の玉露茶の老舗商店の息子で、心理学の園原教授に大不満だったということだった。

全共闘は新しい学問を創造します、とつい私は口走ってしまった。「その心意気よろしい」と倫理学の森口美都男教授が言った。

学部長前のテーブルに置いてあったガラスのコップが、下に落ちそうになったのを見て、中文の清水助教授が素早く走り寄って、コップを受けとめ、テーブルに置き直した。このシーンが妙にはっきり記憶に残っている。同じ中文の高橋助教授との対照が鮮やかだったからだろうか。

織田が全学封鎖をブントが行うから教授達をその前に帰したほうがいいと言ったので、団交を打ち切って解散した。高橋和巳は、封鎖の論理が理解できないと言ったが、私もそうだった。解放区の創出だと封鎖した空間を美化していたが、一部の学生が、封鎖中、研究室や器材を破壊するなどの暴行したので、私は不服だった。全門バリケード封鎖されたので、構外に出られないから、研究室のソファーに寝ることにした。

私が入ったのは、東洋史の佐藤教授の研究室だった。机の上に週刊誌があった。しおりがはさんであった。開けてみると、作家瀬戸内晴美（後に出家して寂聴）の『女徳』の一ページだった。

構内の中庭で学生達が焚き火をしていた。顔見知りの社会学の学生がいた。つい、よく考えもせず、池田教授の解任を要求しようかと口走ってしまった。今思い出してみると、結局、これが私の命取りになったらしい。私の放言を聞いた学生の一人が、後日、池田教授に告げ口したのだった。全学封鎖が何日続いたか忘れたが、大学当局の警官隊導入で封鎖バリケードは撤去され、私は構外へ走って逃げた。警官隊の警備の中、京大の入試は行われた。反対阻止闘争はおさえこまれた。神経が昂揚していて、疲労してるのに熟睡できなかった。眠りが浅く、目が覚めた。

寿美を下宿に呼んで、抱擁して接吻した。寿美は私を押して、「話しておかないといけないことがある」と言った。「うちは貴方より七歳年上なんや」と。七歳年上と知って、思わず寿美から離れた。三、四歳年上だろうと思っていたが、まさか、寿美が三十歳を過ぎているとは、驚いた。三十過ぎの女はオバサンと言われていた時代だった。生まれつき身体虚弱で、学生運動がゲバルト暴力化していたので、私は三十過ぎまで大怪我なしで生きていけるか自信がなかった。まして、大学解体を叫び、大学院生の自己を否定することを辞さない以上、田口助教授が言ったように、破滅するかもしれないのだ。七歳年上の三十過ぎの女と一緒になれるだろうか。将来に自信がもてない。今のうちに別れよう。私は、寿美を残して、一人下宿の外に出た。学生相手の鍋焼きうどん屋が開いていた。店主のお婆さんに言って、冷やでコップ酒を飲んだ。普段なら四合は飲めるのだが、疲労と空腹と睡眠不足で、二合で酔っ払ってしまった。下宿に帰った。寿美はいなかった。服を着たままベッドに倒れると眠ってしまった。

物音で眼が覚めた。薄暗がりに白い顔がぼんやり見えた。底冷えする寒風が吹きぬけた。夢を見ているのかなと思った。何となく『伊勢物語』の、伊勢の斎宮が夜、在原業平の寝間を訪れる場面を思い出した。

月やあらぬ　春や昔の春ならぬ　わが身ひとつは　もとの身にして

起き上がった私に寿美が抱きついてきた。深夜、電話が鳴って、私が何を言っているのかわからない声でしゃべったので、心配になって来たと言う。電話をかけた覚えはなかった。酒の酔いが残っていて、また、まわりだした。男の本能の欲求が突き立った。女の本能の性器を目ざして、突進した。女は男をつかまえようと力をぬいて、肉体を開いて待っていた。

だが、しかし、男根は女陰の唇で立ち往生して突入できなかった。体外で射精してしまった。私は我に返った。どういうことなんだ、これは。性欲の本能のままに行えば女と合体できるものと思っていたのに、なぜできないのだ。寿美を愛していないからなのか。

私は性について無知だった。三十一にもなる寿美もまた性について無知だった。三月初旬の底冷えする寒気に、下半身丸裸の二人は震えていた。こっけいで深刻な思い出だから、男女の性欲の本能として書いたが、ここでやめておけ、別れろという警告だったとはあのとき考えもしなかった。なぜ出来ないんだという疑問だけを考えた。深夜、別れた寿美が、どうして帰ったのか記憶はない。性欲と愛情とは別ものなのか、それとも性愛は一つのものなのか、疑問が私を悩ませた。森鷗外の小説『雁』を高校生のとき読み、妾のお玉が旦那に体を自由にされながら、恋人の岡田のことを想っていたとかいう描写が気になって記憶していたが、女にとって性交と恋情は別だと鷗外は男なのに知っていたのかという疑問をあらためて思った。

文学部の大学院の入試を阻止する闘争を行おうということになった。ＩＣＵなど他大学出身者で、京大の大学院に進学した院生達が会議で強く主張した。期待して入ったのに、ひどい大学院の状態に失望した怒りが彼らにはあったようだった。教授会との団交で、私の頭部が禿げ始め、彼らは遠慮なく、私のことを若禿と言い出した。

自己批判したあとの高橋助教授と全共闘学生の親密さがなれあいと他大学出身者には思え、カチンとくるらしかった。

例年、文学部校舎で行われていた大学院の入試が学外で実施されるという情報が入った。自治会ボックスにいた私に二人の男が来て言った。「僕達は東大を卒業したけれど、東大では学問できる環境がないから、京大の大学院を受験しに来たのです。入試阻止闘争をやめてくれないか。僕達はただ静かに勉強したいんだ。わかってくれないか」と。「うーん」私はうなった。二人の男は、東京で四年間暮らしたとはとても見えないほど、野暮で泥臭く、垢抜けしていなかった。古代ペルシャのゾロアスター（ニーチェのツァラトゥストラと同じ）教や古代インドのジャイナ（埴谷雄高の『死霊』に出て来る大雄のこと）教の語句解釈でも勉強しているような浮世離れした感じがした。中国北西部の滅亡した古代国家、西夏《せいか》の文字を京大教授（名前を忘れた）が世界で初めて解読に成功したのが話題になっていた。

学外の大学院の入試をやっている建物を見つけた学生の知らせで、私達十数人が阻止するためにかけつけた。場所は忘れたが、制服の警官隊はいなかったが、公安刑事が数人いた。警察手帳を出して、私に、「お前、震えてるじゃないか」と肥満した五十過ぎの刑事は言った。私だけ刑事はしつこくからんできた。

この日だったか、後日だったか、覚えていないが、ＮＨＫの若い記者が、私を見つけて「逮捕状が出たぞ」と教えてくれた。「何で」「建造物不法侵入の罪名だそうだ。君は狙いうちされているんだよ」「ええ、狙いうち」。私は全然知らなかったが、京大番のマスコミ各社の記者達には、作家高橋和巳の自己批判は大ニュースであったらしい。それで、私も彼らの注目の的になっていたらしかった。建造物不法侵入というのは、大学院の入試を行った建物に入ったということだったが、公安刑事はカメラやビデオを持っていなかったから、証拠になる映像はないと思って安心したが、公安警察は、物的証拠がなかろうが関係なく、逮捕して留置場に放りこみ、臭い飯を食わせて、懲りて、恐れいりましたと学生運動をやめさせればそれで十分だと言われていた。逮捕をまぬがれるためにどうしたらよいか、考え、とりあえず下宿には帰らないことにした。

10、京都地区反戦

友達の下宿に泊まったという記憶はないので、下宿を出たあと、どこで寝泊まりしたのか。京大の熊野の学生寮は四階建てで、一室に二段ベッド二個の四人住まいだった。高度経済の達成で生活が豊かになり、子供が専用の勉強部屋を持つ時代に入りつつあったから、京大生が四人部屋二段ベッド生活では不満がうっ積するのは当然だった。増築して待遇改善をはかると同時に学生自治に制約を強化して大学当局の管理下に従属させようとしたことに学生が抗議して寮闘争が激化した。学生部占拠封鎖は警官隊によって再び排除されたが、熊野寮内には警察も入って来なかったので、学生自治というか、解放区的な様相になっていた。たぶん熊野寮の空ベッドを探してもぐりこんで寝たのだろう。

後年、渡辺義明に聞いた話では、芥川賞を『榧の木祭り』でとった高城修三（本名は若狭雅信）は、この時の寮闘委の活動家だったそうだ。会っていたかもしれないが、私には記憶はない。

京都地区反戦青年委員会（以下、地区反戦と省略）の委員長をやらないかという話を誰から聞いたか、覚えていない。関西ブント入りした渡辺義明が私を推したのだろうと思うが、織田から聞いたのかどうか。書記長に法学部大学院修士課程の山田孝がなった。山田は渡辺と同じで、学生生活協同組合の活動家だった。山田は山口県の地方銀行の重役の子だと聞いたが、父親のその職業を恥じているような感じがあった。このときはまだ山田は社学同に入っていなかったと、渡辺は後年話した。学生運動の活動家にしては、山田は口数が少なく、ハッタリができず、地味で控え目、どこか素直な感じすらした。

私の委員長、山田の書記長は名目だけで、地区反戦を実質にぎっていたのは同志社大の堂山道生だった。地区反戦のメンバーになった大同染工の労働者達の組織作りをしたのが堂山だったからだ。労働組合を作ることを会社が禁止したので、地区反戦の名目にしたのだ。大同染工以外の中小会社の労働者達を地区反戦に引き入れるために、ノンセクト、ノンポリで分厚い眼鏡をかけ、若禿で額の広い知識人らしく穏健に見える私を委員長にかつぎあげたのだった。私が地区反戦に入ったのは、実は、ブントが戦旗社の名で下鴨神社と高野川（鴨川の上流の一つの名）をはさんで反対側にあったアパートの一室を借りていたが、そこで無償で寝泊まりできたからだった。正月からアルバイトをしていなかったから食事代にも困るほどだったのだ。

ベトナム戦争でアメリカが後押しした南ベトナムのゴ・ディン・ジエム政権が倒れ、米軍がベトコンのゲリラ奇襲攻撃に負けだし、日本国内でもベトナム支援が盛んになっていた。

地区反戦は、ベトコン支持、米帝打倒の学習会を持ったが、その会の後、四条河原町など繁華街で支援カンパ資金を募集した。私達の予想以上に市民はカンパの金をくれた。実は、そのカンパで受け取った金で、私は飲食をしたのだった。大阪でブントの活動をしていた田辺は京大を卒業して就職した元活動家十数人を訪ね歩いて資金カンパを受け取って生活費にしていたということだった。

地区反戦の学習会は三十人ぐらいしか集まらず、五十人集めろというのがブントからの指示だった。ベトナム戦争反対は表向きで、七〇年六月十五日の日米安保条約の自動延長の阻止闘争のための組織作りがブントの狙いだった。東大の安田講堂の落城後、急速にノンポリ、ノンセクトの全共闘運動は沈滞してしまい、関西ではブント、社学同だけが、安保反対、反米帝、反スターリンの活動を続けていた。

建仁寺の境内の末寺の一室で開いた学習会は、祇園の歌舞練場の近くだったので、集会の後の雑談が、下ネタになった。大同染工の職工達の下ネタ話を聞いていた私は、包茎、皮かむりということのばらしを知って、はっと愕然となった。私自身のことだった。皮かむりだったから、性交できなかったのだ。二十五にもなって、何という無知。堂山が言い出したのか忘れたが、面白いから、建仁寺から花見小路をスクラムデモ行進をしようということに決まった。前代未聞史上初だと、若者達は稚気あふれる遊びに浮き立った。夏の日曜の昼下がりでまだ夕方になっていなかったので、舞妓の姿がなかったが、花見小路を三十人ほどの若い男達がベトナム反戦安保反対を声高に叫び、ジグザグにデモ行進した。四条通りに出るまで、数十メートルだった花見小路の両側の二階家から、若い女達の驚きの叫び声が飛んで来た。花見小路のデモ行進は、それなりに噂になって、面白い連中だということで、ベ平連（ベトナムへ平和を！　市民連合の略）の京都支部から、七月（何日か忘れた）円山の野外音楽広場で五千人集会をし、集会後デモ行進をしたいので、地区反戦にデモ指揮をしてくれないか、という申し込みがあった。名ばかりの委員長だが、私がデモ指揮をすることになった。八坂神社の奥の円山公園の上にある野外広場の屋根つき壇上の議長団席の一つに私は坐った。

五千人集会はオーバーだが、千人以上は集まったと思う。作家の小田実、開高健達ベ平連の看板が演説し、フォークソング歌手（神様と呼ばれていた岡林信康がいたか、よく覚えていない）が、ギターを演奏して、歌った。最後にインターナショナルを全員で合唱することになり、議長が地区反戦の人、音頭を取って下さいと言ったので、困った。私は音痴なのだ。私が歌ったら大笑いで、集会がシラケてしまう。だが、幸いにも、私が立ち上がって、他の議長団のメンバーと両肩を組んで口を開けた途端、他のメンバーがインターを歌い出した。私は口をぱくぱくしただけ。約束通り、集会終了後、私は先頭に立って行列を先導した。私は夜とくに視力が落ちた。そのために道を間違えて、脇の細い直線的に下におりる道に入ってしまった。そのため広い回り道より十分以上早く、八坂神社下の四条通りに出てしまったらしい。交通規制の制服警官が、四条通りに来ていなかった。ベ平連の行進は歩道か自転車スペースを歩くのが通例だったらしいが、私は交通警官がいないので、片側二車線全て両手をつないだフランス式デモをしようと言って、車道に出た。京都市内で一番繁華街の河原町から烏丸までの四条通りを片側二車線の道いっぱい両手をつないだデモ行進を、交通警官の制止を無視して小走りにかけだし、シュプレヒコールを叫んだ。道交法違反で現場逮捕されるのは嫌だったので、私は先導のデモ指揮をやめて、歩道に逃げこんだ。四条通りの片側道路いっぱいに散開したフランス式デモは千人以上の行進の先頭の四、五十人ぐらいしか出来なかったのだが、後で会ったベ平連のメンバーは、初めてのデモで実に楽しく面白かったと喜んで言った。東京の重装備の濃紺の機動隊の警棒と盾の壁がなかったし、神田カルチェラタン闘争での催涙弾の射撃もなかったのだから、ベ平連のデモは気楽でお遊戯であった。

大資本の新聞社、テレビ局が市民運動ともてはやすけれど、国家権力にとっては何の危険性もない、市民の不満解消のはけ口でしかなく、マスコミはそうした政府権力の意向を察知して推進しているのだろう。

訪ねて行った私を寿美は私を母屋から裏庭におりて、離れ家に連れて行った。表通りに面した門、玄関は質素で前庭は全くなかったのに、裏庭は母屋と同じぐらいの広さがあった。離れは十畳ほどの一室で、応接間用のソファーに座卓、椅子があった。驚いたのは、白い光沢のある豪華な感じのする壁のクロスだった。シャンデリアだったかどうか、覚えていないが、母屋の質素倹約ぶりとは反対に贅沢な感じのする部屋だった。室町一条という場所を考えると、平安王朝の御殿を想像したくなった。当時はまだ冷房のクーラーは普及していなかったので、扇風機で蒸し暑さをしのいだ。

私は銭湯で包茎の皮を指でむきあげ恥垢を取り除き、念入りに洗浄した。今度は首尾よく、私は寿美の体に入れた。その瞬間、突き刺されたような鋭い、小さな痛みを感じた。茨のトゲの道に入ったような痛みで、私は果て、急いで寿美から離れた。私は性について全く無知だったが、直感で異常な気がした。初めてのセックスが快楽どころか鋭い痛覚であったことに私は困惑し悩んだ。寿美は私を体内に受け入れたけれども、本心で私を愛しているのだろうか。女は、金を得るためや、政略のためや親のいいつけに従ったりで愛していない男とセックスできるのだ。私をつかまえ、結婚したいから、私にセックスさせたので、寿美が私を心底愛しているといえるだろうか。

寿美と何を話し、どう別れたか、記憶はない。私は逃げるような気持ちで、新幹線に乗れる金がなかったので、深夜の高速バスに乗って、東京の家に帰った。家から歩いて二十分ぐらいの倉庫でバイトを見つけて働いた。本屋から出版社へ返品する本の仕分けの仕事だった。本の重さに改めて気づいたが、この仕分けはきつかった。京大の大学院生が、こんなはげしい肉体労働をするのか、と四十ぐらいのやせて蒼い顔つきの、非正規の臨時の労働者の男に言われた。家のカラーテレビを見て、初めて、七〇年大阪万国博開催のことを知った。京都で地区反戦の学習会で大同染工の労働者達が、バンパク景気と言っていたのを聞いたが、このことか、やっとわかった。

ある日、新聞の三面記事を読んでいて、望月上史の名前に釘づけになった。過日の深夜、新宿の都立病院の緊急外来に、三人の若い男が一人の男を連れて来て、置き去りにしていなくなった。放置された若い男は全身打撲、内臓破裂で治療するまでもなく死亡した。警察の調べで、元同志社大生望月上史とわかった。新左翼系過激派セクトの活動家で、セクト内部の抗争内ゲバがあったのではないか、と公安筋は推測している云々とあった。私は悪寒がして、身体が震えた。

私はネチャーエフ事件を思い出した。十九世紀ロシアの革命運動の初期、ネチャーエフが指導した秘密結社で、同志の一人が結社を離脱しようとしたとき、警察に密告されることを恐れて、ネチャーエフ達がその同志を殺した事件である。若きドストエフスキーはこの事件に関係があると見なされて、逮捕投獄、死刑宣告をされた。死刑執行直前、皇帝の恩赦の使者が来て、シベリアに流刑された。シベリアから帰って来たドストエフスキーはこの事件を種に『悪霊』を書いたので、この小説の解説で私は知ったのだ。

戦前の日本共産党でも、後に日共議長となった宮本顕治らが警察スパイと疑って同志を集団リンチで殺した事件があったと言われていた。ブントでも内ゲバ殺人がおこったのか、ブントから離れたほうがいい、もう地区反戦はやめようと思った。後年、知ったことだが、望月上史の死は殺人事件ではなかった。京大ブントの塩見、高原、同大の望月、藤本敏夫（歌手加藤登紀子の夫、社学同の全学連委員長）らが、ブント議長のさらぎ徳二を軟禁したのを、逆に、明大、中大のブント活動家によって、つかまり、中大の学生会館に閉じこめられた。四階の部屋から逃げようとカーテンをつなぎ、おりてくる途中、カーテンが切れて落下した。望月上史は、転落死だった。

倉庫での本の仕分けの重労働で疲れ切って、夜カラーテレビでプロ野球の中継を見ているうちに、学生運動への思い入れというか、熱が消えてきた。マスコミのスポーツ芸能の大衆娯楽は国家権力の体制支配政策で最も効果があるものだろう。テレビづけの毎夜で、無意識に洗脳、マインドコントロールされ、一般大衆は保守の自民党政権に投票してしまうのだ。テレビを見ていては、いけないと思い、ある程度、金が出来たので、また高速バスで京都に来た。

九月初め、また室町一条の寿美の御殿部屋に入った。寿美への愛（執着）が私にはあったのだ。寿美の体に入った。前回の時の茨のトゲに刺される痛みは感じなかったが、涸れた洞穴に入ったような、カサカサした感じがした。セックスの快楽は全くなかった。砂をかんだような味気なさだった。本当に寿美は私を愛しているのか、という疑問が再び強くわいてきた。寿美は特異な体質なのだろうか。寿美と別れて、京都御所を通り抜けながら、悩んだ。『源氏物語』で光源氏は常陸宮の姫、末摘花と性交した後、寂寞とした空虚感にとらわれた思いをもらしていたようなウロ覚えの記憶があった。末摘花の仇名は容貌、鼻先が赤い、容姿やせて胴長によるのだが、性交の味気なさを暗示しているのではないだろうか。

11、高級バー・ルニイ

バイト探しで、予備校、学習塾、家庭教師を選ばず、何か新しいことをしようと思った。ある夕方、三条木屋町の小路を歩いていて、赤レンガ壁二階建ての店に、ボーイ募集の貼紙を見つけた。分厚い眼鏡と顎の張った四角い顔、低く短い団子鼻、頭頂部が禿げだしていて、とても客商売には向かないから、雇ってもらえないだろうと思ったが、駄目で元々と店に入った。薄暗いカウンターの中に、五十ぐらいのやせた渋いが洒落た感じの男と、四十ぐらいの鼻の穴の大きな、美人とはいえない女がいた。男に学生証を渡した。男は、女に見せた。「京大の大学院生なんて、初めてやわ。試しに今夜、働いておみ」女が店主で男はバーテンだった。六時頃、三人の女給（当時まだホステスと言ってなかった）が出勤して来た。四十ぐらいの肥満した着物姿が静香、三十五、六の鼻が高く、とがったバタ臭い感じの赤いドレスが明美。三十ぐらいの小柄で清楚な感じの着物姿が美加。一階はバーカウンターに三組のボックスシート。二階は卓が四つ、椅子が十六あった。七時過ぎに客が来だした。女給達やママのなじみの常連客ばかりで、飛び込みの、いわゆるイチゲン客はいなかった。客は皆五十以上で、現金で勘定の支払いをする客はなく、カードかツケだった。

この夜は二階にあがる客はなく、ボーイの仕事は楽なほうだった。客はほとんど水割りウィスキーの注文で、ボトルと氷入り桶、ミネラルウォーターの運びだった。カクテルの注文はもっぱら女給達で、アルコール度数が低いものばかりだった。店仕舞いは十二時だが、この夜は客足が絶えたので、十一時半にクローズになった。ママは採用と言ってくれた。日曜が定休で時給いくらか、忘れたが、翌月フルで休まず働いて、月給四万もらった。それでも、昭和三十五年（一九六〇）、池田首相が所得倍増を唱えて、四十四年（一九六九）、やっと中小企業のサラリーマンの月給が倍増になった。

ママは店を死んだ父親から受け継いだ二代目で、未婚、パトロンなしで、ガツガツ金儲けするタイプではなかった。女給達にはパトロンがそれぞれいた。静香のパトロンは西陣の問屋の旦那。明美のパトロンは、青果市場の仲買い人。一度、この六十ぐらいの男が、明美に三十万渡すのを見た。美加のパトロンは、よくわからなかったが、京都新聞社の泉谷専務の愛人らしかった。美加の妹は小学校の教師で、美加が学費を出してやったそうで、時々夕方、店にやって来た。女給達の下ネタ話を聞いて、寿美の体の性感異常の原因を知りたいと思ったが、意外なほど、私の前では、女達はワイ談をしなかった。耳学問はできずじまいだった。

ルニイの月給で、滞納していた下宿代半年分を払った。大学院の授業料は納入しなかった。授業には出なかったが、京大には行った。日本史の博士課程の田端泰子の夫が理学部助手で、六〇年安保闘争のブントだったことを知って、植物生態学の研究室に訪ねて行った。田端助手から、全共闘は京大では泡沫でしかなかったと言われた。くやしかったが、実際その通りだった。ノンセクト、ノンポリの全共闘の活動家の姿は早くも消えていなくなっていた。学生新聞に「組織された暴力」論が載り、筆者の塩見孝也を議長とする赤軍（アカグンと言った）派が旗上げされた。京大ブントから赤軍派に入ったのは、高原浩之らごく少数だった。私は極左冒険主義ブランキストと非難した。

経済学部助手の竹本が滝田修の筆名で『ならず者暴力宣言』を出版したあと、正体不明の感じの他大学生が京大構内に出入りしだし、警察のスパイじゃないかと噂された学生もいた。組織暴力を主張した赤軍派周辺には何となく危険な犯罪の臭気が立つような感じがして、私は近づかないようにした。

七〇年の大阪万国博前の好景気で、高度経済成長が達成され、学生の就職は絶好調だったのに、学生運動は過激になっていったのは、資本主義社会の矛盾が激化したのに敏感に反応したためと、警察権力の弾圧が過剰だったので、その対抗の活動だったからだろう。

私は将来の身のふり方に悩んだ。講座制解体、大学解体を教授会団交で言った以上、大学院をやめたほうが筋が通るとは思ったが、修士課程中退では就職先が見つからないと心配だった。なぜ、日本が唯一、非欧米諸国の中で、十九世紀末に資本主義社会になれたのか、という問題を解明する論文を書きたいと思っていたが、その解答が考えつかなかった。中国、朝鮮、インドなど東洋諸国は、中近世、封建制度を作らなかったので、十九世紀末資本主義社会になれなかった。

英仏独伊など西洋諸国は中世、封建制度を作ったから近代、資本主義社会になれた。スペイン、ポルトガルは、中世、アラブ、イスラム教勢力に占領されて、封建制度を作れなかったので高度工業社会になれなかった。

困ったのは、ロシア史だった。ロシアは、中世、まだ未開で、十七世紀初めロマノフ王朝が成立した。土地貴族はいたが封建制度下の騎士ではなかった。しかし、十九世紀末、産業革命に成功して工業社会になった。農業生産に依拠した地方分権の中世封建制度が、何故、工業生産に依拠した近代資本主義社会に転換できたのか。その歴史転換の論理を究明したいのだが、さっぱりわからないのだった。我ながら頭の悪さ、才能のなさに嫌気がさした。構内で教育学部の徳田と会って、立ち話をした。鉄パイプ爆弾のテスト投げをアカグンが山中でやるらしいと徳田は噂し、参加するか迷っているともらした。危ないなあ、警察のスパイらしい他大学生が入りこんでいると噂されているのに。アカグンは秘密結社としてはルーズすぎる。

私の予感は的中した。徳田と話してから、一カ月後、山梨県の大菩薩峠の山荘で、爆弾製造、投射をしていた赤軍派学生達が警官隊の急襲で逮捕されたのだ。破防法違反だったか、凶器準備集合罪だったか、忘れたが、赤軍派の突撃隊長の京大医学部学生上野勝輝らは有罪判決で刑務所入りになった。東大生の全共闘に対抗意識があったから、京大生は赤軍派の旗上げに活動したのだろうが、大菩薩峠での活動家の大量逮捕で、京大の学生運動は沈滞してしまった。社会学で一年下の辺見が、フジテレビに就職したのに、一年足らずで辞表を出し、京都に戻って来た。辺見の友人の三木は、留学ではなく、遊学で、スウェーデンへ旅立ったという噂を聞いた。大橋良介が、辻村教授の後押しでドイツに留学した。ドイツの大学は授業料免除だという噂だった。欧米への留学遊学は魅力的だった。

明治初期の鷗外、漱石、敗戦後昭和二十年代の遠藤周作などの国費留学は遠い昔の話、欧米に留学して帰国したからといって箔《はく》が付く時代ではなかった。けれども、一ドル三百六十円の海外旅行は贅沢で庶民には手の届かない憧れの時代でもあった。私のドイツ語の学力ではドイツ留学は至難だが、アメリカなら、キリスト教青年会の人脈をたどっていけば、何とか留学し、奨学金も貰えるのではないだろうか。

谷勝利は高二の時にAFSでアメリカに一年間語学研修に行っていた。谷に頼めばAFSのルートでアメリカへ行けるだろう。ルニイのアルバイト代を貯金すれば、片道旅行の旅費は、何とか作れるのではないか。

社会学では、アメリカのT・パーソンズの研究がその頃、流行していた。パーソンズの理論はウェーバーの理念型を応用して作られていると私は考えていた。リースマンもそうだった。アメリカへ留学、遊学するにしても、京大で修士の学位を取得しておいたほうがいいのだろうか。修士論文が書けそうもないが。

十二月初旬の底冷えするある夕方、寿美から久し振りに電話があって、重大な話があるというので会った。額に縦皺を刻み寿美は言った。「妊娠したらしいの」「ウァー」脳天を殴られた気がした。たった二回、それも茨の道に古洞穴の涸れ泉の痛みで。

寿美に言われて、喫茶店にあった電話帳で女医の産婦人科を見つけ、タクシーで行った。六十ぐらいの女医に呼ばれて診察室に入ると、「ご主人、おめでたです。まだだ、そうやけど、早く正式に入籍して、心安らかにお産できるようにしてあげなさい」「ハア」

寿美と別れて、ルニイに出勤して働いたが、小さなミスの連続だった。仕事を終えて、三条から荒神橋まで深夜鴨川の土堤道を歩いた。鷗外の『舞姫』の太田豊太郎が、妊娠したエリスを捨て、天方伯を頼って立身出世を望んで日本に帰って来る話を思い出した。寿美と別れて、アメリカへ飛んで行こうか。太田豊太郎は勿論、小説の架空の人物だが、鷗外は、捨てられたエリスは発狂したと冷酷にも書いている。エリスは狂って死ぬのだろうと、高一のとき読んだあと思ったものだった。日本に帰国して天方伯の引き立てで立身出世しても、太田豊太郎は一生エリスを捨て、胎児を死なせたことへの罪責感に苦しみ続けるに違いない。作中人物、太田豊太郎への非難の言葉は数限りなくあげられる。それは作者鷗外にもあびせかけられるだろう。鷗外が留学を終えて日本に帰って来た直後、ドイツから令嬢エリーゼが鷗外に会いに遠路船に乗って日本にやって来た。鷗外はエリーゼをドイツに追い返した。実話だ。

比叡おろしの寒風に身ぶるいした。私にはできない、妊娠した寿美と別れることは。そんな不徳義、不誠実、無責任な罪悪は私にはできない。ルニイのボーイ、月給四万で妻子を養っていくことはできないかもしれないが、幸い、寿美の家には離れがあるからあそこに住めば、住居費はかからない。

次の月曜に室町一条の寿美の家に行った。初めて、寿美の母に会った。母は白鳥、私は家鴨《あひる》の子と寿美は言っていたが、なるほど、母は老いていたものの、黒眼がきれいで鼻筋が通り、かわいらしい唇で、若い時はさぞかし美しかったろうと思った。平安王朝貴族の末裔の女優の久我美子似で、上品な雅さがあった。二階の寿美の部屋に通されて、びっくりした。十畳ほどの板の間で、左と右の側面にベッドが、それぞれあった。母と寿美が一つ部屋で寝て暮らしていたのだった。勿論元は和室だったのを改造したものだろう。六十近い老いた母と三十二の未婚の娘が、ベッドは別々とはいえ、一つ部屋で寝起きしているのは、何となく異常で奇妙な気がした。後ろ隣に和室の六畳があり、父親の部屋だと言った。板の間に座布団をしいて座ったが何か落ち着かなかった。「結婚は、(言外にセックスはという語意を私は感じた)神聖なものやおへんか。神様に誓いをしてから、するもんえ。できたもんは、仕方おへんけどな」「すいません」と私は言わざるをえなかった。

私は長浜家の離れに住むことに話し合いでなった。下宿を変わっただけだと軽く考えたのだが、年末でバーの客が多く、十二時過ぎまで残業があって、離れに帰るのが深夜遅くなったので、寿美の母から苦情が出た。ルニイをやめて、他に就職先を探すとなるとやはり修士の学位を取得しておいたほうが便宜だと思ったが、仮に修士論文を書いて提出しても池田教授が不可と判定したら終わりで、学位はとれない。改めて、院生の身分は不安定で弱いものだと思い知った。池田教授が私のことをどう考えているか探るために、年賀状を出して、反応を見ることを思いついた。返事をくれたら大丈夫だろう。クリスマスの、バーでの馬鹿騒ぎが終わって次の日曜の休み、寿美の父が滋賀県長浜から室町一条の家に帰って来た。六十をすぎているのに、黒髪豊かで、若い時は美男だったと思わせる若々しい容貌だった。確かに寿美が自嘲するように寿美は醜い家鴨《あひる》の子であったようだ。

私の無職であることを寿美の父は嘆いた。「寿美の兄の嫁の父が生きていれば、助けてもらえたのに」と言った。電通の局長なら子会社や下請の関連会社に私を入社させられるだろうと言うことだが、その局長はすでに死んでしまっていて、どうにもならなかった。娘婿になるはずの私を長浜の店で使うとか、長浜で何か仕事、例えば学習塾をやったらとは言わなかった。どうやら寿美の父は、店は自分の代で終わりと考えているらしかった。

昭和四十五年（一九七〇）正月元旦、記憶がはっきりしないが、寿美や両親と一緒に食事をしなかったと思う。元旦だけでなく、その後も。正式に結婚していないから、私は単なる下宿人でしかなった。ルニイは六日まで休みだった。

七日の朝、寿美が暗い顔で離れに来て、「警察の刑事が来た」と言った。玄関の外に出ると、五十五、六のやせた私服刑事が私に逮捕状を見せた。まさか、教え子を警察に売るとは思わなかった。甘かった。私の出した年賀状の住所を池田教授が公安刑事に教えたことは、明らかだった。この家の構えだと、年収七百万はいるな、と刑事が言った。「ハア」これは公安の刑事ではなくて、経済犯担当か、と思った。裏庭や離れを知らずに刑事は言ったのだ。それらを入れるとどのくらい年収が必要なのだろうか。

パトカーに乗せられる前に両手に手錠をかけられた。腰縄はかけられなかった。五条の松原署の二階、留置場に入れられた。看守台の若い警官が一人、割と広い空間に四つの鉄格子の室があった。すでに三人入っていて、私は空きの室に入れられ、臭い飯と言うが、空腹だったので、留置場の食事はまずくはなかった。暖房がなく、寝具が粗末だったので、寒くて眠れなかった。大学院入試会場への建造物侵入容疑での逮捕だったが、私は建物に入った覚えがなかった。写真やビデオを撮られたこともなかった。起訴されることはないと思ったが、公安警察が懲罰のために留置場に入れたのだろう。二日目の昼過ぎ、驚くべきことに看守の制服警官が留置の容疑者と広い空間でキャッチボールをした。二十代の男の容疑者は料理人で、人殺しの罪名だった。薬事法違反の五十代の男によれば、若い巡査の看守はこの殺人犯の容疑者をまるで英雄視しているということだった。三日目の夜、私の室に中年の小男が入れられた。何の容疑だと聞くと、大工で仕事仲間のカンナを黙って借りたのを盗人だと警察に突き出されたという返答だった。翌朝、看守はこんな連中が留置場に入って来る者の大半だと言った。

夕方、突然、私は釈放された。刑事の取り調べもなかった。留置場を出ると、自分でも驚くほど、自由になれた喜び、解放感で身体がはずんだ。三泊四日の留置場での不自由な拘束は自分で思う以上に、きつくこたえたのだ。飛ぶような思いで室町一条の家に帰った。寿美の父はすでに長浜へ行って不在だった。母の私を見る眼が冷たかった。無罪釈放だろうが、警察に逮捕されたからは、犯罪者と同じという感じで私を見ていた。正月から四日も無届け欠勤したので、ルニイをクビになってしまった。狭い花街だからバーのボーイ勤めは難しくなった。月四万の給料で夜の勤めは楽だったからこれを失ったのは打撃だった。

うっかり深く考えもせず、池田教授に年賀状を出したのが失敗だった。たぶん私が池田教授の罷免を封鎖中焚き火をしていたとき失言したのを密告した学生から聞いた池田教授の先手打ちだったのだろう。公安刑事に通報したのは警察機構の事情を知っていたからで、社会学というより、世間智を池田教授はよく心得ていたのだ。

12、造反有理

海外雄飛の夢想は、寿美の妊娠と不当逮捕と失職で泡となって消えてしまった。寿美と結婚しなければいけなくなってしまい、どうしたらよいのか、世間智が全然思い浮かばなかった。大阪で石油コンビナートのタンク建設にまだ従事していた三兄に会いに行った。事情を話し、相談した。

月末、寿美の父が長浜から京の家に帰って来た日曜、三兄に来てもらい、話し合いをした。危険な石油タンクの建設で作業員を多数使っている現場監督の三兄を寿美の両親はひどく信頼した。私があまりに頼りなく思えた反発もあったのだろうが、結婚式や披露宴は一切せず、二月の祝日に、東京から来た私の両親と寿美の両親が、場所はどこだったか忘れてしまったが、会って挨拶をし合った。母が開口一番、「堕胎しなさい」と言ったのには、全く参った。母は、最愛の秘蔵っ子、唯一人、大学に進学させた息子を七歳年上の女に奪われたと思って、怒っていたのだった。三兄は、末っ子の私が両親の老後の世話を見るべきだと思っていたのに京都の家に横取りされて、それができなくなったから、と後で言った。この時、両親が京都で泊まったのか、日帰りしたのか、忘れてしまった。入籍したあとも、寿美は二階の母と一緒の寝室で寝、私は離れで一人で寝た。

義父が、二月の寒夜、自転車に乗って、仕事先に出かけて行くのを見た。自動車を使うのが普通常識になっていた頃だから、自転車で商売できるのか、と呆れた。長浜での商売もこんな調子なのかと思った。義父母の夫婦のありようも普通尋常でなく、何だか、番頭と家つき女主人の嫁というような感じだった。母が「堕胎しなさい」と言ったことで、義母が心証を害して、私を嫌い、口をきかなくなった。

二月末頃、気持ちがひどく落ちこんで、先行き、絶望感に襲われ、野垂れ死にするのではないかと不安になって、アルバイトをする気力もなくなった。妻と生まれてくる子の存在が重圧になっておしつぶされそうだった。頭頂部の若禿が一段とひろがりだした。

長浜の家にはテレビがなかった。気をまぎらわせる娯楽を求めて、初めてパチンコ屋に入った。当時は、玉を一個一個穴に入れて、手でレバーをはじいて玉を打って、立った状態で遊ぶので、疲れた。テレビゲームのはしりだったか、喫茶店に、映像でピンポンをするゲーム機が置かれだした。ジュークボックスが置かれたのも、この頃だったか。金がなかったせいか、パチンコなどで遊んでも全然面白くなかった。

神戸大のドイツ語の助教授が辞職して、焼き鳥屋を始めたことが新聞記事になった。高橋和巳が京大の助教授を辞職したのは、いつであったか、覚えていないが、この頃だったか。夜眠れず、眠っても、悪夢にうなされてすぐ目が覚めた。

この頃の記憶がないので、結婚後どう暮らしていたのか、さっぱり分からない。妻と一緒に食事したのか、長浜の家に風呂があったはずなのに、入った記憶がない。寿美の裸姿を見た覚えもない。あっ、いつであったか、離れで寿美と蒲団を並べて寝ていて、深夜、眠れずにいたとき、寿美が寝床から起き出して、離れを出て行って、戻って来なかったことがあった。母屋の二階の寝室のベッドに行ったらしかった。その後、寿美は離れで寝なくなった。義母と妻が寝室に一緒に寝ているのを見て、一卵性母娘か、と思ったことがあった。義父が一卵性母娘の寝室からはじき出されたように、私も入りこめなかった。

貴船神社で、寿美に普通尋常でない一種異常な感じを受けたのは、この一卵性母娘の異常な密着さのためだったのだろうか。妊娠七カ月頃から寿美は出産準備にかかり切りになって、私は全くほったらかしになった。単なる下宿人でないだけに、かえって孤独感を強く感じた。

日航機よど号ハイジャック事件が起きたのは三月末か四月初めであった。赤軍派が一般に知られたのはこの事件からだった。長浜の家にはテレビがないので、食堂に行ってテレビを見続けた。

ハイジャックした赤軍派が、北朝鮮に入国したときは、何か違うんじゃないかと思ってがっかりした。後年、赤軍派リーダー、田宮高磨らはキューバ入国をめざしていたと知って、それなら、わかると思った。あの頃、キューバ革命の英雄、チェ・ゲバラの人気は学生運動家達には大変高かったから。

重信房子が京大生安田、いや奥平だったか、偽装結婚して、パスポートをとって、アラブへ飛んで行き、アラブ赤軍派を作ったのもこの頃だろうか。勿論、そんな極秘の事情を私は全く知らなかった。

イスラエルのテルアビブ空港で、アラブ赤軍派の岡本公三が銃を乱射してイスラエル人を多数殺した事件のあとで知ったことだ。この岡本公三の次兄がよど号ハイジャック事件の赤軍派岡本武である。岡本兄弟の長兄に私は文学部の学友会ボックスで会ったことがあった。文化人類学を専攻すると言ったので、記憶に残ったのだろう。文化人類学という言葉を聞いたのはその時が初めてで、新しい学問が始まるのだと印象深く思ったからだ。ハイジャック事件では一人の怪我人も出なかったこともあってか、ハイジャックされた乗客達からも、赤軍派に対して好意的な声が出た記憶がある。

府会議員の三上隆事務所でアルバイトを始めた。どんな仕事だったか覚えていない。就職を依頼したからか、近畿大教授を辞職した前田（三上の学生運動時代の仲間）が新しく大学をつくるとかで、会いに行った。公団住宅の一室に入って驚いた。家具が全然なかった。本が一冊もなかったのだ。売れる物は全て売ったと前田は言った。やせた夫人は若い時は美人だと思われたが、やつれた感じがした。大阪法経大学がつくられたのは、この後、数年かかったと思う。

三上隆は学生運動のあと、三十ぐらいで府会議員に当選したのだが、労働組合の組織票がなかったので、国会議員にはなれなかった。

大阪万国博報道にマスコミは熱中し、安保条約の自動延長は全く静穏になされた。妻が産婦人科病院で出産して赤ん坊と一緒に長浜の家に帰って来て、私は初めて、六月十六日に男の子が産まれたことを知った。母屋の二階の寝室に義母と妻のベッドの間にベビーベッドが置かれ、赤ん坊が寝ていた。私は息子に名前を与えることだけができた。中国の文化大革命の紅衛兵のスローガン、造反有理からとって、有理と命名した。毛沢東夫人の江青ら四人組が失脚逮捕され、文化大革命が終わったのは、いつだったか、記憶がはっきりしない。

私は、オシメをかえるとか、風呂に入れるとか、赤ん坊の世話は一切しなかった。というより、手出しすることを妻からも（義母からも）禁じられていた。妻と赤ん坊と私と三人一緒に外出したこともなかった。これでは父親という自覚がもてるわけはなかった。働いて、金を妻に渡すこともなかったから、か。長浜の家の敷地は百五十坪ほどで、裏に五百坪の土地を所有していた。ただし、戦前からの借地、借家で、それを戦後買ったもので、当時は借地人、借家人の権利が法律上強くて売却できなかったので、信託銀行に頼んで担保に取ってもらって、借金していたようだった。寿美が途切れ途切れに何回か話したことをまとめると、どうやら、五百坪の土地を信託銀行にいずれ買ってもらうことを前提にして、金を借りて生活しているらしかった。たぶん、寿美のこういう話のせいで、私も、働いて金を稼がなくてもいいのかなと思ってしまったのだろう。

四十二年前の記憶だから、はっきりしないのは当然だと思うが、どうも寿美は、母と同じ寝室で生活できるスタイルを守り続けられる相手として、私と結婚したように思える。変人のきわみの私だったから、世間普通の尋常な結婚生活など全く考えていなかったけれども、母屋の二階の寝室で義母と妻と子が一緒に楽しげに暮らしているのを、離れで一人ぼんやり見ていて、面白くなかったのを覚えている。

警察の留置場で、夜、安眠できなくなった頃から、右後頭部に鈍い痛みがひどくなり始めたのが、梅雨明け後の夏到来時に軽くなりだした。

田中が長浜家の離れに来たのは、彼の勤める学校の夏休みになったからか。田中の結婚した、法政大同級の妻の実家が京都なので、妻の里帰りについて来たのだった。妻の妹が大谷大の社会学科四年で、卒論の代作をしてくれと頼まれたので、アルバイトしないか、という有り難い話だった。戦後、歌謡曲の詞に見える世相の変化の分析という主題で書いてくれという注文だった。ただし、あまり難しい漢字は使わないでくれ、代作がばれないようにやさしく書いてくれと言っているということだった。どんなことを書いたか、代作の料金がいくらだったか、忘れてしまった。歌謡曲は流行歌だから時代・社会の変化によって消えていってしまう。それでも歌詞、音符は残る。メロディーの分析を全くしなかったのは、私がひどい音痴だからだ。英語、仏語の発音が苦手なのも、音痴だからだ。どうもドレミの七音階が、私はアイウエオの五母音の音程だけで、二音程足りず不完全らしいのだ。

また、ひどい近視だし、視聴覚が不完全なのが、私の才能不足の原因なのだろう。つまり、肉体の限界が才能の限界なのだ。才能は、結局、生まれついての肉体の力なのだ。図形、幾何が苦手だったことや、音痴なのは結局、右脳の働きが不完全だからだ。右後頭部の鈍痛はそのあらわれだろう。

九月初め、田中の妻の妹に会って、代作した論文を渡した。清書するように言った。鷗外の『雁』の女主人公お玉は、平べったい顔の美人と表現されていたと思うが、その実物を見た気がした。彫りの深い顔の反対だが、美しい女ではあった。

京大の人文研の助手の公募に、論文を書いて提出したが、不採用だった。アジア経済研究所の一次書類審査は通り、十月初め、東京に行って、二次の論文テストを受けた。

　小論文テストの翌日、応募者全員の集団面接があった。「君はなかなかの論客だ。近代優性と中世劣性と進化論的な優劣論だが、その勝敗の決め手は何かね」「経済の効率の相違です。例えば、日本では農業生産に依拠していた封建社会では人口は約三千万、産業革命以後の工業生産に依拠した近代資本主義社会では約一億と人口は増加しました。豊かな社会になったからです」

　面接が終わったあとで、応募者達は私がトップ合格だろうと噂し合った。しかし、落ちた。逮捕歴があることは、調べればすぐわかることだ。がっかりして、帰る車中で、あっと気づいた。主観的な価値判断を抑制して、客観的に分析しなければいけないのに、中世の封建制度は劣性で、近代の資本主義は優性という価値判断したことであり、ヨーロッパ優性、アジア劣性という主観的価値判断つまり偏見で、アジア経済研究にとってはよくないから、不採用になったのか。

　才能の限界だ。研究者の夢は断念するしかないようだ。妻子がいるのだ。いつまでも遊んでいるわけにはいかない。好きだ嫌いだといっていられる余裕はないのだ。

　新座の本の返品の仕分けの重労働のアルバイトをまた十日ほどして京都に帰る旅費を作った。新幹線に乗らず高速バスで帰った。自分ひとりの生活費を稼ぐだけで、妻に渡す金はなかった。

三島由紀夫が市谷の自衛隊総監室で割腹自殺したのは、十一月の何日であったか、非常にショッキングなニュースだったが、アナクロニズム、時代錯誤というのが、第一印象だった。ただ、写真で見た、薄茶の士官服の三島の姿は、割とよく記憶に残っている。『金閣寺』を高校生のとき読んだ後三島の小説を読んでいなかったので、『豊饒の海』四部作を文庫本で読んで、あまりの内容の空疎さにあきれた。輪廻転生は、例えば土葬した人体が腐って、分解して、土中から生まれたサナギが蝶になって飛ぶのを見て、故人が蝶に生まれ変わったと見る『今昔物語集』にある説話など、一応の合理性があって納得できるけれども、三島の『豊饒の海』のように、人から人への生まれ変わりは、非科学的で、合理性がなく、空理空論でしかない。

三島の『憂国』などの小説を読んで、戦前の陸軍将校達の二・二六事件への追慕を知り、東大全共闘の安田講堂時計台攻防戦に刺激された三島の極右翼化を知ったような思いがした。三島の『憂国』もだが、『金閣寺』でも、実践者の気迫に欠けるという読後感があり、雑誌に載った二・二六事件の主役の一人、退役将校の磯部浅一の鬼気迫る手記には圧倒された。

三島由紀夫の割腹自殺は、現実に行われたことだったのにもかかわらず、テレビ、新聞、雑誌などを通して断片的にしか伝わってこなかったので、芝居の演技、それも無内容な空虚な形だけの儀式としか私には感じられなかった。

三島の小説を読んでいて、『音楽』で、不感症、冷感症の女体の性感を知って、これかな、寿美は、と思った。魂の抜け殻の寿美の体のセックスは寿美にとっても冷感、不感なのではないか。私と性交していても、寿美の魂は体から遊離して、母屋の母と一緒の寝室に飛んで行っているのだろうか、と思った。

昭和四十六年（一九七一）の年始、クッキーの泉屋のデパートの店でアルバイトした。

修学院離宮近くの田端英雄、泰子夫妻の家を訪れたのは、就職の依頼だったと思う。泰子夫人は、博士課程を終え、橘女子大の教職につくことが決まっていたか。田端理学部助手の六〇年安保ブント当時の仲間が菓子のタカラブネの営業部長になっているので、就職できないかと頼みに行ったのだと思う。雪景色の美しい修学院離宮を見物した思い出があるのだが、この時だったかどうか、わからない。そう言えば京都御所も見学したことがある。新宿高校同期の古田秀雄が東京芸大生のときに、許可を取って私を誘ってくれたので、一回生か二回生のときだったか。修学院離宮も見物には許可が要るのではなかったかしら。古田は岐阜県立美術館の学芸部員になったが、この時は一緒ではなかったのかどうか、記憶がない。

タカラブネの野口部長に会ったのは、理学部の田端助手のいた研究室だったろうか。正規の人事ではないから、いくら親爺が社長でもすぐにはうまくいかないぞ、と言われた気がする。タカラブネには、京大の六〇年安保ブントの闘士が野口部長の引きで入社していたので、大丈夫だろうと思った。

13、不思議な修士

三月に、文学部事務室から封書が来た。書類を見てビックリ仰天。京大大学院文学研究科修士課程修了の通知であった。摩訶不思議なことだ。修士論文を書いて提出していない。単位は一つも取っていない。授業も全く出席していない。授業料を納めてない。なのに、どうして、修士課程修了なのだ。わけがわからず、茫然となった。授業料未納による除籍退学という処分ならわかるが、修士課程修了とはなぜ。後年、請求して入手した成績証明書は、本書の目次のあとにいれて置いた。国立大の発行した正式の公文書である。だが、しかしこれは犯罪にはならないのか。取得した単位、論文の成績は、全て嘘、でっちあげなのだ。時効だから、今更問題にしても仕方ないか。

後年、渡辺義明に聞いた面白い話がある。赤軍派の突撃隊長で、大菩薩峠の山荘で逮捕され、有罪判決で刑務所に入った上野勝輝は、刑期を終えて出所後、京大医学部に復学した。その学年末、上野は学位取得つまり卒業証書を、試験を一切受けず、レポートを提出せず、授業に出席せず、受け取った、というのだ。

単位不足で退学させると、不当処分撤回闘争をおこされるから、それを避けるために、カラ単位、カラ学位を与えて、大学からていよく追い出したのよ、と渡辺は解説した。

上野は独学で医学書を読んで、医師の国家試験を受けて、合格してしまった。研修で大学病院に来た上野は、医学実習の授業に出席していなかったので、遺体の解剖などしたことがなく、外科の手術など全く出来ず、注射の打ち方も知らなかったそうだ。

大学院生の身分を失って、大学教授、研究者の夢が消滅してしまうと、はてさて、これから何を夢に、希望にして生きていけばいいのか、迷ってしまった。

象牙の塔追い出され夢に迷う

京阪電車の三条駅近くのビルの二階に、林屋慶彦が喫茶店を開いたので、会いに行った。林屋の実家の宇治の玉露の茶を出す店で、本当の喫茶店だった。林屋も私と同じく、修士課程修了のカラ学位を与えられたのかどうか、聞いたかどうか、覚えていない。京大の他学部か、東大の大学院の博士課程に進学することもできたのに、林屋も大学解体を口にしたので、いさぎよく、きっぱり研究者の道を捨て、実業家の道へ転身したのだろう。京大教授になり得た秀才だっただけに惜しい気もしたが、林屋は結構明るい顔をしていた。マスターぶりも板についていて、実に有能な男だと感心した。林屋が運転する車の助手席に乗ってドライブしたが、どこへ行こうとしたのか忘れた。私と違って林屋は何をやっても、きっと成功できるだろうとうらやましく思った。

あてにしていたタカラブネ製菓の四月入社ができず、少なからずあせった。野口部長のゴリ押し人事に、社長の父親や専務の兄から、反対の意見が出ているらしかった。

三島由紀夫が割腹自殺したことが形だけの儀式としてしか感じられなかったのはなぜか、疑問に思って、代表作『金閣寺』を読んだ。驚いたことに、高校生のとき読んで、金閣寺に放火、焼失させた犯人の学生僧は、足の不自由な男だと思っていたのに、それは友人であって、違っていたことだった。サディストのこの足の悪い学生のほうが強い印象を読む者に与えるので、思い違いをしてきたのか。吃音の真犯人の放火の動機、理由づけが私には十分納得できなかったので、印象が稀薄で、忘れ去ってしまったからか。二十代初めの学生僧としては、難解なわけのわからない論理で放火の理由づけをしていて説得力に欠ける気がする。強引すぎる偶然による人間関係の設定、例えば出征する軍人に乳を入れた茶を飲ませた女が友人の愛人になって犯人と会ったり、犯人の親友が、サディストの足の悪い友人に手紙を書いて送っていたりとか、あまりに非現実的、虚構の作意が目立ちすぎるといった欠点が気になった。つまり、小説の現実性、リアリティーの稀薄さが気に入らない。しかし、『金閣寺』を読んでみて、三島由紀夫が東大全共闘の学生達と討論して共感した理由はよくわかった。金閣寺を東京大学、三島由紀夫の芥川賞作品『仮面の告白』に従えば、仮面は虚構の作品の人物であり、その仮面の下で告白しているのは作者の三島由紀夫だから、金閣寺＝東京大学を放火焼失＝大学解体を行う犯人の学生僧＝東大全共闘学生は、作者三島由紀夫の告白の表現になると考えられる。仮面＝作中人物でしか告白できないから、逆に、素顔の告白は虚構にならざるをえないから、時代錯誤の切腹、自殺は形だけの儀式になってしまったのではないだろうか。だが、問題はこの後にあると私は思った。

三島由紀夫は、理由は何であれ、結局、自殺した。とすれば、東大全共闘の学生達はどうなるのか。自己否定を肉体の問題に限定すると、結局、自殺になるのだ。自己否定は自殺になるから、いけない。自己革新しなければいけない。では、一体、自己否定はどうしたら自己革新に転化できるのか。その論理は一体何だろうか。京大の大学院生の身分を失い、無職者として妻子をかかえて、私はどう生きていけばいいのか。野垂れ死にはしたくない。自殺しないで、どうしたら自己革新できるのか。

ドイツ語の原書を読んで哲学の教授職を得るのではなく、生活苦と闘っていくなかで、哲学して、自己否定を自己革新へ転換できる論理をいかにして考え出せるか。二十六歳の私がこう明快に考えたわけではない。これは、六十八歳の私の考えたことであるが、三島由紀夫批判、自己否定をどうしたら自己革新に転換するか、という悩みに苦心したことは、二十六歳の私の考えたことである。

タカラブネ製菓から封書が来た。六月一日、宇治の大久保工場、検品係として採用したので九時に出社せよ。工場への交通、道路の略図があった。月給がいくらか、書いてなかったと思う。通勤時間がかなりかかるし、いつまでも長浜家に居候もよくないと思っていたので月給に不安はあったが、伏見区あたりにアパートを借りて住もうと思い、妻に話した。予想していた通り、妻は嫌がった。家を出て安アパート住まいはしたくないと言い、予想外のことを言った。タカラブネ入社に反対だと言うのだ。長浜家の借家人の息子が今出川河原町のタカラブネの喫茶店のキッチンで働いているので、大家の婿が同じ会社に勤めるのは体裁が悪い。

母と結婚したオイディプス王の物語。母の反対をふり切って家を出て京大に入学した私は、七歳年上の、古京の家つき女と結婚した。妻は母代わりなのか。エディプス・コンプレックスを私は克服できずに、引きずっているのか。

三島由紀夫の『音楽』では、冷感症の女患者は、兄とセックスしたことが原因とされていた。娘は、母を殺し、父と結婚したいという深層心理の願望があるとフロイトは、エレクトラ・コンプレックスを主張したのを受けて、父代わりの兄とセックスしたことを冷感症になった理由として三島由紀夫は『音楽』で述べたのだが。妻の寿美が冷感症、不感症だろうと私は感じたが、その理由は母と同じ寝室で生活しているという異常な母娘一卵性の密着にあるのではないかと思ったので、三島いや、フロイト学派の精神分析解釈は、十九、二十世紀の欧米人には適用できるかもしれないけれども、長浜寿美のケースには当たっていないのではないかと考えざるをえないと思った。寿美の女体は魂の抜け殻で、魂は母に密着して分離できない、無理に強引に寿美を母と引き離したらどうなるか、私には自信がなかった。長浜家を出てアパートに寿美と有理と一緒に住んで、寿美の冷感症が治癒するどころか、逆に気が違って、狂ったらどうする。私は思い悩んだ。寿美の冷感症の理由を、体から抜け出した魂が母の寝室に行ったという私の考えは、当たっているかどうか。

漱石の『行人《こうじん》』を思い出した。一郎の妻は、冷たいとか、冷たい微笑と表現され、「魂の抜け殻」の体と妻は自嘲していた。漱石の生きた時代には、フロイト派の精神分析や冷感症の研究はなかったから、仕方ないことだが。三島の『音楽』を読んだあとでは、一郎の妻は冷感症患者だったのだと思われる。一郎は妻の体から抜け出した魂が、弟の二郎を求めているのではないかと疑心暗鬼になってしまう。漱石は表現していないが、三島の『音楽』の筆法を適用すると、妻は夫の子を産んだにもかかわらず、夫を愛していないのではないか、と冷感症の妻の魂の抜け殻の体と性交した夫は、疑心暗鬼になったのだ。魂の愛（アガペー）と、性交の歓喜はエロスを分離するのではなく、統合する現存在、実存分析を三島は『音楽』であげている。ハイデッガーと並ぶ実存哲学者ヤスパースは精神病理学者でもあった。漱石は勿論、実存分析を知るよしもないにもかかわらず、自らの精神、神経異常の鋭敏な感覚で、冷感症の妻の悲しい不幸さと夫の苦悩を表現できたのだろう。しかし、妻が冷感症だとか、妻は夫を愛していないと夫が疑い苦悩するとか、あからさまに表現しなかった『行人』のほうが、小説としては未完で失敗作であったのに、あからさまに表現しつくしている『音楽』よりも、ずっと言外の意が深く、精神、神経の危険な気迫が強く感じられる。三島の『音楽』は知的な娯楽読み物としては成功作だろうが、精神分析、実存分析で説明しすぎて、安直なハッピーエンドにかえって感動が薄味になっている。不感症がそんなに簡単に治るものか、と『音楽』を読んで、私は思わざるをえなかった。寿美の魂の抜け殻の体との性交に、愛の歓喜を私は感じることはできなかったのだ。魂と性欲の統合した愛はありえるのだろうか、寿美の体から抜け出した魂は母の魂と一体化しようとしている。一卵性母娘だと、私は思っていた。フロイトの精神分析も、ビンスワンガーやボスの現存在、実存分析も適用できないケースではないだろうか。寿美と母を強引に無理矢理引き離したら、どうなるか、夫だからといって私にそんなことのできる権限はないだろう。

十カ月過ぎの息子有理を初めて抱いて私は長浜家を出た。歩いて二十分ぐらいで、吉田富夫の家に着いた。長者町という名だが、普通の大きさの民家だった。中国文学の助手だった吉田は、四月から仏教大の助教授になった。中文の研究室で吉田助手がものすごい早口で中国人と中国語で会話しているのを私は見たが、吉田の家を訪ねたのは初めてだった。吉田夫人も家つき娘で、京都市内の大学の教職につくために吉田は年月をついやしたらしかった。「和巳さんが、危篤でね」と吉田は言った。「キトク」「うん、五月の連休を越えられないようだ」「病気は何ですか」「癌。胃の癌だ」抱いていた有理が泣き出した。「和巳さんはいくつですか」「三十九」「ワアッ」私も泣き出しそうになった。有理を抱いて長浜家に戻った。有理を抱いた最後になったのではなかったか。

高橋和巳の自己批判は、京大助教授を辞職して自己否定となったわけだが、自己否定を肉体に限定すると、自殺になってしまうと私は恐れたが、病死は考えなかった。自己否定のストレスが胃を直撃して癌になったのだろうか。

五月三日だったろうか、高橋和巳が、埴谷雄高の言によると、戦死したのは。第一次戦後派の野間宏、「近代文学」派の埴谷雄高など戦前の左翼活動の作家達の志を受け継いだ高橋和巳の病死は新左翼系思想には大打撃だった。私は上京し、青山葬儀場の告別式に出た。やせ細った高橋たか子未亡人に寄り添って立っていた埴谷雄高の姿を四十一年たった今もはっきり思い出せる。

京大生だった高橋和巳が埴谷雄高の家を訪ねて行って師事したという話は、後年知ったので、この告別式の時には知らなかった。たか子未亡人のそばに小さな子供はいなかった。乳幼児だと葬儀には出ないかもしれないから、故人に子供がいなかったとは言えないけれど、たか子未亡人にも埴谷雄高にも幼い子供がまとわりついているような雰囲気はなかった。私が幼子を抱いた後だったから、そう独断的に感じたのだろう。

葬儀の参列者の数はとても多く、故人の急逝を惜しみ悲しむ声があちこちでもれ聞こえてきた。

練馬の家の近くの新座市の倉庫で、また働いた。本の返品の仕分けは重労働の割に低賃金だから、慢性的に人出不足で、いつ行ってもバイトできた。売れずに返品されて来る本のぼうだいな山を見ていて、改めて高橋和巳の作家としての人気の高さを思い知った。私達新左翼系学生運動の活動家やシンパの学生大衆が高橋和巳の小説、評論を愛読したからだが、作家高橋和巳は輝ける巨星だったのだ。肉体は死んだけれども作品の生命は永遠に時空の壁を突破して輝き続ける……かどうか。

近代の古典と評価されている夏目漱石の作品も、その人気を支えている朝日新聞、岩波書店、学校教育の三本柱が消滅したあと、どうなるか。近代日本の時空の壁をまだ突破しているといえるのかどうか。

高橋和巳の死で、新左翼系シンパ学生大衆は巨大な光を失った、という痛切な悲嘆の情がわいてきたのだった。生前は京大の先輩作家だ、というぐらいの気持ちだったのに……。

四十一年前のことだから、記憶は断片的で飛んでしまう。京都に戻ったのは五月下旬で、私は二十七歳になっていたと思う。長浜の家に入った私を迎えた寿美が蒼ざめた顔で言った。

「お兄ちゃんのお嫁さんが、突然亡くなりはったんや、赤ちゃん残して」

乳児を連れて義兄は長浜の家に来ているということだった。葬式をしたかどうか聞いたと思うが、記憶はない。

離れにいるという義兄に会いに行った。初めて会った義兄の甘い顔立ちの美男ぶりに圧倒された。電通のカメラマンだが、むしろカメラに撮影される美男の役者のようだった。

挨拶したあと、何か話し合ったと思うが、覚えていない。突然、義兄が断定的に言った。

「妹は、結婚できる女ではない」

ひどい、むごい言い切りだと思ったが、口には出さなかった。子供ができて妹と結婚した男、つまり義理の弟に言うべき言葉としては、あまりにひどいむごいと思ったが、真実だと思わざるをえなかった。

衝撃的な義兄の言葉で、後の記憶がふっとんで無くなってしまった。その夜、どこで寝たのか、全く覚えていない。

乳児を残して、妻が突然死（病死か、事故死か、自殺か、忘れてしまった）した直後だったから、義兄も殺気立っていたのだろう。母親と一緒に住んでいる家を出て、風呂もない安アパートで夫や子供と暮らす結婚生活ができる女では、妹はないということを義兄は言ったのだと理解したけれども、義兄の真意がそうであったかどうか。たしかめたわけではなかった。ただ、離婚したほうがいいのかな、という思いを私は持ったのだった。

京阪電車の藤森《ふじのもり》駅近くの田島家の二階の四畳半に下宿することにした。田島さんは眼鏡をかけた四十五、六の小学校の女教師で、未亡人だった。高校三年の息子と一年の娘がいた。兄は秀才顔で頭の切れる感じだった。妹は団栗眼で丸こい鼻をした、京女とは思えない野趣があった。

西川という京大の宇治の防災研に勤める三十ぐらいの下宿人がいた。よく覚えていないが、月一回ぐらい日曜の夜、下宿人二人と田島家の人達と一緒に食事をしたのだと思う。風呂はどうしたのか、記憶はない。そうだ、京都に住んでいた八年、風呂に入っていた時の記憶が全くない。風呂に興味関心がなかったからか。

14、タカラブネ宇治工場

タカラブネ製菓の宇治工場は近鉄奈良線の大久保駅近くにあった。

六月一日九時前に出社して、工場長の専務に二階の事務室に挨拶に行った。野口営業部長の兄だが、四十一、二で、部長より十二、三歳年上であった。温厚な感じだったが、別れ際、横顔を見てギョッとなった。頬骨から唇の端にかけて、斜めに、傷痕があったのだ。刀で切られた傷跡ではないかと思った。更衣室で白帽、白衣に着換えながら、敗戦時、専務は十五、六、戦場ではなくて、戦後の混乱期闇市マーケットの稼ぎ場で受けた刀痕ではないかと考えた。

敗戦後の食糧難の時期特に甘味に飢えていたので、アズキは値が高騰し赤いダイヤと呼ばれたことを思い出した。大福餅の原料小豆を手に入れるために切ったハッタの修羅場があったのだろうと思った。工場長は穏和な口調だったが、私を圧倒するような静かな凄みがあった。六〇年安保闘争の活動家だったという弟の営業部長より、人を威圧する迫力があると思った。この会社は工場長でもっているんだろう。

工場に入って、アレと思った。アルバイトしたロッテの工場のように、ベルトコンベアーの両側に工員が立って、流れて来る商品に加工している情景を思っていたのに違っていた。ベルトコンベアーは一本あったが、饅頭が流れて来て終わり口で、工員が取って箱詰めしていた。女子工員達がショートケーキを手作りしていた。洋菓子かと驚いた。検品係と言われたが、ショートケーキの検査など私にはできない。困惑して突っ立っていた。

直営店やフランチャイズ店へ搬送される前に箱詰めされた饅頭、ショートケーキの中から、破損した物を取り除くのが検品係の仕事だったが、私一人だから、見る数量は多かったけれど、破損した品はほとんどなかった。ド近眼の私だから小さな破損を見つけることができなかったのだろう。ショートケーキは店でバラ売りされるが、饅頭は箱詰めで販売されるので検品係の最終チェックが必要だったらしい。食堂で昼飯を食べたあと、二階の事務室横の卓球台で工場長も入って工員達とピンポンをした。ほとんど中学卒の女子工員達だった。四月に入社した日大出の見習い工員が、饅頭のアンコ作りの機械操作に失敗して、手の指の先端を切り落とす事故があったそうで、私は機械に手を出さないように注意された。

息子の有理が一歳になったので会いたくなって日曜、長浜の家に行った。門前に立ったとき二階の窓から寿美の声と子供達の笑い声が聞こえた。義兄の子供も一緒にいることに気がついた。義母の声がした。一年半前の正月七日、刑事が長浜家に来て、私が逮捕され、パトカーに乗せられたときから、義母は私を毛嫌いしている。別居したけれど、寿美と離婚したわけではない。しかし、私は立ちつくして思案して、引き返すことにした。余計者の私が楽しそうに談笑している寿美達の輪の中に入って行って、雰囲気をこわすことはないと思ったのだ。私自身、思い出してみても、父の存在は全く稀薄で、記憶にろくに残っていない。一歳の有理に父である私を必要とすることはほとんどないだろう。寿美や義母にまかせておけばいい、何の心配もない。

梅雨時、夏場は、ショートケーキは売れ行き不振で、工場も暇だった。シュークリームが他の店より大きく安いというので人気商品だったが、タカラブネの目玉商品は、これといってなかった。饅頭も安いだけが取り柄で、ブランドにはなっていなかった。

三カ月たつと会社の将来に不安がつのってきた。クッキーの泉屋、チューインガムのロッテに比べて、タカラブネのコレという目玉商品がないのだ。「お口の恋人」といった名宣伝文句がない。ペコちゃん人形のような宝船の七福神人形がないのだ。

京阪か近鉄か、通勤途中、車外の小さな工場に、任天堂の看板があった。花札やトランプを作っている工場だった。後年、テレビゲーム機器で世界一、二の巨大企業に急成長したニンテンドーだった。

下宿の田島家近くの食堂で積み重ねられた古い週刊誌を読みながら羊肉のジンギスカン鍋の夜食をとっていて、ＨＮの名前が目にとまった。鹿児島県選出の自民党の衆議院議員Ｈ某の長男、京大文学部ＨＮが、父の跡目相続をめぐって早大政経学部の弟と決闘をし、弟を短刀で刺し殺した。ＨＮは西戸山中学同期卒で、教養部の三組で同級だった。口をきいたことはなかったが、眼鏡をかけた暗い感じの顔を思い浮かべることはできた。父親が代議士とは思えない、陰気な感じの男だった。兄の弟殺し。『旧約聖書』のカインの弟アベル殺しの現代版「カインの末裔」か。

淀の競馬場で秋の天皇賞レースが終わった頃から、工場は忙しくなってきた。年末のＸマス商戦でケーキ作りが繁忙期に入り、私も箱詰め仕事を手伝うようになった。クリスマスにケーキを買って食べる風習が日本の一般家庭に根づきだした頃で、京都、大阪、奈良の郊外都市にケーキ屋がほとんどなかった頃で、フランチャイズ店を拡大するタカラブネの商売は当たっていたのだ。

Xマス後、突然私に配転命令が出た。京阪電車の丹波橋駅前のスーパーにある直営店勤務だった。正月元旦だけ休みで、年末年始、朝十時から夜七時まで勤務ということで、二十六日、朝出店して驚いた。店は一坪半ほどの狭さで店員は私一人だった。階段角の空きスペースを改造して店に仕立てたので、客足の目線に入りづらく寒々とした感じだった。ショートケーキの販売はなく、饅頭の箱売りだけだった。ショートケーキは日持ちしないから、仕入れの数の見立てが難しく、ベテランの店員でなければできなかったのだ。客は全く来なかった。どうやら、前からあった店ではなく、年末年始客をあてこんで急ごしらえに作った店で、工場の検品係でブラブラしている余剰社員の私を店員に押しこんだらしかった。手書きのビラを作って、スーパーの店長に頼んで入り口に貼ってもらった。そのせいかどうか、その日から客が来た。それでも一日十箱売れなかった。私の給料、家賃料を考えれば赤字だ。年末は不振だったが、正月になってから売り上げがふえた。それも松の内七日ぐらいで、十五日小正月すぎると全く客の姿すら見えなくなってしまった。私の店だけでなく、スーパー全体がそうであった。

昭和四十七年（一九七二）一月は不景気だったのだ。月末に営業の社員が来て、売り上げ低調だと文句言ったので、店の看板もないからだと言い返した。翌日、小さな立て看板を持って来た。

15、闇　魔

朝十時に宇治工場に商品の発注をする決まりだが、注文できない日々が続いた。私の直属の上司が誰かも、どの部課係に組織されているかもわからず、ポツンと一人ぼっちで、何だか島流しされたようなめいった気分になった。ある夜七時の閉店前に店じまいをして、二階のトイレに行った。用をすませて、歩いていて、山積みされた商品が一つ床に落ちたので、拾った。その時鼻水が出てたれそうになったので、思わず拾った白い布を鼻にあてようとした。女物のパンティだと気がついた。鼻水をふいてしまったので、マズイと思って、近くに店員がいなかったので、ズボンのポケットにパンティを入れてしまった。生まれて初めて万引き、窃盗をした。閉店直前で、レジの店員は売り上げ金の精算にかかり切りで、私など全然眼中にない様子だった。盗んだという犯罪意識はほとんどおきず、店番のルーズさのほうが気になった。しかし、私のモラル、倫理感がむしばまれこわれだした。つぎの日の夜七時、はっきり盗む意識で女物のパンティを万引きした。この時は、盗む前に女物衣類の店員を注意して見たけれど、全く私のほうを気にして見る店員はいなかった。スーパーの店長に警告したくなったほどだった。

三日目、本当に見つからないものか試してみたくなって、ビニール袋入りのかなり大きな女物ネグリジェを盗んで、オーバーコートの下に隠して、二階の店内をゆっくり往復してから外に出た。盗んだ女物衣類をどうしたか、記憶にない。捨てたのだろうか。パンティをはくとか、ネグリジェを着るとかしたことはなかったと思う。下宿の部屋には持って帰らなかったから。万引きを何回やったか覚えていないが、夜食を食べながら、食堂の古い週刊誌をめくっていて、九州大の大学院の博士課程の男が、女性の入浴する所をのぞき見する出歯亀事件で逮捕されたという記事を読んで、私は万引きをやめた。

軽井沢の浅間山荘事件が報道されたのは、二月二十日頃だった。田島家は高三の息子が東大受験の追い込みで、テレビは全然電源を入れず見れなかった。日航よど号ハイジャック事件の時は福岡空港に駐機した場面だけテレビで見た。

しかし、浅間山荘事件の報道は、食堂にそなえつけのテレビに釘づけになって見た。店番をしながら、新聞を読んだ。絶壁の上の浅間山荘から、下の武装警官隊に小銃を射った過激派学生集団が連合赤軍派とわかったのは、二、三日後だったろうか。山荘の管理人の若妻が人質にとられていたので、警官隊が山荘に突入できずに、こう着状態が一週間以上続いた。赤軍派など新左翼系セクト諸派は、都市ゲリラを主張していたし、私も神田カルチェラタン闘争のあと、都市ゲリラ教程などの本を読んだ。だから、酷寒の軽井沢の山荘の銃撃戦に初めは違和感があって、冷淡に傍観していた。大都市の小市民大衆は暖房のきいた室でミカンを食べながらテレビで銃撃戦ショーを見て楽しんでいるのに、山荘に立て籠っている過激派学生達は、革命幻想にとりつかれているのかと思うと滑稽だった。愚かだと思った。ただ、神田カルチェラタン闘争で機動隊が催涙弾を水平射撃してきた。あの直後、私立高校の教師に就職していた田中が、中核派シンパだった学生気分の残り火で、銃を取って戦うと私に言ったほどで、政府権力の過剰警備が、赤軍派の組織された暴力（塩見孝也議長の論文）路線をひき起こしたのだ。赤軍派の鉄パイプ爆弾製造を私は噂で聞いた。

連合赤軍は、赤軍派残党と京浜安保共闘の野合だとわかり、山荘事件とは別件で逮捕された森恒夫、永田洋子の写真を新聞で見た。髪ふり乱して、飛び出たギョロリとした眼玉の永田洋子の顔写真を見て、狂った女だと直感した。

赤軍派のＰＢ政治局員の塩見、高原、上野は京大だから知っていたが、森恒夫は初めて聞いた名前だった。京浜安保共闘が栃木県の真岡の鉄砲店を襲って、小銃と弾丸を手に入れたという記事を読んで、銃を持った永田洋子がリーダーだなと思った。前年の秋頃、各地で起きた銀行、郵便局の強盗事件が、赤軍派残党の資金稼ぎだという報道を知った。

浅間山荘の銃撃戦が一週間以上も続くと、連合赤軍派学生の異常な狂気じみた闘争本能がテレビの映像を通して感染してきて、次第に私も興奮してきた。それまで食事の時はビール酒は飲まなかったのだが、食堂でテレビを見ながら、酒を飲みだした。警視庁の特別狙撃隊や機動隊が浅間山荘突撃のために集結したのに、新左翼系セクト諸派は沈黙して応援の声をあげなかったが、私のようなシンパの非暴力派でも、何かじっとしていられない衝動を感じた。五年前の京大一年の山崎博昭の10・8虐殺死事件以後、過激化しだした新左翼系学生運動の最後の決戦だと思ったのだ。

二十八日、夜、食堂のテレビの映像は圧巻だった。投光機で明るい山荘の壁に、クレーン車に吊された赤い大きな鉄玉が打ちつけられ、穴が開き、その横手にタオルで覆面したヘルメットをかぶった男が銃を持って出て来た。生中継を見たのではなく録画再生だったと思うが、このテレビの映像を四十年たった今も私は鮮明に記憶している。武装機動隊の警官が二人射殺された。突撃した機動隊員によって逮捕され、山荘から連れ出された血だらけの連合赤軍の学生達を見て、じっと椅子に坐っていられなくなった。食堂を出て、いつも帰る田島家への方向とは逆の闇路を歩き出した。いつも酒は二合でやめていたのに、その夜は、興奮していたので四合飲んでしまった。酔っ払って眠たくなった。寒さは感じなかった。

闇に何か得体の知れない凶暴な魔力が私を突きあげた。眼の悪い私の前に動く物体に私は突き動かされるように飛びかかった。キャアー、女の叫び声に私はハッと我に返った。あわてて、後ろに走った。逃げながら手袋でさわった女のオーバーの厚地の感じを思い、女は倒れなかったから、怪我はしなかったろうと少し安心した。

高二のとき教科書で読んだ中島敦の『山月記』で、挫折、失敗した詩人崩れの男が、虎に変身して兎を衝動的に襲って食い殺す場面を思い出した。私は通り魔だったのだ。この後、何日か、通り魔に変貌したあたりの場所に行ってみたら、前にはなかった街路灯が新しく作られていた。暗闇が非合理な魔物を誘発すると警察も考えたのだろう。

逮捕された連合赤軍五人の一人が京大生坂東国男と知って驚愕した。私より二歳年下昭和二十一年生まれ、敗戦直後の混乱期に乳幼児期を過ごした年代の学生が、過激派になっていた。10・8虐殺死された山崎博昭と坂東は同じ年だ。工学部の学生だから、鉄パイプ爆弾製造や銃の射撃に精通できたのだろう。

横国大生、吉野雅邦の父が三菱地所の重役だと知ったのはいつだったか。ブルジョワの父を恥じ、罪責感からプロレタリアート支持の革命運動に入る学生は少なくなかった。三菱電機の常務の息子の京大生が日共民青入りしたことを私は知っていた。父と真逆の行動を息子がするのは、父への反抗だろうが、カミュの、我反抗す、故に我在りという『反抗的人間』の実存なのだろう。逮捕された連合赤軍に未青年の兄弟がいたのは痛ましかった。

東京水産大の坂口弘は、写真で見ても筋骨たくましく、革命戦士にふさわしい銃撃戦のリーダーだなと思い、この時は少々英雄視した。私がブントシンパだったからだろう。しかし、世間の非難の声はものすごく、坂東国男の父が自殺してしまった。浅間山荘事件が終結すると、テレビ見疲れで、虚脱感におちいった。

女物下着を万引きし、闇の通り魔になって女性を襲ったのは、無意識の性欲の不満からかと思い当たった。妻と別居してから九カ月、寿美とは、結婚後ほとんどセックスしていなかったから、一年以上セックスレスで欲求不満になっているのかもしれない。通り魔犯罪を未遂とはいえ、してしまった。もうしてはいけない。万引き、通り魔犯罪をおこさないために、性欲を処理しなければならない。私は、実は自慰（オナニー）の知識もなく、したこともなかった。五条の宮川町に売春婦がいることを噂で聞いていたので休みの夕闇に行ってみた。闇に立っていた女に声をかけられ、誘われるままについて行った。戸を開け、玄関で靴を脱ぎ、階段をあがり、室の戸を開けると、蒲団がしいてあった。薄明かりで、女が四十過ぎの醜い顔だとわかった。中年婆の売春婦は下着を脱ぎ両股を開いて、あお向けに寝た。陰毛の繁った所近くの右太股に、どす黒い傷口がえぐられてあった。焼火ばしか何かで突き刺された傷跡のように見えた。焼きを入れるというヤクザ男の用語が実行されたのだと思い、寒気がし、鳥肌が立った。私がじっと立ち尽くしているので寝ている売春婦が怒鳴った。私は千円札を何枚か売春婦に渡して、室を出た。あの売春婦とセックスできる男がいるとは、理解できないと思いながら、三月上旬の寒風の吹く闇路を歩き、涙が出たり、腹が立ったりして感情が乱れた。二十七年の私の人生で会った最下層の女だった。大阪の西成のドヤ街で日雇い労務者の男達と同じ店で安酒を飲んだことはあったが、どん底に落ちた男と女では受ける印象が違うと思った。

「堕ちよ、生きよ」と敗戦直後、坂口安吾は『堕落論』で主張したのも高校のときに読んだ。

敗戦から二十七年たって、テレビ、クルマ、マイホームを買って豊かな小市民社会になりつつあるとき、焼火ばしを太股に突き刺され、売春をしなければ生きていけない中年婆がいたのだ。悲惨な現実だ。堕落した人間の残酷な苦痛を、新潟の大地主のドラ息子の三文小説家安吾はわかっていたのか。

田島家では、息子の東大受験がすみ、手応えがあったとかで、帰って来た息子を迎えて、私達下宿人も一緒に、テレビを見ながらカシワ（鶏肉）の水炊きの夕食会があった。下宿人の西川と高一の娘が仲良く談笑している姿が、私の神経にひっかかった。長浜の家で、妻の寿美と談笑して食事をしたことがあったかと思ったからだ。息子の有理が生まれてからは一度もなかった。

西川は高一の娘を好きだなと直感した。十二、三歳は離れているようだが、いいじゃないか、と思った。丹波橋のスーパーのタカラブネの店は春になってもさっぱり客が来なかった。結局、売り物の饅頭が美味でないからだろう。夜七時前店じまいをしていたら、二十四、五の女が店に来た。「いらっしゃいませ」「今晩は、うち、おぼえてへん?」醜い貌の平板な若い女の顔を見守って、宇治工場でショートケーキをつくっていた職工だと思い出した。モンブランや、と名前を教えてくれたことがあった。「ちょっとつきおおってくれへん」「アア」スーパーを出て、さっさ歩いて行く女の後ろについて行った。夕食を一緒に食べるんだろうと思っていたら、女は裏通りに入り、狭い入り口の連れ込み宿に入った。妙な所で食事をするんだなと不審に思いながら私も入った。宮川町の売春婦のときもそうだったが、この時も宿の者は出て来ず、女は勝手知った感じで、ベッドルームに入った。「好きなようにしておくれやす」女は手早く衣類を脱ぎ、裸になってベッドに寝た。据え膳食わぬは男の恥、という言葉を思い出し、私はズボン、パンツをぬいだ。だが、私のペニスはなえたまま縮こまっていた。いろいろなことを女も私もしたが、結局、駄目で、ペニスは勃起しなかった。「かんにんえ、悪いこと、うち、してしもうたわ」情けない思いで女を残して、私は宿を出た。名前すら覚えていない、好きでもない、愛していない女とは、女がセックスさせたがっていても私はセックスできなかった、そういう男なのだ、私は。醜貌の、たぶん中卒の女工は、京大卒のエリート社員と噂されている男をセックスさせてつかまえようとしたのだろう。その下心がわかったから、私の防衛本能がペニスを勃起させなかったのかもしれなかった。

藤森駅近くのいつも行く食堂で、テレビを見ながら、またジンギスカン鍋を食べた。「掘り出された遺体の身元がわかりました。山田孝、二十六歳。京大法学部大学院生です」というテレビのニュースに驚きで飛びあがった。

強烈な衝撃を受けた直後、私の記憶は飛んでしまう。これまで何度もあったことだ。連合赤軍の総括と称する集団リンチ殺人事件については、多くのルポルタージュ報告がなされている。後年、私もそれらのいくつかを読んだ。事実誤認の文章もいくつかあった。これは私の自伝だから、私の感想や考えたことだけ書くことにする。

山岳ゲリラ小屋で集団リンチで殺された十二人のうち最初に遺体が掘り出された山田孝は、実は最後に殺されたのだった。山田が森恒夫、永田洋子という共同リーダーにつぐ幹部だったからだろう。私は京都地区反戦活動で山田と初めて会った。

ノン・セクトの私が委員長で、山田が書記長になったので、山田は社学同入りしているのかと思った。しかし、後年、渡辺義明に聞いたら、ブントどころか、社学同にも山田は入っていなかったという。山田は私より一歳年下だが、文学部の教授会団交で議長だった私の活動歴を重んじてくれていた。私に対して丁寧な物言いをし、尊敬している風であった。そのためか、私は山田にひ弱な線の細さを感じた。赤軍派ＯＢ、タラコのような部厚い唇の高原浩之など、保守党の政治家のような泥臭い野太さが感じられたのに比べると同じ京大法学部でも山田はおとなしい秀才の温順さがあった気がする。

山田は、大菩薩峠の福ちゃん荘の武闘訓練に参加しなかったので逮捕されず、ただ小銃が射てるというぐらいの考えで、山岳ゲリラ小屋に行ったのではなかったろうか。

六九年夏、私はブントの内ゲバで同志社大の望月上史が死んだのを知って、学生運動をやめたのだ。だから、いずれ過激派セクトでリンチ殺人事件がおきるだろうと予想していた。とはいえ連合赤軍の十二人の集団リンチ殺人事件は度肝を抜かれた。

これは後年知ったことで、ここで書くのが適当かどうかわからないが、連合赤軍が結成される前に、京浜安保共闘がやった最初の仲間殺しがとても重要なのではないかと思うのだ。

永田洋子が主導権を握った京浜安保の愚劣さに嫌気がさして、日大看護学院の女学生が逃げ出し、追って来た仲間の前で交番に飛びこんだ。このことを聞いた永田洋子が、警察に知られて逮捕されることを恐怖して、この女学生を捜し出し、つかまえて横国大生の吉野雅邦らに査問させた。この時こそ最も重要な分かれ目だったのではないか。警察に密告されてメンバーが逮捕され、組織が崩れるのを恐れたという理由の底に、永田や吉野の恐怖感があったのだろう。

警察に逮捕されることなど、11・20の羽田二次闘争で三千人参加のデモで千百人逮捕された当時、ごく当たり前の恐れるにあたらないことだった。逮捕されるなど当然の覚悟で活動をしていたはずだ。交番に入った女学生を査問した吉野らは、おそろしいことに、この女性を殺して衣服をはぎとって裸にして、土中に埋めたのだった。この殺人現場に永田洋子はいなかった。仲間殺しの命令を永田洋子が出したとしても、吉野らが、その理不尽な命令を拒否して、仲間を殺さなければよかったのだ。後の裁判では、吉野は永田らと分離され、死刑宣告を受けなかった。

当時、東大合格者数圧倒的第一位の日比谷高校を卒業して、東大に落ちて、横国大に入った吉野が、学生運動に入った心情はわかるが、日共、民青などの強固な組織に比べて、お粗末な弱小の京浜安保に入って、なぜ、エキセントリックで異常な狂った永田洋子の命令に従って、仲間だった女学生を他のメンバーと一緒になって殺してしまったのか。

吉野の責任はとても大きいと思う。なぜなら殺人現場におらず、口先だけの命令に従って吉野ら男達が仲間殺しをしたことに、永田洋子は己の権力の強さを実感し、自己陶酔し、権力支配欲に歯止めがきかなくなったと考えるからだ。この最初の殺しのあと、向山という仲間を殺し恋人だったという早岐の埋葬場所近くに死体を埋めたのも吉野達であった。こうして京浜安保は、殺人によって組織固めをする血ぬられた秘密結社になったのだ。

こういう殺人集団と野合して山岳小屋入りした赤軍派残党が圧倒され、集団リンチ殺人をやったのは不可避のことだったのだろう。山田孝をはじめ、十二人の遺体が発掘された報道に、私はもうこれで完全に学生運動は終わったと思った。正義のひとかけらもない、全く弁明の余地はなかった。

連赤の総括集団リンチ殺人事件の衝撃は深刻で、容易に語り尽くせないが、私は学問と革命の幻想がこわれ、古京の魔術がとけたのを感じた。

寿美と離婚し、タカラブネを辞職して、東京に帰って再起をはかろうと決めた。ゴリ押し入社のとき世話をかけた田端英雄京大理学部助手に会い、タカラブネ辞職の我がままの了解を求め、依頼した。普通のときなら怒ったろうが、連赤の十二人殺しの動揺が激しかったときなので、田端助手は承認してくれた。ついでに厚顔にも私は寿美との離婚をとりまとめる仲介の労をとることを頼んだ。寿美が不感症で、深層心理神経にアブノーマルがあることを話した。専門は植物生態学だが、動物生態学にもくわしい田端助手は、寿美の正常でないことを理解してくれて、会って話をつけてあげると言ってくれた。

四十年たった今、改めて、なぜ田端さんが私にあれほど親切だったのか、感謝にたえないが、私がなぜ、田端さんにあれほど甘えたのか。考えてみると、やはり、全共闘の自己否定の倫理の問題になるのだろうと思う。全共闘は泡沫だと六〇年安保ブントの田端さんはかつて私に言ったが、安保世代の東大全共闘の最首悟助手らが自己否定し、政府の文部行政の官僚機構の一員たる大学教授職につこうとしなかったことが、田端さんの心にうしろめたさをひきおこしていたのだと思う。田端さんは後に京大理学部教授になった。夫人の泰子さんは橘女子大の学長になった。

田端さんと会って、寿美は離婚届に署名した。長浜家は資産家だから、慰謝料、養育費の要求を寿美はしなかった。タカラブネの三月末退社も決まった。宇治の京大の教職員住宅にドイツ語の田口義弘助教授を訪ね、京都を去り、東京で再起をはかることを話し、別れを告げた。小出版社の就職口を探すつもりだと私が言ったら田口助教授は、羽根宏の筆名で書いた現代詩集の謄写版刷の小冊子を取り出して、出版してくれないかと言った。後に、出版されて、詩人クラブ賞を取ったそうだ。

田島家の息子が東大文Ⅱに合格した。その祝いの食事会に出てくれと夫人が言ってから、西川さんと房子の婚約の内祝いもかねるのやと言った。娘が高校を卒業したら結婚したいと西川が夫人に言ったのだそうだ。私が以前夫人に耳打ちしたので、夫人が西川に問いただしたのだと言う。「あなたのおかげで、うまくまとまってよかったわ、おおきに」「三月末に私は転職するので、この家を出ます。もっと早く言わなくて、すみません」

三月末早春の陽光の下、四条河原町の阪急電車駅前の繁華街で、偶然私は寿美と出会った。寿美は幼児を三人連れていた。息子の有理を私が抱こうとして寿美に拒否された。寿美と口争いになった。カッとなって、私は寿美の頬を平手打ちした。中学二年のときケンカして殴って以来十数年ぶりの暴力だった。学生運動をしていたとき一度も暴力をふるったことはなかったのに。

夜、久し振りに母に電話した。つぎの月曜の昼過ぎ、母と長兄が田島家に来て、私の両腕を両脇から取って、私を連れて田島家を出、古京から去った。

第三章　東京無頼

1、迷　夢

虚脱状態で、練馬区西大泉の親の家でカラーテレビを見た。資本主義社会の小市民（土地建物を所有し、営業用とはいえ自動車を所有していたのだから中流下の生活）の感覚が戻ってきた。アメリカのニクソン大統領の密使キッシンジャー首席補佐官（後の国務長官）が北京に潜入し、中国共産党の毛沢東主席、周恩来首相に会い、米中国交回復が成立した経緯を知った。共産主義社会主義諸国が資本主義の世界経済の市場に組みこまれだしたのだ。

京都では、食堂で見る以外テレビを見ていなかったので、札幌の冬季五輪の映像は全く見なかった。日本陸軍の兵隊、横井庄一氏がグアムで発見され、日本に帰って来たことも数カ月遅れで知った。前年一九七一年春頃、群馬県でおきた大久保清による連続女性殺人事件も西大泉の家に戻ってから知った。

個人タクシーの営業に張り切って充実した感じの父を見て、個人の自由な生き方の理想ではないかと改めて思い、尊敬の念がわいてきた。私の生まれる前の父のことを父は一切語らなかった。姉に後に聞いた話では、大田区馬込に土地二百坪、二階家、個人タクシー営業だが、助手（運転の技術習得のいわば職工）四人雇っていたそうだ。

社員四人の零細会社の社長と言ってもいいのかもしれない。昭和十年の初め頃で、一円タクシーといわれ、馬込の文士村の尾崎士郎、萩原朔太郎などのお得意客がいたらしい。戦争で自動車を陸軍にとられてしまったが、戦後二十五年たって、父は個人タクシー営業の夢をふたたび実現したのだった。

私は二十七歳で頭頂部が禿げ、父の禿《はげ》の体質の遺伝を受け継いだ。にもかかわらず、私と父の性格、思考法は正反対だ。父は過去の生活を一切語らず、郷里富山県の偉人として読売新聞社主の正力松太郎を尊敬して、自民党、原子力発電、巨人軍球団のひいきだった。本も全く読まなかった。

私は中大法学部に入って、弁護士を夢見、京大文学部に合格したら、大学教授を夢に思い、学生運動を始め、敗北し、失業して、何を夢、希望、目標にしたらよいのか、迷っている。自動車の運転技術に執着して一生を生きてきた父とはまるで逆だ。息子は父を殺して、母と結婚するというエディプス・コンプレックスを主張したフロイトの精神分析学は、十九世紀ユダヤ系ドイツ人社会にだけ適用できたのかもしれなかったが、二十世紀の日本人社会には適用できないと思った。同じようにユダヤ系ドイツ人のマルクスの革命理論も、十九世紀の限界をもっていて、レーニンの理論は帝政ロシア打倒の革命には有効だったにしろ、それが限界だった。毛沢東の革命の成功も中国社会が適用の限界だった。

時空の壁を突破して、普遍、不変、永遠の真実を探究した芸術哲学の思想を夢みた京大生時代の私の誇大妄想は破れ、新しい夢に迷い、茫然と虚脱してしまった。禿の遺伝的体質が全く同じなのに、父と私の生き方が正反対なのは、なぜなんだろう。フロイトとは違った深層心理、精神分析の解釈があるのだろうか。ユングの翻訳書やボスの実存分析の翻訳書を買って読んだ。私のケースと同じような実例分析は書いてなかった。

池袋の職業安定所で半年間失業保険を受け取れることになった。出版会社の求人は全くなかった。求職活動をしなければいけないので、ある会社に職安の紹介で面接に行った。五十代の人事部長が、京大で華やかな生活をしてきたから、うちのような地味な陽の当たらない会社勤めはできないだろうとのっけから拒絶の言葉を言った。

西武池袋線の保谷駅近く、私の家から徒歩二十分くらいの所に、参議院議員自民党の植木光教の家があった。地塩寮の先輩で、卒業者名簿作りで広告取りに行ったことがあった。植木議員の兄は京大教授だった。就職依頼で訪問した日に偶然、植木議員が在宅していた。魚本秘書に引き合わされて、よろしくと頭をさげた。植木議員は、実は京大卒業ではなく、旧制三高から東京帝大に進みＮＨＫに勤務したのだそうだ。京大ＹＭＣＡの名簿には旧制三高卒業生も入っていたために、私が誤解してしまったのだった。植木光教は東大時代左翼共産主義にかぶれ、学生運動をしたことがあったようで、私の話に同情的な顔つきをしてくれた。しかし、本当のところ、就職をあっせんしてもらえるとは思っていなかった。一票にもならないことだからだ。自民党の国会議員の生態がどんなものだか、知りたいという興味本位で会ったのだった。高一同級の田中の妻の伯父が労働省の事務次官で、中核派シンパだった田中が就職転向していくのを見て、エスタブリッシュメント、政府高官の内幕を知りたいという好奇心にかられたのだ。

民放テレビ局、五大新聞社の巨大資本に比べると出版社は音羽の講談社、一橋の小学館以外は、ほとんど中小零細資本で、求職と田口助教授の詩集出版依頼で訪ねて行った出版社はどこも木造二階家で、みな断られた。宗教出版の春秋社で、顧問の山折哲雄元東北大助教授に会ったのは、この頃だったろうか。

光文社に、富山の友人京大同期の林茂が就職しており、会いに行って思いがけない話を聞いた。林が、ギター入門か、易入門か、題名は忘れたが本を書いて、日本文芸社から出版したというのだ。売れそうな本なら出版できるのかなと思った。売れそうな小説でも書いてみようか。思い浮かんだのが、長浜寿美との出会い、性交、結婚、そして離婚の体験を私小説として書いてみることだった。

書き出してすぐ、自分の才能のなさに気づいた。自然描写が全然書けないのだ。『枕草子』の冒頭の春の明けぼのの変わりゆく風景描写の絶妙さに改めて感心した。次に、会話文の下手くそさに書きながら、自分にあきれて腹が立ってきた。式亭三馬の『浮世床』や『浮世風呂』は会話文だけで成り立っている。大衆娯楽の落語もほとんど会話に終始している。大衆の好む、つまり売れる小説は会話文の巧拙によるのだろう。

一番困ったのは、寿美という女性の像が私には充分造型できなかったことだ。寿美が冷感症、つまり性交に不感で歓喜がないという特異体質だったのは、なぜなのか。その深層心理の神経異常の理由が私には解明できなかった。三島由紀夫の『音楽』では女主人公が女子大生時に実兄（フロイトのエレクトラ・コンプレックス理論による父の身代わり）と性交したことが、冷感症の原因とされているが、これは、フロイト派精神分析学の直輸入的受け売りで、私には納得できなかった。

セックスの歓喜を至福と考えるのは、ヘンリー・ミラーなど二十世紀アメリカ文学がつくりあげた神話であって、セックスと金しか大衆の欲望はないと考える大衆蔑視の思想の裏返しで、本の売り上げをのばそうという娯楽読み物の作り話だと私は思った。長浜家に住んで私が見た情景は、寿美と義母が一卵性母娘のように二人で一体になっている密着さであった。

娘は母を殺して父と結婚したいという深層の願望、欲求をもつというフロイト理論は完全に、古京の長浜母娘にあてはまらなかったのだ。母と娘が対立するどころか、逆に二人で一体になっている感じ、もしくは、二人で一人の女性像をつくりあげている感じは、どうして生じるのだろうか。私にはわからなかったのだ。寿美にとって、私とのセックスに何の歓喜も感じない冷感症でも別に不幸は感じず、母と一体となった密着感にこそ至福を感じていたように私には思えたのだ。母の胎内で生きている胎児の幸福とは同じ深層心理だと私は考えた。

　こういう思考自体、すでに理屈っぽくて日本人の大嫌いなもので、娯楽読み物の小説になっていない。売れる小説は書けそうもなかった。評論なら書けるのだが、評論は売れないし、小説に比べて世間の評価が著しく低い。小林秀雄、唐木順三、中村光夫、江藤淳など高名な評論家は皆大学教授である。つまり、評論だけの売文では、生活できないということだ。北村透谷など文学史に名前が残っていても、専門家以外、大衆は誰もその評論を読みはしない。高橋和巳は『孤立無援の思想』など評論は卓越しているが、小説『邪宗門』が週刊誌「朝日ジャーナル」に連載されたことで、世の知識人、大衆の読者を得たのだと思う。

　高橋和巳が生きていたら、連合赤軍の総括、集団リンチ殺人事件をどう思い、どう小説に書くだろうかと考えても仕方のないことを考えた。

　全く予想もできなかった驚くべき事件がおきた。イスラエルの空港でアラブ、パレスチナに連帯する日本赤軍がユダヤ人を乱射、多数死傷したのだ。五月末頃だったたと思う。日本赤軍の一人、奥平剛、二十六歳は、京大工学部学生だったた。奥平剛は手榴弾で自殺したというから、後の自爆テロの原型になった。奥平剛は私と京大同期入学だが、在学中、全く活動家としての名前を聞いたことはなかった。後年知ったことだが、重信房子と偽装結婚して、アラブに行ったそうだ。

　この事件がおきて、私は初めて、パレスチナ問題を知った。ユダヤ人の『旧約聖書』を読んでいたのに現代の中近東、アラブ世界におけるイスラエルとの抗争については、全然関心がなく無知だった。日本赤軍の鹿児島大生、岡本公三は自爆死せず、逮捕された。

アメリカ資本主義の牙城ウォール街の金融市場はユダヤ人投資家が牛耳っており、イスラエルに資金援助をしていたから、反米帝を主張する赤軍派はパレスチナに連帯し、イスラエルに敵対して、空港乱射事件を実行したのだった。軍や警察権力と敵対するのはやむを得ないが、無関係な一般市民のイスラエル人を無差別テロで殺傷する日本赤軍に私は断固反対だった。題名は忘れたが、五十枚ほどの私小説を書きあげた。御茶ノ水駅近くの二階家の筑摩書房に行き、石井信平という編集者に会い、原稿を読んでくれと頼んだ。筑摩書房を選んだのは、社屋を見知っていたからで、河出書房の社屋が見つからなかったからだ。

佐藤栄作が新聞記者達をしめだして、テレビカメラだけ前にして、首相退陣会見を行った。官僚政治家佐藤の警察権力による過剰警備、弾圧が新左翼学生運動の激化、暴力化をひき起こしたので、佐藤退陣は学生達の革命的政治運動の時期の終わりを告げるものだった。日本列島改造論をとなえて首相になった田中角栄の土建屋的体質はインフレ経済の到来を予告するものだった。

正確な月日は忘れたが、この頃、高松塚古墳の壁画が発掘・公開されたと思う。彩色鮮明な壁画の女性群像に驚いたが、裾広のワンピースのロングスカート服を見て、私は朝鮮、韓国の民族衣裳チョゴリを連想した。下ぶくれのお多福顔も現代の日本女性の祖先にふさわしくないように思えた。

四角の室の隅には、東・春・青龍、南・夏・朱雀、西・秋・白虎、北・冬・玄亀（玄武ともいう）と完全に古代中国の思想によって、祭り飾られていた。奈良県の高松塚古墳と知らされないで、壁画だけ見せられたら、古代朝鮮女性の群像としか思えないだろう。十八世紀江戸中期の歌麿らの描く浮世絵の細面、柳腰の女達と比較すればそれがよくわかる。

秋になった頃、筑摩書房に行き、石井信平編集者に会った。私は編集者の指摘に従って書き直すつもりだった。石井信平は、原稿の包みを私に返して、ただ一言「平凡だな」と言った。「平凡デスカ。一卵性母娘、不感症の女が平凡ですか」と、私は言葉に出さず口の内で反問した。私小説風に、学生運動と恋愛、結婚、離婚を書いたのがよくなかったのかなという自己反省があったので、「私評論として書いたらどうでしょうか」と聞いた。「いいんじゃない」と石井編集者は、気のなさそうに、オウム返しに言った。

家に帰って、包みを開けて、原稿を読み返そうとして、アア、あの人は読んでいないな、と直感した。ひどい。持ちこみ原稿など読んでる暇はないと断ればいいんだ。読みもしないのに平凡だなと言うのは、不誠実きわまりない。怒ったが、どうしようもない。

私評論と筑摩書房の石井編集者にしゃべったとき、まさかそれを書きあげるのが、このように四十年後になるとは、思いもよらなかった。

「第二章　古京・光と闇」の後半部が私評論である。鈍才の私の能力では、自分なりに納得できる私評論を書き上げるのに、四十年、一生かかったのだった。私評論は、西欧の論理形式に、日本人の感情、思考の内容を書くという私なりに新しいスタイルを創ろうという志を立てたものだが、はてさて、はたして成功したのだろうか。

植木光教参議院議員の魚本秘書から電話がきた。「西友ストアの高丘専務が会ってみたいとおっしゃった」。言われた月日時に西友ストア本社に行った。当時、西武グループは物流の鉄道、不動産は弟の堤義明、流通のデパート、スーパーは兄の堤清二とに分裂していた。堤清二は東大時代、学生運動をし、辻井喬のペンネームで詩小説を発表していた。高丘専務は堤清二の学友で、西友ストアを切り回している実力者だと魚本秘書は教えてくれた。植木議員の東大の学友でもあったのだろうと私は推測した。濃紺のスーツの高丘専務は細み長身、切れ長の眼が輝く印象深い顔立ちだった。一、二分私の顔をじっと凝視して、よろしいと言った。帰ってよろしいのか、よろしいから採用するのか、わからなかった。専務が手をふったので、私は頭を下げて、専務室を出た。一週間ぐらいして、西友ストアの人事部の社員が電話してきて、私は指定された日時に行った。人事係の社員は、室を出て廊下で立ち話をした。

「入社させても、会社の極秘のことを知ったとき内部告発する面構えだから採らないと専務が言われたよ。裏口入社は駄目だな」

私が就職転向できない性分だと高丘専務は、一、二分私の顔を見て、判断したのだと思った。

ふと、大阪市大の剣道部の主将高木四段を思い出した。中大法学部一年の夏休み、鎌倉の円覚寺で座禅をしたとき知り合った。座禅会が終わったとき、伊豆の下田に一緒に旅行しようと誘われた。旅の途中、なぜ私を誘ったのか、と尋ねた。「君の顔。不敵な面構えだ。稽古じゃたいしたことないけれど、本番の勝負で力を発揮するタイプだな。真剣の気迫がある」

失業保険が終了したので、仕方なく新聞の求人広告で、学歴経験年齢不問実力本位、高歩合給とあった大和観光に入社することにした。新宿の花園神社入り口横のビル二階に会社はあった。観光というので旅行代理店かと思って行ったら、何と不動産、それも別荘地の販売業だった。日光の今市、例幣使街道の杉並木に隣接する土地のセールスで、いわゆる飛び込み訪問販売だった。一区画の坪数は忘れたが、大体二百万か三百万の物件だった。当時はまだ計画中だった東北新幹線、東北高速道が開通すれば土地価格が高騰するから、投資で買いなさい、というセールストークだった。一日説明を聞かされて、翌日パンフレットの入った紙袋を与えられ、五人一組、車に乗って、世田谷区の住宅地に行って、順次一人ずつ降りて軒並み飛び込み訪問をした。運転者役が係長で、私達が見込みがあると報告する客宅に行って契約交渉をする。三日やって、ほとほと嫌になった。一日百軒訪問がめどだが、三割留守、三割門前払い、三割一、二分の立ち話、一割が五分ほどのセールストークで終わり。一番困ったのが、番犬。当時は、ヒモなしで、放し飼いの犬がいて、ほえられて往生した。売り上げ一、二のセールスマン笠原清作が私に、「京大を出ているんだろ、負け犬のように逃げちゃ駄目よ」と言った。五十年配の、百五十五、六センチの小男だった。五、六センチの厚底の靴をはいていた。米軍占領が終わって、この年、本土復帰した沖縄県人で、どことなくバタ臭かった。我慢して歩き続けて十日目ぐらい、ある家の玄関に出て来た四十五、六の品の良い奥さんが、「ちょっと、おあがりなさい」と言って、洋間の応接セットのソファーに私をすわらせて、紅茶とクッキーを出してくれた。「私ね、姓名の字画数で占いをするのよ、ちょっと待っててね」奥さんは私の名刺に小さな数字を書きこんだ。「あらあら、貴方、女難の相があるわ」女難。紅茶を吹き出しそうになった。顔が青ざめたと思った。「思い当たることがあるのね」私はセールスを忘れて、応接間を出た。外に出て、煙草屋があったので、ハイライトを買って尋ねた。「東芝の常務さんの奥様です。占いは商売じゃなくて、趣味、よく当たるって評判ですよ」大企業の常務の家としては、質素だと思った。もっとも植木国会議員の家も、普通で豪邸ではなかった。

一カ月全然売れず、見込み客もなかった。翌月、係長が替わって、下町の小岩、平井方面に行った。平井の物価の安いのに驚いた。小岩の駅近くのある家に、暮色が濃くなった時分、私の顔をじっと見た六十ぐらいの親爺が、「あがれや」と言った。居間の座卓にすわって、パンフレットを出してセールストークをした。十五、六分たって、老夫人がラーメンの丼を持って来た。親爺が丼を私の前に置いて食べろと言った。「ハア」驚いたが、食べないと気まずい感じがしたので、ラーメンを食べた。恨んだり、呪ったりしたらいかん、じっと耐える。禍福はあざなえる縄の如し。今は冬。やがて春になる。土地は売れず、ラーメンをご馳走になって外に出た。隣家の奥さんに尋ねた。大都工業の専務だと教えてくれた。大都工業は、東証一部の企業だった。

トップセールスマンの係長は、私の報告に、「的はずれもいいところだ、物件を売って、何ぼか給料を稼ぐんだ。早くプロになれ」と言った。三カ月全然売れなかった。やめるどころか、逆に意地になった。実力本位のセールスである。京大卒の学歴で、全く実力がないのと、社内で嘲笑されだしたのがくやしかった。クソッと思った。

七百万の部厚い札束を右手だけでつかまえられず、左手をそえた佐々木課長のデスクの上の他の札束包みを見て、フルコミション（完全歩合給、固定給なし）のセールスマン達は小さく拍手した。売り上げゼロ、固定給五万の私達は溜め息をついた。トップセールスマンの佐々木課長は月百万稼ぐと言われていた。

田中角栄が総理大臣になってから好景気になった、というより、土地価格が全国各地で急騰しだした。那須の別荘地の安売り現場に客の行列ができたという噂が流れた。資本主義経済と民主主義政治は、多数の力を原理とする。資金と選挙の票の数の多いほうが勝つという現実の力の体現者が田中角栄であったと思った。

日中国交回復の前、タオル一本でも何億もの中国人民に売れれば巨額な金になると田中首相は言ったそうだ。まだ貧しかった中国をいち早く消費者、販売市場と見抜いていたのだ。一九四九年、中華人民共和国が成立したとき、毛沢東はたしか四億五千万人民と言っていた。一九七二年、日中国交回復当時、中国人は何億人になっていたか、忘れた。

十二月の頃だったか、パンダ（大熊猫）が日中国交回復記念の贈り物として東京の上野動物園にやって来た。パンダの生息地が、チベット（西蔵）にあると知って、中国がソ連と同じく少数民族国家支配の社会主義帝国になっているのだと思った。

アメリカ、日本と国交を回復し、資本主義の世界市場に組みこまれた時点で、毛沢東、周恩来に文化革命時に敵対した走資派の鄧小平の路線の勝利が見えたのだと、四十年たって思う。文化革命時の権力闘争で毛沢東が鄧小平を殺さず、農村下放だけですませた度量、器の大きさに改めて感嘆した。

昭和四十八年（一九七三）一月、東京拘置所で連合赤軍トップリーダーの森恒夫が自殺した。京浜安保と連合する以前、議長塩見や高原などPB政治局の大幹部が皆逮捕され、赤軍派残党の軍事委員トップになった森恒夫はM作戦という銀行、郵便局などの強盗を坂東国男らに命令し、一千万ほど入手したそうだ。この時点で幻想にせよ革命の正義、モラルは崩れていた。他方、京浜安保も、真岡市の鉄砲店を襲い、ライフル銃や弾丸を強盗した。金のある赤軍派残党と銃と弾のある京浜安保の強盗団が野合したのだ。しかも、京浜安保はすでに組織を抜けようとした女と男を殺していた。殺人による組織固め作りを永田洋子は行って、組織支配の権力に味をしめていた。

京浜安保の女性活動家の多さ、特に、恋人、夫婦という男女に驚いた。産まれた直後の赤ん坊を連れて山岳アジト小屋に来た山本夫婦の存在を知って理解できず、絶句した。山岳アジト小屋の意味づけが、赤軍派残党と京浜安保とでは全く違っていたのではないかと思う。赤軍派は、大菩薩峠の山荘で武闘訓練をしたが、これは永田町の首相官邸など、まるで極右の二・二六の、陸軍の将校達が実行したクーデターを極左が真似する愚策を実行するための準備だった。だから赤軍派残党も山岳小屋で京浜安保の銃で射撃訓練したあと、山を下りて東京の要所を襲撃する戦略目標を考えていたと私は思う。軽井沢の浅間山荘での武装警官隊との銃撃戦は、警察に追いつめられたための決戦で、当初からの計画目標ではなかった。しかし、京浜安保にはこうした戦略、攻撃目標が初めから全くなかったのではないか。山岳アジト小屋を生活する場所を考えていたから、子連れ夫婦や恋人達が集まって来たのではないか。

この山岳アジト小屋の意味づけのくい違いが、総括自己批判を言論だけですませられなくしてしまい、森恒夫の指導力のなさ、永田洋子の殺人の血の支配によって、集団狂気の悪霊にとりつかれた集団リンチ殺人に暴走してしまったのではないか。角間隆の『赤い雪』などで、森恒夫がトップとなっているが、私は、赤軍派残党のトップは、山田孝で、森はナンバー2ではないか、と思うのだ。

山田と森は同じ年昭和二十年生まれ。京大法学部大学院生の山田は、赤軍政治局員の高原浩之派で創立時、中央委員、京都府委員長だった。大阪市大の森は創立時に参加しておらず、山田より序列は下だった。山田が政治委員トップで、戦略攻撃目標の企画立案する役目だったと思う。それに軍事委員の森は従うというのが、赤軍派残党の組織だったと思う。連合赤軍で、この山田と森の序列が逆転したのだ。

京都地区反戦委で三カ月山田孝と私は一緒に活動した経験をふり返って考えてみると、山田は戦略目標を企画立案する能力に恵まれておらず、上から与えられた命令を着実に行っていくタイプだったと思う。企画マンでなく行政マンタイプの山田孝が赤軍派残党で戦略を立案する政治委員になったことが、山田孝の、いや、連合赤軍の悲劇の原因だったのではないだろうか。

連合赤軍は、山岳アジト小屋で総括、自己批判をしたあと、すぐに攻撃する目標箇所を山田孝が立案できず、森恒夫ら幹部達も考えつかなかったのだと思う。だから総括、自己批判を言論だけで打ち切れず、集団リンチ暴行、殺人にまで歯止めがきかずに行ってしまったのだ。

永田洋子の殺人による組織固め作りの悪魔的戦術に森恒夫が盲従し、呪術にかかったような集団狂気に連合赤軍がとりつかれてしまったのは、戦略目標という合理性を欠落していたからだと私は思う。

連合赤軍のメンバーのほとんどが、敗戦直後の昭和二十年から二十三年生まれで、焼跡闇市の虚無、無秩序、無分別の混乱時に無意識の乳幼児期をすごしていて、山岳アジト小屋での総括集団リンチでモラルが崩壊して、十二人の大量連続殺人事件を引き起こしたのだ。敗戦後の復興期、ひたすら物質的欲望の肥大のみ追求して、エコノミックアニマルになり、倫理モラルを軽視した親達に反抗した鬼ッ子のモラルの崩壊が連赤の惨劇になった。これが四十年後の私の感想である。

森恒夫の自殺を知ったあと、それまで引きずっていた学生運動時代の青臭いアマ意識を捨てないと生きていけないと思った。

飛び込み訪問で、小松川あたりの家の三十五、六の奥さんが今市の土地を見たいと言った。日時を決めて、奥さんと五歳ぐらいの子供を車に乗せて、現場に向かった。途中、運転していた係長が舌打ちして「こりゃ、駄目だな」と低い声で言った。助手席の私に、ルームミラーを見てみなと言うので見ると、奥さんは居眠りしていた。二百五十万の大金を出して土地を買いに行こうという客は、興奮しているから、居眠りなんぞしないもんだ。「じゃ、行くのやめますか」「いや、あんた、現地を見てないやろ」平坦な土地で、水道は引かれていた。別荘地というより、一般の住宅地のようだった。「主人に相談しないと。でも、主人の会社は秋葉原ですから、遠すぎて、とても通勤できないわね」「宇都宮駅までなら車ですぐ行けますよ。新幹線が開通すれば、宇都宮―上野は一時間ぐらいですよ」係長は、駄目だと思っているから、熱のない説得だった。結局、契約できず、翌日、別の係長の下に移された。「金を持っていない客には、借金させても土地を買わせるんだ。どんどん値上がりするんだから、土地は一日でも早く買ったほうが得なんだ。でもな、結局、金を持っている客は買う。金を持っていない客は買わない。それだけのことよ」「つまり、余裕のある金持ち客を見つけることですか」「まあそうだ。しかし、飛び込み訪問セールスマンを金持ちは、なかなか信用してくれない。これが最大の難所だ」小島係長は靴屋だったが、倒産してしまい、土地セールスで稼いだ金で、また靴屋をしたいという夢を持っていた。

三月初め、東横線の日吉駅近く、慶応大と反対側の扇状の商業街の写真店に入り、主人夫婦に日光、今市の地図、現場写真、パンフレットを見せて、セールストークをした。「うん、うん」と五十ぐらいの温厚な感じの店主が話を聞いてくれるので、夢中になってしゃべった。三十分以上たって、ふと横に小島係長が立っていて、鞄から契約書を取り出して、店主に見せたのに気づいた。「署名押印して下さい。手付は一万でも結構です」誘われるように、店主は契約にサインし、印鑑を押した。あっけにとられた。二百六十万の土地が、こんな簡単に売れるとは。「手付金は、本当は一割二十六万です。今余裕のあるお手元の金額を出して下さい」店主は笑って、「じゃ」と言って五万出し、今は卒業入学で忙しいから、四月末に現地に見に行く、中間金や最終金はその後で払うか、決めると言った。初契約成立の祝いだと言って、小島係長は綱島あたりのストリップ小屋に私を連れて行った。

犬も歩けば棒に当たる。飛び込み訪問をやっていれば金持ちに出会う。それだけのことだ、と朝礼で契約スピーチをしろと課長に言われて、私は言った。小島係長は「気合いだよ、客が買う気をおこした瞬間を見逃さず契約させるのがコツだ」私に教えてくれた。釣りと同じかなとも言った。学校の成績は良くても社会に出ると全然物の役に立たないという悪評をともかくふりはらえた気持ちになった。

笠原清作に誘われて飯田橋駅近くの木賃アパートの笠原の室に行った。笠原は沖縄で商売をしていたが、やめて東京神学大に入学し、伝道士の資格を得たが、自分の伝道所を建てたいので土地セールスで金を稼いでいるのだ、と言った。押し入れから、黒のベレー帽、黒のロングコートを取り出して着て、礼拝のポーズをつくった。東神大はプロテスタントなのに、笠原の服装は映画で見たカトリックの神父のようだった。東神大の卒業生が就職する伝道所に赴任できなかったのは、笠原の信仰がプロテスタントの正統からはずれた異端、だからかな、と思った。笠原清作を教祖に仕立てて、新興宗教の小集団をつくれたら面白いかもしれないと空想した。坊主丸儲けの俗言のように、物品ではなく教説を売る新興宗教ほど儲かる商売はない。教祖、組織作り家、教理作り家の三役が必要だが、笠原清作が教祖になれるタレント性を持っているかどうか、見きわめるにはどうしたらよいか考えていたら、笠原が、大和観光より歩合給がもっと良い日光商事に移ろうと言ってきたので、一緒について行くことにした。しかし、大和観光はテレビ、ラジオでＣＭを出していたので、それなりに知名度があったけれど、日光商事はそれらがなかったので、飛び込み訪問は全く門前払いで無駄だった。

そのうえ、突然、オイルショックの大不況が襲来した。アラブ産油国が一斉に原油を値上げしたため、石油の価格が暴騰した。トイレットペーパーが生産できなくなるという噂が流れ、主婦達がスーパーマーケットに押し寄せて奪い合いになった。その狂騒ぶりがテレビで放映されるとまたたく間に日本列島にひろがった。別荘地が売れるようなインフレ景気は吹っ飛んだ。笠原清作のトップセールスマンの輝きも消えてなくなった。私は日光商事をやめた。別荘地でなくて、実需の住宅地販売なら売れるのではないかと考えて、千葉の房総の土地の販売会社を新聞の求人広告で見つけて入社した。

2、東京砂漠流刑

房総の土地販売の会社は池袋にあったが、朝、会社を出たあと、喫茶店に入って軽食をたべた後、ぐったりして座り込んで、飛び込みセールスをする気力がおきなかった。無気力、無関心、無感動の三無の空虚な穴に落ち込んでしまった。

連合赤軍の集団リンチ殺人事件後、新左翼系学生運動が完全に息の根が止められ、学生大衆が三無主義に陥ったと言われたが、一年遅れで、私も三無の死に至る空洞の奈落に入ってしまったのだった。

ともかく何をする気力もわいてこなかった。家に閉じこもらなかったのは、自分の室がなかったことと母が口やかましく言うので朝、家だけは出た。会社勤めは名ばかりで、一日、池袋、新宿の街をうろつき、喫茶店に入った。時間つぶしに、安い三流の映画館に入り、東映の任侠ヤクザ映画、藤純子の『緋牡丹お竜』や高倉健の『網走番外地』などを見た。

この頃かどうか記憶があいまいでわからないが、敗戦直後、渋谷で愚連隊の親分になり、会社乗っ取り屋横井英樹を刺して勇名をあげた安藤昇が東映映画に出演した。画面に大映しになった安藤の血走った（白黒なのに赤い血が見えた気がした）眼玉の凄みに、これは本物の人殺しの眼だと圧倒された。映画で見る無頼漢が、映画館の暗闇に生きる気力を失って座っている私自身の投影のように思えてきて、私は無頼な日々を過ごした。

キルケゴールの『死に至る病』は、絶望だ、ということは、高校三年のとき読んで知っていたが、実感したのは、この二十九歳の夏の映画館の闇の中の無頼の日々だった。自殺しなかったのは、自殺する気力、エネルギーすらなかったからだ。生きていく気力がなく、このまま死んでしまいたいと思ったが、食欲はあったので助かったのだ。後悔したり、恨んだり、呪ったりする気力もなかった。

だが、日がたつにつれて、少しずつ苦痛に感じだした。歌謡曲の『東京砂漠』が流行していたが、私は東京砂漠に流刑されているような気持ちになってきた。

学生運動をやり、反体制、反政府権力、大学解体、講座制解体を主張し、反時代反社会の現実否定、大学教授たろうとした自己の否定をしたことは、結局、反抗罪で現実社会の体制によって処罰され、砂漠に流刑されたのだという感じがしてきたのだ。これは、たぶん別荘地販売セールスで、現実の資本主義の論理を受け入れざるを得なかったために、資本主義社会を否定した自己を否定せざるを得なくなったからだろう。つまり、否定の否定の論理が、流刑の自己処罰感になったのだろう。柴田翔の『されどわれらが日々』に、東大の学生のとき、共産党に入り、山村工作の武装闘争を行い、卒業して一流電鉄会社に入り、副社長に気に入られ、娘婿候補になった有能な社員が、突然、理由が明解に書かれることなく自殺することが描かれていたが、外面的に就職転向に成功したように見えていても、内面的には、体制を否定した自己が転向して体制を肯定しても、真の自己がそれを許せず、処罰して、絶望して自殺に至ったのではないか。柴田翔自身、学生運動をしていなかったので、就職転向後のそうした否定の否定の空無の絶望感の心理分析ができなかったのだろう。

私自身は、就職転向でき切れずに、いわば無職状態の無頼漢になったので、自殺もできない無気力状態に陥り、否定の否定の自己処罰の流刑感の苦痛を意識したのだろう。

房総の土地販売会社勤めは名ばかりで、給料はほとんどもらわなかったので、生活費に困ってきた。

父が頭が痛いと言って、病院に行って診察を受けたら、二百の高血圧で緊急入院させられた。

東京駅近くのビルの大洋興業という会社に入った。自社の所有地がなくて、土地の仲介ブローカー業だった。大分大出身でオートバイの目黒製作所に入社したものの、倒産後、土地ブローカーになった津田という四角い顔の四十ぐらいの社員が、朝九時に会社を出ると、私を誘って、自動車で千葉の中山競馬場に行った。地方競馬で連戦連勝のハイセイコーが怪物と呼ばれ、中央競馬に乗り込みブームになっていた。津田は大分の郷里に帰ると言って会社をやめた。私は一人で九時に会社を出て、中山の競馬場に行き、無為に時間をつぶして、夕方会社に戻った。川崎の競輪場、多摩川の競艇場にも行った。

『罪と罰』でシベリアに流刑されたラスコーリニコフは、聖女ソーニャが寄り添っていたにもかかわらず、悔い改めず、愛（罪の赦し）を受け入れず、罰を受けていた。作家ドストエフスキーは処女作『貧しき人々』の成功後、反政府社会主義運動に参加し、逮捕投獄され、死刑宣告を受けた直後、特赦によってシベリアに流刑された。『罪と罰』が小説としてすぐれているのは、殺人後、警察への出頭で事件を終えた後の後日談のシベリア流刑を描いたからだと気づいた。三島由紀夫の『金閣寺』は放火で終わって、後日談がない。ドストエフスキーの影響を濃厚に受けているカミュは『異邦人』で殺人事件で逮捕された後の獄中の難題で退屈な哲学的思弁を書いている。

私自身六十八歳になって人生をふり返って、二十九歳のときの無頼な無為の日々が人生で最もつらく苦しく、精神的に最も死に接近していたと思うが、この言わば「古京・光と闇」

の後日談が重い意味をもっていたと考える。私の主体性形成に無が大きな意味をもっていることに気づいたからだ。

ドストエフスキーはシベリア流刑が終わって、ペテルブルクに帰ったあと、作家活動を再開し賭博にのめりこむ。小説『賭博者』は、ほぼ実体験らしい。競馬、競輪、競艇をやったが、私には賭博の才がなかった。全然勝てず、損ばかりで楽しくなかった。パチンコ、麻雀も私はほとんどしなかった。バクチ、ギャンブルが好きでないのは、父や兄達も同じで、遺伝的な性分らしい。無頼、無為の日々、身を持ち崩さずにすんだのはそのせいだろう。夜、新宿のゴールデン街の安酒場に飲みに行ったが、酒におぼれることはなかった。

昭和四十九年（一九七四）になって、オイルショックの不景気は過ぎ去り、景気は上向きになってきた。大洋興業でも土地が売れ出し、私と同じ頃入社した男が契約を取り、歩合給五十万をもらった。私は飛び込み訪問に行った。交通費節約のため、家の近くの西武池袋線の石神井公園駅から歩いて二十分ぐらいの練馬区南田中で農家まわりをした。環状八号線の道路延長で用地買収が南田中あたりで行われているという噂を聞いた。滝島という四十五、六の肥大した農家の主人が、宇都宮郊外の土地千坪という私のセールストークに関心を持ち、土地を見に行きたいと言った。近くの仲介専門の不動産屋の親爺に聞くと、滝島一族五家で農協に百億は預金があるということだった。

私の報告に有若部長（名刺の肩書、実際は係長）は大口の見込み客だと喜んだ。富山大出身の有若部長の運転する車で滝島家に行くと、地下足袋の作業着の主人のほかに、二人農家の男がいて、私達の車には乗らず、滝島の車でついて来た。現地に着くと滝島は、土を手で取って口の中に入れて味わった。練馬の畑作を住宅地拡大でできなくなったのでやめて、栃木に農地を探している。苺栽培をしたいので、適した地味を確かめているのだと言った。地目が山林だと農地に転換できるのかとか、農地法とか、農業委員とか専門的な話になり、有若部長も対応できなくなった。一町歩三千坪のまとまった農地がほしいという滝島の注文に、即座に大洋興業としては応じることができず、交渉はまとまらなかった。滝島の車が去ったあと、有若部長は「釣り落とした魚は大きかったなあ」と残念がり、ゲン直しと言って、夕暮れ前に、宇都宮市街の風俗店に私を連れて行った。当時はまだトルコ風呂と言っていたが、裸になって泡だらけのトルコ嬢の接触洗いにもかかわらず私のペニスは勃起せず不能で、本番ができなかったので、女はおこって私を罵倒した。好きでもない女とはセックスできないのが私の性分であったらしい。

この後、何だか気まずくなって、大洋興業をやめた。

田中角栄が首相を退陣したのは、この年のいつ頃だったか。「文藝春秋」に載った田中金脈問題のレポートの一つ、「淋しき越山会の女王」が命取りだったと言われた。田中角栄のカサノバ的漁色ぶり、正妻の生んだ娘の他に、複数の愛人の生んだ隠し子達が噂になった。後任の首相に椎名副総裁の裁定で青天の霹靂といった三木武夫がなった。

父が、高血圧が治癒しないのを苦にして、個人タクシーの営業権と営業車を売り払って廃業してしまった。

四月、大京観光（後の大京、この時はまだ東証一部に上場していなかった）に入社した。千駄ヶ谷駅近くに四階建ての自社ビルを持っていた。ライオンズマンションの販売で、もう結構有名になっていた。那須の別荘地販売もしていたが、主力はマンション販売だった。大京商法のカラクリを知って驚嘆した。土地高騰のインフレ経済で可能だった魔法的商売だった。マンション適地に買収の手付金一パーセントを支払い、マンション完成の青写真的予想図を作り、客に三年後の完成時には価格が二倍になるから売れば必ず儲かると空約束をして買わせ、その金で土地を買いあげマンションを建てるのだ。もっとも、客の金で土地を買う商法は開発屋（別荘地販売会社のこと）ではどこでもやっていることで、そのはしりは軽井沢の別荘地を開発した西武の堤康次郎だと須永課長が教えてくれた。須永は明大卒の四十ぐらいで、顔面に自動車事故の後遺症の傷跡が走っていた。早大卒で三十五、六の阿部部長より、社歴は古かったが営業成績不振で降格されたらしい。阿部部長の兄は地あげ専門の常務で、この常務が切れ者で大京の実権を握っているということだった。瓜田専務は営業部の大部屋の窓際にデスクを持って、終日スポーツ新聞を読んでいた。大学新卒の社員は電話営業だったが、須永課長は昔ながらの飛び込み訪問の営業で、朝十時には私を連れて会社を出た。見込み客が留守のときには家近くで一時間以上も張り込みをするので、まるで刑事のようだと自嘲した。部下が中途入社の私だけだったのも、この古い営業法に新卒社員をつけられないという阿部部長の考えによるものだったが、二人の仲の悪さは私にもすぐわかった。

二カ月後、須永課長は退社したが、その前に私を鈴木幸に引き合わせてくれた。熱海のマンション、北軽井沢の別荘を須永課長は鈴木幸に売りこんでいた。鈴木幸は七十ぐらい、百五十センチにならない小柄だった。鈴木家は世田谷区桜上水の大地主で、戦前、農地解放前、新宿駅まで自分の土地だけで歩いて行けたとかで、京王線開通で土地を売り株券で受け取ったので、個人の筆頭株主だったそうだ。早大卒の主人は、どこの会社勤めもせず自由な地主暮らしで一生を終え、なくなった先妻、後妻の幸との間に子供はできなかった。幸の初恋の人は旧制三高の学生だったとかで、私が京大卒と知って大いに私に好意をもってくれた。須永課長がやめたあとも私は時々得意客まわりと称して鈴木幸に会いに行った。

3、一億四千万の契約

あの時は、こんなものかと別に何とも思わなかったが、三十八年たってふり返ってみると、どうしてあんなことができたのかと不思議に思える。時勢のなせるわざか。三十歳になってボヤボヤしていられないという思いも力になったのかも。須永課長が退社したあと、私の上役はなく、外回り営業をやめ社内で電話営業になった。

日経新聞の子会社の日経不動産が阿佐ヶ谷駅前に建てて売り出したマンションが四物件売

れ残り、大京に販売してくれないかと依頼してきた。委託販売の手数料収入は少ないので、途中入社で営業成績ゼロの私に、この売り込み命令が出た。まず阿佐ヶ谷に行って、物件を見た。大東建設が工事したもので、私なりに優良だと思った。ひどいマンション建設だと、濡れた砂利を使ったため、一階の押し入れがびしょ濡れになったものもあった。十階建てマンションの四階のフロアの水道配管が不良の手抜き工事で水もれしたものもあった。少し周囲のマンションより価格が高いが、たぶん手抜き工事なしの安心できる物件だと確信できた。

地方の医師会の名簿を見て電話営業した。私だけでなく、営業部全員同じことをやっていた。元々、偶然、医者に別荘地が売れたあと、医師会の名簿を買って、集中的にマンション販売をして成功したらしかった。

島田というゴルフ場勤務から営業部に配転になった三十ぐらいの社員が、私に「佐賀市の福田という医者には電話しないでくれ。俺のセールストークで熱くなっているから邪魔しないでくれ」と言った。「ああ、その福田さんなら、たった今電話したところだ。小一時間ぐらいよく話を聞いてくれたけど、それだけのことだったよ」同じ名簿を使っているから、社員同士で見込み客の奪い合いになるのは仕方ない。島田と競争する気にもなれなかった。他の医者に電話営業した。開業医は午前中診療で、当然、電話には出ないが、昼下がりは自由で暇だから、結構、電話で長話できた。

翌朝、九時前に出社すると、豊島取締役が飛んで来た。「おい、佐賀の福田さんが手付金を銀行振り込みしてきたぞ。契約前に金を受け取ったんだから、商法違反になってしまう。急いで福田さんの所に行って契約書に署名捺印をもらって来い」「これから佐賀市に行くんですか」「そうだ、会計から旅費をもらってすぐ急行しろ」横で聞いていた阿部部長が口出しした。「おい、九州まで出張するんだ。旅費がかかる。他にどこか契約できそうな客がいないか。見込み客でもいいから行って、首根っ子押さえてでも契約してこい」会計で旅費の支給でもめた。飛行機代を出さないというのだ。やむなく新幹線で行ったが、山陽新幹線が博多まで開通していなかった。岡山か広島か忘れたが、途中で在来線特急に乗り換えて、ふらふらになって夏の夕闇前に佐賀駅にたどり着いた。駅前近くの福田医院にかけこんで、六十過ぎの医師に会った。「日経新聞の子会社だから信用したんじゃ」なるほどと思った。マンションの現物もパンフレットも物件説明書も見ず、電話で小一時間話を聞いただけで、3LDK三千五百万の買い物をした老医師の大胆さは、大企業日経の信用力から生じたのだなと納得した。大企業の社員は実に楽な営業しているのだなとも思った。その夜は瀬戸内海を渡って、松山市の道後温泉近くの安い旅館に泊まった。漱石の『坊っちゃん』ゆかりの場所を見に行きたかったった。

翌朝、かなり寝坊して、どこも見学できなかったが、宇和島市の卯之町の宝家医院を訪ねた。息子が東京医大の学生で、その住居にどうかと数日前電話で話しただけで、見込み客と言えるかあやしかったが、阿部部長の業務命令に従って来たのだった。五十ぐらいのやせて上品そうな宝家医師は、突然やって来た私を驚いて迎え、おだやかに「昼の食事を一緒にどうぞ」と言って、車の助手席に私を乗せて運転して、料理屋に行った。私は初めて伊勢海老の刺身をご馳走になった。甘く美味だった。

「これはシーボルト先生の弟子で、高野長英の友人の二宮敬作が毛筆で書いたオランダ語の文ですよ」と、医師は扇子を私に見せた。「蛮社の獄で逮捕された高野長英が火事で牢屋から出されたあと、宇和島まで逃亡してきたのは、二宮敬作を頼ったからだろう」「はあ。幕末の頃、地方には高い医学知識をもった文化人がいたんですね」

食後のなごやかな雑談をぶちこわすかなと思ったが、ええ、ままよ、と私は鞄からパンフレット、物件説明書、契約書を取り出し、セールストークをした。三十分も話さないうちに宝家医師はスーツの内ポケットから万年筆を取り出して契約書にサインしてくれた。三千五百万のマンションをこれだけの話で買ってしまう。結局、余裕ある金があるから出来ることだ。「わざわざ東京から来てくださって、ありがとう」「いえ、こちらこそありがとうございます。ご馳走までしていただきまして」

不動産屋が物件を売るため、客に飲ませ、食べさせ、時には女を抱かせたという話は聞いたことがあったが、不動産セールスマンが客から料理の接待を受けたのだから、三十八年たった今思い出しても実に不思議だ。

ここまで書いてきて、どうやら道後温泉近くの旅館に泊まったのは、この宝家医師と契約したあとの夜のことだったと思い出した。

翌日、四国を横断するように高知、徳島まで鉄道で行き、船に乗って渦潮《うずしお》を見て、大阪に行った。「不動産屋は千三つと言って、嘘ばかりで信用できないんだ」と、私立中高の教師になってすっかり体制内に転向した田中は私に言ったが、日経新聞のブランドの信用力だけでなく、私個人の見た感じの信用もあったのではないかと私は少々自惚《うぬぼ》れた。かなり自信をもったのだ。

東京に帰って一週間ほどして、電話営業で見込み客を二人つくり、長野県への出張を願い出て、日帰りならと許可を得た。翌朝出社せず、新宿で中央線急行に乗り(特急料金を会計が出してくれなかったからだろう)諏訪で乗り換え、飯田駅で降りた。清潔で美しい街並みだった。人の姿は全くなく、静かだった。車もほとんど走ってなかった。

矢高眼科医院の応接間で、医師は次男が東大の文学部に入学したので、いずれ財産分けしなければならないから、早いけれどマンションが値上がりする前に買っておくことにしましたと言った。契約はすぐ終わり、飯田線の鈍行に乗って、下諏訪で降りて、駅近くの高野医院に行ったが、夫人に玄関払い同然で追い返されてしまった。この頃は携帯電話はなく料金が高かったので、会社にいちいち業務報告の電話をしなかった。三時頃、阿佐ヶ谷の大京の営業部に行くと、部長が「高野の奥さんが買うからと電話して来た。気持ちが変わらないうちに行って、契約書をまいて来い」と命令した。「明日でもいいんじゃないですか」と部長に言えず、仕方なくまた下諏訪まで急行に乗って行った。夕暮れに着くと患者の診察をしていた。夫人も働いていたが、忙しいので説明を全くせず契約書をさし出したら、夫人はすぐに署名押印してくれた。投資で買ったらしく決断力がある奥さんだった。医者はノータッチだったようだ。下諏訪の安い木賃宿に泊まった。会計で旅館代をもらってこなかったからだ。

十日間で四物件一億四千万の契約を取った。このとき大京は社員に歩合給を全く出さなかった。完全固定給のみで、私の月給は約七万だった。日経不動産に行って、販売課長に会った。阿佐ヶ谷のマンションの他に売れ残り物件がないか聞きに行ったのだが、販売課長に問われるままに、佐賀の福田医師や宇和島の宝家医師との契約のいきさつの苦労話をした。販売課長は、大京観光で豊島取締役の下で働いていて日経不動産に転職した話をし、私が歩合給が今はなくなったと言うと、しばらく考えていて応接間を出て行った。かなり待たされた。販売課長は戻って来て、私に封筒をわたし、領収書にサインしてくれと言った。販売促進費四十万とあった。日経不動産を出てから、ふと、これは何か罪になるのかな、と思った。

仲介の仕事でいくつか契約したが、記憶に残っているものはあまりない。スーパーの長崎屋（後に倒産）の課長が、株を売って資金を作ったこと。清水建設の設計課の社員が、板橋の志村坂上の借地権付きマンションを買ったこと。この二件とも、買った男二人が独身だったので記憶しているのだ。長崎屋の課長は結婚するためだったが、清水建設の社員は両親と一緒に住むということだった。清水建設の建てるマンションは高くて、社員が買えなかったのだ。

大京のライオンズマンションに阿部部長は住んでいたが、相当の社員割り引きで買ったという話だったが。河口湖畔の中古マンション１ＤＫを五百万で買った池宮社長が、物件を見たいと言った。仲介手数料が少ないので、大京の社用車を出せないと断った。是非と社長が言うので、仕方なく社長の運転する車の助手席に私は乗って河口湖まで行った。帰社したら、阿部部長に時間の無駄だと叱られた。

契約にならなかったけれど、警視庁の捜査一課の刑事に、申し訳ないが時間がないので、と呼ばれて、取調室に連れていかれて話をさせられた。京都で逮捕されて松原署の取調室で指紋を取られたとき、刑事が、脂性だなと言ったのを思い出し、不快になった。刑事の給料では、都内のマンションは中古でも買えないと冷たくあしらって、取調室をすぐ出た。

大京での私の立ち位置が、次第に営業部のタテ組織から逸脱しだした。他の社員達のように社内で電話営業をほとんどしなくなった。仲介物件探しで他の会社の社員達と会うことが多くなった。

商社の蝶理の社員に、三十になると老骨で外回り営業は大変でしょうと言われた。大京をやめた須永が中野のマンション販売会社の営業部長になって、高価そうなスーツを着ていて、転職しないかと誘った。大京にいた菊池が課長になっていた。入社半年で私は、実質、仲介の仕事を一人でやっていて、阿部部長の統制からはみ出していた。

十月、笠原清作から電話があって、久し振りに会った。北海道旭川の土地を売る会社をつくるから一緒にやらないか、という誘いだった。「笠原さんが社長ですか」「そうだよ」大京にいれば、いずれ仲介課長にはなれるだろうが、その上はわからない。営業の本筋ではなく、傍流でしかない。笠原清作が新興宗教の教祖になることに疑問があったように、社長としてやれるのか不安を感じた。

文京区白山の1DKの中古マンション販売会社イシカンと交渉して、日本医大の学生の父兄の医者に電話営業し、一千万のマンションを六件売った。

4、白銀堂常務

大京観光で仲介の仕事をしていたのは私一人だったから、退職すると言ったとき、やめるなと慰留されるのではないかと少しは期待していたのだが、阿部部長は、「そうか」と言っただけだった。豊島取締役に言うべきだったのかも。多少未練を感じながら、大京をやめてしまった。上野駅前、松坂屋デパート横のビルの二階に笠原清作社長の借りたオフィスがあった。地上げの木村専務、法務の常川常務、二人とも五十五、六の不動産屋のプロといったベテランだった。笠原社長が、この二人を見つけて、というよりこの二人にかつぎあげられて、北海道の土地販売会社をつくったようだった。社長は「私は常務だよ」と言った。大和観光で笠原の子分のようだった。二十八歳の川越正行が営業部長になった。熊本で食肉処理業をしていたが、歌手希望で東京に出て来た、鼻の先が赤いのが、玉にきずの美男子だった。電話番の事務員、山内恵美は玉川大卒で二十四歳、黒眼の大きな美女だが、口元に締まりがなく、絶えず少し口を開けていた。

笠原、私、川越の三人の営業セールスで、常勤固定給の木村、常川、山内三人を養うのか。法務局への会社設立登記の名義は東京知宏という固いもので、木村専務と常川常務が以前から届け出ていたものであった。笠原社長は、客受けがよくないから、北海道の雪のイメージから白銀堂という社名で客に売り込もうと言った。本屋のような社名だと思ったが、あえて反対はしなかった。旭川の土地を見たかったが北海道への旅費がまだ会社にないことと、冬に行っても積雪で地形がわからないので、夏になってから、ということになった。

「川越君と山内さんを、いずれ結婚させたい」と、笠原は言った。「会社が成功すれば、できるでしょうね」「眠りながら成功する」というアメリカの宣教師マーフィの翻訳書を笠原は取ると、皆で声を出して読もうと言った。馬鹿らしかったが、融和が大切だからと思って反対しなかった。他人の成功ハウツー本を借りるようでは、笠原は教祖になるタレント性はなく、社長としての経営手腕もあやしいなと思った。それでも自分達で協力して新会社をつくっていくんだという夢に賭ける気持ちに少々興奮をしてしまった。

山内恵美の玉川大の友達の浜野真知子と私はつきあいだしたのだが、最初の出会いの情況が全く思い出せない。夜、上野のバーで飲んでいて、浜野の知り合いの五十ぐらいの弁護士が一緒にいたというのが最初の浜野といた記憶だ。昼会った記憶はない。浜野は、小学校の教師になったが、私が会ったときにはすでにやめていて、働いていなかった。下町の月島の食品卸問屋の娘で、撫で肩の浴衣姿の似合いそうな細身の女で、何となく母親は芸者じゃないかと空想した。

私の母は戦前の下町本所育ちだが、祖父が寺社専門の建築家というより大工の棟梁だったから、職人気質をもった気丈なタイプで、同じ下町育ちでも戦後の月島の商人の娘の浜野とはかなり感じが違っていた。

昭和五十一年（一九七六）正月、何日か忘れたが、植木光教参議院議員の魚本秘書から電話があって、新築なった植木邸に遊びに来いと言われた。指定された昼下がりの頃、石神井公園の白亜の豪邸に行った。新年会は終わっていて、客達は帰ったあとだった。歌手の岸洋子の兄が居残っていた。ある有名な画家の油絵を植木議員に贈り物として岸は出した。植木議員がなぜ私を呼んだのか、結局、わからなかった。植木議員は総理府長官（大臣と同格、後にこの職は廃止）になっていたが、政治利権の裏取り引きがいろいろあったのだろう。

高三の同級生、柏木正宏と会って、酒を飲みながら白銀堂をつくった話をした。柏木は早大の応用物理の博士課程修了後、大学の教職につけず、新宿セミナーの講師をしていた。東京に戻ってからは、柏木がスキーで足を骨折したとき、病院に見舞いに行ったり、クレジットの丸井で、私の買うコート、ブレザーのスーツ、ストライプのネクタイなど柏木好みのアイビールックを買ったりなどして、ちょくちょく会っていた。田中角栄の「列島改造論」以後、ハイパーインフレで土地価格は急騰するばかりで、一番手っ取り早い金儲けは土地ころがしだよ、といったような話を私は酒に酔った勢いでした。「その北海道の旭川の土地、百万で買おう」と、柏木が言った。「えっ、それは本気か」「ああ、勿論」「それは有り難い」

予備校の講師の柏木が百万も金をよく持っていたなと思ったが、セールスマン稼業の習性で深く考えず、翌日、契約書を作り百万受け取って白銀堂に持って行き、常川常務に法務局への登記を頼んだ。しかし、翌日、契約した興奮がさめて、冷静になってヒヤッとなった。

柏木は私を信用して百万投資したのだ。万一、損したらどうなるか。絶対儲かるという保証などどこにもない。セールスマンが必死になっても、なかなか土地は売れるものではないのだ。買うと言うのに売らないとは言えないから、売ってしまったけれど、下手をしたら、私の信用と友情をぶちこわしにしてしまう恐れがある。実際、旭川の土地がどんな所か全然知らないのだから。これはまずいことをした。どうしようか。いろいろ考えて桜上水の鈴木幸に会いに行って事情を話した。柏木にとって百万は大金だが、大資産家の鈴木幸には百万は小金でしかない。私の頼みに鈴木幸は百万出してくれた。常川常務に法務局の登記名義は鈴木幸にしてもらい、柏木に会って百万返した。一カ月たってから鈴木幸に百十万で買ってもらって、柏木に十万儲けさせてやることもできたが、それだと先々柏木が不動産投資に味をしめて、のめりこむ恐れがあると考えて、やらなかったのだ。

土地のセールスは恐いなあ、深入りすると、思わぬ詐欺などの犯罪をしかねないなと思った。この当時はまだ社会問題になっていなかったが、やがてバブル経済崩壊後、北海道の原野商法が問題になった。その先触れの前兆を感じたのだ。自己防衛本能の直感が働いたのだろうか。ある夜、浜野真知子から電話で呼び出されて、地下二階のバーに行った。カウンターで浜野が一人酒を飲んで、酔ってうつぶしていた。ああ、この女は酒に飲まれていると思って声をかけず、バーを出た。

二月、鈴木幸と熱海の桃山のマンションに行った。十階建ての四階で、熱海湾の眺望がよかった。鈴木幸は一泊して帰京したが、私は一人、一週間ほどマンションで暮らした。世界救世教の美術館や梅林園を見物して歩いた。不動産営業の稼業から足を洗うときかなと考えた。

世田谷の桜上水の鈴木幸の七百坪の敷地に二階建ての母屋に、宗教法人京王観音講の経営する幼稚園のほかに、敗戦直後に急造された廃屋同然の平家があった。長く人が住んでいなかったが、八畳二間の一室に鉄製のベッドがあって、清掃すれば住めそうなので無料で鈴木幸から借りた。三十すぎて親の家にいるのが嫌だったからだ。掃除を鈴木幸がしてくれたけれど、寝るときだけしか住めそうもなかった。

久し振りに上野の白銀堂のオフィスに行った。土曜の昼前で、電話番の山内恵美が一人ぼんやり座っていた。笠原社長も川越営業部長も奔走しているけれど、旭川の土地は全然売れていなかった。

上野公園に行き、博物館、寛永寺脇を通り、時計博物館に入った。そこを出て戦争で焼けなかった桜木町、谷中の江戸情緒の残る街路を散歩して、朝倉美術館に入った。しばらくして、黒のオーバーコートを着た若い女が入って来た。入場料を受け取った男の館員が案内説明すると言うので、女と一緒に男の後に従った。美術館というのに絵は全く飾っていなかった。舞台美術家の朝倉摂の住居でこの建物が二十世紀初期のフランスのアールデコの影響を受けた作品だという説明であった。家具、卓、椅子などが美術品ということだった。それほど広いとはいえない二階家で、二十分ぐらいで案内説明は終わった。建物の外に出て振り返った。「天井が丸い円筒形だったから、入ったときは気づかなかったけれど、ひょっとしてと思ったけれど、やっぱり丸屋根、ドームだったな」「あの説明役は一番肝腎要な説明を落としていましたね。気がついたでしょうけれど、円窓、丸柱、丸くラセンする階段、丸屋根、そうそう卓も椅子も家具も全て角が丸くなっていたでしょう。つまり朝倉摂という美術家は丸型、円形が大好きで、角張った形が大嫌いだった。そういう独特な形状、スタイルへの偏愛、偏執こそが美術家の個性なんだな」その若い女性は無口で無愛想な女だったが、眼がきらりと光った気がした。オーバーコートが部厚くて化粧が下手な感じで、田舎娘だなと思った。勤めている感じがなかった。鶯谷の駅のほうへ歩きながら、話しかけた。「大学生?」「いえ、もう卒業しました。東京女子大です」エッ。驚いた。東京に四年以上いて、全然垢抜けていない。ただ地方のなまりはなかった。「哲学会の仕事をアルバイトですけどしています」「へェ、東女の哲学といえば、小川圭治教授、水垣渉助教授（後の京大キリスト教学教授）でしょう」地塩寮の卒業者名簿に載っていたのを覚えていた。「小川先生が担任でした。哲学科でも、私は日本文化論でした」ははぁん、つまり、ドイツ語は得意でなかったということか。「京大ですか。小川先生、水垣先生、二人とも京大出身だから」「ええ。寮の先輩ですよ。そうだ、東女には林道義教授がおられるでしょう。シャープな切れのいい論文を書かれていらっしゃる」「ええ。とてもトンギッテル、さっきの朝倉美術館の逆で、非常に角張った尖鋭な先生です」ふふん、頭のいい女だな。田舎娘をだますみたいな気もしたが、白銀堂常務の名刺を出し、裏に桜上水の鈴木幸の住居を書いて、女に手渡した。営業だから会社にはほとんどいませんから。

白銀堂が不動産屋だとは言わなかった。世間知らずの女子大出の田舎娘が、勝手に白銀堂の幻想をつくりあげるのをねらったからだ。女はオーバーのポケットから取り出した名刺をよこした。肩書がなく、住所と電話だけあった。「東女の近くです。歩いて二、三分」「エッ、東女って吉祥寺にあるんですか。東大の本郷か駒場の近くにあるんじゃなかったの。よく、東大と東女、早稲田と本女、一橋と津田塾と言うから、てっきり本郷あたりにあると思っていたな。確か柴田翔の『されどわれらが日々』では、東大生と東女の子が恋人になっていたけど。吉祥寺とは驚いた。随分と離れている」

昭和五十年（一九七五）当時、吉祥寺はまだ郊外の印象で、東京というより武蔵野だったのだ。武蔵野住まいでは四年以上いても洗練されないわけだ。鶯谷駅で山手線に乗り、新宿駅で別れた。名ばかりの白銀堂常務の名刺でおのぼりの田舎娘をだましたような後味の悪さを感じたが、東女大を卒業したと言うのだから、そんな愚かな誤認はしないだろう。

白銀堂、正確には東京知宏は法務は正確で、旭川の土地の所有権移転の登記証ができあがり、鈴木幸に渡した。

鈴木幸に誘われて、歌舞伎を見に行った。坪内逍遥の『桐一葉』が演目だったが面白くなかった。日本舞踊のほうが情趣があって興味深かった。

数日後、その女から絵葉書が来た。電話して女と会って、鈴木幸が上野界隈に七福神ではなくて、六阿弥陀があるはずだと言ったので探したのだが見つからなかった。寿司屋に入って数千円支払った記憶がある。アパートの隣の室の夫婦が、吉祥寺駅近くで寿司屋をやっているけれど、「室の掃除をきれいにしていないの」と女が言った。

三度目は、小金井公園に花見に行った。写真を撮った。善良で邪気のない笑顔だった。海が見たいと言うので、湘南の藤沢か江の島に行った。釣りをしたいと言うので、釣道具セット一式リールを一万円で買った。高い買い物で出費は痛かったが、女を釣りあげた手応えはあった。女を魚籠《びく》に入れるのは簡単だと思った。釣りあげた女を放流する気になれなかった。

前後のいきさつは忘れてしまったが、四月下旬の夜、井之頭公園の暗がりで抱きあってキッスをした。唇の中に舌先を入れた途端、女の体から力が抜けてゆるみ、濡れてしたたり流れ出した感触があって、ああ、処女じゃない、体験済みだと直感した。女の子の大切なものをあげる、と歌って当時アイドルの頂点に立った山口百恵に似ていると女に言った。しかし、もらうわけにはいかないと思った。ホテルには行かなかった。数日考えて、吉祥寺のアパートに行った。六畳が二間、小さな台所があった。兄が学生のとき一緒に住んでいたのだと言った。「住友重機に入社して、愛知県の知多半島の工場に勤務しているの」旧財閥企業か。東大の卒業生か。すると、処女をささげた相手は、兄の友達の東大生の可能性が高いな。同じアパートに住み続けているのは、女のほうから言い出して男と別れたのではないかしら。女のほうが捨てられておそらく悲しい痛手を受けたのなら、同じ所に居続けられないのではないか。哲学会のアルバイト仕事で、吉祥寺のアパートの部屋代は稼げないだろうから、親からの仕送りを受けているのだろう。余裕のある裕福な家の娘なのだ。東京の無頼なヤクザでもインテリなのだから、節度を守ろうと思い、つきあいをやめる理由を話した。

白銀堂をやめ無職になったこと。京大の大学院生時代に結婚し男の子供ができたが、わけあって離婚して、子供とも別れたこと。このとき口に出して言わなかったが、弱視で眼が悪く、音痴で聴覚が悪く、感覚劣弱つまり才能に乏しい自分に先行き自信がもてない、つきあっても将来に責任がもてないと思った。

気の強い女だった。黙って聞いていて、泣かなかった。女難を避けるためにも、東京にいないほうがいいと思った。自己否定を自己革新に転回させるためにも、東京脱出を考えた。

否定の否定。精神の死滅的虚無。無。無からの再生。本当に志したものは、私評論の著述だ。弁証法的にはアウフヘーベンしなければならないのだ。アウフヘーベンは弁証法論理の最大の難所。自己革新つまり私評論の著作活動に成功できるかどうか。文学的人間としての才能があるか。時空の壁を突破、つまり東京脱出して貧弱な文学的才能に賭けて、永遠不変、普遍の真実を探究する志を生きてみる。才能が乏しいのだから志だけは高く遠くはてしなく立てる。

第四章　北軽井沢山荘

1、私評論執筆

ジャン・ジャック・ルソーではないけれど、自然に帰るのは、私が育った山梨の田舎、西多摩の農村の自然環境によってはぐくまれた無意識を呼びさますために必要だと考えたのだ。

熱海のマンションは市街地にあり、都会暮らしのようだったので、鈴木幸の北軽井沢の山荘を借りることに決めたのだった。三十一歳になった。五月末の初夏、軽井沢駅からバスで約一時間。バス停から歩いて約一時間。食料品を売る商店はバス停近辺にしかなかった。大規模な別荘地の地域を通り過ぎて、中流の平家の別荘の点在する区域の一角に、鈴木幸の山荘はあった。鈴木幸が事前に手配していたので、電気、水道、プロパンガスは使えるようになっていた。台所食堂、居間二間、バストイレの間取りだったか。長く無住だった割には荒廃しておらず、鈴木幸と清掃したら、桜上水のボロ離れ家より清潔で快適な住まいになった。男の定番料理のカレーライス作りを鈴木幸から教えてもらった。夜はかなり冷えこんだ。鈴木幸は二、三日いたと思うが、バス停まで一緒に行き、東京へ帰る鈴木幸と別れ、食品を買って山荘へ戻った。

梅雨期に入ったが、北軽井沢はほとんど雨が降らなかった。キツツキ以外あまり鳥類の鳴き声も聞こえなかった。近くに目黒区立の林間学校の建物があったけれど、勿論、人はおらず、山荘はどこも無住で森閑としていた。新聞、テレビ、ラジオはなく、完全に社会のニュースとは無縁の暮らしだった。本書の第一章、第二章の草案を朝書いた。午後は近辺を散策した。小さな池と小さな滝があった。

全てを死滅させる無はまた混沌たる無から全てを生成する。無は抽象で、具体化すれば自然であり、個別化すれば大地である。死体を土中に埋葬する。肉体は腐敗して分子、元素に解体し、元素、分子が再組成して、新生命体を作成する。

『今昔物語集』に、庭に飛ぶ蝶を死んだ父の生まれ変わりだと言う息子の説話があった。輪廻転生である。北軽井沢の山の霊気を受けて、私は精神の再生をはかったのである。無からの再生である。東洋思想の無は理解しやすいけれども、西洋論理の弁証法は、特にアウフヘーベンは難解で、把握できなかった。そもそもアウフヘーベンは政治経済に適用できるけれども、個人の精神内部に適応できる論理ではないのかもしれない。ヘーゲルの『精神現象学』は失敗作だと翻訳者の樫山早大教授は書いていたのを覚えている。どこがどう失敗したのか、樫山教授は詳細に説明していなかったけれども、やはりアウフヘーベンの箇所だと思う。弁証法のアウフヘーベンによる主体形成の論理は、現実には可能ではない。

二カ月半かけたが、書きあげた私評論は失敗作だった。

ジャン・ジャック・ルソーの『告白』のような文学作品を手本に考えて書いたのだが、結局、才能がなかったのだ。恥や罪悪を隠さずありのままに書くことができなかった。心がオープンにできなかったからだろう。

失敗の最大原因に、長浜寿美の不感症、冷感症の描写が充分にできなかったことにあった。まして、長浜寿美の女体の秘事をあばけば、どんなに長浜家の人々の名誉と尊厳を傷つけ、怒りを受けるか。長浜家の人々、寿美が生きている間は世間に発表することはできない。

私小説は、例えば名作と評価されている、尾崎一雄の『暢気眼鏡』は、愛妻物語である。島尾敏雄の『死の棘』でも妻への愛があればこそ、世に公表できたのだ。太宰治の『津軽』でも、乳母への愛があふれているからいいのだ。

本書の第二章後半部の寿美との結婚と離婚の経緯を寿美の生前に世間に発表することは、許されないのではないか。愛というより、人間としてのモラル、節度として。今こうして書いたのは、私の左眼が失明して、右眼も視力がなくなり記憶力が日毎になくなっていくからだ。本書に書いたことにもかなり記憶が間違っていることがあると思う。

無名作家、これが私の運命だったのだ。三十一歳。挫折また挫折。貯金がなくなれば、飢え死に。どうせ死ぬのなら、一升酒を飲んで雪山で眠って凍死するのが、綺麗な死に方だなと思った。

2、女福

山荘の独り暮らしで、バス停の商店での買い物以外他人に会うこともなく、月日の感覚もなくなっていた。八月のお盆休みになったのも気づかなかった。

山荘の近くの小池に泳ぐ鱒を釣って食べれないかとか、食べ物を買う金がなくなってきたので、山鳥をどうしたら捕まえて食べれるか考えながら、山荘に戻って来た。山荘に来てから二カ月半ぐらい、初めて人の姿を見た。ひどい近眼で遠目のきかない私でも、女、それも若い女だと気づいた。それだけで心がはずんで気持ちが明るくなった。若い女の笑顔を見て、びっくり仰天した。まさか。一体どうして来たんだ。呆然と立ち尽くした。女ははずかしそうに笑っていた。

「桜上水の家に行って、鈴木さんに会ったの。鈴木さんが北軽に一緒に行かないかって言ってくれたので、ついて来たのよ」素直に嬉しかった。二カ月半ほど誰にも会っていなかったから、人恋しさがあった。まして女がわざわざ東京から私に会いに来てくれたのだ。飛び上がるほど感激した。しかし同時に、これは女難。女の襲撃による災難ではないのかという警戒心もおこった。私一人だけの独楽生活がこわされるのではないかとおそれた。しかし、それは一瞬のことで、女と一緒にいるだけで甘い陶酔感につつまれて幸福な気持ちになった。

幸婆と女と私と三人で三、四日暮らした。バス停近くの商店にあった近辺の地図を見ていて、法師温泉の宿が平面図では山荘に近いことを知った。実際には南木曽山という五百メートルぐらいの坂をくだった下にあるのだが。地図には山道は書いてなかった。

しかし絶壁ではない。上がりは難しいが、くだり坂をおりて行けないことはなさそうだった。女に話すと、行ってみたいと言った。二人で行くつもりでいたら、幸婆が私も行きたいと言うので困った。女も幸婆もズボンだが、登山用の靴ではない。私も普通の革靴だ。万一、幸婆が歩けなくなったら、背負って山の坂をおりなければならない。いくら小柄でやせている幸婆とは言え、私は自信がなかった。幸婆がどうしてもと言うので、仕方なく同行することにした。五百メートルの行程は、平坦な道なら、どうということもないが、山林のなだらかな、といっても道なき所を踏みおりて行くのは難事だった。まして七十歳過ぎの幸婆が一緒なのだ。しかし、心配した急激な崖はほとんどなかった。幸婆も足腰達者で、身軽に坂をおりた。休み休みながら、四時間ほどかかって下の道に出た。

法師温泉は一軒だけの宿だった。入ってみると温泉というより鉱泉だった。予約なしだから夕食はありあわせの山菜だった。川沿いの部屋だったので流れの音が耳について眠れなかった。山をおりた疲れで幸婆はすぐ寝息をたてた。隣の蒲団の女の体に手を伸ばした。女は待っていたように私の手を握った。女体は鳩胸、尻の張った骨太型で、予想通り処女ではなかった。正常で快感があった。女の腰の律動は、健康的で力強かった。女体と離れて眠りに落ちるとき、改めて長浜寿美の不感症の異常さの悲惨さをちらっと思った。

翌朝、宿を出てバス停を見つけ、バスに乗って北軽に戻った。幸婆は次の日、私に金をわたして、帰京した。

女はスケッチノートを持って来たが、写生している姿を見なかった。私も私評論を書くふりを女に見せたが、一字も書いていなかった。山荘にいるあいだは、浮世の義理人情など、世間一般の人間生活のわずらわしいことは考えないようにした。女が帰京するとき、一緒に長野原駅までバスで行き、吾妻川沿いの遊歩道を散歩して、宿を見つけて泊まった。客は私達だけだった。風呂に一緒に入った。女の肌の色の浅黒さに驚いた。

一緒に女と帰京したかったが、前途を思うと不安と恐怖でとても女との共同生活を持ちこたえることはできないと思い、別れたのだった。

バスに乗って北軽に戻り山荘に帰ったが、もう独り暮らしに耐えられなくなった。それに、女の本心がわからないのも不安だった。女は地方の裕福な家庭で育ち、東京女子大を卒業してアルバイト生活をしている。兄は、東京大学を卒業して、超一流の財閥企業の社員である。女は正常で健康で、思想傾向も普通人並みであって、変わったところはなかった。だから、一度は女に、私が三十一の無職、離婚歴があって子供がいることを告げて別れたのだ。それなのに、山荘暮らしの私に女は会いに来て、体を与えた。口に出して言わなかったが、女は私と結婚したいのだろう。しかし、それはまともじゃない。非常識じゃないか。世間一般の普通の大人は女を、いや、私が誘惑したのが悪いと私を非難するに決まっている。しかし、今度は恩ある鈴木幸が仲を取り持って、女を山荘に連れて来たのだ。法師温泉の宿で、幸婆がいる部屋で女とセックスしたのだ。別れることは幸婆のてまえできないだろう。困った。

まともじゃない女の隠された本性がよくわからない。

第五章　反体制の生活

1、マージナル・マン

九月になると急速に朝晩冷え込み出し、持ってきた衣服では寒さがしのげなくなり、北軽山荘を立ち去らざるをえなくなった。

桜上水の幸婆の家の離れのボロ家に戻って数日後、幸婆が千葉の館山の寮に一緒に行こうと誘った。高校一年の夏休みに館山の寮に行ってから十五年ぶりだった。昭和三十五年から五十年、この十五年間、意外にも館山の景観に、あまり変化はなかった。新宿は超高層ビルの林立で激変したのに。海水浴シーズンは終わっていたから、館山の町に人影は少なかった。幼稚園の寮だからたいして大きくない平屋だった。閉鎖のために幸婆は来たのだった。桜上水の七百坪の土地は幸婆が代表の宗教法人京王観音講の所有名義に変更していて、幼稚園の経営も館山の寮の所有名義もそうだった。しかし、熱海のマンションと北軽の別荘は、まだ鈴木幸の所有で、亡くなった主人の姪二人に分与して遺産相続するつもりだと幸婆は言った。「ハア、でも、それって、弁護士に内容証明の文書を預けてるんでしょう」「ええ、いちおうね」じゃあ、なんで、こんな話を私にするんだろうといぶかしく思った。「あの人、今岡山の実家に帰っているのよ」「岡山か」「市内かしら。東岡山と言ったから岡山市内よ。鉄工所、工場を経営しているの、親御さんは」

社長の娘か、嫌だな。わがままで贅沢な暮らしに慣れていて、一緒に暮らしたら重い負担になるぞ、と内心思ったが、口には出さなかった。「あの人は貴方と結婚したいって、親御さんに話しに帰ったのよ」「エッ。そんな。困るな。結婚なんてできるわけないでしょう。無職無収入で」「親の遺産の生前贈与を受けたらいいわよ」「とんでもない。そんなことできませんよ。アレッ。九月に岡山に行ったってことは、今の仕事、アルバイトをやめたってことになるのかな」「そうね。親御さんから、仕事上のつきあいで義理ある所からの紹介の見合い話があるから帰って来いって言われたそうよ」「へエ。それなら、見合い結婚して岡山で住むのが無難な生き方だな。誰からも祝福される優雅な結婚生活、安楽な専業主婦になれて、結構なことでしょう。私と一緒になったら絶対そんな暮らしは出来っこないんだから」

幸婆には寿美との離婚については全く話していなかったが、寿美との悲惨な結婚生活を考えると、女とセックスはしたいけれど結婚生活は御免こうむりたいと思わざるをえなかったのだ。どうかご勘弁下さいと言いたかった。

館山の保田の寮で一泊して、翌日、帰京した。桜上水で幸婆の室で久し振りに新聞を読んで、赤ヘル広島カープのセ・リーグ優勝を知った。それより驚いたのは、ミスター長嶋茂雄がジャイアンツの監督になって一年目、九年連続日本一になった常勝巨人軍がセ・リーグ最下位になったことだった。長嶋引退のセレモニーがあまりに華やかであっただけに、最下位転落は、衝撃的だった。

貯金がなくなってきたので就職先を探さなければならなくなった。新聞の求人広告を探しだした。不動産の営業セールスはブランクが長すぎて戻るのはきついと思った。それに資本主義インフレ経済のど真ん中で、また精神的な仮死状態に陥りそうな気がした。大学解体を叫んだ全共闘運動の直後、大学受験の予備校や学習塾の講師にはなるまいと決めたのだが、もう五年も過ぎたのだし、東京砂漠流刑の処罰も受けたのだから、解禁してもいいのではないかと考えた。

予備校、塾は、学校教育体制のいわば余計なはみだし組である。本来、不用、無用のものだ。私も中途半端なヤクザな無用の人間だ。予の風雅は夏炉冬扇の如し、と無用の美を探求した松尾芭蕉を引き合いに出すのはおこがましいけれど、資本主義体制の完全な外に出ては、金欠で生活できないし、体制内に入ることもできない以上、体制の周辺で半ば体制にからみつき、そのおこぼれを受けて半ば体制を批判する位置で精神を活性化させて生活していくには、予備校の講師が格好な職ではないだろうか。

社会学に、マージナル・マン、周辺人間という概念があったのを思い出した。大文明圏の周辺にあって、文明の恩恵も受けつつ、その文明を批判して独創性を得る人間のことである。例えば、中国の隋唐の律令文化を受け入れつつ、遣唐使廃止後、独自の国風文化を独創し、世界最古の長編『源氏物語』をうみだした平安王朝の女流文学である。

才能は乏しいから、せめて志だけは大きく持つため、芭蕉、紫式部を引きあいに出して考えたけれど、要するに無名、無用、無益の私がもぐりこめそうな職は予備校や塾の講師ぐらいだろうと考えたのだ。

幸婆が、電話がかかっているから、と呼びに来たので、母屋の部屋に行って受話器を取った。「兄が愛知県の工場の女事務員と結婚したいと言ったが、女の父がすでに死亡していて、地元の高校卒で、母親が反対している。それ以上に私達の結婚に、親達や兄が猛烈に反対している」などと女が言った。家族の同意を得られず、祝福もされないようなことを無理にやらないほうが賢明だろう。冷静に考えて、北軽山荘のことは夏の夜の夢と思って、現実の利害打算を合理的に計算して、あきらめて、やめたほうがいいだろううんぬんなどと、つとめて穏やかに言ってきかせた。電話は切れた。三十一で無職、頭頂部は禿げて、ド近眼の部厚い眼鏡、団子鼻、そして離婚歴のある私にどうして、社長令嬢で東京女子大出の山口百恵似の美女が結婚したがるのか、いくらセックスをしたからと言って、やはり世間一般の普通人には理解できないだろう。

私自身は、一回失敗したこともあるからというだけでなく、世間の常識に反する女の恋愛幻想の底にある隠された本心がなんなのかわからないことへの不安が、恐れがあった。それよりもまず私も女も二人とも無職。無収入で生活していけるわけがないのだ。結婚できるはずがないのだ。女の体、セックスへの未練はあったけれど、女が岡山に帰って家族の下で暮らしてくれて、助かった気にもなっていた。

2、迷　夢

連合赤軍の森恒夫をモデルにして、同志殺しをしたことを悪夢に見、罪責感から自殺する小説『迷夢』を書こうと思って、あれこれ物思いにふけっていた。電話のあった翌日の夕暮れ、突然、ボロ家に女が飛びこんで来て、呆気にとられた私に体当たりするように抱きついてきた。女を抱いてベッドに倒れこみ、何も言わずにセックスした。無口で無愛想だが、行動力のある女だった。結婚するしかないと覚悟した。

私は激しいショックを受けると、その後、記憶が飛んでしまう習性があって、この後のことも覚えていない。ただ桜上水のボロ家は、とても若い女の長くいられる所ではなかったから、外に出たはずだ。吉祥寺の女のアパートは二間あったから、同棲できたが、桜上水のボロ家も借りていて、両方を行ったり来たりした。女は東女大の小川教授の紹介で、世界人権団体アムネスティの日本事務所に勤めた。

小説『迷夢』を二十枚ぐらい書いて、全然自信がもてなくなってしまった。本書を書いていて痛感したが、私には、短編小説を書く才能が決定的にないのだ。評論なら、二十枚ぐらい一気呵成に書きあげられるのだが。絶望感に襲われると、「死に至る病」におちいらないため、生命欲を喚起するため、吉祥寺のアパートに行って女とセックスした。泊まった翌朝、女は勤めに出かけて行き、私はぼんやり部屋にいて新聞を読んだ。テレビはなかった。平日だったのに、突然、ドアがあいて二十代後半のスーツ姿の男が入って来た。背は低いが肩幅の張ったがっちりした体躯だった。兄だと言って、いきなり私の顎にアッパーカットのゲンコツを入れた。「ウッ」抵抗はしなかった。仕方ない。私が悪者にされてしまうのは。殴った男のほうが涙眼になっていた。住友重機のエリート社員だと聞いたわりには、感情の激しいタイプのようだった。男は黙って出て行ってしまった。まるで嵐の突風だった。このことは女には言わなかった。

これは私の想像だが、兄は友達が妹と結婚することを願っていたのではないか。妹が兄の友達と結婚する例として有名なのは、大江健三郎が松山東高の友人、伊丹十三の妹を妻にしたことだ。

兄がくやしがって、私を殴った心情はよくわかった。『迷夢』は小説の題としてつけたのだが、私は将来の夢に迷っていた。また読書して学問研究を志すか。小説や評論の売文業をめざすか。予備校、塾で金稼ぎ仕事に専念するか。

南ベトナムの首都サイゴンが北ベトナムの共産主義ベトコンによって陥落し、ベトナム戦争は終わった。アメリカ帝国主義が敗北した翌一九七六年に、毛沢東が死に、中国の文化大革命も終わった。世界史の戦争と革命の政治の季節が終わったといえる。昭和五十一年（一九七六）。ＮＨＫの職員山下家に五つ子が誕生したニュースに驚いた。赤塚不二夫の漫画『おそ松くん』の五ツ子が現実の出来事になったのだから。漫画家の未来を予見した想像力に驚嘆したのだ。手塚治虫の『鉄腕アトム』のようなロボットも未来に実現できるのかもしれないと思った。

幸婆から借りた新聞の求人広告で、やっと大学受験の一橋学院の講師募集を見つけた。履歴書を書いていて、大学院文学研究科修士課程修了と書いて、京大文学部事務室から公文書の成績証明書が発行されるから虚偽ではないにせよ、実際は修士論文も提出しておらず、単位も全然取得していない上に授業料も納入していないのだから、国立大が公文書を偽作したことになるのだと思った。そうしたら職歴にタカラブネ製菓のあと、不動産会社を書きならべるのが嫌になり、職歴詐称もかまうもんかと思い、夕陽ヶ丘予備校講師とだけ書いた。このほうが、自然な感じで受け取られるように思えたからだ。連合赤軍の集団リンチ殺人事件の発覚後、学生運動、特に京大の赤軍派関連者は極左暴力主義のイメージが強烈で、予備校で拒絶するのではないかと恐れたからだ。採用されるかどうか分からないのだから、一応やってみることにした。履歴書を郵送したあと不安なので、武蔵小杉の学習塾にも履歴書を郵送した。

一週間ぐらいたって、吉祥寺のアパートから桜上水のボロ家に朝帰りしてみると、一橋学院の封書が玄関の戸にはさんであった。開封してみると、面接日が前日になっていた。あわてて電話して、京都に行っていて今朝帰京したところだと弁解すると、今日面接するから来てくれと事務長が言ったので、昼過ぎにかけつけた。理事長とか校長はおらず、事務長だけの十分ほどの面接で、駄目かとあきらめた。

武蔵小杉の塾は六十ぐらいの塾長夫妻と面接し、即採用となった。週六日午後四時から十時まで、月給は六万か七万か、忘れた。とりあえず就職できたので、桜上水のボロ家を出て吉祥寺のアパートに移ろうと思い、幸婆の息子代わりの話し相手にと考えて、新宿高校同期の江木に会って誘ってみた。江木の家は、加賀百万石前田藩の典医の家柄で、父は私立医大の教授だった。江木は新宿高の入試で六番だったというから、東大理Ⅲ医学部に現役合格できる学力があったのに、全然受験勉強をせず浪人して、早大の二文夜間部を出て、小さな印刷会社の営業の社員になっていた。江木を幸婆に会わせ、母屋の一階の部屋への入居を決めた。

一橋学院から、時給二千五百円の契約書を郵送してきた。一年契約で米国流だなと思った。署名捺印して返送した。折り返し時間割とテキストを送って来た。週三日十二時間の授業だった。予想以上の厚遇で有り難かった。生活の目途がついたので、女と同棲することにした。フォークソング『神田川』のように女と二人で銭湯に行った。武蔵小杉の塾が先に始まった。中三の高校受験かと思ったが、小学生の私立中学受験の授業が中心で、中学生クラスはほとんど生徒がいなかった。塾長夫妻は事務だけで、もう授業をしなかった。

英語の川野は東大文学部を卒業し、昭和電工に入社したが、独学で猛勉して司法試験に合格し、修習生になっていた。数学の講師は東京理科大出で、長谷川工務店で日照権担当の係長をやっていたが、退職した人だった。某公立大の助手の理科の講師が時々やって来た。授業前、小五の女の子と縄跳び遊びをしていたら、禿隠しと仇名をつけられた。

小六の男の子の祖母から、孫が自閉症気味で、どうしたらなおせるかと相談されたことがあった。

私立中学の入試の難解さのおかげで塾の経営が成りたっているのだ。

さて、一橋学院は高田馬場駅徒歩十分にあったが、私の通った西戸山中学のすぐ近くだった。一時、一橋大に三百人ぐらい合格させた実績があって、浪人激増で教室が足らなくなっていたので、あちこちのビルを間借りしていた。

初日、ノーネクタイに半袖シャツのラフな服装で行き、警備員に生徒と間違えられた。予備校から指定はなかったが、スーツにネクタイ姿で行くべきで、私の心構えが甘すぎた。最初の教室に入って驚いた。三百人ほどいたのだ。予備校生達の熱い気迫、真剣さに汗びっしょりになった。学生運動で教授会団交の経験があったから、何とかあがらずに教壇に立っておられたが、新聞で駿台予備校の女性講師が泣き出したという記事が載っていた。この教室は横広だったからまだよかったが、翌日のクラスは縦長で、後方の生徒の顔はほとんど見えず、黒板に字を書いていて、見えるのか不安に襲われた。五百人は入っているんじゃないかと思えたほどで、これは尋常ではない、特殊な能力が必要だと思った。一クラス二、三十ぐらいの塾とは全く別の授業をするパフォーマンスがなければ出来ないと思った。多人数から受ける圧力で、神経がまいった。

最初の一週間でヘトヘトに疲れた。翌週教室に行って、真っ青になった。冷汗が脇の下を流れた。前三列ぐらい空席になっていたのだ。五月の連休前までに、教室の半分ぐらい生徒がいなくなってしまった。あれこれ噂が入って来た。最悪受講する生徒が零になって授業が打ち切られ、即講師解職も過去にあったということだった。他方、教室に入り切れずに、立ち見の生徒の出る人気講師の教室もあった。予備校間の競争も激化していて池袋の啓成予備校、大久保の新宿予備校が閉鎖した。高田馬場では早稲田ゼミナールが生徒激減で経営不振だと噂されていた。古文の授業で、文法を忘れていたので、あわてて勉強しなおした。五月末頃に生徒の減少がとまった。教室の三分の一ぐらいの出席者だから、講師としては落第だ。

不動産のセールスで何百万、何千万の契約をした思いがあったので、相手は大学を落ちた浪人生と少々あなどっていた心構えが大間違いで、浪人生達の真剣な気迫に圧倒されたのが、つまずきの元だった。どうも私は不器用で、何事もスタートの一年間がうまくいかず失敗する習癖があった。

六月六日に結婚式をすると妻に言われたのを、予備校の授業に追われてすっかり忘れてしまった。一週間前ぐらいに念を押されて困った。旅行にも行くと言うが、予備校、塾、勤めだしたばかりだから、休みが取りづらい。出席を依頼するのも面倒くさい。

京大の友人では、谷が東京本社に転勤になっていたが、ほかの友人達は大阪、京都住まいだから出席を頼むのをやめた。幸婆は私と妻の取りまとめ役だったから、出席してもらわなければならない。江木も呼ばないといけないから、高校の友人の田中と柏木にも出席してもらうことにした。会費制だが、安いからたいした負担にはならない。当日の朝、妻の両親が岡山から上京して来て、初めて会った。吉祥寺の貸衣装屋で礼服を着せられた。三鷹の東京神学大の教会で、熊澤義宣教授の牧師で式をあげた。その後、庭で立食パーティーとなった。

今、思い出して、アッと思った。私の両親、姉、兄達が出席していなかった。連絡するのを忘れたか、両家の結婚式ではないから私の家族を呼ばなかったのか忘れたが、私の両親と妻の両親の顔合わせをしなかった。妻の兄も、私をなぐったくらいだから出て来なかった。妻の友人がパーティーの司会をしたが、全て妻の取り決めたことで、東神大の教会は東女大の小川教授の紹介だったらしい。結婚式の費用は三万円ぐらいだったと思うが、妻が出した。旅行の費用も全て妻が支払った。盛岡に行って泊まったのだが、東北新幹線に乗ったのかどうか、記憶がはっきりしない。妻が全集を持っていた宮沢賢治の家を探して行った。弟の清六氏が在宅して会ったと思う。

書いているうちに思い出した。式後のパーティーで岡山から来た妻の母の姉が、私の勤め先の上司同僚が一人も出席していないことを大変不審に思って、なじるような声をあげていた。住友銀行の支店長夫人だと聞いたから、体制の内部にいる人間としては当然の発言なのだろう。

結婚式のあと、新しいアパートを借りて移ろうと探し回ったが、自由業の人の入居はおことわりと拒否された。この自由業は、今のフリーターであろう。妻はテレビを持っていなかったが、新聞は取っていた。ロッキード事件の報道が連日にぎやかだった。

夏休みになった。予備校は夏期講習が稼ぎ時だが、私には出講依頼がなかった。私の評価は最低ランクだったらしい。妻の勤めの夏休み、妻に連れられて中軽井沢の小川教授の山荘に行った。その後、妻は帰京したが、私は北軽の山荘に行った。

北軽山荘の独り暮らしに、ほっと解放感にひたった。予備校の授業の仕方についてあれこれ反省しているうちに、一橋学院を西戸山中学時代に見知っていたことを思い出して、ほぼ同じ場所に、かつては中学生として、そして二十年後講師として戻って来たのだなと気づき、まるでラセン階段を一回りしたみたいだなと思い、アレッ、これは何だか妙だ、何か記憶に引っかかるものがあると感じた。

ラセン階段ではなく、ラセン状の図を見た記憶を考えていて、やっと思い出した。京大に入学した直後に田辺元の『哲学入門』を読んだ。弁証法はラセン状の構造だという田辺元の説があって、図示されていた。

無の弁証法だった。

無の弁証法とは何だろう。田辺元の説ではラセン状の図示だけだったか。私なりの補助線を引いて図解してみると、真ん中が空無の円柱の周りにラセン階段がある構図が無の弁証法ではないか。立体感がある。真ん中の空無の円柱は、東洋思想の無の主体性の図解だろう。しかし、無の主体性とは何だろう。予の風雅は夏炉冬扇の如し、つまり、無用であると断じて、俳諧芸術の永遠不変、普遍を探求して『奥の細道』の名作を創造した芭蕉は、『老子』『荘子』の無、無用を主体的に生きたといえるのだろうか。

「閑《しずか》さや岩にしみいる蝉の声」の芭蕉の俳句は、無為自然の老荘の思想の具体例なのではないか。邪念邪想を無念無想にし、無心になって自然と一体化した瞬間、蝉の声が岩に心にしみいり、閑さを感じたのだろう。これが無の弁証法の具体的実例かどうか、田辺元の本にはそんな説明はなかったが。なぜ無私の精神になると、創造性主体性が発生するのか。無の弁証法の意味は何だろう。

夏休みは終わりかけていた。心残りを感じながら北軽山荘を去り、バスで吾妻線の長野原駅に出た。駅の売店で夕刊紙を買った。田中角栄前首相逮捕の大活字があった。

ロッキード社が全日空への航空機の売り込みに際して、田中角栄に五億円の政治献金をしたことが、総理大臣の職務権限による仲介あっせんをしたので汚職・収賄という容疑だったが、当時はあっせん利得罪はなく、総理の職務権限では全日空が民間企業だからあり得なかった。不当逮捕ではないかというのが、私の第一印象だった。逮捕、裁判だけで世間の大衆には黒のイメージを印象づけられ、政治的には十分効果が得られる。前首相の逮捕は、政争、つまり権力闘争の帰結と考えるべきだろう。

佐藤栄作の首相退陣後、高等小学校卒の田中角栄は、東京帝大法学部卒大蔵省主計局長あがりの福田赳夫と闘って勝った。角福戦争と言われたが、敗北した福田の背後にいる東大法学部卒の学閥高級官僚機構、警察庁、検察庁、特にこのときは、東京地検特捜部が田中角栄の政治権力をたたきつぶすために逮捕したのだと考えた。さらに、中国共産党に親和的に国交を回復した田中角栄を、反中共の親台湾、国民党支持の福田らの背後にいたアメリカ軍産複合体がたたきつぶすことを画策したのではないかと疑った。まだ、米ソ冷戦の激しい時代で中ソ対立があったとはいえ、米帝国の軍産複合体権力は、中国共産党政権を敵対視していたから。

ロッキード社から田中角栄が五億円もらったって、国民生活に何の実害もない。テレビ新聞の大マスコミが総理大臣の犯罪と大騒ぎするほどのことではない。大マスコミもまたトップが東大法卒の学閥エリート、エスタブリッシュメントだから学歴なしの田中憎しの煽動をしたのだろう。

田中角栄が金権政治家であったことは疑いないにしても、それと不当逮捕とは別のことだと思った。総理大臣の犯罪とは、例えばアメリカと戦争を行った当時の東条英機総理や、近衛文麿前総理の政治を言うべきだと思った。

二学期、三百人の大教室の授業にも慣れてきたのか、生徒の減少は少なくなってとまった気がした。それでも一年契約だから、来年の再契約は難しいなとあきらめた。妻には一切言わなかった。アパートの家賃は妻が従来通り支払っていたので、私は失業にそなえて銀行預金していた。

妻の勤め先の関係で、大相撲の入場券をもらって見に行き、席を離れて花道に行き、ハワイ出身の巨漢力士高見山を、まるで肉の壁のように真近に見た。肌の黒い剛毛に恐怖を感じた。日本人力士の色白の肌が桜色になるのは美しかった。

新聞で、催眠術の習得講習があるのを知って受講した。フロイトの精神分析療法の一つに催眠法があるのを知っていて、興味があったからだ。しかし、短時間の講習ではとても催眠術の習得などできなかった。妻に催眠をかけて、無意識の願望を知りたかったのだが無理だった。妻はノーマルで正常、それだけに、なぜ私と結婚したのかという不可解さへの疑問は消えず、隠されている本心は不明のままだった。

十二月、一橋学院の授業が終わった。一年契約とはいえ、実際は六カ月間の雇用だった。冬期講習やその後の授業の依頼はなかったからだ。

妻と一緒に京都に行き、京大の中久郎教授の家を訪れて教授会団交以来、七年ぶりに会った。中先生の態度は極めて冷淡だった。いや、迷惑がっていた。勉強し直すとしても社会学とは訣別だと思った。

京都で一泊してから岡山市の妻の実家に行った。

正月、妻の兄は実家に来なかった。

正月のおせち料理に、ままかりとシャコが出たのは、岡山特産らしかった。京都の長浜家では全然正月一緒に料理を食べなかったので、正月の料理を食べたのは十数年ぶりで、体制の内に引き戻された実感がした。帰京のとき、飛行機に乗り、羽田のホテルに泊まった。妻の実家で費用を出してくれた。完全に反体制の牙は抜かれ、半体制に変化せざるをえなくなっていったのだった。

3、知的放浪

予備校で古文の授業をやるからには、ある程度時代や作品を特定して勉強したほうがよいと考えて、無常の観念、和漢混淆文が自分の性に合うので『平家物語』『方丈記』『徒然草』の鎌倉時代の作品を読み直した。

西洋でフロイトが無意識を分析したのに対して、奈良仏教の法相宗の唯識論で、アーラーヤシキが民族的集団的無意識を意味していると知って驚いた。

古沢平作が、フロイトのエディプス・コンプレックスに対して、仏典からアジャセ王コンプレックスを唱えた。個人の内心の無意識にも西欧人と東洋人の違いがあるようだ。

一橋学院の契約が一年で終わりそうなので、新聞の求人広告で神田予備校を知り、理事長と面接して採用された。南浦和、八王子、千葉の分校で授業を行うことになった。ところが、三月に一橋学院から、火曜の四時限目だけの授業を行うという契約書が来た。週に一時間だけとはひどいなと思ったが、首の皮一枚だけつながったと思い、引き受けた。

一橋学院の授業は百人の教室で、三百人の大教室に比べ、かなり気が楽だった。神田予備校の南浦和校は百人の教室だったが、千葉校は五十人、八王子校は三十人の教室で無難に授業した。ミニスクーターを買って、吉祥寺から高田馬場までスクーターで行き帰りした。

井之頭公園に遊びに行ったとき、ひどくやせた老爺に会った。眼の悪い私はすぐわからなかったが、すれ違ったとき、埴谷雄高だと気がついた。後をついて行くと埴谷雄高は家に入った。標札に般若豊とあった。『死霊』を改めて読み直した。埴谷の評論『幻視の政治』など非常に明確なのに、どうして小説『死霊』は難解なのだろう。高橋和巳は京大生のとき、埴谷雄高を訪問して師事したそうだが、『死霊』の思想が古代インドの釈迦ゴーダマ・シッタルダの論敵、大雄ジャイナと知って、高橋和巳は古代インドの宗教思想を愛好したと高橋和巳の未亡人高橋たか子の思い出の記にあった。私は埴谷雄高の家を訪ねて行く勇気がなかった。

ジャイアンツの王貞治が七百五十六本のホームランを打つと世界新記録になるというので騒がしくなって、予備校でも生徒達がさかんに話題にしだした。アメリカでもフラミンゴ打法と呼ばれた一本足のバッティングスタイルの王貞治の写真を見て、私はスポーツと芸術芸能は同じだと思った。

生まれながらの肉体にひめられた能力を限界まで発揮できるスタイルを独創的につくりだす才能はスポーツも芸能も変わることはないだろう。学習塾で小学五年の女の子に、ピンクレディーの話をされて、家にテレビのない私は全く対応できず、笑われてしまった。少年少女の漫画ブームもそうだが、小・中学生が小遣いの金を多く持っていて買い物をするのでアイドル歌手ブームが生じたのだと思った。ピンクレディーの歌った『ペッパー警部』の作詞が阿久悠と知って、その才能に感嘆した。演歌の『津軽海峡冬景色』も阿久悠の作詞だった。

明治維新以後の近代化の流れで、地方から東京へのぼって来た大衆が、逆に上野から青森、北海道へ帰って行きだした現象。警官の威信がペッパー、つまりペーパー紙のように軽くなり、やがて職業倫理が薄弱になっていく現象、つまり逆流の転回点を阿久悠が敏感にキャッチして、大衆歌謡の詞に創作したことに驚嘆したのだ。

逆転といえば中国共産党で、毛沢東の死後、国家主席になった華国鋒が失脚し、鄧小平が実権を掌握したことにも驚いた。文化大革命は、結局、毛沢東と鄧小平の権力闘争で、鄧は敗北し失脚したけれど、死刑にされなかったので毛死後、復権した。不倒翁といわれた周恩来が鄧小平にどう対処したか知らないけれど、鄧小平の復活の政治力の凄みに圧倒される思いだった。

夏休みになったが、予備校の夏期講習の授業依頼はなかった。スクーターに乗って吉祥寺から軽井沢まで走った。北軽山荘に着くと、生き返った気がした。

帰京した。坂道を走っておりていた時、眼の悪い私は前方の石に気がつかなかった。スクーターは石に乗りあげ、勢いあまってバウンドした。私は宙に飛びあがり、道路に落下した。無我夢中で右腕を下にして受け身を取った。かすり傷ですんだ。スクーターも少し破損したが、運転に支障はなかった。

吉祥寺のアパートに帰ると、妻が岡山の実家に帰りたいと言うので、仕方なく同行することにした。中央線の普通鈍行、つまり各駅停車の列車に乗った。鳥居峠かどこかで降り、宿に泊まった。高速道路を走る車の騒音がうるさくて夜寝つけなかった。馬込の島崎藤村の生家の文学館に行った。島村が遊んだフランスで買った本の多さに驚いた。島村がフランス語の原書を読んでいたことと、見た『夜明け前』の原稿とが結びつかなかった。

名古屋から新幹線に乗り換えて岡山に行った。島村と同じ明治の自然主義の作家、正宗白鳥の生家を訪ねた。その後、赤穂の城跡、大石神社に行った。妻の母が車を運転して、私と妻を玉野市の母の兄の家に連れて行った。妻の祖母は九十歳で壮健だった。妻の伯父は高校の教師で、私に本陣の鼻ですよと高い自分の鼻を得意気に語った。暗に私の低くて小さな団子鼻を軽蔑していて、妻と私の結婚に身分違いだと面白くない感情をもっていることを示しているように私は感じた。どうやら、鉄工場経営は妻の母の手腕にかかっているようだった。

妻の父は技術者で、妻と同様、無口であった。農家に生まれたが、工業の高専を出て三菱系企業に勤め、海軍に入った。敗戦後、家の土間で鍋釜を作る鉄工所を始めた。妻が小学校に入った頃、女教師が家庭訪問に来て、土間の機械工具の奥の部屋の狭さに驚いたそうだから、昭和三十五年（一九六〇）まで苦闘が続いたらしい。妻の話を聞いて、上昇志向の強い成功者の娘が、何で破滅志向とまで言わないまでも、体制からはみ出した中途半端なインテリヤクザ、このところ知的放浪気味の私の妻に母親の反対をおしきって家出までしてなったのか、改めて疑問に思った。

東京に帰ってから『老子』を読んだが、まるで理解できなかった。釈迦族の仏陀ゴーダマ・シッタルダの生涯や教理のやさしい解説書や、仏陀死後の仏教の展開の解説書を読んだ。この後、龍樹とか達磨とか仏僧や空論、中論などの理論書を読んだが、仏教には性が合わない感じがした。浄土教三部や法然、親鸞を読み、仏教ではなく、阿弥陀教ではないかと思った。衆生を救済する本願を立てた阿弥陀を唯信仰、「南無阿弥陀」と名号を唱えるだけで救われ、極楽往生できるという教えは、ユダヤ教、キリスト教に大変よく似ているとよく言われているが、私もそう思った。出家して妻子を捨てた仏陀の教えに反して、女と結婚して在家を道場、信者を同朋の門徒とした親鸞と、その男系子孫を門主とする浄土真宗は、仏教ではなく仏道だと思った。この仏道は、男系世襲相続の御血三千である。つまり、天皇制と同じである。だから、浄土真宗の大谷家は天皇家と婚姻関係を結んだのだ。

塾で小学生に、私がアイドル歌手のキャンディーズを知らなかったので馬鹿にされた。小学生を相手に遊ぶのがつらくなってきた。京大同期で、朝日新聞の東幸雄が吉祥寺のアパートに訪ねて来た。東京出張の暇を見つけて来たそうだが、新聞記者として張り切って仕事をしている話に少々圧倒され、うらやましく思った。

地塩寮同期のＩＢＭの谷勝利と新宿歌舞伎町の連れ込みバーで飲み、高い金額を請求されボッタクられた。谷がカードで支払った。私一人だと、ゴールデン街のバラックの飲み屋に行っていたのだが、カラオケが使われ始め、知らない客のひどい歌を聞かせられて嫌になり、飲みに行かなくなった。指で玉を入れて天穴をねらってはじいていたパチンコが自動になり、やらなくなった。

十二月、八王子予備校の最終授業のあと、忘年会をする事務職員に招かれ、校舎で一緒に鍋料理を食べた。神田予備校グループが解散し、八王子校は閉鎖に決まったと聞いた。千葉校で来年の授業はないと言われたのは、このためであったとわかった。来年また新しい予備校の職探しをしなければならないのかと悲観的になった。忘年会を終え、吉祥寺駅で降りてアパートに帰る途中で、意識を失った。翌朝、妻に起こされた。警察署の留置場、俗称虎箱に寝ていた。アパートのすぐ前の道路に酔いがまわって、倒れて寝ていたのをパトカーに発見されたのだった。警官にアパートの電話番号を言ったらしいが全く記憶がなかった。

昭和五十三年（一九七八）正月、妻の両親に連れられて約一時間山を登り、龍ノ口八幡宮を参拝した。妻の兄が東大受験のとき、妻の母は百日間早朝お参りしたそうだ。京大受験を全く母に告げず合格した文学部入学を母に反対された私の経験を話したくなったが、やめた。理解されないに決まっていると思ったからだ。

帰京して一月の最終授業後、塾講師をやめることを塾長夫妻に告げた。幼稚園のお受験の英才教育に熱中しだした塾長夫妻とはやっていけなかった。通信添削のZ会の採点係をすることにした。これは二週間に一回できつかったが、レベルが高いので勉強になった。医進学院という上野の小さな予備校の講師の口を見つけた。南浦和予備校は神田グループから分離独立し、四月からの出講依頼がきた。横浜の白楽《はくらく》にある小さな予備校の講師の口も決まった。どれも週一回だった。駄目だとあきらめていた一橋学院から、週二回の授業依頼がきて助かった。時間給もあがっていた。

三年目、勝負の年だと気合を入れて四月の初授業をした。第二週、恐る恐る教室に入った。一、二列空席はあったが、恐れたほど生徒は減っていなかった。

講師室で英語の久能さんと話をして、十年ぐらい京大の先輩だと知った。昭和八、九年生まれには、石原慎太郎、大江健三郎など才能が群集している。

一橋学院の講師になったのは、私とほぼ同じ頃らしかった。しかし、久能さんは一年目から大人気で、すでに選択ゼミの授業を持っていた。百六十センチの身長、百キロぐらいの肥満体で、太縁眼鏡に赤ら顔、精力的な感じがあふれていた。

一橋学院は生徒が急増してあちこちのビルに間借りしていたのを大きな新館ビルを建設し

てまとめることに決まっていて、勢いに乗っていた。校長が国際商科大をつくり、二浪した生徒は入学できるのだという話が一橋学院では語られていた。南浦和予備校で、一橋学院の講師室で見た顔の男と会った。英語の石田敏治で、私と同じ年だった。早大文学部のロシア文学の大学院の博士課程を修了したが、露文の大学教師の職につけなかったと言う。

鴨長明に説話集『無名抄』があり、家の間取りの設計図を描くのを楽しみとする男の説話がある。この男は長明自身ではないだろうか。『方丈記』を読むと、長明の住居の方丈は、組み立て式で、運搬できるものである。言わば、現代のプレハブ住宅の原型である。運搬して組み立てて黄金の茶室を造った豊臣秀吉の話は有名だが、秀吉自身が考案したのかどうかは判然としない。年代を考えても秀吉より長明がプレハブ住宅の新案第一号だ。

三兄が横須賀のハイランドの大和ハウスの住宅団地の一年売れ残りの新中古の家を買った。見に行ったが、やはりプレハブ住宅らしく、薄くて軽量な感じがした。三兄は金が足りなくて次兄から百万借りたという話を、後年、次兄から聞いた。横須賀からバスで二十分かかるから、家から横浜の会社まで通勤が大変だと思ったが、日本国内の石油コンビナートの建設がほぼ終わり、三兄はバングラデシュのダッカに出張させられて行った。

上野の医進学院は、個人指導だった。授業料が高かった。この当時、私立医大に入学するためには、学校債券を五千万買わないといけないと噂されていた。私の母の弟、つまり叔父は慶応大の医学部を卒業したが、軍医に徴用され、前戦に出されて戦死した。だから戦前は、医学部に入るのは大変やさしかったそうだ。その親の医者の子供達が高額所得者になった医者の後を継ぐために、大変な苦労をしいられていたのだった。

南浦和予備校で、夏期講習の前半の授業依頼がきた。埼玉の文教地区の受験生は比較的おとなしいので私の授業についいて来てくれたのだ。この夏期講習の終わったあと、医進学院のある上野のビルの屋上で隅田川の花火大会を見る会が開かれて、妻と一緒に招待された。

八月のお盆休みに日中友好旅行社のツアーで妻と一緒に初めての海外旅行に行った。二年遅れの新婚旅行で、費用は私が出した。空港から北京市内までバスで約一時間、全くの直線道路で交差する横の道路はなく、完全な平坦であった。信号が全くなかったわけで、一種の高速道路だが、土の道路だった。途中、人家は一軒もなかった。

北京で一泊。紫禁城の博物館、バスで万里の長城へ行った。軍人にカメラの撮影を禁止させられた。北京市内は暗く重い雰囲気がした。雑炊の食事も貧しい感じだった。北京から上海まで低空で窓から下の大地を観て、川・水・田が刻まれているのを知った。大地に漢字が書かれているわけで、古代中国の漢民族は、見たままの形を文字にしただけなのだと思った。アルファベットの表音文字をとった古代西洋のローマ人のほうが抽象的思考力が漢民族より優れていたと断定せざるをえなかった。上海のほうが北京よりにぎやかで活気があった。とにかく、物凄い人の数に驚いた。まだ外国人の観光客が少ない頃だったので、私達の後に、大勢の子供達がついて来た。長江の観光船に乗った。海のようだった。河の水の汚れた泥流に、これが飲料の元になるのかと不安になった。焼そばなど日本風の味だった。北京ダックは噂に聞いていたほど美味ではなかった。

大飯店というホテルの中を妻と歩いていて、偶然、中近東のアラビアかペルシア風の衣装の踊り女を見て、共産主義の国でこんなセクシーなダンサーがと思って少々驚いた。南京へ列車でなくバスで行った。郊外の人家が昼だからか、電灯がついていなかった。鄧小平の政策で、社会主義の人民公社から自営化に変わり、自留地の農作物の商品販売が認められたと聞いていたが、バスから遠望する限り、農家は暗く貧しい感じだった。南京の市街の看板の文字が全く日本と同じなのに驚いた。北京と上海、南京では、発音や文字表記が違っていて、中国人同士でも通訳が必要だと言われていた。南京は古代の呉の国らしく、呉音の漢字、呉服、つまり絹織物の衣服が古代日本にもたらされたのだ。

南京市内をツアー一行から離れて妻と二人で歩き、大衆食堂に入ったりした。中国人民は、同じ黄色人とはいえ、ひどく褐色が濃く、明らかに日本人と違って見えた。この当時、反日感情はほとんどなく、南京入城に日本陸軍が三十万の大虐殺をしたという日中戦争時の悪業の宣伝は全くなかった。上海に戻ったあと、土産物専門店に強制的に連れて行かれ、買い物を強要されたような感じだった。外貨獲得に必死になっていた頃だった。毛沢東の英雄的な書を買わず、『阿Q正伝』の作者魯迅の勤直な書を、もちろんコピーを買った。

上海から飛行機で成田新空港に戻ったとき、改めて中国は日本より四十年ぐらい遅れている、社会主義的農業政策を捨て、資本主義工業政策を鄧小平が推進せざるをえないのは不可避だったのだと思った。成田空港建設反対闘争をしたことは間違いだったとは思わなかった。成田でなく羽田のように東京湾岸に国際新空港は建設すべきだと考えていた。

共産主義イデオロギーによって、革命を行って党の最高権力者になった鄧小平が、資本主義的経済政策を行うことへの驚愕は依然残ったが、非難より貧しい民衆の生活を豊かにするためには仕方なく、勇気ある転向だと感嘆する思いになった。この時、鄧小平が十月に来日した。貧弱な人民服姿の鄧小平が日本に来て、田中角栄の目白御殿に会いに行った。マスコミは仰天して報道したが、私は政治的秘話を空想した。文化大革命時、周恩来首相は鄧小平の命を毛沢東に陳弁して救い、日中国交回復で北京に来た田中角栄首相にひそかに会わせたのではないか。田中は鄧小平に明治以後の、いや、敗戦後の日本の近代化、復興は、結局、欧米の外資導入技術移転による工業化の成功、そのために政府金融機関による産業育成への集中的投下の政策を語って聞かせたのではないか。鄧小平は田中角栄から、井戸の掘り方を教えられた。仮に直接会って話し合ったのではなく、田中角栄の著書などで知ったとしても、教えられたという思いがあったから、恩を感じて田中に会いに行ったのではないか。これは完全な空想で、実証されることはない。

南浦和予備校で冬期講習の授業があった。しかし、横浜の白楽の予備校は閉鎖が決まった。医進学院も翌年の出講は難しいと言われた。年末、妻が体調がよくないので婦人科の医者に診察してもらったら、子宮のために早く子供を出産したほうが良いと言われたと涙ぐんで言った。妻の涙目に負けた。

北軽山荘に妻が突然やって来て、法師温泉の宿で妻と合体したときは用意していなかったけれど、その後、同棲、結婚後は用心して必ず私は避妊具、コンドームをつけてセックスした。経済力がない私には、子供ができて妻が働くのをやめてしまうと、妻子を養えないからだ。

一歳で別れた息子有理のことも念頭にあった。異母兄弟をつくることにためらいを感じていた。そして結婚して三年たっても、まだ妻の本性がよくわからないというあやうさを感じてもいた。しかし、経済力は何とか予備校の非常勤講師の収入でも妻子を養える目途がついた。この年末、サラ金地獄百六十人自殺という報道があった。サラリーマンが消費者金融会社から借金して、返済できず厳しい取り立てにあって自殺者が多く出たのだ。

女の体調のことは全くわからなかったが、子供を出産したほうが健康に良いと医者が言うのなら、そのアドバイスに従わざるをえないだろう。避妊具をつけず、妻と合体して射精した。

年末、岡山の妻の実家に行き、中国で買った硯を妻の両親に贈った。会社経営のオーナー社長の家とはいえ、上流ではなく、中流上だと思うが、立派な市民ブルジョア家族の一員に私も組みこまれ、反体制の一年契約の非常勤講師であっても、体制のアウトサイダーではなくなった。体制のインサイダーに入りこんだとは客観的には言えないだろうが、主観的には転向して妻の家族に忠誠愛（執着心）を持ったと思う。

4、心を入れる

昭和五十四年（一九七九）正月、帰京して、また職探しをして大久保予備校に履歴書を送った。名前の士に心を入れて志と改めた。志を重視したからではない。精神（創造性）を会社勤めでは持てず、中の心、つまり忠誠心を持つことになると考えたからだった。ただし、一橋学院に忠誠心を持ったのではない。予備校業界、受験産業に対して、忠誠心を持ったのだ。

中世の武家革命、鎌倉幕府の創業を研究しようと考え、『吾妻鏡』（東鑑ともいう鎌倉幕府の正史）を買い、さらに京都朝廷の重鎮関白九条兼実の漢文日記『玉葉』その弟大僧正慈円の歴史評論書『愚管抄』などを古本屋で探して買った。しかし、漢文を読解する学力がなく、『玉葉』には閉口した。後白河上皇と摂政の松殿基実（基実かどうか記憶があいまい、眼が悪いので確認しようがない）とが醜関係、つまり男色だという兼実の政敵への攻撃、暴露記事が面白かったが。

四月、一橋学院で週三回授業があり、一日は本館、二日は、新館だった。生徒数は最大八千と言ったが、これは春、夏、冬、直前、単科ゼミ、高校生など合算した延べ人数で、定食と通称された正規の人数は約三千弱だった。私の持った一クラスは、一、二週ほとんど空席がでできなかった。

大久保予備校は、昔の百人町の家近く、新大久保駅近くのビルにあった。行って驚いた。高三のクラスメート、柏木正宏が数学の講師で来ていた。早大の理学博士の学位を取得していたが、柏木も大学教師の職につけずにいた。

五月の連休明け、私は三十五歳になった。妻が妊娠四カ月とわかった。

六月、東京でサミット（主要先進国首脳会議）が開かれ、英国の鉄の女宰相サッチャーらが来日した。『ジャパン・アズ・ナンバーワン』なる翻訳書が話題になり、自動車の生産台数が、米国を抜いて日本が世界一になる日が近づいてきたと、さかんに噂にのぼった。

ある朝、教室に入って教壇に立ったとき、最前列の席の生徒二人が突然拍手した。拍手は次第にひろがり、低い音だったけれど教室中の生徒が手を打ち合わせた。六十八年の私の生涯でたった一度だけの経験だった。しかしそれほど感激も興奮もせず、比較的冷静に平常通りの授業をした。終了のベルのあと、最前列の最初に拍手した生徒に聞いた。全く思いもよらない答えが返って来た。スーツの色合がとても素敵だと言うのだ。不動産のセールスマン時代に買った浅いネギ色の夏のスーツで、少々くたびれて新調したいと思っていた代物《しろもの》だ。

当時、若者は濃紺のジーパンを買うと、わざわざ一、二日水につけて脱色させた物を好んだ。どうやらそうした若者の審美眼に私のスーツの色あせた感じが気に入られたらしい。私の授業のよさに拍手したのではなかったのかと少しがっかりしたが、スーツの色調に拍手する生徒の余裕に、大学受験生の気質が変わってきたのを痛感した。豊かな社会の実現で、浪人、受験生に生活苦の切実さ、必死さがなくなってきたのだ。それは学力の低下をもたらすだろう。

待望した一橋学院の夏期講習の授業依頼がきた。南浦和予備校の夏期講習の授業依頼もあって、七、八月の賃金収入が確保できた。妻の勤務先の非営利のアムネスティ人権団体で、妻の送別会ではなかったが、何かの祝賀会が開かれ、私も招かれた。妻は七月末に退職した。妻は岡山の実家に帰ってしまった。

一橋学院と南浦和予備校の夏期講習で、私は岡山には行かなかった。電車の中で漫画を読む若者が減って、ウォークマンを聴く若者が激増した。出回り始めた頃は騒音が外にもれてうるさかった。私はパイプでタバコをのみ出し、喫茶店に入るとテレビゲームで騒がしかった。飲み屋に入るとカラオケで客の下手な歌を聞かされた。

ガソリンが春のイランのホメイニ革命の影響か、次第に値上がりしだし、石油ショックの再来と言われだした。イランの親米的パーレビ王朝が倒れ、イスラム教指導者ホメイニが最高権力を握って、政教一致の革命を行うイランを遠いアラブ世界のことぐらいにしか思えなかった。イスラム教に関心がなく、無知だった。

十月の末頃、吉祥寺の街のコインランドリーで洗濯をしていたとき、新聞の号外だったか、どこかのラジオ放送だったか、韓国の朴大統領が側近の警護隊長らに暗殺されたと知って驚いた。クーデターで政権を奪った軍人の朴大統領の、いわば軍事政権化、日韓条約後の日本からの経済・技術援助によって、韓国は新興工業国家へ離陸上昇しだしたと思われていたので、朴大統領暗殺はショックだった。

十一月二十日、娘が誕生した。二十三日の勤労感謝の祝日に岡山の日赤病院に行き、妻と会って抱擁した。娘でよかった。うれしかった。妻の母が、天満屋デパートで私に五千円のYシャツを買ってくれた。いつも私は千円のYシャツをスーパーで買っていたので、妻の母の買い物の高額なのにあきれた。出産や産着《うぶぎ》などの準備や費用は全て妻の実家がやってくれた。

帰京してアパートを探し回り、国分寺駅から西武線一駅目の恋ヶ窪から徒歩五分の新築二階建ての2DKバストイレ付きを借りることにした。近くに銭湯もあったが、赤ん坊にはやはりホームバスがよいだろうと決めたのだ。よく覚えていないが、近くに馬小屋があって、そのせいで家賃は比較的安かった。

十二月に妻と娘が上京し、恋ヶ窪のアパートに引っ越した。一橋学院と南浦和の冬期講習があって岡山の妻の実家には行けなかった。四畳半の私の部屋でテキストの入試問題の解答を考えてタバコを吸っていた時、妻が入って来て、黙って窓を開けた。年末の寒気が入って来た。妻は何も言わず部屋から出て行った。赤ん坊のために禁煙しろと言うことか、と思ったが、問答無用の妻の強引なやり方が気になった。母になったことで、猫が虎に変身するように、妻の気性が強く変わってきたと思った。

昭和五十五年（一九八〇）一月の直前、講習の授業が大久保予備校であった。最終日、事務長が、本当に最終で、予備校は閉鎖、このビルは売却されますと言った。鶴屋商事という不動産屋が中古ビルを買って、空き室を使って予備校経営を始めたが、ビルの転売が決まったので、赤字続きの予備校をやめるということだった。漢文の石塚老師が私に同情してくれ、もう私は年だからやめるので、後釜に推挙してあげようと言って、早稲田予備校の秋田校長に紹介状を書いてくれた。数学の講師が飲みに行こうと私と事務長を誘って、新宿ではなく、タクシーを銀座まで走らせて、なじみだというバーに連れて行った。事務長は私と同じ年ぐらいで、筑波大出で、学生運動をやった男だった。夕飯抜きで飲んだので、かなり酔っ払ってしまった。数学の講師は店のピアノをひいた。隣の席の五十代の肥満した男が、私達に、お前達の来る所じゃないぞと罵声を投げてきた。どうも私達の声高に話した連合赤軍事件の吉野雅邦の死刑でなく無期の判決についての非難が耳に入って、文句をつけたような気がした。連赤の評価をめぐってかどうだったか、覚えていないが、男と口論になり、カッとなって酔った勢いで私は男と殴り合いになった。若い私が男を倒したところで、店に入って来た制服警官に取りおさえられ、外に連れ出され、パトカーに乗せられた。傷害の現行犯逮捕である。その後の記憶が飛んでなくなっている。酔っ払って記憶を失ったのだ。警察署の留置場で眠ったのだろう。東京地検のふとった検事に取り調べを受けた記憶がある。私の名は警察のブラックリストに載っていて、喧嘩についてはあまりきかれなかった。喧嘩両成敗で、刑事事件としては不起訴だった。相手の男が民事で賠償を求めて告訴した。妻の高校・女子大の友人が弁護士と結婚していたので、示談交渉をしてくれた。相手の男が、佐賀新聞の東京支店長だと知って、私は佐賀新聞の社長に手紙を書いて送った。男は告訴を取り下げた。示談金はどうしたか、覚えていない。

税金の確定申告で、たしか三百五十万ほど年収があった。妻には生活費を月二十万渡した。家賃は別に私が払った。一年契約の非常勤だから、娘のためにも預金をしておかなければならなかった。早稲田予備校の秋田校長は女性だった。一橋学院と同額の時給で採用された。

四月、一橋学院は週三回、早稲田予備校は二回、南浦和一回で、はじめて一週間六日授業があった。負担が大変なのでZ会の通信添削をやめた。一橋学院では、早大専科の五十人クラスの授業があった。早稲田予備校の本部校舎は教壇が三段ほど高くなっていて、縦長の二百人ほどの教室だった。最初の授業で教壇に私が立ったとき、カッコイイという女のカン高い声が教室中に響きわたった。黒のブレザー上下にストライプのネクタイ、Yシャツとアメリカのアイビーリーグの服でシックだが、やや古風だった。しかし、この服装にカッコイイの声を女生徒があげたのだろう。授業の内容以前の外見だけの評価であった。女難の相があると素人うらないで言われたが、この女生徒の一言の威力、第一印象の力は強く、十二月の最終授業まで、二百人の教室に全く空席は出なかった。立ち見もなかったけれど。

一橋学院の一番最初の授業のとき、半袖シャツにノーネクタイ姿だったのが失敗だったのだと悟った。一橋学院の早大専科の授業中、最前列の生徒が財布を取り出し一万札を隣の生徒に見せて、低い声でささやいた。気になったので終了後、何だと聞いた。すると、「先生の口髭が聖徳太子の口髭に似ていると思ったので確かめたんです」「ハア、ウーン、授業に集中しなきゃあ駄目じゃないか」

生徒に余裕があって真剣な気迫が足りず、学力が低下していくのが少々心配になった。私が口髭をのばしたことを、妻は自信ができたのねと言ったが、授業の準備に追われて剃るのを忘れただけだ。早稲田予備校はテキストの入試問題に解答をつけてくれたが、一橋学院は、この時まで解答をつけてくれなかった。数学の秋山仁（この時、日本医大助教授だったと思う）が、解答を出せと言って生意気だと言われた。この後、秋山仁は一橋学院をやめたはずだ。まだNHKテレビに出る前のことだ。

岡山で生まれたので、娘には奈良時代の右大臣、岡山出身の吉備真備にちなんだ名をつけた。娘を抱いて風呂に入っていて、誤って湯の中に娘を落としてしまった。あわてて抱きあげたが、娘は泣かなかった。けれども眼の悪い私には、赤ん坊を風呂に入れて洗うのが大変なので、妻に言ってやめることにした。

午前で授業が終わり、夕方前に帰宅すると、妻は私に「赤ん坊にミルクを飲ませて」と言って買い物に出た。何かと口実をつけて、私に赤ん坊のおしめ替えなどさせるのだ。妻は私より七歳下、二十九歳だから、母乳が出るはずなのに、何で私がミルクを赤ん坊に飲ませなければいけないのか不審に思った。夫に育児をさせるように、育児書にあったのだろうか。梅雨時の蒸し暑い夜、赤ん坊が夜泣きした。私は目がさめた。妻に乳を飲ませたらと言おうとしたら、妻が鋭い声で「ウルサイ」と言った。赤ん坊は泣きやんだ。妻の気迫も凄いと思ったが、娘のききわけのよさにも感心した。母親孝行の赤ん坊で、育児苦労は少ないと思った。

ある夜、そろそろ寝ようかと思っていたところ、突然、久能さんが訪ねて来た。別に酔っているようではなかったが、どこかの帰りに寄ったらしかった。横になった鮪のような久能さんが話しながら、足先をふるって動かした。全身足先まで使って表現する人だと、えらく妻が感心した。一橋学院で授業数が増えたのは、久能さんが事務長や教務課長に私のことをほめそやしてくれたからだった。久能さんの言い方ではだが。小論文の授業をやるための準備として、まず添削をやってみたいと言って、教務課長が私に三百枚ほどよこした。ひどく苦労した。私の添削が丁寧だと、課長が言った。

通信添削をやめたZ会から、入試対策問題の作成依頼がきた。『今昔物語集』の源信僧都の説話から問題を作って送付した。不採用だったが、Z会から送って来た原稿料を見て、仰天した。何と二十万あったのだ。Z会はもうかりすぎて、金があまっているのかと思った。

自動車生産が年間一一〇〇万台に達し、アメリカを抜き、日本が世界一になり、世間はウハウハの好景気にわいていた。一橋、早稲田予備、南浦和と夏期講習は大忙しだった。

九月、和洋女子大の鈴木教授が一橋学院の授業を休み、私が代講をした。生徒達に特別にテキスト以外の話をするとことわった。平安王朝の後期、白河上皇は藤原摂関家と姻籍がなく、院政で専制君主だった。『源氏物語』の影響か、十歳ぐらいの少女を手ずから養育し、処女を奪った。少女愛（ロリータ・コンプレックス）。妊娠した少女を白河院は、孫の鳥羽天皇の女御に押しつけた。少女の産んだ子、後の崇徳天皇は、鳥羽天皇の子だが、実は祖父白河院の子だから、鳥羽天皇の叔父である。鳥羽天皇は崇徳天皇を叔父子と呼んだと源顕兼の『古事談』という説話集に載っている。

『平家物語』には、白河院の愛した祇園女御が妊娠したとき、平忠盛に女御を与えた。女御の産んだ子が平清盛で、清盛が太政大臣に出世したのは、白河院の実子だったからとあるが、これも実話らしい。歴史家の考証だと、女御の子ではなく、女御の妹の子らしい。白河院に代表、象徴される王朝の破倫が、無倫理が、朝廷の衰微をまねいたのだろう。崇徳院と後白河天皇、平清盛らが戦った保元の乱以後、武者の乱世になったのである。

授業の終了直後、生徒が一人来て、「先生の通常の授業に出たい」と言った。「それは駄目だよ。これは特別だ。こんな話は面白いかもしれないが、入試には絶対出ないから。まず大学に合格することだ」『吾妻鏡』には、鴨長明が鎌倉幕府の三代将軍源実朝に会ったことが書かれている。長明はこの後、帰京してから『方丈記』を書いた。だから『方丈記』だけ読んで、詠嘆的無常観と長明の思想を評するのは当たっていないと思う。

　妻が小さなテレビを買ったので、ジャイアンツに移った張本が三千本安打を打ったのをテレビで見た。大相撲の横綱大鵬の父はロシア人、プロ野球のホームラン王の王選手は中国台湾人が父。張本選手の親は韓国人、プロレスの力道山は朝鮮人。まだあげれば何人もいるだろう。日本は単一民族の社会ではないのだ。

　十月、アイドル歌手山口百恵が、満開の花が咲き誇る前に散ってしまったように涙の引退をした。おしい、もったいないことだと思った。歌手美空ひばり、女優吉永小百合の二人をあわせたタレント才能をもっていると思われる山口百恵が、芸能史を飾るビッグスターになって、もの凄い巨額の金を稼ぐだろうに、よく所属プロダクションの社長が引退を許したものだと、あきれる思いだった。

　予備校生が寝ている両親を金属バットでなぐり殺した事件が起きた。二浪の予備校生は、一橋学院の早大専科に在籍していた。私が教えていたクラスであった。もっとも、生徒に聞くとほとんど授業には出ていなかったと言う。家庭内暴力、受験戦争とマスコミは報道したが、両親殺しの犯人の深層心理の分析は、そう簡単なものではないだろう。一橋学院と業務提携していた甲府予備校の冬期講習の講師に派遣された。講習終了後、校長に連れられてスナックバーに行った。カウンターで飲んでいて、ふと隣の男のしゃべり口調が京都弁なのに気づいた。そう言うと「そうだ」と答えがあった。話していて、男が何と武藤一雄京大キリスト教学教授の息子で、私と同じ年だとわかった。同志社高校を出たあと、大学に進学せずギターの演奏家になり、アルコール中毒をなおすため、前日まで久里浜の病院に入っていたのだと言った。謹厳な武藤教授の正反対のような生き方の息子だと思った。男と別れてホテルに入ったあと、ふと思い出した。高三の同級生で中大法学部に入り、私を円覚寺の座禅にさそった友人は卒業後、都庁に入り役人になったが、父はジャズのミュージシャンで、敗戦後米軍キャンプで演奏していたと聞いたことがあった。これも父親と正反対の生き方をする息子の実例だろう。自民党の政治家には、二代目、三代目と世襲相続する実例が多いから、父親と息子の関係は正反対になるか、そっくり同じになるのか、どちらかか。

昭和五十六年(一九八二)正月、岡山の妻の実家にいけなかった。早稲田予備校で十二月三十一日午後一時、ホールの七階大教室八百人で、私は特別授業をした。生徒達はオペラグラスなどで黒板を見ていた。私の授業のあと、日本テレビの番組放送になり、お笑いのコント赤信号の三人が登場した。日テレの女子アナの化粧の濃さに驚いた。

早稲田予備校では二月一週まで授業をした。私大の入試はすでに始まっていたから、今さら授業でもないのに、女生徒達はまじめだから授業に出て来た。

沖縄の久米島に、妻子を連れて行った。娘を私が背中におんぶして歩いていたら、島の子供達がおかしいと言って、ぞろぞろ後について来た。妻は沖縄ののんびりさが気に入ったようだった。

三月の税の確定申告で、年収が約六百万あった。前年より二百五十万も増えた。早予の年収が私の考えた以上に多かった。どうも途中で時給があがったようだった。契約社員の予備校講師は、正社員でないので雑所得で三割の必要経費が認められていたので、予想以上の税金の還付があった。黄金の八〇年代と呼ばれたのは、物価の上昇と同じ速度で賃金も上昇したからだ。日本株式会社、エコノミック・アニマルと言われた資本主義の企業戦士達の絶好調の活躍が続き、予備校の非常勤講師、言い換えるとフリーターのインテリヤクザの私にもその恩恵のおこぼれの金が与えられたのだ。

新聞を読んでいて、ふと死亡記事に目がとまった。松尾靖秋、武蔵野女子大教授。著書『芭蕉論攷』など。南浦和予備校の夏期講習で松尾教授と一緒になった。恋ヶ窪のアパートから歩いて西国分寺駅へ行く途中に、松尾教授の古い小さな平家があった。武蔵野線に一緒に乗って、愛媛県出身で早大卒の柔道家だと聞いた。同姓だから芭蕉を研究したそうだ。五十五、六歳だったと思うが、大学教授だから新聞に一行でも死亡記事が載ったのだ。自分が死んだときは一行の記事も書かれないのだ。

沖縄の竹富島に旅行したいと妻が言った。おっくうだなと思っていたら、一橋学院から春期講習の授業依頼がきた。春期講習があることすら知らなかったので驚いたが、うれしかった。あきれたことに、妻は幼い娘を連れて私を置き去りにして、沖縄に旅立って行ってしまった。隠していた我が儘な本性を母になって発揮しだしたのだ。だから社長の娘と結婚するのは嫌だったのだ。妻は旅から帰って来ても無口無愛想だった。私は、もう子供はいい、妻が増長するばかりだと思い、避妊具をつけて合体した。

南浦和予備校の出講をやめた。依頼がこなかったのだ。午前に古文だけでなく、現代文の授業もあった。現代文は東大や京大のような記述式の解答はいいのだが、早大などの入試の空欄補充が私は苦手で嫌いだった。接続詞、副詞など文法で空欄に入れる語を決めるのはよいが、語句を空欄に入れる問題は出典を見ない限り正解を出しようがなかった。苦手意識があって現代文の授業をしたせいか、二週目に前一、二列に空席が目立った。終了後ふと隣の教室を見ると、立ち見の生徒がいた。時間割を見て愕然とした。隣の教室は私と同じ現代文で、佐々木講師の授業だった。佐々木さんは私より一歳上で、東北大の日本史卒で、仙台の高校教師になってやめて、一学では国語を教えた。国語では一番の人気講師だった。出る釘のたとえ通り、老齢の講師達からは高慢だと非難されていた。後で知ったことだが、佐々木さんの授業は全く独特で、私にはとても真似できない特殊なものだった。佐々木さんはテキストを教室に持っていかず、最前列の生徒のテキストを逆読みするので、座って、一切立って黒板に答えを書かなかった。説明解答をすべて口で言うだけだから生徒は私語ができず、集中して聴講する。佐々木さんのもの凄い記憶力、説得力に信奉する生徒は多く、結婚の仲人を佐々木さんに頼む生徒が何人も出たと噂に聞いた。

早予では私は古文だけだったが、現代文で坂口安吾の研究者として有名になった関井光男講師が圧倒的な人気者だった。関井さんは安吾の初出の雑誌単行本を全て持っていた。後年、近畿大かどこかの教授になったと思う。

ＩＢＭの谷が、横浜市港北区に家を買ったので、妻と見に行った。東横線の日吉駅からバスで十分以上かかった気がする。歩いたら四、五十分か。北斜面だが、割と広い二階家だった。谷の妻も東京女子大の卒業生だった。

谷と京大工学部で語学授業が一緒だった建築家の松本深志夫妻と知り合ったのはいつだったか。谷の紹介だが、いつ頃から親しくなったのか、忘れた。新宿の建築設計事務所や西武線の沼袋駅近くの家に妻と一緒に訪ねて行った記憶がある。長野の松本深志高の卒業で大工の棟梁の家柄で、非常に頭の良さそうな秀才顔だった。京大卒の建築家では黒川紀章が有名だが、黒川は京大時代左翼の学生運動をしていたが、ソビエトロシアのモスクワに行って見聞して帰国後、転向して自民党支持になった。これは松本深志から聞いた話だったかどうか。

鈴木幸婆が亡くなった。娘の誕生祝いの産着をもらってから幸婆には会っていなかった。寺の告別式に行って、八百人ほどの参列者の数に驚いた。戦前大地主だった鈴木家の底力と、京王観音講を作って、幼稚園やその他の慈善活動を行った幸婆の遺徳のあらわれであった。

一学の講師室で桑原宏、都立高の夜間教師と知り合い、豆本の出版社を個人経営している桑原から、古文の学参を出版しないかと言われ、原稿を書き渡す前に、桑原が費用を出してくれと言い出した。立川の多摩川沿いの桑原の家に行って、数冊の豆本をもらったあとだったので驚いた。「それじゃ、自費出版？　学参の自費出版なんて、聞いたことない」「うちは出版社コードがあるから、取次会社に出せるからね」桑原は信用できないと思った。豆本を三百部出版と著者に言って、桑原は実は千部出して売る男だった。これは桑原自身が私に話したことだった。そうしたこすからいやり方が気にくわなかった。桑原が、初めから自費出版と言えばともかく、後出ししたやり方も不快だった。桑原とは物別れになった。

夏休み、熱海の先の初島に海水浴に行った。安宿に泊まったので、妻は不平顔になった。娘を抱いて浮き袋に乗っていて、私はまた娘を取り落としてしまった。

夏期講習の授業が午前だけで終わったので、国分寺近辺の印刷屋、製本屋を回って、私は原稿を薄い二冊の本に仕立てた。「古語の壺」「古文の壺」各二百円で、取次会社を通さず、直接高田馬場や立川の本屋に持ち込み置いてもらった。新宿の紀伊国屋書店に行って仕入れ課長に会ったが、拒絶された。恋ヶ窪のアパートに数百冊置きっ放しになった。九月か十月か、ある日、アパートに帰ると本が一冊もなかった。妻が、私の留守に大阪の学参出版の社長だという男が来て、本を全て買って車に載せて帰ったと言った。これで赤字にならずにすんだ。高田馬場や立川の本屋に出した物も売れたのだが、金額がたいしたことがなかったので、請求、資金回収をしなかった。この金の受け取りが面倒で嫌なので、学参出版はやめることにした。

年末、目白の椿山荘で、一学の忘年会があった。これは記憶違いで、前年かもしれない。とにかく盛大だった。早予の忘年会は伊豆の修禅寺温泉一泊だった。岩風呂だったたか、軽い食中毒になった。そのせいか、早予の忘年会はこの年だけだった。

冬期講師で一学と業務提携していた北九州予備校に、英語の八木講師と二人、派遣された。福岡の空港で飛行機を降り、博多駅から新幹線で小倉に行って高級ホテルに泊まった。交通費、宿泊費、食事費、全て北九州予備校持ちだった。八木は私と同じ年で、同志社大の経済を出て山一証券に勤め、退職して早大の政経の大学院に入り、博士課程を終了して英語の講師になった。代々木ゼミナールが福岡に分校を出したのに対抗して、北九州予備校は、東京から講師を呼んだらしかった。私は古文、現代文両方やれるということで選ばれたらしかった。前年は佐々木が出張したそうだ。

講習終了日、校長がフグ料理フルコースを接待してくれた。初めてフグ刺しを食べた。さらに玄界灘でとれた魚をクーラーボックスに入れて贈り物としてくれた。八木と別れて新幹線で岡山に行き、妻の実家で妻子と一緒になった。昭和五十七年（一九八二）正月は、岡山で過ごした。直前講習の授業はなく、ゆっくりできた。

敗戦直後、中国東北部、旧満州に捨てられ、置き去り、養子に出された日本人の残留孤児達が帰国したテレビの報道特集を見て、私と同じ年の孤児達の悲惨な人生を思った。

タレント黒柳徹子の書いた『窓ぎわのトットちゃん』が七百万部をこす超ベストセラーに

なり、テレビの威力をまざまざと感じた。テレビは現代の神器だから、テレビタレントは現代の神に祭りあげられたようだった。時代社会の金万能の風潮に呑みこまれ、反体制の反が取れてしまいそうであった。妻の実家の鉄工所は自動車の部品の金型の工場の下請けになっていて、ついだ酒がコップからあふれ出るように、金が儲かっているようだった。

確定申告で約七百万年収があった。二年で二倍になったのだ。名前の士の下に心を入れて志に改めたので、漱石の『心』を改めて読んだ。処女作『吾輩は猫である』の題名の秀逸な割に、漱石は後年題名に頓着しなくなったと言われていた。『心』も内容と一致していないようで、「明治の精神に殉ずる」と自殺する先生のことを考えると「心」より「精神」のほうが合っている気がした。とにかく読んでいて異常な作品だと痛感した。大学教授でもない無職の先生に「私」が引かれるのも異常だが、重危態の父を放って家を出て汽車に乗る私の異常な行動は全く理解できなかった。先生の友人Kが厭世感か、下宿のお嬢さんと先生の婚約に絶望してか、突然下宿で自殺するのは異常すぎる。この直後、お嬢さん達が転居したように、迷惑がかかるのが、はっきりと予想できるのに、Kが下宿で自殺するのは異常すぎる。明治天皇の死を追って乃木大将夫妻が自殺、殉死した報道を聞いた後、先生が、先生一人しか頼る人のない奥さんを残して一人自殺するのは異常だ。愛する妻を、言わば置き去りにして一人自殺する先生には「心」がないように思える。妻子を捨て出家遁世した西行は「心なき」と得悟している。心なき先生は、精神異常ではないか。無職の先生は、体制への忠誠心はないけれども、精神（創造性）はあるから長文の遺書を創作できたわけだが、作者漱石の精神、神経が異常な状態だったので、異常な読後感になるのだろう。明治の精神の説明は「心」にないけれど、維新後の近代国家、社会の創造を意味しているのだろう。

5、家を建てる

一橋学院の事務長から、私学共済保険に入らないかという話があった。社会保険で、半額は一学が負担するということだった。妻と結婚した後、国民年金に入り掛け金を払っていたが、それをやめて私学共済に入った。一年契約制のままだったが、社会保険を一学が払うことは準専任扱いだから、来年いきなり解雇される心配はなくなったのだ。一学も早予も専任講師制をとっていないから、非常勤の講師の時給は、大学のそれより高かった。当時の会社員の平均年収は四百万ぐらいで、五百万をこえるとマイホームを買うのが通例だった。一年契約で不安定だから家を買うことに心配があったが、準専任なら住宅ローンを申し込んでも銀行でも認可してくれるのではないか。子供の時の新宿百人町のペンペン草のはえた板ぶき屋根の古いボロ家には友達は誰も遊びに来てくれなかった。娘がやがて幼稚園に行けば友達が遊びに来るだろう。アパートよりも家のほうが、娘も友達と遊べて喜ぶだろう。大京で手抜きのマンションを見たことがあった。十階建てで五階の床下で水道管の手抜き工事があって水漏れした。個人の資金では補修できはしない。買った住人は悲惨である。それに買ったマンションの四十年後老朽化したとき、どうして建て替えることができるか。資産価値は土地と違って老朽化したマンションは零になる。東京の郊外の丘陵山口あたりなら別荘の趣のある家があるだろう。そのあたりなら地価も安いはずだ。

一学から、特訓クラス用テキスト作成と公開模試の現古融合問題作成の依頼がきた。私の「古語の壺」「古文の壺」の小冊子を佐々木講師が見て教務課長に話したので、特訓基礎のテキスト作成の注文が来たらしかった。週間テストの問題作成は前年からやっていたが、公開模試は初めてだった。よくわからないが、国語科講師のベスト五ぐらいに入ったような気がした。

早予の教務の津田部長から、全国教育研究所と業務提携してビデオ授業の撮影をするので、講義してくれという話がきた。現代文と古文と二本ビデオをとるということで、関井さんは古文の授業をしないので私に話がきたのだ。西新宿の超高層ビルの全教研のオフィスに行って、すでに販売されているビデオを参考に見た。六十ぐらいの高校教師の授業で、何となく活気のない地方的な感じがした。地方の高校生、受験生に売るので、違和感をもたれないようにしたそうだ。教室でなくスタジオで撮影するので、生徒がいないから勝手が違った。しかし、テキストをこの撮影用のためにだけ、早急に作らなければならなかった。夏休み前までに製作して夏期講習に出れない地方の高校生に販売したいという注文で、急いでテキストを作った。一学、早予と週六日の授業、一学では夜高二クラスもあって忙しかった。

早予の理事長室で、理事長と私の写真を撮ったとき、理事長が渡したハチマキを額にしめた。後日見たら、白ハチマキに赤丸、必勝合格とあった。理事長のベンツに同乗してスタジオに行った。

現代文では青シャツ、古文では茶のシャツで、六十分のビデオを二本撮影した。ギャラはテキスト作成代こみで三十万。印税なしだった。三十八歳の記念になると思い、ギャラの安さは気にしないことにした。それに、私の授業のビデオがそれほど売れるとは、自分でも思えなかった。津田教務部長の話の言外の感じから、人気抜群の関井さんは我が儘で教務の言う通りにならないので、少々嫌われているというか、敬遠されているようだった。

夏休みになって、妻と一緒に家探しをした。西武池袋線の急行停車駅、飯能の一つ先、高麗川駅の東急不動産の大規模分譲地を見に行った。もうほとんど完成していた。こんな山間の住宅から都心に通勤しているのかと思った。東急の分譲地ということで、東女大卒の妻が気に入ったが、私は即座に駄目だと言った。通勤不可だ。高田馬場の一学と早予には通勤できるけれども、南浦和予備校には通勤できはしない。一年契約なのだ。来年どこの予備校へ行くかわからないのだ。交通の便が割と良くて、丘陵山口で安価な土地、別荘風の家を探すのだと妻に言った。関東大震災を母が経験していたから地震も考えた。

秋、妻は娘を連れてハイキングがてら、家探しに歩いた。私は授業に追われながら、北条時政の研究をした。

平安王朝を藤原摂関体制と言うように鎌倉幕府は北条執権体制と言うべきである。

冬期講習で、また北九州予備校に派遣された。積雪がひどく予想外の寒さだった。授業終了後、金澤校長が高級クラブに連れて行ってくれた。ホステスの一人の左腕を見てギョッとなった。一センチほどの黒焦げの丸い跡があった。火のついたタバコを押しつけられたのだと直感した。暴力団の男のヒモがいるのだろう。もう一人、若いホステスはマスクをしていた。客商売の女がマスクで口元を隠しているのだ。気分を変えるため校長が別のクラブに行った。長いソファーに座っていると若い綺麗なホステスが私の隣に座った。しばらくして異様な雰囲気に包まれるのを感じて、そのホステスを見ると、ぐにゃりと全身の力が抜けて、しまりなく寝そべるようになっている。雌猫がマタタビをかいで発情したかのようであった。着飾っている若い女の全身が陰唇になってしまったようにフェロモンをムンムン発散して、私を包みこむのだった。女の体に接触も抱擁も性交もしていないので奇妙なセクシーな恍惚感に我を失ってしまった。六十八年の人生でたった一度だけの奇妙なエクスタシー感だった。理性が残っていたので、何事もおこさなかった。そうでなければ店内で衆人環視のなか雌猫が発情したような女を裸にして、雄猫のように交尾してしまったかもしれなかった。今ふり返ってみて、私の女難の相の原因がわかった気がする。雌猫にマタタビを与えるように、眼に見えない男の情気フェロモンを私は知らないうちに発していて、発情寸前の女体の奥の芯にわくフェロモンを刺激したのだろう。天辺禿で四角張った顔、低く短い団子鼻、牛乳瓶の底のような部厚い眼鏡の醜い私に、女のほうから声をかけてきたり、ホテルに誘ったり、葉書手紙をよこしたり、家出したりしたわけがわかった。老爺になった今では手遅れで、もっと早く気づいていたら、この特性をいかして違った人生を開けたろうに。この時の若いホステスは、少し色気違いだったのだろう。性風俗の売春婦には、色情狂になってしまって、商売をやめられない女もいるのだろう。

昭和五十八年（一九八三）正月は、早予の冬期、直前講習があったと思う。東海大の村瀬教授が、南足柄市に飯沢の地名の字があると教えてくれた。本屋で地図を買って確認した。私の父は富山市出身だから関係ないと思ったが、気になった。『吾妻鏡』を読んでいたら、源頼朝が京へ行く伴の御家人の名簿一覧表に、飯沢朝信の名を見つけた。歴史書で飯沢の姓を見たのはこれが唯一で、このあともなかった。南足柄の飯沢の土地を領有したので、飯沢朝信と名乗ったのだろうか。

この後いろいろな文書を読んでわかったことは、飯沢朝信の父は平賀義宣、兄は大内惟義、平賀朝雅である。平賀義宣は、源義家の弟新羅三郎源義光を家祖とする信濃源氏で、甲斐の武田、常陸の佐竹、下野の足利、上野の新田などと同族である。平治の乱で敗死した源義朝の嫡男、頼朝とともに義宣は敗走した。頼朝が将軍になったあと、義宣は武蔵守になった。義宣の嫡男朝雅は頼朝の猶子になり、北条時政の女婿になった。飯沢朝信の朝は頼朝からもらったものだろう。烏帽子を受けたのだろう。兄の大内惟義は大内、つまり京都朝廷の守護になり、承久の乱の時、後鳥羽院方につき敗死した。

南足柄市の飯沢に住むのも面白いなと思ったが、予備校への通勤を考えれば現実的ではなかった。税金の確定申告で年収七百五十万あった。

NHKの朝のテレビ小説『おしん』が爆発的な人気になった。おしんの母が妊娠しているのに、冬寒い川に腰までつかっているシーンにギョッとなった。流産しようとしているのだ。子沢山で養いきれないのでそうしたのだ。貧苦である。赤ん坊をうつぶせにしたり、濡れた布を鼻口にかけたりして窒息死させる「子消し」がコケシ人形のモトだと聞いた。この反対に電灯がついて明るくなるシーンには感動した。明治の文明開化は、本当に電灯によって文明になったわけだ。

夢と魔法のキャッチフレーズで、東京ディズニーランドが開場した。アメリカ資本主義の遊園地商法の魔術にだまされるのが嫌で、私は一度も東京ディズニーランドには行かなかった。私達の夢の家を建てることに懸命だったからだろう。鎌倉武士的に言えば一所懸命になっていたのだ。

早春、航空写真の折り込み広告が新聞に入っていた。多摩湖と都立、市立の公園、緑地の森が色鮮やかに写っていた。土地の分譲販売広告であった。多摩湖は東京都の水道用水の村山貯水池である。近くに西武遊園地、競輪場、ユネスコ村がある。私が小学生のとき遠足で行ったときは、お猿が運転手のオトギ電車があった。桜花の名所でもあった。早速、現地を見に行った。西武多摩湖線武蔵大和駅から歩いて約十分、バス停から約五分、保育園幼稚園に三分、小中学校へは約十五分。閑静だった。多摩湖から五分ほど、遊歩行楽には最適だった。高田馬場の一学、早予へは一時間で通勤できる。価格は土地の広狭によって違うが、二千万台であった。家を建てても三千五百万ぐらい。安いと思った。四、五千万かかるかなと胸算用していたからだ。

現地に行って、安い理由がわかった。多摩湖線は、朝晩は十分間隔だが、昼は二十分間隔と便がよくなかった。そして、北斜面の雛壇だった。ただ、導入路や段々の階段が広く、ちょっとした広場のスペースがあり、小さな公園にすべり台などの遊具があった。百坪ぐらいの土地にかなり大きな家が二、三軒建っていた。後日知ったことだが、一番上の三段目の大きな家は、ボクシングのライト級世界チャンピオン柴田国昭の家だった。西側の三段の一番下は西、北が雑木林で、しかも雛壇形式なので車庫が下にあって、その分土地が広くなっていた。

国土法による造成と広告にはあった。東京都の水道用水の貯水池が近くにあるのだから、地震に強い岩盤の調査済みだと思った。妻は、西の林の赤松が気に入ったと言った。百二十九平方メートルだが、車庫が雛壇の下にあるので、狭いとは思わなかった。

土地を買って、それを担保にして銀行から融資を受ければ、予備校の非常勤、日雇より条件の悪い時間雇いの一年契約の講師でも銀行ローンを受けられると思った。

私は念のため、立川の法務局に行って登記を調査した。この頃は厳しくなかったので簡単に閲覧できた。土地の所有に抵当権が二つあったが、問題ないと思った。山一商事という大企業の山一証券にあやかった不動産屋の役員名簿を見て、うなった。社長が昭和十八年生、福生中学卒とあったからだ。四十歳の中卒の社長。分譲地の開発には、何億もかかる。多額の借金を銀行からしているはずだ。大丈夫か。福生中学に子供の時を過ごした羽村を思い出した。羽村の隣で米軍の横田基地のある街だ。私より一歳年上の社長の福生中学時代や中卒で飛び込んだ不動産屋商売の成功ぶりを想像した。四十歳にならずして雑木林を買って、開発分譲した業績を思って感嘆した。私自身の不動産のセールスマン時代の苦労を思い、この社長は偉いと思った。田無の山一商事に行って、手付金を支払った。一学も早予も午前中で授業は終わったので、午後、家造り、資金繰りに奔走した。

一年契約の不安定な職では、銀行融資が受けづらいと考え、都庁住宅局に申請して信用保証を受けた。指定で三井信託銀行本店に行き、新宿支店に口座をつくり、融資ローンを受けた。土地二千万の七掛けと胸算用したのに、六掛けしか借りれなかった。しかも、これまで住友信託に預金していた金額を全て三信に移さなければならなかった。借入金の半金を山一商事に内金として払った。

家の設計を松本深志建築事務所に依頼した。松本は京大の先輩が常務理事をしていた女子大の学生会館や山中湖畔の寮会館などの設計を主にやっていて、個人の住宅は専門ではなかった。若い所員が担当となった。

作家高橋和巳は無名の京大生時代、やはりまだ無名の京大生、建築家黒川紀章と夫人を介して親しく交際していたそうだ。この年、安藤忠雄が、神戸六甲山に建築した高層集合住宅が評判になった。ファッションデザイナーコシノヒロコは安藤忠雄の設計した建築に住んだと聞いた。松本深志は東大和市狭山の土地を見て、雛壇の擁壁などがコンクリートの打ち放しで、無装飾なのがいいと言った。

市の規制で土地の三割しか家が建てられなかった。夢の家だが、私の夢は本にかこまれた書斎だった。高校卒業まで自分の勉強部屋どころか、勉強机がなかったのだ。恋ヶ窪のアパートに住むとき、初めて三万円で机を買った。古典文学全集を全巻その他の本を買い集めていたので、本棚を二階に置くのは危ないと思った。四方の壁を本棚にした書庫のような室を造るとすると、一階にしなければならない。しかし、台所食堂と隣り合わせは、臭い騒音を考えると嫌だ。

基本設計会議を新宿のビルの松本事務所で開いたとき、私は、書斎を一階、台所食堂は二階で、と言った。妻は反対しなかった。応接間と居間と寝室を兼用する畳の間とバス、トイレを一階、板の間の子供部屋などは二階と注文した。北斜面なので洗濯物の干し場としてベランダを二階に造ることを妻が求めた。なるほどと思い、システムキッチンにしたいという妻の要求にまかせて、後は私は注文を出さないことにした。何といっても家にいる時間は妻のほうが多いのだから。娘が四歳になり幼稚園に行ったので、妻がまた働きに出てくれることを期待していたので、妻の言い分を通そうと思ったのだ。銀行ローンの返済を考えると、一年契約の身分は不安定で心配だった。

建築家に依頼して注文設計すると、当然、設計料がとられる。けれども建設会社の手抜き工事は設計管理をしてくれるので、絶対ふせげる。そして市販の建て売り住宅より安上がりにできるはずだと考えた。材木、壁、屋根の材質を落とせばいいのだ。当時、二階建ての家は千五百万くらいかかった。三井の銀行ローンは千二百万である。三百万ほど安くする必要があった。内の壁面はベニヤ板、壁紙などは一切使わず無装飾、外壁はモルタル塗りにせず、新建材、屋根は瓦を使わず、新素材の軽量にする。二階は天井をつけないで、夏暑くなるが、屋根だけにする。専門家の安上がり案に全て同意した。それでも設計料を入れると千三百万の見積りになった。建設会社には銀行融資の半金を支払った。不動産屋に残り千四百万、建設会社に残り七百万、合わせて二千百万、それに新しく家具や家電製品を妻は買いたいと言っている。百万は必要だ。約二千二百万、一体どうして工面して作ったのか、三十年前のことなので、もう忘れて記憶していない。予備校の講師になったときは、ほとんど無一文。勤めて三年間は生活するのが精一杯。妻に一円も渡していなかった。両親の反対を押し切って家出して私と一緒になった妻だから、表立って私に文句を言わなかった。だから、実質五年間で、二千二百万やりくり算段してひねり出して、夢の家を建てたわけだ。あの時は夢中だったけれど、六十八歳、人生の終わりになって、ふり返ると不思議だ。よく出来たものだ。妻の両親や私の両親、兄達からは借金しなかった。

夏休み、上棟式を行った。勿論、神主など呼ばなかった。酒も出さなかった。経費最少限であった。ただ、気まぐれで私は母を呼んだ。大失敗だった。母の父は寺院建築専門の宮大工の棟梁だったのに、母は棟上げを見ながら、中古住宅を買えば金の苦労が少なくてすんだのに、と言ったのだ。母は私が京大に合格したとき、文学部入学には反対だと言った。寿美が妊娠したあと、顔合わせのとき、堕胎しろと言った。今度もそうだ。私の祝いごとがあるときに必ず反対して水をさすのだ。この上棟式のあと、事件が起きた。作業員の一人が、雛壇の土地を後退して歩いて踏み外して転落した。「ウワァ」の絶叫に、肝がつぶれた。しかし、ドンという音だけしか聞こえなかった。あわててかけ寄って段下の下を見ると、何と作業員は地面に立っていた。驚いた。何と、四、五メートル落下した瞬間、宙で一回転して足で着地したのだ。惨事にならずホッとした。

一学の夏期講習の授業のあった八月十五日の朝、右足親指の激痛で目がさめた。歩けないことはないので、痛みにたえて一学に行き、立っておられず、机の上に座って授業した。午後恋ヶ窪に戻り、アパート近くの接骨院に行った。レントゲン写真を撮ったが、親指は骨折していなかった。夏期講習の授業終了後、妻と娘につきそわれて、府中の都立病院の形成外科に行った。初めて車椅子に座った。医者は一目見て、痛風だと診断した。資金繰りのストレスで、痛風が発病したのだった。薬で痛みはとれた。三十九歳老化の始まりだった。

十月初め、新聞の折り込み広告を偶然見て、東大和市狭山の分譲地の価格表に目がとまった。ピンときて、しまっておいた前の価格表を取り出して比べた。にらんだ通りだった。不動産の営業時代にいろいろ聞いた話があったので予想していたのだ。この年少し不況風が吹いて、不動産は売れ行き不振だったのだ。売れ残っていた土地の価格が半年前より百万値下がりしていたのだ。翌日、授業が終わった午後、二つの価格表を持って田無の山一商事に行き、社長と交渉して私の土地も百万値下げさせた。あの時あの折り込み広告を見なかったら、いや、見ても価格の変動に気がつかなければ、百万値引きはできなかったろう。

好事魔多しという俗言がある。夢の家が完成した十二月、母が胃癌発覚で入院した。医者は姉や私達にレントゲン写真を見せて、胃下部末期癌、余命半年、切除手術しても無駄だから、しないほうが無駄金を使わずにすむでしょうと言った。母は満七十二歳。当時は平均寿命と言えた。新居に引っ越して、注文建築だなと感心した。妻が結婚したとき、親に買ってもらった洋服ダンスが一階の居間の壁にぴったり入った。二階台所の流し台の横の空間に電気洗濯機がぴたり入った。エアコンも板壁の間に入って、おさまりがよかった。しかし、玄関ドアが重いスチール製になっていたり、ガラス戸に不必要な障子がつけてあったり、その他私に相談なく妻が勝手に注文した箇所がいくつもあった。娘が幼いのに、ドアや引き戸が重く、私達の老後のことも考えないで注文した妻の独断専行ぶりに不安を感じた。しかし、窓と入り口の戸以外、四方全て床から天井まで本棚の書斎に私は満足だった。小さなセパレート型のステレオを十万で買った。ベートーベンの『田園』『英雄』『運命』のシンフォニーのレコードをかけて『平家物語』『義経記』を読んでほくそえんだ。妻は北欧製の食卓セットや大型テレビを買った。東京の中流の市民の家の暮らしらしくなった。内壁のベニヤ板の無装飾も簡素で落ち着きがあった。もっとも建設会社には金は全て支払ったが、不動産屋にはまだ残金があった。

初めてというより、私の人生でたった一回だけだったが、年賀状を印刷屋に注文して作って出した。

見渡せば　森も湖《うみ》もありけり

都下の白家の春の　明けぼの畔

東京都だが、東大和の多摩湖畔は狭山丘陵の緑の森があり、春は桜の名所で冬は雪の富士山も遠眺できた。

京大文学部教授会団交のあと、田口助教授は私に「破滅志向か」と言ったが、無職の無頼の日々をすごしたあと、建築家に注文して都内に夢の書斎を建てた。満足感にひたりながら心の奥底に痛みを感じた。別れた息子の有理はどうしているだろうか。寿美の長浜家は資産家で金銭の心配はない。私も幼少年期、父の存在など意識しなかった。しかし、息子は中学を卒業して受験期に入る。

昭和五十九年（一九八四）正月四日の朝、右足親指の激痛で目がさめた。痛風の発作だった。一学の冬期講習の授業があった。高尾山で買った杖を突いて一学の講師室に入った。佐々木講師がひどく驚いた顔をした。

西新宿の高層ビルに東女医大の関節リウマチセンターがあったので診察してもらったが、痛風も食生活の改善が必要だと言われた。ただし、ビールを飲むことが直接の原因ではない。銀行からの千二百万の借金、母の癌発覚のストレスが痛風の発病になったのだろう。母は結局癌の切除手術をしないことになって、半年後の死を待つことになった。病院の四人部屋で、母の隣のベッドに、まだ三十前の若い男の患者がいて、五十代の母親が看病していたのを見て胸が痛んだ。金属バットで寝ている両親を殴り殺した予備校生を家庭内暴力の結果とマスコミは報道した。この年に校内暴力も激化して、生徒が教師を殴り蹴り、全国各地の学校の卒業式に警官が立ち入り警戒した。明治維新以後の近代化の土台になった家庭、学校が子供達、生徒達の反乱で暴力によって解体しだしたのだ。全共闘運動によって解体が叫ばれた大学の問題が、高校、中学に波及し、家庭に及んだとも言えた。

不動産屋に残金を支払ったが、銀行預金がなくなり不安になった。四月の授業の時間割が来て、不安が的中して肝を冷やした。一学も早予も週二回午前だけの授業だった。つまり、前年より週二日分、収入が減少するわけだ。冬期の講習会の授業も減るだろう。概算して予想すると、数百万間違いなく二百万以上は減収になるだろう。前に一年で二百万以上収入が増加したことがあったのだから、当然その逆もありうるわけだ。妻には、余計な心配をさせても仕方ないので黙っていた。私は不動産の営業で千万単位の取り引きをしていたから、百万単位の金額にはたいして動揺しないが、非営利団体に勤めていた妻には、負担になるだけだと思ったからだ。妻が毎月必要だと請求する生活費だけを渡して、預金の管理は私だけでしていた。妻をお母さんと呼ばなかったし、妻にも私をお父さんとは呼ばせなかった。子供を基点として夫を父、妻を母と言い合う世間一般の日本家庭の甘えた関係性が、夫、妻、子の各自の主体性、自立性を阻害すると考えたからである。冷たい個人主義だと妻の知人から非難された。組織体への忠誠心、つまり中の心を無批判に受容すると、体制に埋没して主体性を喪失して自立できなくなってしまう。私は家にあっても反体制の立場でいたかったのだ。

私を変人と言った三兄は、典型的な会社員だったから、二十代で会社を転々とし三十一歳一年失業して、非常勤の私が家を建てたので、非常に驚き不思議がって、甥と姪を連れて私の家を見に来た。谷は私が松本深志に注文して家を建てたことに驚き、不思議がった。京大同期卒で東京都内に注文建築で家を建てたのは私だけだと、谷は言った。

6、地方出講

授業数が減ったのは私だけではなかった。丙午《ひのえうま》生まれの女の子は嫌がられる迷信がまだ生きていて、子供の出産数が減少していて、それが浪人生の減少となったのだった。私の場合、一月四日の授業に杖を突いて行ったので体が悪いという印象を与えたのも響いたらしかった。さらに悪いことに、私を引き立ててくれた一学の中岡教務課長、早予の津田教務部長が配転になっていたのだった。丙午の生徒減少を予備校は予知していたので、その対策として地方に分校を建てた。一学は大宮、早予は名古屋に建て開講した。早予の名古屋校へは、前日、この頃老朽化してガタガタ揺れた新幹線に乗って、地下鉄に乗り換え学生寮で泊まり、翌日、地下鉄で名古屋駅に行って、新築のピカピカ反射して目の疲れる大教室で、少人数の生徒に授業した。生徒の気質が東京と違う感じがして、とにかく疲れた。地元の河合塾、代ゼミの名古屋校に行かなかった浪人生が早予に来たわけだが、学力は低い気がした。早予は高田馬場でもそうだったが、名古屋校でも一、二階は予備校だが、五階以上は貸ビルになっていた。一橋学院の大宮校へは通勤で四回乗り換えしなければならなかった。生徒はおとなしかった。

母の見舞いに行くと、母は意識を失っていた。胃癌の激痛をやわらげるためにモルヒネを打っていたが、それでも、母は「痛いよ痛いよ」とうわごとで悲鳴をあげていた。隣のベッドの若い男の患者の顔には死の影があった。私はやせだし、特に胴回りが異常に細くなってきた。前年八月、痛風発病時七十キロだった体重が、一年たたないのに五十五キロぐらいになった。ウエストは七十センチを割ってしまった。一学の講師室で佐々木さんが、病気かい、大丈夫？　と気づかってくれた。母の死を覚悟して、黒のダブルの礼服を買った。

姉や長兄が葬儀その他の手配をしたので、私は予備校の授業を休まなかった。病室で母の臨終に立ち会うことはしなかった。一学で妻からの電話で知り、妻に喪服を持って来てもらい、講師室で着替えて通夜に行った。葬儀場に、私の予想以上に参列者が来た。東京の下町本所育ちで、宮大工の棟梁の娘だった母は、私の思っていた以上に社交家だったようだ。母の妹の夫、長野の寺の住職が来てくれて、葬儀場の僧と一緒に経をあげてくれた。僧が二人で読経するとおごそかな気分になった。姉が五万出せというので渡したが、予想以上に香典が集まったとかで、当時まだ禁止されていなかった象牙で印鑑を作ってくれて、香典返しとしてもらった。この印鑑を実印として市役所に登録したが、一回も使ったことがない。不合理な実印制度だ。

一学、早予の夏講の授業が少ないと予想したので、新聞の求人広告で新潟予備校の募集を見つけた。長岡校の出講依頼がきた。授業は午前で終わったので、午後バスに乗って出雲崎の良寛の五合庵の跡地に行った。休憩した食堂でしゃべっている女達の方言がひどくて、何を言っているのかわからなかった。夜、当時名酒の評判が高かった越乃寒梅を一合飲んだが、八百円もした。

九月、体調不良でセキがひどいので、府中の都立病院に行った。急性気管支炎と後頭神経痛、そして自律神経失調症と言われた。自律神経、特に副交感神経の失調で、入眠障害がひどく、この後長く悩まされた。

十月末、三兄の妻が子宮癌で亡くなった。私は四十、三兄は四十三、やはり男の厄年はあるのか、と思った。三兄は気丈だった。母と妻の死と続いたのに、まだ幼い甥と姪をかかえて、実に気丈だった。改めて、三兄を尊敬した。石油タンクの建設の現場監督として日本各地、サウジアラビアのダッカで働いてきた三兄の胆力の強さが母と妻の続く死の打撃に耐えたのだろう。幼い姪もたくましく成長し、母の死の悲しみに耐え、父をはげますように見えた。

この年、グリコの江崎社長を家の寝室から連れ去り、森永製菓の商品に毒を入れておどし大金をとった凶悪犯怪人二十一面相事件が起き、警察の捜査をふり切って、ゆくえをくらませてしまった。後年、聞いた話だが、犯人逮捕の名目で関西ブントの議長を警察が徹底的にマークしてブントの組織を解体しようとしたそうだ。

十二月、一学の講師慰安旅行で、湯河原の高級旅館石亭に行った。離れ家で佐々木さんと同室になり、親しくなった。高慢だと批判する講師はいたが、一学の人気ナンバーワン講師としては、佐々木さんは気さくでやさしかった。赤塚不二夫の漫画のキャラクターの顔に似ているとかでも、生徒達に人気があったらしい。

昭和六十年（一九八五）一月の冬講終了後、伊豆大島に行き、車の免許取得の合宿に入った。コンタクトレンズを入れて、視力は一・〇でた。合宿で毎日運転できるのだが、当時、まだオートマチックはなく、半クラッチの足の動きができず苦労した。合宿の期間で仮免がとれず、宿を簡保に変え延長し、教官に泣きを入れて仮免を取った。路上は一発で合格した。

釣り竿を持って行ったのだが、結局、釣りは全くしなかった。

妻の母がクラウンの中古車をただでくれるということで、岡山から家まで運送屋が乗って持って来た。

南浦和の校長から電話があって、会いに行くと出講を依頼され、料理屋で松タケづくしのご馳走の接待を受けた。

税金の確定申告で、年収が、前年より三百万ほど減少していることがわかった。予想以上の落ちこみだった。予備校の非常勤講師は大半、三年か五年で解雇されるのが通例だった。だから、九年続いたのはよく頑張ったほうだし、一度解雇になった南浦和の校長からの出講依頼に自信を持てと自分に言い聞かせた。娘はまだ幼稚園児なのだから。

当時、カーナビなどまだなく、道路の交通標識だけで車の運転をした。妻が助手席に座って地図を見て指示すればよいのだが、全くしてくれなかった。それどころか、私の運転が下手だと文句を言った。南浦和予備校へ車で行ったが、道路の標識略図だけでは一回で到着できず、二度三度と間違えた。一階に一教室しかない校舎だが、以前に比べると生徒は半減していて、前年の丙午の落ちこみを回復していないようだった。校長からの出講依頼で、前年の一学の時給が、一コマ九十分一万だったので、そう要求して受け入れられたが、この少ない生徒数では私の時給は高すぎるかなと思った。高田馬場の早稲田ゼミナールが、前から経営不振の噂があったが、前年の落ちこみで持ちこたえられず、この年閉鎖されると噂されていたから、南浦和予備校も危ないかなと思った。

ある日、午前で授業が終わって、昼下がり帰宅したら、妻が娘の部屋から出て来た。娘はまだ幼いから一階の八畳の和室で、私、妻と一緒に寝ていて、娘の部屋は空いていたのだから、妻がそこで何かしていてもいいわけだ。何気なく中を見ると、数冊の本に、絵の具箱、画布があった。

一橋学院の新館の講師室で、陰気な感じの眼鏡の新顔の講師とすれ違った。暗い顔つきだなと思いどこかで見た、会った気がした。次の授業が終わってその男とまたすれ違った。アア、Hじゃないか、と思い出した。講師室の世話係の女性に、「あの人は?」とたずねた。「駿台予備校の講師をなさっている方で、この春からこられました。あら、先生と同じ京大出身ですわ」「大学ですれ違ったような記憶があるな、話したことはなかったと思うけど」二十年ぶりだ。よく京大一年の同級生とはいえ、全く話したこともなかったHの顔を覚えていたものだ。ああ、そうか。週刊誌に載っていた顔写真を覚えていたのだ。週刊誌の記事を思い出した。刑期を終えて、社会復帰して、予備校の講師になったのか。一橋学院の本校は西戸山中学の近くにあるが、Hは私と同期の西戸山中卒だ。戸山高に落ちて開成高に行ったという噂でHを知った。京大文学部で同級生になったが、口をきいたこともなかった。

早予の名古屋校へ行く途中、豊橋で下車して愛知大の教授になった富山と会って、飲んだ。翌週京都に行って、甲南女子大の教授になった高倉正暉と会った。Hの話はしなかった。

高倉が伏見の京阪電車の丹波橋駅近くの家を買って、その客間に泊めてもらったことがあったが、その時だったか、違う時か、高倉の娘が心臓にちょっとした病気があるとかでパラシュートの紐を両肩につけて、天井の横柱につるして跳びはねるという治療法をしていたのを見た記憶があるが、いつの時のことだったか。

大学教授は、身分の保障があるからいい。予備校業界そのものが、言わば邪魔者のアブクのようなもので、まして一年契約の非常勤の時間雇いの講師など来年の保証もない泡沫の泡沫、アブクでしかない。妻と娘を養っていかなければならず、千二百万の銀行ローンもある。Hのことを黙っていてよいものか。名古屋のホテルで悩んだ。早予は一年目、学生寮に講師を泊まらせたのだが苦情が続出したらしく、二年目は名古屋駅近くのホテルに宿泊した。

両親を金属バットで殺した犯人は、浪人一年目は早予、二年目は一橋学院に入っていた。もしも、弟殺しで刑務所に入っていたHが、一橋学院の講師になっていることが週刊誌に書きたてられたら、どうなるだろうか。駿台予備校だって、人殺しが刑期を終えて法律上罪が消えてなくなったとはいえ、講師に採用したことが週刊誌やテレビ新聞で報じられたらどうか。そもそもHは履歴書に、刑務所に服役していたことを書いただろうか。いくら刑期を終えたとは言え、法的な罪は消えても、道徳、倫理、宗教的な罪の悔い改めはどうなんだろう。十八、九、二十歳と多感で不安にみちた受験浪人生の前に立って話をすることが、弟殺しの受刑者にふさわしい職だろうか。

卑劣なやり方だなと思いながら、私は意を決して名古屋のホテルの便せんを使って、一橋学院の校長に手紙を書いた。

大学教授だが、京大同期の友人から、弟殺しのHが刑期を終え一橋学院の講師になっていると聞いた。いくら教育機関ではない、受験産業であるといっても十八、九歳の多感で不安にみちた受験浪人生達の前で話をする講師に、人殺しの前科者がなって、道義上よいものでしょうか。同じ講師として友人は苦悩しています。授業ではテキスト以外の話をします。人格とまで言わないまでも、講師の人となり、パーソナリティーの影響感化を受験浪人生達は受けると思います。一橋学院には両親殺しの受験浪人生が在学していたとも友人から聞きました。受験産業とはいえ、教育しているのですから、生活・道徳倫理の指導もしないわけにはいかないでしょう。エリを正しくしかるべく御配慮して頂きたいと思います。友人の苦悩を思い、余計なさし出口をしました。

私が事務長に会ってじかに密告したのでは私にどんな非難がふりかかるかわからないので、私の友人の手紙のようにしたのだが、このやり方はすぐわかるもので、久能さんは、私よりHのほうがずっと苦しんだと言って、この後、私を嫌って親しく話をしなくなった。

この手紙を出したあと、Hがどうなったか知らない。ただ一橋学院でHの顔を見ることはなかった。

早予の名古屋校の夏期講習の午前の授業が終わった後、新幹線に乗って京都に行き、寿美を呼び出し、金閣寺を見に行った。

有理はノートルダム女子大の幼稚園小学校から私立東山中、高に進学していた。長浜家は資産家だけあって、教育には金をおしまずかけていた。東大、京大をめざす学力を有理はもっているような口ぶりで寿美は言った。寿美が京都市の伝統工芸展で染織の新人奨励賞を受けたという話を京大の田口教授から聞いたが、いつ聞いたのか覚えていない。寿美の父が染料の卸商だから、寿美は染織を趣味にしたのだろう。

日航のジャンボジェット機が群馬の御巣鷹山に墜落、炎上した大事故で、歌手の坂本九ら多数の死者が出たのに、若い女性達が助かった姿をテレビで見て、改めて、若い女の生命力の強さに感心した。若者達の性交によるエイズが日本でもついに発病して大騒動になった。

多摩湖畔を走行中、車がパンクした。自力でタイヤ交換をした。無器用な私でもできた。

十二月、奇妙な事故をおこした。家の近くの狭い道路で通行している中年女性とすれ違って通ったあと、人声がしたので何かなとルームミラーを見ると、路上に人がうずくまっていて、まわりに人々が立っていた。はてなと思い車をとめておいて、うずくまっている人の所に走り寄った。通行中、中年女性と接触、ぶつかった感じはなかった。うずくまっていた女性も、私の車があたったとは言わなかった。警察を呼ぶべきかどうか迷った。人と会う約束をしていた。とりあえず私の住所電話番号を書いて女性に渡して、車に乗って目的地に急いだ。私は生命保険を一千万入っていたが、それを四千万に増額する話を女性セールスマンとした。車を運転するのだから、万一の事故にそなえて、妻を受け取り人にして、四千万の生命保険に入ったわけだ。この契約が終わったあと、菓子を買って、家の近くの被害女性宅を訪れ、さらに警察署に行って話をした。警官が私の車の接触箇所を調べたが、跡はついてなかった。被害女性が病院から帰って来たところだったので体調不良、車の風圧で転倒というか、うずくまった事故で、安全運転をしなかった過失と警官は言った。自動車任意保険会社に通知して示談金その他を支払ってもらったが、妙な事故だった。

昭和六十一年（一九八六）二月、妙高山にスキーに行った。妙高の簡保の宿に泊まった。妻はスキー板を持っていて、学生時代よくやっていたらしかった。娘と私は初めてだ。私が予備校の慰安旅行で温泉に行くのを妻がうらやましそうな顔をするので、スキー温泉旅行に行くことにしたのだ。これ以後、毎年行った。娘に妻が教えている間、私は宿で借りたスキーで何度も転倒しながら、一時間ほどでとにかくボーゲンですべれるようになった。車の運転と同じでスキーも四十すぎて始めたものは、なかなか上達しなかった。

富士通のワープロを買った。テキストや試験問題の作成にワープロは便利だったが、これもブラインドタッチができるまでにはならなかった。ワープロだけでパソコンを買わなかったが、ワープロでも眼によくなかった気がする。左眼失明、右眼視力低下は老化のためだが、ワープロの画面もよくなかったのではないか。佐々木さんはパソコンのやりすぎからか、原因不明で網膜剥離になり手術をした。

三月、新車スプリンターを買った。名前通り短距離走行のスポーツカー風のボディだった。南浦和予備校が経営不振で授業依頼がなくなったので、新聞の求人広告で水戸の筑波ゼミナールに応募した。春期講習の授業依頼が来て、泊まりこみで行なった。校長にアンコウ鍋料理の接待をされた。四月からのレギュラーの授業も依頼された。

一学では八王子校ができ、出講することになった。車で通勤せず電車で行った。早予は、仙台校が開講し、行ってみると、予備校と貸ビルの会社と入る口がわかれていた。泊まったホテルは古びていてよくなかったが、飲食費五千円が出た。

高田馬場、大宮、八王子、仙台、水戸と毎日行く所が変わり、朝家で食事をせず、仙台、水戸は前夜泊まりだから、妻子と会話しなくなってきた。

時代や社会の変動によって、職業の社会的イメージは変化する。尊敬の対象から軽視へ転落する傾向が一般的にある。ちょうど元々尊敬語であった御前、貴様が軽蔑語に転落したように、日本人にはこうした傾向があるようだ。

藤村の『破戒』の主人公は小学校の教師である。テレビドラマ『おしん』で子守のおしんは小学校に入学できず、教室の外から教師の授業を見聞きしている。明治初年、小学校の教師は社会的に尊敬されていた。しかし、昭和後期、二十世紀後半はどうか。大学教授ですら尊敬を失っているのだ。反面、インテリヤクザと蔑視されていた予備校講師がテレビに出たりして、もてはやされだした。特定の職業に主人公を設定すると、時代や社会が変動したとき、その職業イメージが変化して主人公の内心の苦悩が時代や社会の変動によって規定されてしまって、時代や社会を突き抜けた、いつの時代にもどんな社会でもありえる不変、普遍、永遠の思想たりえない恐れがある。『破戒』の主人公が被差別部落の出身であることを隠して小学校の教師であるという内心の苦悩を二十世紀後半の私達は真実味、リアリティーをもって感受することはできない。だから『破戒』の告白の不十分さ、不徹底さを感じた漱石は『心』で先生を無職者にして、時代や社会の変動に影響されずに不変、普遍、永遠のテーマとして、人間はいざというとき悪人になる性悪説や、友情、友人の信頼を裏切る卑劣な行いは、死に値するという道義モラルを読者に主張したかったのではないか。つまり私の用語になるが、時空の壁を突破する不変、普遍、永遠にいたる入り口は無にあるのではないか。

漱石は東大の大学院生のとき、長明の『方丈記』を欧米の教師の依頼で英訳している。また「老子の哲学」のレポートを書いている。無の無常、変化と不変性の両義であることを認識自覚していたはずだ。漱石は『心』など、自分の作品が、時代や社会の変動に耐えて、古典として文学史に残り生き続けることをめざして、主人公を無職にしたのではないか。

芭蕉の有名な不易流行説、つまり、俳句は一面、不変永遠であると同時に、変化流行である表現でなければならないという主張を漱石は知っていたはずだ。無用、つまり無職、無。俳句作者でもあった漱石が、小説の主人公を無職、無用の人間に設定した着想のもとは、どこにあったのか、漱石自身述べた文章は漱石全集になかったように思う。

漱石が芭蕉の俳句芸術論をふまえて小説創作を行ったと考えるほうが日本文学史を貫徹する無の問題の重要性が理解できるのではないだろうか。

仙台や水戸への列車やホテルでぼんやりこんなことを考えた。大宮や八王子の授業が午前で終わって家に帰って、妻が娘の部屋で油絵を描いているのを見た。妻の身体が油絵臭くなったので、合体しなくなった。

柏木正宏が保谷に中古住宅を買った。娘を連れて車で訪ねて行った。柏木は文部省の教科書調査官に就任していた。それを知って、警察のブラックリストに載っている私が、政府の官僚に親近するのはよくないだろうと考え、このあと、柏木とは疎遠になった。

経済にくわしくないので、一ドル三百六十円の固定相場が何年に変動相場に変わったのか覚えていないが、一ドル二百四十円と円高になった頃からか、銀行金利が急激に低くなり、株や土地建物が高騰しだした。食料品など物価はあがらなかったけれども、バブル景気で消費は活況になり、騒がしくなった。娘が小学校に入ったので、一階の八畳の和室で私と妻と一緒に寝ていたのをやめて、二階の娘の部屋に寝かせるように妻に言ったのだが、妻がしぶった。東大和市の建築基準が変化して緩和されたので、二階に部屋を増築したいと妻が言った。あきれて妻の顔を見つめた。増築した部屋を妻が画室に使うというのか。夫の書斎すらない家庭が多いというのに、専業主婦の趣味のための画室を建て増すなんて、あきれて言葉が出てこなかった。

私は一階の書斎と和室には注文をつけたが、二階の台所、食堂、娘の部屋の設計は全て妻にまかせたのだ。食堂のスペースは板の間だが、十畳以上あるのだ。それを半分に仕切れば画室はできるはずだ。注文建築なのだから、画室がほしかったのなら、そう主張して設計させればよかったのだ。基本設計のとき妻は何も言わなかったではないか。それに、結婚するとき、妻が油絵を描くことを私は全く聞いていない。結婚のとき契約を欧米人のようにしないから仕方ないけれど、妻が油絵を描き画室を要求するのは、契約違反みたいなものではないか。

家を建てた年、収入が三百万も減ったことを妻に心配させまいと黙っていたことを少々後悔した。毎月の銀行ローンの返済金額も妻は知らないのだ。電気、電話、ガスなどの料金を銀行振り込みにしてしまったから、妻は金銭にうとくなる一方だった。増築できる金があるわけないだろう。定期預金の金利が五・五パーセントから、二・五パーセントへ急低下したので、私は低金利になる一方の銀行預金を引き出して、株式投資をしようかと考えだした。

早予の仙台校の夏期講習の授業が午前で終わったあと、平泉の中尊寺に行った。芭蕉の『奥の細道』を思い出しながら金堂を見た。小豆色かエンジ色か、渋く沈んだ赤色がにぶい金色とあって、落ち着いた美しさがあった。

義経が戦死した衣川の館跡は、よくわからなかった。義経人気は『義経記』物語と御霊信仰によるのだろうが、司馬遼太郎は義経を政治的痴呆と書いている。痴呆と言うより、武家革命の意識の欠如だろう。開拓した農場を朝廷の律令の公地の建て前で公認されないことへの不平不満から、農場領有を公認する武家政権を朝廷の政権である平家を打倒して革命的に樹立した鎌倉幕府の意義を義経は全然理解できなかったから、後白河上皇の甘言にあやつられてしまったのだ。芭蕉の名句「夏草や兵どもが夢の跡」を口ずさむと改めて、夏草の不変の自然美と兵どもの夢の跡の人間の無常変化の両義性を感じた。

仙台で一週間泊まって、帰京して家に来て驚いた。ベランダの一部に増築工事が行われていたのだ。一、二階L字型の家の二階ベランダの一部に部屋を建て増すと、その下に建物はないから、ベランダを増築する部屋をささえる柱にかかる荷重に柱が耐えられるか心配になった。設計上大丈夫だから工事をしたのだろうが、大地震が来たらどうなのか。それに第一、金はどうするのだ。何百万かかるというのだ。呆然となって立ちつくした。無口で無愛想な妻は、帰宅した私を黙って白眼で見た。問いつめると「金は私が出す」と妻は言った。持参金として妻の両親が与えた金だろう。一年契約の非常勤講師なのだ。私が失職して生活に困窮したときに備えて取っておくべき持参金なのではないか。先行きのことも考えないで目先だけで事を行う妻のワンマン的独断、我が儘にあきれはてた。

四畳半ほどの板の間の部屋ができ、妻はそれを娘の部屋にし、私の書斎の上の部屋は妻の画室になった。癪にさわったから、私は一切増築費用は出さなかった。私達夫婦の間に亀裂が入った。この年は、後のいろいろな問題の出発点になっていたようだ。ソ連でチェルノブイリ原発の事故がおこった。ソ連の科学技術の停滞、立ち遅れをマスコミは言いたて、日本の原発は安全だという嘘つき神話をばらまいた。私は完全にその神話にだまされ信じた。

伊豆大島の三原山火山が大噴火した。日本の近海の底で地殻変動が始まりだしたことをマスコミは全然感知せず報道しなかった。中学生鹿川君がいじめを苦に自殺した。

十二月、一橋学院の慰労会が熱海の高級旅館大観荘で行われ、私は車を運転して行った。アメリカの人気作家アービングの『ガープの世界』翻訳書の筒井明学大教授と親しく話したが、筒井さんは一学の生徒の質が悪くなりすぎたと言って、この年で一学の講師をやめてしまった。共通一次が始まってから、受験生の学力が低下したのはマークシート式解答のせいだろう。

全教研のビデオの営業マンだった森山が独立して販売会社をつくり、東海大付属甲府の校舎を借りて臨時の授業をやるので講師をしてくれという依頼を早予の津田さんを介して受けて、甲府に行った。英語の宮本、数学の中村は三十代前半、森山は五十代だった。生徒は教室に十五、六人しかおらず寒々としていた。一週間毎晩森山は私達と宴会のように盛大に飲み食いした。これで採算がとれるのかとあきれるほどだった。森山は、かつてインテリアの会社を経営していたが、倒産したと言った。放漫経営のためだろうと思った。

大晦日、NHKの紅白を見た。ハゲ、デブ、眼鏡の悪条件を吹きとばして、鈴木健二アナが活躍し、異様な熱気があった。歌手達の浮き沈みの激しさを見て芸能界は無常だなあと感嘆した。

昭和六十二年（一九八七）正月三日、妻に頼まれて妻と娘を乗せて車で浦和の妻の兄宅に行った。妻の兄はシンガポールの工場勤務から東京本社に栄転して、埼玉大近くに家を買ったのだった。この一、二年、地価が急騰し、建て売り住宅やマンションは二倍の高値になっていた。それで早く買わないとと焦って買うので、さらに値上がりしていた。浦和は文教都市で、東京駅にも電車便がいいので、不動産は高かった。

二月、妙高山のスキーで、娘と同じ速さですべれた。春、多摩湖畔の花見客がカラオケを持ちこんで夜遅くまで大声で歌いまくり、騒々しかった。大韓航空機爆破の犯人蜂谷真由美が実は北朝鮮の工作員金賢姫とわかった。

妻が娘のために、エレクトーンを買ってくれと言った。小学校に入ったとき、娘はヤマハの音楽教室にも入ったのだそうだ。私は音痴で苦しんだから、娘を音痴にしないために音楽教室に行かせたのはよいことだと思った。しかし、音痴にならないために百万もするというエレクトーンを買う必要があるのか。妻が娘に買ってやった学習机は六万もした。私の書斎の机は三万だったのにだ。百万、娘のために預金しておいたほうがいいのではないかと思ったが、百万出すことに同意した。私が出さなければ、また岡山の両親に頼んで、妻がエレクトーンを買うだろうと思ったからだ。私の失業のことを考えると、娘のためにまとまった金を定期預金にしておいたほうがいいかなと考えた。当時はまだ規制がなかったので、娘名義で預金通帳が作ることができた。目標は五百万とした。

四月からの授業は早予の仙台校で日曜朝があったために、休みなしの大変なことになってしまった。四、五月は連休があったから何とかしのげたが、六月、梅雨に入って、仙台のホテルで朝目ざめたとき、腰に激痛が走り、身動きできなくなった。それでも芋虫のように身体を屈伸して三十分ほどで腰の痛みはとれた。一過性の腰痛ですんだ。早予の仙台出講では五千円の飲食費が出たので毎週おなじ料理屋に行き三千円の定食にビールを飲んでいたら、中年の給仕の女が「あなた、予備校の先生でしょう」と突然言った。代ゼミの講師連中が、仙台のホテルで盛大に飲食していることが噂になっていた。それにしても東京では客の職業を給仕がいちいち推測などしない。仙台は東北一の都会とはいえ、田舎だなと痛感した。教えていて、仙台の生徒は尊大な感じを受けたが、たぶん劣等感の裏返しだろうと思えた。それだけ単純で心理が容易に分析できるだけ素朴で人がいいとも言えると思った。

仙台の夏期講習で午前の授業を終えたあと、松島に行って芭蕉の句碑を見た。観光遊覧船に乗らなかったので、松島の風景美はわからなかった。瑞巌寺を見物した。別の日、仙山線に乗って立石寺に行った。岩石の山寺で暑くて登りおりがしんどかった。「閑《しずか》さや岩にしみ入る蝉の声」と、芭蕉が詠んだが、とても静けさを私は感受することはできなかった。『奥の細道』を俳画にしたものを見たが、どこだったか忘れた。芭蕉は大山師だと言ったのは芥川龍之介だが、私自身、地方営業をしていたので、芭蕉は旅興行をして稼ぎながら作句したのだと思った。連衆を指導して俳諧の連句を詠むことは興行で、各地の武家、豪商、豪農の俳句愛好者から多額の謝礼金を芭蕉は受け取ったと思うからだ。生きながら、俳諧の神様と芭蕉はあがめられていただろう。『奥の細道』は世界文学になっている。

夏休み、学研のビデオ作成の仕事をうけた一学の佐々木さんの依頼で、京大などの入試解答の作文や、近代文学史の小冊子を作った。その打ちあげで佐々木さんが、私と川田を新宿の懐石料理屋で接待してくれた。川田は佐々木さんの東北大の後輩で、代ゼミの国語科の課長だった。東北大の入試解答と諺成語の小冊子を作った。この会のあと、川田と雑談していて林屋慶彦が自殺したことを教えられて驚愕した。川田は東北大の全共闘だったらしく、卒業後、数年、定職につかず転々としているとき、東京で個人で出版社をやっていた林屋慶彦と知り合ったそうだ。京都の京阪三条駅近くのビルで喫茶店をやっていた林屋と会ったあと、私は全然林屋の消息を聞いていなかった。いつどうして喫茶店をやめて、上京して出版社をはじめたのか、川田も知らなかった。林屋が自殺したのは、私が北軽井沢の山荘で金がなくなったら雪山で酒を飲んで凍死するかと思った頃、昭和五十年の夏だったと川田は言った。

代ゼミの講師になりたいから、よろしく頼むと川田課長に言って別れた。とても優秀な頭脳の持ち主だった林屋の自殺の無念さを思うと心が痛んだ。東大など、大学院生で全共闘した人達で自殺した人は少なくないだろう。生き残っている私達は、林屋など彼らの無念の死を黙って見過ごしてはいけないと思った。そのためには何をしたらいいのだろうか、教授会団交で私は、全共闘は新しい学問を創ると大見得を切った。しかし、予備校の時給稼ぎに奔走し、妻子の生活を守ることに汲々として学問なんかしていないではないか。新しい学問がどうしたらできるというのだ。

筑波ゼミの夏講の午前の授業終了後、稲葉校長の運転する車に英語の御園と一緒に乗って、水戸から鹿島神宮近くの波崎の県立高校へ行った。高校の大川教諭が御園講師のファンだとかで、臨時に特別授業を行うので、私は刺身のツマでつきあわされたのだった。教室に入ったら、女生徒が二人に、五十代半ばの教師が二人いた。冗談じゃないよと舌打ちして、現代文をとりやめて古文の文法の話をした。二人の教師は退室した。私立高校で大学入試の実績をあげるために予備校とタイアップしてテキストを使ったり、講師を招いたりして授業をするところが出てきていたが、県立高校でやるのはどんなものかと疑問に思った。

小田教諭が利根川でとれた天然の鰻《うなぎ》の蒲焼きですと、土産をくれた。料理屋で蒲焼きにしたものでタレはよかったが、鰻は固くて、養殖物に慣らされてしまっている舌には、美味と感じられなかった。鹿島神宮に行ったが、参拝する人はなく、森閑としていた。

7、株式投資

十月、アメリカで株式が大暴落した。世にいうブラックマンデーで、自殺者が多数出た。バブル経済の崩壊の始まりであったが、私はそのことに気がつかなかった。いや、私だけでなく、数多くの日本の経済金融の専門家達もだ。アメリカの没落の始まりで、いよいよジャパンアズナンバーワンの時が来たと、誤認してしまった。暴落したアメリカの土地、高層ビル、映画会社、プロ野球会社などを日本企業が買収してアメリカに進出しだした。

ソ連もチェルノブイリ原発爆発事故以後、経済が沈滞し、ゴルバチョフ書記長はアメリカのレーガン大統領と冷戦終結をめざして、軍縮交渉に応じ、東西冷戦の対立構造が崩れ始めた。

日本が世界一になるチャンス到来と証券会社ははやしたてて、不動産バブルは一気に過熱しだした。私の家近くの建売住宅が、一、二年前四千万だったのに、六、七千万の高値がついてあっという間に完売になった。

京大四年の夏、会社回りで証券会社に行った。寿美と結婚したとき、東芝の株を買わせた。競馬競輪パチンコとギャンブルは好きになれなかったが、株式投資は経済の実態研究の端緒になると思った。特に日進月歩の技術革新が、企業の利潤成長にどう関係するのか知る切り口になると考えた。資本主義は絶えざる工業の技術革新によって進歩していくのだ。ソ連はアメリカとの宇宙開発競争で、スーパーコンピューターの性能において、敗北したのだ。つまり、半導体の製造技術の革新でアメリカに完敗したのだ。だが、アメリカのコンピューターも航空機も精密部品は日本の企業の製造したものであった。

長野県の北沢バルブの株を百万で買った。ビギナーズラックで百万儲かった。信用取引はしなかった。百万の投資で信用取引をすれば一千万、一億儲かる可能性もあるが、その逆もまたあるのだ。一千万、一億損したら、たちまち破産である。自殺、一家心中はしたくなかった。百万損しても私、馬鹿だったのねと笑ってごまかせる。ブラックマンデーに引きずられて、日本の株も暴落していたからV字回復の波に乗って私でも儲けることができたのだが、悲しいかな、百万の投資で百万儲けてしまうと冷静な判断ができなくなる。成功は失敗の母というのが大多数の実例なのに、成功の味に酔い痴れて、深間にずるずる入って行ってしまう私も愚者の一人だった。

おかっぱ頭のかわいい若い高校教師の俵万智の歌集『サラダ記念日』が二百万突破のベストセラーになった。十パーセントの印税収入を計算したら目がくらんだ。現代のシンデレラ歌人の誕生だ。経済の新聞や本を読んでいて、卒論、修士論文にしようとしてできなかった問題を思い出した。

欧米諸国以外、日本だけが唯一、十九世紀末に産業革命に成功し、近代資本主義社会を成立できたのはなぜか、という問題だ。日本と欧州各国には相違点は数々あるが、唯一、中世に封建制度だったという共通点があった。中世の封建制度が基礎となって近代資本主義を欧州以外日本だけが成立できたのではないか。しかし、なぜ農業生産に依拠する地方分権の封建制が、工業生産に依拠する中央集権の近代資本主義の母胎になりえたのか。資本の蓄積過程の分析で、江戸時代にできた商業資本の三井、鉱業資本の住友など、資本と経営の分離を行い、明治期に株式会社になり金融を中心に財閥企業集団を形成した。私が関心をもって解明したかったのは、封建制から資本主義制へ転換できた歴史の論理だった。実証研究をしたいのではない。表面的には封建制から資本主義制へ歴史の断絶非連続がありながら、実態的には連続していたのだ。歴史の非連続と連続。弁証法の論理の実態を私は解明したかったのだ。

漱石が小説の主人公を無職者に設定することで、芭蕉の俳諧芸術の無用論の伝統につらなり、中世の鴨長明につらなる。

タテ軸の江戸と明治を貫く連続性とヨコ軸の日本と欧州をつなぐ共通の非連続性を統一する歴史の弁証法の論理の解明を私は志していたのだ。時空の壁を突破するタテの不変、ヨコの普遍、永遠の人間の真実を解明したいのだ。

学生時代から二十年たったが、浅学非才の私の学力ではいかんともしがたいのか、さっぱりわからない。予備校の授業に追われて、忙しくてどうにもならない。しかし妻と娘と花札をした。自転車に乗れるようになった娘と公園に遊びに行った。気まぐれでディズニーのミッキーマウスの恋人の腕時計を買って、誕生日でもクリスマスでもない普通の日に娘にやった。多摩湖畔の高級中華料理店に、夜、妻と娘と一緒によく食事に行った。

昭和六十三年（一九八八）正月、岡山から上京した妻の両親が都内のホテルに宿泊し、吉祥寺のデパートの超高級中華料理店で私達と会食し、アワビのスープをご馳走してくれた。私達の行った中華料理店の十倍の値段だった。妻の両親を乗せて車を運転して、妻の兄宅へ行った。途中、妻の父が「前の道路とこの道路は平行しているね」と言った。「エッ、スゴイ、よくわかりますねえ、地図も見ないで」妻の父は海軍で船に乗っていたから、空間感覚がきたえられたのか、生まれつきなのか、ともかくすごい。

妻が油絵を描きだしたのは技術者の父親の遺伝だなと思った。合理的社交的で経営手腕のある義母とは妻は正反対だとも思った。

ユング派心理学者、京大教授河合隼雄の『影の現象学』では、親がAを意識的に選び反Aを無意識下に抑圧すると、子は反Aを意識的に選択し、Aを無意識に抑圧する傾向があると書いてあったと記憶しているが、それはスイスなどヨーロッパの白人の深層心理分析をしたユング派の考察で、一つの類型だろう。政治、経済、芸能で、世襲相続の多い日本人に河合学説はあてはまらないようだ。息子は母を、娘は父を遺伝的に受けつぐ傾向が多いようだが、私の場合は父とも母とも姉や兄達とも全く違う生き方を選びとった。例外の変人なのだ。

代々木ゼミナールの本館の豪華な奥の間で理事長、校長など五、六人と面接し採用された。時給は一コマ九十分で二万だった。

四月、代ゼミは津田沼と名古屋になった。一学は大宮と八王子、早予は高田馬場だけ。あと、水戸の筑波ゼミ。毎朝行く所が違うので朝食は家で食べず外食にした。妻は私が家を出るとき寝ていた。名古屋、水戸は前夜ホテル泊まり。

代ゼミの飲食費は七千円出た。

京都に行って、寿美と下鴨の料理屋で会食した。有理は東大受験をめざし、河合塾の模試で合格率六十パーセントだと言った。

偏差値が問題になったのはこの頃からで、地方の大学の個性が失われるという偏差値批判が激しくなった。学会で東京で宿泊した高倉正暉と待ち合わせ、新幹線で名古屋まで一緒に行った。知覚心理学が専門の高倉は、パソコンなど重い機器を持っていて、理工学部の教授のようであった。生理学の研究者に近いと本人は言った。遺伝子の話になり、「田辺元の無の弁証法ではラセン状の図があったが、遺伝子のラセン状を予見していたみたいだ」と私が言うと、「仏教の諸行無常の観念も人間の体内の細胞の新陳代謝を予見していたみたいだよ」と高倉が言った。高倉と別れて名古屋で降りて、ふと、遺伝子は二重のラセン状になっているが、私の考える無の革命志向と伝統志向も二重だが、何か関係があるのかなと思った。

弁証法がラセン状の円環構造であることと、私が再び京大の学友達と再会しだしたことは関係があるのか。愛知大の富山に大石英男が名古屋に住んでいると教えられて、会いたいと電話した。一緒に夕方飲食しようと思っていたのに、一コマ目の授業が終わって講師室に戻ると、青い作業服の大石がいた。従兄弟の経営するうどん屋で働いていて、年中無休、運搬の途中に暇を見つけて来たと言った。京大を卒業して札幌に行き、給食会社に勤め常務になったが、やめたと言った。

授業開始のチャイムが鳴ったので大石と別れた。どんな職につこうと本人の自由だからよいけれど、京大を出てうどん屋の店員だ、では、代ゼミの京大志望の受験生の志気を失わせるではないか。大石自身一浪したと言ったのだから、そのへんの配慮をしてほしいと思った。

富山、大石と同じ京大学生新聞の立野の消息も聞き電話した。灘高出身、現役で京大法学部合格の立野は、学参出版社の労働争議に京大卒業後介入したが、このときはタンクローター車の運転手をしていて、清掃労働者の組合作りをしていた。忙しいからと会食をことわられた。広告取りのバイトで親しくなった西島とは連絡がとれなかった。学生新聞の編集長だった大岡優は学研に入社し雑誌の編集長になっていて、与野市に家を買っていたので、一学の大宮校の帰りに会った。私と大岡が話していたところに、大岡の妻が外から帰って来て、玄関を開けたら私の声だけビンビン聞こえてきた。「予備校で教えているだけあって、声が遠くまでよく通るわね」と言った。確かに大岡の声は低くて静かだった。

地塩寮同期の福岡が東京出張のとき、連絡がついて谷と三人で渋谷で会った。日帰りだとかで福岡とはゆっくり話ができなかった。

新宿高校の同期生会が西新宿の住友ビルの四十三階で開かれた。私の名前のプレートを見て「劇作家か」と聞いた。「違うよ」別れたあとで、ああと気がついた。私達の子供の頃、NHKラジオで黒柳徹子達が出演していた『ヤン坊ニン坊トン坊』の作家、飯沢匡を記憶していて私と間違えたのだな。飯沢匡の本姓は井沢だが一般には知られていない。京大時代田口助教授に、文学に縁のある名前だと言われたのを思い出した。

名古屋校の夏期講習の前日、京都へ行き、寿美と会った。寿美は岡崎の看板の出ていない普通の二階家に入った。女中に十二畳の広い部屋に案内された。広い庭が見おろされた。客は私達だけでシンとしていた。和食のコース料理を食べた。京都には有名な映画スターが多くいるから、こうした隠れ家で密会しているのだなと思ったが、寿美がどんな暮らしをしているのかなとも思った。

不感症の寿美の体を思い出して手出しはしなかった。寿美より十四歳若い妻ともほとんどセックスしていなかった。有理は河合塾に行っているが、数学で苦しんでいるということだった。「貴方と同じで、後ろ髪を指でいじくり回す癖があるのよ」これには驚いた。一緒に暮らしていないのに神経質な癖が遺伝するとは。いや逆かな。一緒に暮らしていないから、父に反抗することがないぶん遺伝がストレートに出て来るのかもしれない。

夏講の授業が午前で終わり、近鉄に乗って伊賀上野の芭蕉の住居へ行った。その隣に忍者屋敷があった。これでは大衆作家が、芭蕉忍者説を言い出すのも無理はないと思った。芭蕉は大坂で死ぬ直前、墓を木曽義仲の墓の隣に建ててくれと遺言した。芭蕉は義経が死んだ衣川館跡で夢の跡と詠んだが、臨終のとき夢は枯野をかけめぐるとも詠んだ。夢をはたさず旅先で死ぬことを戦死した義仲の無念さにことよせたのだろうか。鎌倉に武家階級の政権を樹立するという革命意識を北条時政はもっていたが、義経、義仲にはなかった。『幻住庵記』で芭蕉は、無能無才ただこの一筋、俳諧に専念したと述べ、西行、宗祇の和歌、連歌、雪舟の絵、利休の茶を先達としてあげている。秋、村上春樹の『ノルウェイの森』を忙しい時間をさいて苦労して読み終えた。

今私は村上春樹の『ノルウェイの森』を一行もおぼえていない。アメリカの七〇年代のヒッピーに影響を与えたといわれた尾崎一雄の『蟲のいろいろ』を『ノルウェイの森』を読んだ後で読んだが、額にとまった蝿をシワをぎゅうとしめたら足をつかまれた蝿が飛べなくなったというような記述をよくおぼえている。村上春樹の小説は私の記憶のかたちに合わないのだ。文学哲学の作品を評価する私の基準は、読後に感じる気迫である。『罪と罰』『善の研究』『新約聖書』の「使徒行伝」などに気迫を感じた。いつ読んだか忘れたが、E・ブロンテの『嵐が丘』のヒースクリフと恋する男の名を呼ぶ魂の絶叫のような場面の記述に異様な気迫を感じた。

8、「気の発見」

一九八九年一月七日、昭和天皇が崩御。昭和六十四年は一週間で終わり、平成と改元された。一学の直前講習の授業中、この新元号を知った受験生達にざわめきがおこった。敗戦後四十三年もたって、今さら平成はないよと思った。敗戦の直後か、米軍の占領が終わって独立した昭和二十七年かに平成に改元されたのならよくわかるのに。昭和は戦争の二十年と平和の四十三年にまたがり、戦争と平和のふたつのイメージがだぶって、あいまいな感じになっている。

中国との戦争には宣戦布告は出さなかったけれど、アメリカには昭和天皇の御名で宣戦布告を出したのだから、敗戦の責任が国家元首たる昭和天皇にあったことは国際法上明確であった。ポツダム宣言を受けいれて無条件降伏したというものの、天皇制維持、昭和天皇退位せずの国体を守る条件をとりつけた。勝利したアメリカなど連合国が、天皇制解体なり、昭和天皇の退位を、なぜ強行しなかったのか。世界史の常識はずれの国体維持を認めたアメリカ大統領の理由がなぜか公開されずに隠されている。

結局、ルーズベルト、トルーマン両大統領の政治的決断を明確に示した公文書がないということか。日本国の命運を決める最高機密だから、あえて公文書にしなかったのか。

戦前十年ほど駐日大使をしていたグルーが日米開戦後米国務省に戻って、天皇は女王蜂（蟻）のような存在だから、天皇制を解体すると女王蜂（蟻）が死んで蜂（蟻）の社会が崩れてしまうように、日本の社会が崩壊してしまうだろうという意見書を提出したと、かつて何かで読んだ記憶がある。凸凹の建物が無秩序に乱立し、三重の高速道路が迷路のように走り、やはり地下鉄が二重、三重に交差している現在の東京の社会の断面図を作って見れば、ほとんど蟻の巣のようだろう。

日本を単一民族の血統社会と考えれば、万世一系の天皇家は血統の総本家みたいなものだろう。しかし、このグルーの見解では、天皇の国際法上の戦争責任を免ずることにならない。中国との十五年戦争、総理大臣は次々に交代し、アメリカと開戦した東条英機首相も途中で退陣したが、昭和天皇は統帥権をもって軍の最高指導者であり続けた。陸軍と海軍は対立して相互に情報を隠しあって共有しなかったが、天皇には陸海軍ともに情報を隠すことなく上申していた。降伏、敗戦は昭和天皇の決断だった。天皇制を維持して、退位しようと、なぜ昭和天皇はしなかったのか。敗戦直後か、占領終結後に退位していれば昭和天皇の戦争責任は明確に示されただろうに。戦後日本人の責任をとらないあいまいさは、昭和天皇の戦争責任というより無責任に原因があるだろう。

天皇の無責任は、明治憲法の規定によるものだという説がある。専門でないので正確にはわからないが、明治憲法では天皇の決断は補佐役の重臣の助言によるとあるという。つまり、責任は補佐、助言した重臣にあって、天皇にはないわけだ。

敗戦後、天皇は人間宣言を出したが、戦前まで明治維新政府は天皇を現人神《あらひとがみ》と国民支配政策上、あがめた。つまり天皇は現人神であって人間ではないから、人間としての道徳倫理の責任はないわけだ。つまり、神は無責任なのだ。天皇、神は、無なのかしら。この新しい疑問に私はとまどった。無の新しい問題をどう解くか。

万世一系の天皇制神話は、いわば革命封じのために創作されたと考えられるのに、幕末維新では徳川幕府を打倒する革命に利用された。天皇制の伝統が革命運動の支柱になったわけで、伝統と革命の絶対矛盾が統一したわけだ。無の絶対矛盾の自己統一の一例になるだろう。

例年通り妙高山に妻と娘とスキーに行った。

税金の確定申告で、年収が一千万以上あった。

週刊誌の東大合格者名簿を見た。有理の名はなかった。やはり数学の得点がたりなかったのだろう。妻は二階の画室で寝たので、私は一階の和室で一人で寝ていた。夜十二時すぎても眠れないので起き出して、玄関の電話をとって京都の寿美を呼び出した。有理は東大一本槍で私大は受けなかったので、河合塾に行って頑張るということだった。

消費税三パーセントがスタートした。

代ゼミは仙台と池袋、一学は大宮、早予は高田馬場で、日曜もあった。代ゼミの川田課長に呼ばれて会いに行くと、通添と公開模試の問題作成の仕事をくれた。

国語科で人気一番の京大の後輩の授業をモニターテレビで見た。川田課長と喫茶店で話をしたら、テレビに出た土屋さんの授業で事務職員が大教室の後方にサクラに入って、拍手したり、かけ声をかけたり、紙吹雪をまいて人気を盛りあげたりしたそうだと言った。「スポーツ芸能界と同じで、スターシステムをいち早く代ゼミは取りいれて成功したんですよ」四十五歳、天辺禿の私はとてもスターになれそうもなかった。やはり三十五、六歳の講師が女子の受験生に人気があった。

森田から電話があったので、代ゼミの池袋校の午前の授業のあと、池袋の事務所へ行った。夏、諏訪市で講習会を開きたいので授業をしてくれと言う。代ゼミの時給を言うと一コマ九十分二万五千円出すと言ったので、引き受けた。交通費、宿泊食事代は森田の事務所持ちだった。

テキストを作らなければならないので、午前の授業が終わると寄り道せず家に帰った。エレクトーンの音がした。二階の建て増した娘の部屋をのぞくと、妻がひいていた。夏休み、妻の兄一家がシンガポールに旅行するので、妻の両親が旅費を出してやるから一緒に行こうとさそってきたと妻は言う。通常の授業もそうだが、夏冬の講習会の授業も代ゼミ、一学、早予、筑ゼミとだぶらないようにスケジュール調整に毎年苦労しているのに、森田の夏講が飛び入りして、その上シンガポールへ旅行に行くなんて無理ではないかと思ったけれど、シンガポール旅行に反対もできない。娘にとっては初めての海外旅行になる。仕事より家庭が大切と思い、私も一緒に行くことにした。パスポートの取得などで忙しくなった。

七月、早予と筑ゼミの夏講をすませて、八月初め成田から一行十人で飛行機に乗ってシンガポールへ行った。着陸する直前から耳鳴りがひどくなり、外に出て空港から市内のホテルに行ってもやまず、気圧で鼓膜が押しつぶされた痛みは眠りに落ちるまで続いた。

翌朝、目覚めると耳の痛みは消えていたが、冷房がきつく寒気がした。妻の母がジャンパーを買ってくれた。ホテルのプールで妻の兄の子供三人と娘が泳いだのを見たが、甥達や姪は抜群の体力で、娘はとても及ばなかった。妻の兄はかつてシンガポール駐在で勤務していたので、市内観光も慣れていて、ブロークンの英会話で夜の街を案内した。

翌日、国境の税関を出て、マレーシアへ車に分乗して行った。まだリゾート観光開発されていない砂浜海岸で子供達は泳いだ。私達以外人の姿は全くなく、波と風の音だけ快く響いた。東大法学部卒で住友重機の国際部の課長の妻の兄は、私より四歳年下だが遊び慣れていた。

シンガポールから成田へは夜行便で、ウイスキーを飲んでも座ったままではよく眠れなかった。この旅行のあと、諏訪の講習会の授業が始まった。疲れてふらふらだったのに、市の建物に冷房設備がなかった。驚いたことに、ホテルにも冷房がなかった。眠れず自販機の一合酒を全部買って飲んだ。翌朝、授業中、最前列の生徒が口を開けたまま眠ってしまった。叱る気力もなく、眠気をこらえるのに苦労した。そのくせ、講習会が終わって帰京する列車の中でも眠れなかった。

自律神経失調の入眠障害で、眠ろうと酒を飲みすぎて、体力が衰弱した。この後、一学の大宮校で夏講の授業をしたが、つらかった。入眠障害で近くの内科医に睡眠薬をもらいたいと言ったら、飲酒で眠れるのなら睡眠薬は飲まないほうがいい、飲むと副作用がこわいからと言われた。

家ではそれほど酒量はふえなかったが、仙台、水戸のホテルでは眠れず、ウイスキーにビールを入れたり、ウォッカを飲んだりして眠った。宿酔をおさえてふらふらになりながら授業をした。心がなぐさんだのは、家で娘と公園に行ってブランコをしたりしたときだった。

中国で、民主化をもとめて天安門広場に集まった市民学生達に人民軍が発砲する悲惨な事件がおきた。文革の紅衛兵運動と同じで、民主化運動もまた中国共産党の最高権力をめぐっての闘争で、また鄧小平が勝った。走資派の鄧路線で改革開放政策が幹部達に支持されたのだ。日韓条約で日本の経済技術援助を受け入れた韓国が二十年たって次第に工業化に成功し、高度成長経済に離陸し豊かな社会になりだした。シンガポール、香港、台湾が韓国に続き、四小竜国とよばれる新興工業国になってきた。

入眠障害、自律神経失調症を治す方法が何かないかと図書館で健康法の本をあれこれ探していて、西野皓三著『気の発見』を手に取った。表紙の西野先生の顔写真に何かピンと感じ、本を開けて見て驚いた。立って右手をさし出している西野先生の前に、数人の若い男達が後ろに飛んでいる写真があった。西野先生の発する気の力で、体と体の接触もないのに男達が後ろに吹き飛ばされたと言うのだ。数枚の写真を見ていて私も何か感じた。印刷されたカラー写真を見ているだけで西野先生の発する気、気迫を感じたのだ。相手の体にふれないのに発した気で相手が吹き飛ぶとは、実に不思議だ。人体の超伝導かと思った。本を借り出して家に帰って読んだ。子供のとき読んだ漫画の『赤胴鈴之助』にあった真空切りとか鎌いたちを思い出した。

西野流呼吸法を体得すると、相手にふれずに相手を飛ばせる気の力を習得できるという。妻が私への不満、嫌悪感を口にするのに気がついた。私が食べるときクチャペシャする音が嫌だと言うのだ。シンガポール旅行から帰って来てから、何となく少しずつ妻が無遠慮にぶしつけに私への嫌味をはっきり示すようになってきた。

黄金の八〇年代が去って、一九九〇年になった。一階の和室で私は一人でテレビを見た。妻は画室にこもって油絵を描き、寝、私と会話をしなくなった。十歳になった娘も少女らしくなり父親を遠ざけだした。

二月、今上天皇の即位の礼が行われた。平安王朝の衣冠束帯と明治以後の西欧の礼服を天皇は着たが、江戸時代の武家の羽織袴の礼服姿はなかった。皇居の奥の間、三種の神器のある賢所《かしこどころ》で皇祖皇霊、つまり天皇霊が肉体に降臨して天皇になる神式の報道記事を読んで驚いた。『新約聖書』の『使徒行伝』で聖霊が降臨してキリスト教信仰を得ることを説いたのはパウロであった。霊が降臨して受肉、化身するという思想が日本の天皇即位礼とキリスト教の入信とほぼ同じである。紀元初め『新約聖書』ができてから、日本の奈良時代、八世紀初めまで七百年間に、ユダヤの地から日本まで聖霊降臨の思想が伝わってきたと考えるべきか。天皇霊の降臨、受肉、化身による天皇は宗教的存在であるが、また律令制における最高位の官職でもある政治的存在である。

広く知られているように、天皇家には、姓がない。無姓であることにおいて、明治維新以前の無姓であった日本の大多数の民衆と同じであった。無姓の王家というのは、世界史で天皇家以外ない。

天皇は無姓つまり無である。中国の老子の無の哲学と親和的である。天皇は元々、老荘思想に由来する天の皇と言われている。

キリスト教は秀吉によって禁じられ、江戸時代、弾圧されたけれど、明治になって禁止令が解かれ、キリスト教が布教されて、いち早く内村鑑三は無教会をはじめた。日本だけだろう、無教会のキリスト教なんて。無教会、つまり無だから、日本人には親和的なのだ。正しくは、無化ではないか。教会を無にしたのだから。

アメリカ軍は、広島・長崎に原爆を投下して、数十万の市民を大虐殺した悪魔のような戦争犯罪を行ったけれど、日本の民主主義は十二歳（敗戦時、今上天皇は十二歳の少年だった）だと言ったマッカーサー元帥の言葉を神託のようにありがたがって聞いて、戦後ひたすら民主主義を重宝する。占領軍が書き与えた日本国憲法を有り難く奉じて、堅持する。

二月末、スキー旅行で娘のスピードについていけなくなった。身が軽いから弾丸のように速くすべるのだ。

三月、税の確定申告で、千百万以上あった。

週刊誌の東大合格者名簿に有理の名はなかった。寿美が電話してきた。上京したので寿美に会うと、本郷の東大に行きたいと言った。東大に行って驚いた。学生運動特有の立看板が一つもなかった。二十年で別世界に変わっていた。安田講堂をバリケード封鎖して戦った東大全共闘は、昔語りの夢でしかなかった。

有理は慶応大の文学部に合格した。寿美の兄の子もまた慶応大に合格したと言った。その子を産んですぐ寿美の兄の妻が死んだことを思い出した。有理は河合塾の東大模試で合格率八十パーセントと出たとかで、あきらめきれないらしいと寿美は言ったが、わざわざ東大の構内を歩きたがったのだから、母親の寿美のほうがあきらめられないのだろう。上野の精養軒で食事をした。二人で一万五千円した。寿美は自分では金を払わないから、高いレストランばかり入る。私一人の昼食代の十倍である。

四月からの授業で、午前、高田馬場の一学で二コマ古文、午後は早予で一コマ現代文、夜間池袋の代ゼミで高二古文という曜日があった。予備校業界の講師になったのだと思った。どの予備校のパンフレットにも顔写真が載った。顔写真といえば、一学の大宮校で若い講師と雑談していて、新潟予備校のパンフレットに私の顔写真が載っていると言われた。数年前、夏講で一週間長岡校で授業しただけなのに。

名古屋、仙台への出講がなく、ホテルの泊まりは筑ゼミの水戸だけで楽かなと思ったのに、後頭神経痛がぶり返して夜眠れなかった。呼吸法を自己流でやっていても、気が出てこないので、午前だけの授業が終わった火曜、午後、青山の西野ビルの道場に行き、入会した。一万六千円の月謝は高いとは思ったが、自律神経失調症の治療費と考えた。入会して、一カ月は基本動作の訓練指導で、直接西野先生の対気は受けられなかった。指導のインストラクターが二、三十代の若い男性達で、勤めをやめて専任になったのを知って、すごい魅力のある仕事なのだなと思った。一カ月たつと、インストラクターと向かいあって気を受けると、後ろへ身体がさがりだした。

西野先生に初めて対気していただいたときには、身体が後方に浮きあがるようにさがった。手と手をふれあうのではなく、ただ西野先生のさしだす手から出る気を受けるだけで私の身体が後方へ飛んで行ってしまうようになったのは、二カ月後ぐらいであった。若い男達が、気の凄い魅力にとらえられて勤めをやめる気持ちはよくわかった。一体、西野先生が発する気とは何なのか、不思議だった。

六月、今上天皇の次男、秋篠宮が結婚した。宮妃の父親の学習院大の川島教授の年収が八百万だという週刊誌の記事を見て驚いた。しかも職員住宅に住んでいて、持ち家がないというのも意外だった。もっとも私は年収が千百万あったとはいえ、一年契約で失業保険も退職金もないのだから、身分保障のある教授職とは比較にならないほど不安定な身分だと改めて思った。

筑ゼミの夏講で知り合った代ゼミの数学の講師が、丙午《ひのえうま》の生徒激減、年収大幅ダウンのショックが、近いうちにまた襲来する少子化を言い、節約、預金しろと力説した。父親が居酒屋を経営しているとかで、景気がよいときでも不況で客が少ないときの収入の生活水準を守って放漫に拡大しないのが、居酒屋商売で店をつぶさないコツだと教えたそうだ。

一・五ショックという、母親が平均一・五人しか子を産まない少子化社会が到来したことを知って、とりあえず銀行ローンを返済することにした。失業して無収入になっても、銀行ローンを返済してなくしておけば心理的に楽であると思ったのだ。銀行に借金を返済したあと、ストレスが消えたのか、後頭神経痛が消えた。

十月、東ベルリン市民が壁を越えて西ベルリンへ行く勢いがとめられなくなって、壁が崩壊した。ベルリンの壁が崩れたあと、雪崩のように東側社会主義諸国、東独、ポーランド、チェコスロバキア、ハンガリー、ユーゴ、ブルガリア、ルーマニアの政権が倒れ、民主化された。世界史の激変の高速に圧倒された。ソ連社会帝国主義の東側衛星諸国への弾圧が崩壊したあとソ連がどうなるのか、エリツィンが民主的選挙でロシア大統領になり、権力を掌握した。受け皿はできた。ゴルバチョフ書記長はソ連をどうするのか、『平家物語』の冒頭の無常観、盛者必衰、猛きものもついに滅ぶが、現代の世界史で現実におきたのだとテレビを見ながら思った。ソ連の崩壊はもはや時間の問題で、自明の不可避だと思った。

娘が小学校で合鴨の雛鳥をもらって来て飼いたいと言ったので、妻が北側の雑木林際のフェンス前に縦一メートル横一メートルの小屋を作った。このあと、妻が車庫に蛍光灯をつけたいと言ってきたときは、必要ないとしりぞけた。妻がなぜ車庫に照明をつけたがるのか理解できなかった。しかし、妻は私の反対を無視して業者に発注して車庫に蛍光灯を設置させてしまった。画室だけではたらずに、妻は車庫で油絵にいろいろな物を貼りつける作業を器具を使って行いだした。器具を使う音が車庫とコンクリートの壁に反響して騒がしく、近所迷惑に私には感じられたが、妻には文句を言わなかった。

昭和天皇が死んで、黄金の八〇年代が終わった頃から、株価が暴落し、日本経済は変調を来し、不動産価格も暴落し、バブル経済が崩壊しだした。だが、私は東欧社会主義諸国の雪崩のような倒壊現象に目を奪われて、日本経済の破綻に気がつかず、熊谷組の株を買い大失敗してしまった。

トンネル工事に強いモグラの熊さんの土木技術を買ったのだが、地下鉄工事で手抜きをして事故をおこし、熊谷組株は暴落した。海外の工事に事業拡大したものの、銀行からの借金で経営破綻したことも暴落の原因になった。この後、熊谷組は減資したりして、倒産こそまぬがれたが私は二百万ほど損した。

平成三年（一九九一）は、世界史、日本経済史にとって大激動の年になっていった。

イラクのフセイン大統領が隣国クウェートに一九九〇年七月頃、侵略したのに対し、アメリカなど多国籍軍がイラク軍を攻撃し、湾岸戦争が勃発した。テレビで見る戦闘はまるでゲーム機の画面のようだった。

日本は百数十億ドルの戦費を出したのに、戦後クウェートが公表した感謝メッセージ文に日本はなく、完全に無視されてしまった。日本政府の外交下手が露骨に出たと思った。

娘のエレクトーン発表会演奏が立川で行われ、妻と娘を車に乗せて私も聞きに行った。とにかく娘が音痴にならずにすんだのでほっとした。

妻が青梅市立美術館の展覧会に応募して、入選したので娘と妻を車に乗せて見に行った。展示された縦一メートル、横一・五メートルの油絵に愕然とした。目の悪い私には細部がよく見えないから、ただ画面が黒一色にしか見えなかった。何だこれは。じっと眼をこらすと、黒い画面に所々凸凹の起伏があった。それだけで物の形体はなかった。抽象画といっても色彩や形体が描かれているものなのに、黒色だけで物の形フォルムもなかった。抽象と具体を相互に行き来して関係づける運動が生きている思想だと私は考えるのだ。なまじ無という抽象で同じだけに、無色無形と具体を無視する妻に具体との相関性を重視する私は共感できなかった。しかし、私はそのことを口に出して言わずに、妻には黙っていた。

妻は東女大生のとき、武蔵野美大の教授に個人レッスンを受け、油絵の基本を習得したそうで、そのとき描いた自画像を私は結婚した直後一度だけ見せられた。そのとき、鉄サビ色に、鉄工所の娘らしいと感心した覚えがあった。妻の色彩感覚には優れたところがあると思っていただけに、黒一色の画面には失望した思いもしたのだった。

この展覧会を見に行ったとき、娘が空色のベレー帽をかぶっていたのが可愛らしく印象に残った。

市立図書館で一、二週前の週刊誌を探して、東大の合格者名簿を見た。何となくあきらめきれない寿美の思いが伝染していたのか、別に予感があったわけではなかった。しかしあったのだ。有理の名が、文Ⅲ合格者に。ホッ。よかったなあ。うれしさと同時に何かヒヤリとした感じがした。父と息子、同じようなことをした。遺伝かなあ。

私は中央大に入って、やめて、京大に合格した。有理は慶応大に入ってやめ、東大に合格した。文Ⅲは文学部である。何を専攻するのだろうか。

四月、代ゼミは津田沼と名古屋で授業があった。名古屋校へ行った最初の日、事務員が封筒をよこした。寿美が差し出し人だった。東京の家の住所も電話も教えていないから、こんな所へよこしたのか。開封してみると、もう会う必要はないから連絡しないでほしいとあった。

名古屋へ行く途中、豊橋でおりて愛知大の富山教授と会ってカラオケバーで飲んだ。音痴の私はただ富山の歌うのを聞くだけだった。昨年、愛知大から永年勤続の功労で一年間休みをもらい、ヨーロッパへ旅行してきたと言った。いろいろ話しているうちに、「弁証法を、正・反・合の図式で考えてはいけないよ」とヘーゲリアンの上から目線でのたまわった。ヘーゲル研究会で京大の片柳教授に会い、私の噂話をしたそうだ。

翌日、東京へ帰る新幹線の中で考えこんだ。私は『新約聖書』の「使徒行伝」の聖霊に着目して、神と聖霊と神の子イエスの三位一体説から弁証法の論理を考えついたのだ。弁証法という用語そのものは、ヘーゲルによって広く知れわたったにせよ、そもそもはキリスト教の信仰の論理がもとになっているはずだ。ヘーゲルの弁証法は、アウフヘーベンに無理がある。日本語訳に適当な語が見つからないというだけでなく、個人の内面の精神現象にアウフヘーベンは論理的に破綻があるのだ。キリスト教信仰の聖霊の働きをヘーゲルはアウフヘーベンと論理化したのだろうか。アウグスチヌスが「不合理ゆえに我信ず」と告白したように、聖霊を実感することは不合理な信仰体験によるもので、アウフヘーベンと論理化できないものだ。だから、マルクスは弁証法を政治経済学に限定し、唯物弁証法として内部矛盾の外化というアウフヘーベンを革命の論理としたのだ。

ヘーゲルの観念論的弁証法のアウフヘーベンの破れを突いたのは、キルケゴールの実存哲学であった。私は専門ではないのでこれ以上、キルケゴールについては書かない。マルクスにせよ、キルケゴールにせよ、ヘーゲルの弁証法の破綻をのりこえようとしたわけで、ヘーゲルはすでに時代遅れの代物《しろもの》だ。

田辺元の無の弁証法も、無を老荘思想と関係させると、人間の精神の問題だから、弁証法は不適切なのではないか。田辺元は弁証法をラセン状に図示した。ラセン状は遺伝子の構造であることが、一九八〇年代になって明らかになった。だから、無の弁証法というよりは、無の遺伝子というほうがよいのではないか。日本思想史における無の遺伝子。中国の老荘思想の神、天皇の無。インドの仏教の無常。ユダヤのキリスト教の無実の罪の赦しの受容。無用者の芸術、漱石、芭蕉、西行、そうだ。

一九八〇年代になって脚光をあびだした、無季俳句の山頭火、尾崎放哉《ほうさい》がいる。大地主の子に生まれ、母の自殺に打撃を受け、早大を退学後、無季俳句を作り放浪した山頭火の生涯はテレビドラマになった。東京帝大法学部を卒業し、保険会社の課長になりながら失業後、寺男にまで落ちぶれ、無季語どころか十七音の定型すら破った放哉もまた無用者の芸術の系譜に入るだろう。

無の遺伝子は現在も生き続けている。アイドル歌手が次々と消えてはあらわれてくる芸能界の無常を見ればよい。私個人の人生のふり返りから、田辺元の無の弁証法を思い出したが、日本人の思想史をつらぬく無の遺伝子を考えるべきだろう。弁証法はマルクスのように政治経済史に限定すべきだ。

私だけでなく、日本人がドストエフスキーの小説『カラマーゾフの兄弟』やニーチェの『ツァラツストラはかく語りき』に影響を受けたのも、アンチキリストの無神論、つまり無の遺伝子のせいかもしれない。

五月の連休後、森田が電話してきたので会った。また、夏期講習を諏訪と長野でやりたいので出てくれと言った。前回の後、受講した生徒に聞いたら「先生の授業をきくと、どんな大学の試験でも合格できる気持ちになったと言うんですよ」「おみそれいたしました」

代ゼミや一学、早予の夏講に出ないと私が渋ると、森田は一コマ九十分、三万出しますと言った。驚いた。無茶な申し出だ。最大手の代ゼミだって、そんな金は出さない。しかし感激した。赤字覚悟で私を買ってくれた森田に、タダでもやってもいいよと言いたいくらいの気持ちになった。勿論、そんなことは一言も言わなかったけれど。森田はタコ焼きを二パックも私に土産にとよこした。

六月、九州の雲仙普賢岳が大噴火し、火砕流で四十三人の死者が出た。数年前の伊豆大島の三原山の噴火に続き、日本列島の地底で変動がおきているのに私は鈍感だった。西野道場で準備運動をしていて近くの女性から「気が出ている」と言われたが、自分ではわからなかった。タレントの由美かおると対気したとき、あまり後ろに飛ばされなかった。

ある日、午前の授業後、電車の座席に座っていて隣に座った女子高生が居眠りして、私の膝の上に体を崩して頭を乗せてきた。驚いたが、そっとしておいた。次の駅で電車がとまったとき、女子高生は起きあがった。ある日曜の朝、多摩湖下の都立公園の大木の前で西野流呼吸法の体操をしていたとき、リードをはずされて走り回っていた犬が一匹走るのをやめて、私の十メートル前におすわりした。気が出ていたのだろう。しかし、私が家の居間で呼吸法の体操をするのを見た妻は、なぜか嫌がった。「シ、シ、シ」と私が声を出すのを聞いて「犬を追い払うみたいで不快だ」と妻は言った。

妻は油絵の製作に熱中しだすと、食事をつくらなくなった。ある日曜、私と娘にインスタントカレーの袋を妻はよこして、自分達であたためて食べてくれと言って家を出て車庫に行き、画布に何か貼りつける作業をしだした。小屋の合鴨の餌も時々やるように妻は私に言った。仕方なく私はした。

テレビ、新聞でイトマン事件をはじめ、住銀、興銀、野村証券など金融犯罪が報道され、バブル経済が破綻して不況になった。森田のおこなった諏訪、長野の夏期講習会は、早予の講師達を多数動員して大がかりなものになったが受講する受験生は少なく、素人目にも失敗に思えた。タイミングが悪すぎたのだ。

代ゼミは衛星放送の回線を使ってサテライトを地方の分校につくり、本校の人気講師の授業をテレビ放送しだした。私立高にもサテライト受講を売り込みだした。しかし、バブル経済の破綻は特に地方の不動産価格の暴落によって地方経済に大打撃を与えたので、景気の冷え込みは深刻だった。福岡の代ゼミの分校は、最高三千人いたのに三百人に減少したと噂された。どこか忘れたが、代ゼミのある分校の事務局長がノルマが達成できなかった責任を苦にして自殺したと週刊誌に書かれた。

名古屋のホテルで代ゼミ、一学で知り合った国語科の講師沢に誘われてバーで飲んだ。沢は代ゼミの札幌校へ毎週飛行機に乗って出ていると言った。高級ワインを得意そうに飲む沢を見て不安な気持ちになった。沢はある私立高の創業者の息子で、株の信用取引をしていると言った。バブル経済がはじけたと言うのに、飛行機に乗って高級ワインを飲み、株の信用取引をして足が地についていない沢講師に、結局、私は何の忠告も言えなかった。

将来への不安は私自身のこととして感じていたけれど、人はそれぞれその人自身の人生を生きいくほかないのだ。先行きどうなるかわかっていたのに。

ペレストロイカ建て直しを言って登場したとき、ゴルバチョフソ連書記長は、ソ連邦崩壊を予見していたはずはなかったのだろうが、ベルリンの壁が崩れ去ったあとの東欧の社会主義諸国の政権の雪崩的崩壊の流動をとめることはできなかったのだ。民主的選挙でロシア大統領になったエリツィンという権力の受け皿ができていたこともソ連邦消滅をすみやかなものにした。冷戦というアメリカとの戦争にソ連は敗北したのだとテレビで軍服など売っている姿を見て思った。日本外交には大チャンスだったのに、外務省の官僚や自民党政府幹部の外交ベタで北方四島を敗戦で窮乏したロシアから買い取るチャンスを逸してしまったと思った。日本がうまく名目さえつくれば貧窮していたあの時だったら北方四島を買えたのに、残念なことだった。

道場で西野皓三先生が対気しているのを見ていて、あっと思った。西野先生の右手の掌から白い発光する筋が火花を散らすように飛び出して、五、六メートル先の弟子の手に当たったのだ。この時だけ、たった一回、一瞬の目撃だった。確かに白い発光する筋が走ったのだった。これが気かと思った。何か得体の知れない物質のエネルギー。西野先生が気を出して、五、六人のインストラクターの若者達が後方へ吹っ飛ばされる写真がある。写真には気の物質的エネルギーの発光する白い筋は写ってはいない。写真ではとらえられない気の物質的エネルギーを、私はあのとき一回だけ一瞬だが、はっきり見たのだ。目の錯覚や幻視ではなかった。私の意識は正常そのものだった。

気の物質的エネルギーは何であるか、まだ科学的に解明されていないが、私は電子か磁気ではないかと思う。鳥が渡りをするとき、地磁気を感受しているのだと言われている。つまり鳥には磁気があるのだ。人間にも磁気が体内にあるのではないか。俗に言う第六感は、磁気を感受したものではないか。鳥能力を超能力とみれば、地磁気をおびた磁力、つまり人間磁石のような力が気ではないか。磁石のNとSは引き合って密着するが、NとNは反発してしりぞけ合う。弟子が呼吸法で気が出せるようになってNの磁気が出るから、インストラクターの発する気、つまりNの磁気の力で後ろに弟子は飛ばされるのではないか、と私なりに考えた。

代ゼミの名古屋校で、政治経済の講師が資本主義から社会主義へとマルクスエンゲルスの唯物史観では宣伝したのに、ソ連邦消滅で社会主義から資本主義へと逆になったと言った。中国共産党の総書記になった鄧小平が走資派として毛沢東から攻撃され、文化大革命で失脚したけれど、復活して実権を再び取り戻したときから、社会主義から資本主義への歴史の軌道は引かれたと私は考えた。農業の社会主義政策、例えば毛沢東の人民公社は五千万の餓死者を出して失敗した。社会主義は工業化社会にはある程度有効な政策だったけれど、世界経済、特に貿易市場での競争力では資本主義の効率性に敗北したのだろう。

ソ連は半導体の高密度集積回路の生産技術をもてなくて、スーパーコンピューターの性能でアメリカに完全に敗北したのだ。ソ連のコンピューターには真空管が使われていたという笑い話があったな。

「ところで、あなた、大学生のお子さんがいるでしょう」「エッ」びっくりした。人相見というか、人間を直感的に見る眼力をもっている人がいるのだと感心した。この講師とは、このとき一回だけ話をしただけで、名前も知らないくらいだった。街角の占い師として成功している人も、客をひとめ見てその人生、生活が直感で読みとけるのだろう。

9、『鉄砲伝来記』

雛から成鳥になった合鴨を娘が近くの池に連れて行くのに、妻と私も付きあわされた。

平成四年（一九九二）一月、長野に出かけて森田の事務所に行った。理由はよく覚えていないが、夏期講習の給与がまだ銀行振り込みされていなかったので請求したのかもしれない。景気の落ち込みは深刻化してきたようで、受験ビデオの販売も不振で、森田事務所は沈んでいた。森田の車を借りて雪道を飯綱高原のスキー場に行こうとしたが、アイスバーン状態の道路に怖くなって途中で引き返した。

早予は町田に分校をつくった。生徒数は少なく、将来、予備校をやめても貸ビル業で食っていくのでビルを建てたのだろうと噂された。新しい建物の教室は眼が疲れてこまった。町田への電車の乗り換えをどうしたのか。八王子経由で横浜線を使ったのか。とにかく時間がかかった。代ゼミの池袋校で英語の石田敏治と一緒になった。南浦和、一学とも一緒で代ゼミにも来た点で私と石田とは予備校の講師稼業が同じコースだ。

池袋校では東大クラスの古文を担当したが、仙台校では東大の現代文担当だった。新幹線の切符をもらって驚いた。何とグリーン車だったのだ。代ゼミは衛星放送のサテライト授業へ数十億投資して赤字と噂されていた。グリーン車の往復切符をよく出してくれたなと驚いたのだ。時給を調べると一コマ九十分二万五千円になっていた。

ソ連崩壊の理由を解説した本を読んでいて、ロケット打ち上げ技術で一九六〇年代にソ連がアメリカに先行できたのは、第二次大戦直後ドイツ人技術者集団をソ連が捕まえて連行して使役したからだと知った。さらに、ロシア史を読んでいて、ピョートル大帝が西欧から職工達を大量にペテルブルクに移民させて都市建設をし、手工業生産を盛りあげたことを知った。ドイツ貴族の娘であるエカテリーナ女帝時代にロシアの国力が高まったのも、ヨーロッパからの技術者職人達の移民によるものだったという。

十八、九世紀のロシアは、ヨーロッパからの移民によって近代工業化社会への基礎作りをした点でアメリカと同じであったのだ。そう言えば、二十世紀初め、新世界はロシアとアメリカだった。

ロマノフ王朝時代、封建制度を十分にとり切れなかったロシアが十九世紀末に近代工業化社会になれたのは、アメリカと同じで、ヨーロッパからの技術者職人の移民の力によるものだったのだろう。

ヨーロッパでも中世に封建制度を十分に定着できなかったスペイン、ポルトガルは、イスラム教徒に占領されていたこともあって、近代に工業化社会としては立ち遅れた。ドイツに比較して、封建制度が不十分だったイギリスはいち早く工業化社会に入ったものの、二十世紀後半には工業社会から脱して金融資本主義になって、工業資本主義にとどまったドイツと違った。中近世のドイツ騎士団と日本武士団とはよく似ている。

プロイセンドイツが国内統一をなしとげ、工業社会の産業革命に成功し資本主義社会になった時期は、ほとんど日本の明治維新後、日清戦争頃の産業革命成功時と同じであった。ヨーロッパも日本も中世封建制度が近代資本主義の母胎になったという、学生時代に着眼した私の説は何かキモになる重要な点がまだ見つからずにいた。つまり、地方分権で農業生産による中世封建制がなぜ中央集権で工業生産による資本主義の母胎になりえるのかという矛盾の解消が、まだ論理的にできなかったのだ。

仙台で住所電話の手紙をもらった秋永雄一東北大助教授と会い、ウニなどの活魚料理店で飲食した。秋永とは一学の大宮校で親しくなり、帰りの車で話をして、家で娘に会ってもらったこともあった。

東大の教育学部を出て横国大で教育社会学の講師をしていて、この四月から東北大の助教授になった。フランスの新進の社会学者をいち早く紹介したというのだから、フランス語が得意なのだろう。秋永は独身だったので、美食家でもあった。仙台でもすぐ高級活魚料理屋を見つけたのだ。

筑ゼミの夏講で、早予の講師でもある佐藤勝彦と飲んだ。京大の後輩で、劇団四季の演出部に所属していたこともあった。後年、佐藤は東京芸大の助教授になった。

仙台からの帰り、ガラガラだったグリーン車に福島から十人ぐらい黒服の男達が乗りこんできた。皆黙っていたが、一種異様な殺気立った感じがして、暴力団一行とわかった。

市立図書館で『鉄砲伝来記』を見つけ、借り出して読んだ。一五四三年、種子島にポルトガル船が漂着し乗っていた中国人が火縄銃を持っていて島の領主が買い、八板金兵衛という刀鍛冶に銃の製作を命じた。いろいろな伝説があるけれど、半年後に種子島銃が出来、三年後には日本全国にひろまり、戦国乱世、三万ほどの鉄砲があったという。これ以外にも鉄砲伝来には諸説あるが、日本の工業生産の原型を『鉄砲伝来記』を読んで感じた。

古代では中国から、近代では欧米から、工芸、工業製品が日本に伝来するやたちまち模造改良、高付加価値製品を作成する。日本のお家芸だ。種子島銃を作ったあと約五十年後、徳川家康が大坂城の豊臣秀頼を攻撃した冬の陣で使用した大砲は、欧州製より高性能だったといわれている。

黒船といわれた当時、最新の蒸気船に乗って来航したペリーは浦賀に上陸して鍛冶屋と桶屋の仕事を見て、日本は工業社会になれると直感したと帰国後、回想記に書いた。

桶屋はさておいて、『鉄砲伝来記』でも鍛冶職人がポイントになっている。刀鍛冶の手工業の技術の高さは、世界最高水準だったのではないか。戦国乱世、種子島銃、大砲を製造した鍛冶職人の手工業の技術も欧州に劣ることはなかったのではないか。死活問題だから、戦国武士達は、刀、銃の高性能を職人に命じたはずだ。欧州で鉄砲が開発製造されたのも、騎士達が要求命令したからだろう。

妻と娘と西武球場でプロ野球の試合をこれまで外野席で見ていて球が見えなくなり、内野席で見るようにしたが、やはり球が見えなかった。テレビでバレーボールの試合を見ていて、ボールが消えて見えなくなった。

代ゼミの仙台校の十二月、最終授業終了時に、女生徒が二人来て、小さなサンタ人形の菓子セットを私にくれた。女の子からプレゼントをもらったのは、この時の一回だけだ。帰宅して娘にやった。

中学生になった娘は私とあまり口をきかなくなった。妻が娘の学資保険の金を出してくれと言った。私立中学の入試は全く受けなかったが、私立大学の入学金を妻は考えて学資保険に入った。娘の名義で五百万定期預金したが、妻には黙っていた。

平成五年（一九九三）二月、例年のように妙高山にスキーに行った。もう全く娘のスピードにはついていくことができなかった。

『鉄砲伝来記』を再読して、刀鍛冶職人、八板金兵衛の名前にはっとした。職人なのに八板の姓をもっている。武士でもあったのではないか。野武士、山武士は伊賀では忍術使い、つまり火薬火縄銃の使い手、つまり軍事技術者だったのだ。戦国武士は、刀、槍、鉄砲、馬術などの軍事技術者だった。

豊臣秀吉の備中高松城の水攻めは、土木技術の成果だろう。戦国時代、武士と職人は分離しておらず、軍事技術者だったのだが、江戸幕藩体制で武士と職工は身分が分離したのだ。役人つまり行政官僚になって、儒教、道徳で教養文化を身につけた「武士道」にはもはや軍事技術者の面影はなくなった。「武士道」で武士を考えてしまう先入観、偏見を捨てないといけない。戦国武士は、例えば前田利家は晩年になって『論語』を初めて知ったと言われているように、儒教、道徳とは無縁なのだ。三井・住友の始祖は、戦国武士と言われている。戦国武士は軍事技術者だった。これがキモだ。欧州の騎士も軍事技術者であろう。中世の封建制度で武士、騎士は軍事技術者として軍事の手工業の水準を高めることを要求した。

江戸時代初期、幕府は大名諸家を取りつぶしたので大量の武士が失職し、商人、職人になった。戦国武士の軍事技術者としての合理主義は、行政官僚として教養文化を身につけた武士ではなく、職人、商人に受けつがれたのだろう。

十八、九世紀、工業革命に成功した西欧列強が東洋に植民地獲得に乗り出して来たとき、中国は日本より早く西洋の進んだ科学技術に接触したのに、その技術を導入定着することができなかった。幕末維新の日本は欧米の科学技術を素早く導入定着して、十九世紀末工業革命に成功した。水準の高い手工業の技術者の集団が日本にはいたからだ。『鉄砲伝来記』に書かれていた鉄砲の構造改良製作という日本のお家芸が明治時代に盛大になされたのだ。学生時代に疑問に思った問題が、自分なりに解決でき納得できた。

10、サム・フランシス

年末、一学の講師慰安旅行で日光鬼怒川温泉に行った。浅草から東武の特急で行ったが、湯河原、熱海に行くのと違って何となくうらわびしい感じがした。一橋学院の経営が赤字になったらしいという噂が流れた。ストレスで職員が病気になったという。

平成五年（一九九三）正月何日だったか、休日、娘が朝早く金切り声をあげた。飼育していた合鴨が閉め忘れた戸をくぐって入った野良猫に襲われて、血だらけになって殺されていたのだった。肉を料理して食べてやることが成仏の仕方だと言おうと思ったが、娘と妻の青ざめた顔色を見てやめた。娘は庭の片隅に合鴨を埋葬した。妻は鳥小屋を取りこわした。もしかすると記憶違いで、これは一年前だったかもしれない。この二、三年ぐらい記憶があいまいであやしい。

早予の神谷講師達が森田事務所の夏期講習の授業の謝礼が未払いだから、川崎の森田のマンションに一緒に行って請求しようという話し合いをして、五、六人で行ったとき、私は車で早予に行っていたので別行動をとったが、途中で森田から金を受け取ったような気がして行くのをやめた。早予の春期講習のときのことだから、前年か、この年か、一、二年の記憶違いはほかにあるだろう。

税金の確定申告で年収が千四百万あったのは、この年だったか。代ゼミの仙台出講で新幹線グリーン車、一晩の飲食費が七千円、他に合算して年収千四百万で、中小企業の部長クラスと同じかなと思った記憶がある。これが限界かなとも思った。

京大工学部の福岡が「就職してもとても社長にはなれない、部長になれれば上出来だと思わないとね」と卒業前に言ったのを覚えていた。

東女大出の社長の娘と結婚して、都内に小さいながら注文建築の家を建て、年収千四百万になった。しかし、と思った。私が志した人生はこんなものではなかったはずだ。資本主義体制の内に入ったけれど、一年契約の非常勤で半分はフリーとして体制の外に出ていて、時空の壁を突破しようと思ったはずだ。自己懐疑におちいった私にくらべて、妻は、油絵制作に打ちこんで、ますます熱中しだした。本人が食事を忘れるのはいいが、私や娘が腹をすかして待っていても妻はなかなか食事の仕度をしてくれなかった。

筑波ゼミの校長から、春期講習のとき、四月から水戸の他に、宮崎に出講してくれないかと言われた。安いビルの売り物があったので買った、遊ばせておいても仕方ないので予備校の分校にした。英数は宮崎で求人募集して講師を採用したが、国語で、現代文、古文、漢文、小論文を一人でやれる講師が見つからなかったのでお願いしたいと言うのだ。「宮崎だと、飛行機で往復ですか」「そうです」ＡＮＡで、シンガポールへ行ったとき、飛行機が着陸する前後、気圧でひどく耳が痛んだ苦い記憶があるのでためらったが、断れず引き受けた。

飛行機で札幌へ往復していた代ゼミの沢講師が株取引で失敗して、多額の借金返済に追いたてられ、鉄道に飛び込み自殺したという噂があった。足が地から離れる危険が飛行機通勤にはあるのではないかと心配だった。

羽田空港で全日空機に乗って宮崎まで、心配した耳の痛みは出なかった。空港からバスで宮崎駅前に行き、指定されたホテルに入った。室の狭さに驚いた。外に出て食堂を探したが、人影が少なかった。食堂のメニューを見て安いと思った。東京より一、二割安い。人口が少ないせいだと思った。バブル経済の崩壊で特に痛手を受けたのは地方都市で、過疎化が一段と進み、駅前商店街はさびれ、閉店でシャッターがおりていた。夜八時過ぎ、人通りは絶えていた。

筑ゼミのビルの教室には、生徒が二、三十人ほどしかいなかった。午前二コマで授業は終わり、飛行機に乗るのは快適ではなく、緊張をしいられた。羽田から東大和の家に帰りつくまで、とにかく時間がかかった。へとへとに疲れて、一年やれるか不安になった。

代ゼミは津田沼校だけで、三百人入る教室に最初から空席がかなり目についた。不況と少子化の影響で、浪人する受験生が減少したのは、一学でも早予でも同じだった。地方出身の浪人受験生が特に少なくなったそうだ。一学で物理の江田講師、化学の黒木講師らがやめさせられたという噂を聞いた。江田は早大理工学部の応用物理の大学院博士課程修了で、柏木正宏の友人だったので、わりとよく授業後の帰り喫茶店などで雑談した仲だった。黒木は四十ぐらいだが、少しウツ病らしいという噂があった。

一橋学院の創業者は国際商科大も創業したが、死後、長男が大学をつぎ、東京国際大と改称し、中国人留学生を大量に受けいれた。次男が一橋学院の校長になったが、アルコール依存症とかで、業務に精勤できなかった。

筑ゼミの水戸本校で世界史の野元講師と一緒になり、授業の前夜飲んで話を聞くと、代ゼミを解雇される話を事前に職員から耳打ちされたので、河合塾の事務長に会って代ゼミからトレードの体裁で雇ってもらったと言った。若い、時給の安い講師を雇って、古手の講師を整理解雇する動きが予備校業界で進みだしたのだ。

早予で午前の授業が終わったあと、英語講師の萩野東北福祉大副学長に昼食に誘われて、大都会でステーキをご馳走になった。東北野球大と私が悪口を言ったのに、なぜかなと思って萩野教授の話を聞くと、とても高額な時給、交通費、ホテル代を早予から受け取っているので、早予の校長や教務部長の様子を私から聞きだそうとしたように思えた。話しているうちに、そういえば、早大や東海大、相模工大、大妻女子大など、教授の講師達の顔を見なくなったことに気がついた。森田事務所の夏期講習の授業料をもらっていないと請求に行った神谷講師達ともその後、会っていないのでどうなったか知らないが、噂も聞かなかった。萩野教授と別れて早予で国語科で十年以上いる講師は、関井さんと私だけじゃないかと思った。

皇太子と雅子妃の結婚パレードを宮崎の中華料理屋のテレビで見た。小雨が降っていた。妃の高年齢、晩婚ということも時代の象徴だと思ったが、やはり、公害水俣病をひきおこした元凶チッソの社長の孫娘ということが祝賀ムードに冷水をあびせているのではないかと考えた。

家で夕方六時台のニュースを見ていて、キャスターの逸見政孝が、突然、私は癌です、と青白な緊張した顔で言った。癌は、この当時、死病だった。余命半年というのが当時の癌常識だった。逸見キャスターは私と同じ年だったと思う。数年前、女子高生に人気が沸騰したとかで、フリーになったが、テレビの画面で見るだけだが、いかにも線の細い生真面目な感じで、フリーになってストレスに耐えられなかったのかなと思った。細縁の眼鏡をかけた悲痛な逸見の顔は非常に印象的で、記憶にはっきり残っている。この癌公表後、テレビの画面に登場せず、年末には逸見政孝は亡くなった。

五十にして天命を知る、と『論語』にあったはずだ。知命を一年前にして、私も寿命を考えずにはいられなかった。肉体の生命の終わりより、まず先に眼球の働きの終わりの心配をしなければならなかった。車の運転免許を取ったとき、眼鏡をコンタクトレンズにかえて視力一・〇としたが、動体視力の低下がひどく、この年コンタクトを新しく作ったが、〇・七ぎりぎりしか視力がでず、免許更新の視力検査を三回もやり直してやっとパスした。特に左眼の視力の低下がひどく、失明するのではないかと不安になった。

北海道の奥尻島で地震があって大津波で百数十人の死者が出た。

どこの駅か忘れたが、英語の樋口さんとばったり会った。一学の講師をやめたとかで、三十年以上勤めていた日本史の誰、数学の誰もやめたと言い、国語の都立戸山高の寺久保教諭も講師をやめたと言った。寺久保は仮名だが、古文のテキストを作っていたので顔なじみで、新宿で飲んだこともあった。戸山高の教諭だから一学でも大切にしていた講師だったのに。一橋学院の赤字は累積していて、大幅なリストラは避けられないだろうと樋口は言った。私は一橋学院は私学共済保険に加入していて準専任扱いだから、とは思ったものの心配になった。

予備校業界は情報を交換して共有しているのか、代ゼミで一コマ二万五千になったあと、一学、早予でも一コマ二万五千の時給になったが、時給が高くなっただけに整理解雇の対象になる不安が強まった。一学の講師室で雑談していたら、英語の大寺が妻がパートで働きに出たともらした。

筑ゼミの水戸で飲んだ英語の岩田が、日本語の講師の資格をとる講座を受けるのだが、百万以上かかると言った。「日本語の講師って、外国人、中国人留学生に日本語を教える講師ですよ」四十代の岩田の転職活動に少々感心した。予備校の時代が終わりになったということだろう。

一橋学院の高田馬場の新館で授業を終えて、廊下を歩いていると、大きな歓声のあがる教室があった。開いているドアから中を見ると、立ち見の生徒達で満員だった。話し声を聞くと、早大に合格した学生達の体験談だった。早大政経学部専任講師の石野光温の授業の一端だった。これが究極の人気取りだなと思った。石野先生の授業に出れば必ず早大に合格できるのだから。

人気取りに走ったのは、代ゼミの津田沼校の三十代の古文の講師で、エレキギターでロックを授業中歌った。英語の講師が英語で歌うのは当然のことだろう。一学でも漢文の講師は詩吟を歌った。

音痴の私も芸能サービスをしなければ、と早予の少人数クラスで、和歌を節をつけて歌った。生徒が缶ジュースをプレゼントしてくれた。少々情けなくなって、この一回限りでやめた。

妻や娘には一切こうしたことは話さなかったが、私の暗い顔つきを見て妻は、食後の雑談のとき、何かのはずみで「パートなんかに出たくないわ」と言った。ある晩、妻が画室にこもって出て来ず、夜の八時過ぎても夕飯の仕度を始めなかった。娘も腹をすかしていると思い、私が我慢の限界かなと思って書斎を出たら、妻も画室から出て来た。私は黙って書斎に戻った。夜九時にやっと夕食になった。妻の絵を描く集中力、持続力はすごいとは思ったが専業主婦の趣味の度を越えているとも思った。

大宮の一学の授業が午前で終わって、三時頃、家に帰った。妻は外出していた。今どんな絵を描いているのかと画室に入って見た。相変わらず黒一色の抽象画だった。床に画集があった。取って開けてみた。サム・フランシスという初めて聞くイギリスかどこかの画家だった。何枚か見ていて、一枚に眼がとまった。赤・黄・青など多彩な色が、ある形状、漢字の光の模様を描いていた。書道の墨の漢字を鮮やかな原色の多彩で描いた趣向だと思った。解説を読むと、欧州ではあまり評価されなかったが、日本ではとても人気が高いとあった。確かに書道の墨を多彩な油絵にしたような新鮮な感じがすると思った。画集を置いて書斎に戻って明日の授業の解答作りをしていて、ふと、サム・フランシスの絵と妻の絵は同じではないかと思った。フランシスの絵が人気が高く売れているのなら、同じ趣向の妻の絵もひょっとしたら売れるのではないか。黒一色の抽象画だから、タテもヨコもわからないが、ウマイもヘタもわからないし、好きも嫌いも具象画のようにはっきり出ないだろう。欧米人には東洋の神秘とか売りこめるのではないか。妻の絵は青梅の美術館の展覧会では入選したものの、大賞は何年かかっても取れなかった。しかし、売れる絵と賞を取る絵は同じとは限らない。どんな絵が売れるかわからない。

妻は美術大学を出ているわけではない。三十すぎて子育てが一段落してから描きだした、専業主婦の趣味の絵だ。普通なら売れるはずはない。しかし、である。カンがはたらいた。不動産のセールスマンをしたときのカンみたいなものだ。

一橋学院の数多い講師の中で唯一人、東大和の家に連れて来たのは、秋永雄一だけだった。その秋永が東北大の助教授になった。京大でも片柳さんと友達になろうと同じ地塩寮に移ったが、将来、京大教授になるだろうと予想した通りに片柳さんは京大教授になった。

妻の才能を改めて考えてみた。妻の両親は敗戦後、鍋作りの鉄工場をはじめ、自動車部品工場の会社経営に成功した。一万人に一人の確率だろう。妻の兄は東大法学部に入学した。妻の集中力、持続力、粘着力はすごいと思う。同じ黒一色の抽象画をあきることなく何年も描き続けている。私にはとてもできない芸当だ。

地塩寮で一年先輩だった法学部の石川巌が、『書の風景』という書道評論の本を出した。書の評論をそのあと読んだとき、気韻があるかどうかが大切だとあったのをうろ覚えしていた。油絵は書道とは違うけれど、同じ芸術作品だ。妻の油絵に気が出ているかどうか。気を感受する能力が私にあるかどうか。

夕食後の雑談で「絵が売れるんじゃないか」と言った。「売り絵を描いてるんじゃないわ」と妻はとがった声で言った。「そうよ。絵は売るもんじゃないわ」と、娘が小生意気《こなまいき》に言った。鼻白んで私は黙った。妻や娘、いや、女と私は議論する習性を持っていない。

資本主義社会では好きも嫌いもなく否応なしで、労働力だけでなく人間性も商品化され、売れなければ金が手に入れられず、生活に窮して、生きていけない。芸術作品も芸術家も資本主義の市場に参入すれば商品化されてしまい、売り値の高低で評価される。賞は商品価値の査定であるけれど、受賞作品が高値の商品になるとは限らない。

太宰治は第一回芥川賞を取りたいと川端康成に土下座して頼んだという、真偽定かでない噂をされて落選したが、第一回芥川賞を取った作家と作品の名は忘れ去られても、太宰治の人気は二十一世紀に入ってもなお高く、作品は若者達に熱心に読まれて生きている。

妻の絵は黒一色の抽象画だから、色彩、形体の具象画と違って、展覧会の大賞取りは望めないだろう。抽象画は西洋人が創作したもので、日本人は模倣したものだから、独創性の評価は低いからだ。色彩と具体を崩して抽象にいたる過程を描けば、その色彩、形体の抽象化のプロセスに画家の独創性が出てくると私は考えたが、妻にそれを言っても聞きいれるわけもないと黙っていた。本人に絵を売る気がなければ売れるはずはない。どうしたら妻が売れる絵を描く気になるだろうか。プロの画家として自立する気構えを、三食昼寝つき、画室持ちの専業主婦が持てるものか。妻は、そもそも芸術的人間、画家になれるのか。結婚する前、妻の本性が何であるか疑問に思った。本当に妻は芸術家になれるのかしら。一階の書斎で二階の画室の妻を私は改めて疑問に思え考えこんだ。

バブル経済が崩壊して不景気が深刻化して、就職氷河期という声が出はじめ、政治の枠組みにも変化が生じ、自民党の長期政権が倒れ、細川連立内閣が成立したが、小沢一郎が政局のキーマンであった。自民党の幹事長で、首相の呼び声が高かった小沢一郎が、派閥継承争いに敗れ、自民党を割って出て反自民の野党連合を画策して、細川を神輿に乗せて総理大臣に仕立てた。壊し屋と小沢は評されたが、九一年のソ連邦消滅で、社共、左翼が崩れ出したのを小沢は突いて、保守の二大政党、政権交代を目論んだのだ。小沢がやったのは、社共、左翼政治勢力の破壊だったと私は思う。

年末、西野道場をやめた。月謝一万六千円の負担が、予備校業界のリストラの波が我が身に及んでくることがひしひし感じられると、重くなったからだ。妻の絵が売れたらなんて、普通なら考えられない奇蹟的なことを期待したのも、講師を解職されたら、という不安が生んだ妄想だろう。しかし、妻や娘には極力そうした不安を感じさせないように努めた。とはいえ、冬期講習の授業依頼が筑ゼミしか来なかった。

一橋学院の講師慰安旅行がなくなった。都内の小さなホテルで形ばかりのお粗末な忘年会があった。平成六年（一九九四）、数年ぶりに一月に全く授業がなく、無収入になった。四月まで無収入だから、銀行預金を切り崩して生活することになった。それでも二月には例年のようにスキー旅行に行った。

三月、恐れていたことがおこった。代ゼミから授業依頼書が来なかったのだ。代ゼミは講師を五年で切るという噂を聞いていたが、解雇の通知すらなかった。

四月、一学は大宮だけ。早予は高田馬場だけ。筑ゼミは水戸と宮崎。宮崎への飛行機の往復はきつくつらいが、有り難いと思わねばならない。ざっと大雑把に計算しても千四百万から半分か、多くても五百万減収の八百万台の年収になりそうだった。登山は上がりのときは時間がかかるが、頂上から転落するときはアッという間である。急落するときは、いくらあがいてもどうしようもない。

予備校業界の講師職に執着するか、それとも見切りをつけるか。思案のしどころだ。娘は中学三年、高校受験の年になった。

11、知　命

「五十にして天命を知る」とは『論語』にある孔子の人生論であるが、私にとって天命とは何か。孔子は「三十にして立つ」と自立したけれど。私は北軽井沢山荘で、私評論を書こうとして挫折した。「四十にして惑わず」で、三十九で家を建て腰をすえた。芭蕉も漱石も五十前後で死んでいる。芭蕉の『奥の細道』、漱石の『行人』『心』は生き続け、時空の壁を突破して成長している。肉体の命は死ぬが、文学思想の作品の命は真実を探究し表現していれば、永遠に生き成長していく。時空の壁を突破する不変、普遍、永遠の真実を探究する志を京大の大学院に入ったとき立てたのに、五十歳になっても何の成果も得ていないではないか。予備校の講師として時給稼ぎに終始していていいのか。

代ゼミの講師をクビになって、その分の収入を補うために、新聞で静岡市の予備校の講師募集の広告を見つけたが、気がすすまず、見送ってしまった。

一橋学院の大宮校で化学の石沢講師が、数学の桑田老師が死亡し、遺稿集を出したので、買えと言ったので、二千円出した。桑田老師は一度、池袋で飲んだことがあった。昨年、一橋学院をリストラされて間もなく死んだと言う。六十すぎの老齢になると働いている職に命をかけているから、失職すると死んでしまうのだ。定年退職して三、四カ月で絶命する人の話をあちこちで聞いた。

早予の少人数クラスの授業で難渋した。

将棋の天才羽生善治がタイトル七冠を取った。一学の大宮校で数学の浜田講師と小学生以来の将棋さしをした。浜田講師は一橋大経済学部卒でアマ将棋四段という強者だった。飛車角落ちでも全く手も足も出ず完敗だった。

講師室で将棋をしたのは、授業への情熱を失って、やる気がなくなり出したからだろう。

北朝鮮の首領、金日成が七月に死んで、息子の金正日が後継権力者になり、社会主義王朝と評された。

第六章　独　想　者

1、天の声

十月初旬の頃、午前の授業を終え、高田馬場で昼食をすませ、三時頃家に帰った。二階の台所食堂に行ったら、画室から妻が出て来た。お帰りの挨拶もしない。無愛想な妻だ。何を話したかおぼえていないが、いきなり妻が言った。「誰もついていかないわ」「エッ」呆気にとられて妻を見た。突然、妻は床にあお向けに寝ころんで、両手両足を上にあげてふるわせた。呆然として妻を見た。冷静な話し合いをするような態度ではない。妻を残して一階の書斎に戻って、明日の授業のテキストの入試問題の解答を作った。一段落して家を出て、都立狭山公園に行き、遊歩道を西武線沿いに八坂駅の方へ歩いた。「誰もついていかないわ」という妻の声が頭の中で響いた。誰も、私は無論、娘も、「あなたについていかないわ」ということだろう。ついていかないとは、「愛していない」と考えざるをえまい。

「愛する」はサ変動詞で、元来外来語で、日本人の皮相の心しか表現していない。日本人のなまの地の本音の表現だと、ついていくになるだろう。一緒について来るから連れ合いで、妻より地についた呼び名だ。妻は私について来ない、連れ合いでなくなるのか。一緒に生活しないということ。別々に生活していくということか。

別れて生活する、と妻は言ったわけだ。「ハアー」藪から棒の妻の突然の一方的な別離宣言だ。しかし、妻はじっくり考えて結論を出したのかしら。あお向けに寝ころんで両手両足を上にあげてふるわせた妻の異常な態度を思い出すと、冷静な熟考の結論というより、突如の霊感、六感による発作的表現のようだ。いや、そのほうが妻の隠れなき本音の表れかもしれない。

夫としての私には何一つ落ち度はないはずだ。浮気も夜遊びもしていない。借金はない。毎月の生活費は妻の要求通り与えている。持ち家、自家用車、妻は自分専用の画室まである。娘は専用の室があって、エレクトーンも買い与えた。これで妻も娘も私について来ないというのだ。妻が絵を画くことに熱中しだしてから、油絵具臭いので妻を抱かず、寝室を別にした。妻の性欲が、絵を描くことに昇華することを考えて性交を求めず、時に私は自慰ですませた。妻の我が儘はほとんど黙認してきた。

毎年、冬には妻と娘を連れてスキー旅行に行っている。多摩湖畔の中華料理店に夕食を妻と娘を車に乗せて食べに行っている。私に落ち度はないはずだ。画室つきの優雅な専業主婦に安住しているのに、妻は夫の私についていかない、別れると言う。今の私が嫌なのか。

「誰もついていかない」という妻の声は、天の声ではないか。私の天命を知れという声ではないか。考え考え歩いたので、八坂駅に着いたときには日暮れになっていた。家に帰って妻の顔を見て食事をする気になれず、久米川駅の方へ歩いて行くと、ガラス戸に割れ目がある粗末な大衆食堂があったので、入って食事をとった。夜道を歩いて家に帰りながら、改めて妻の本性を思った。世間一般、普通の人間とは、まるで妻は逆だ。そもそも、失業して無職無収入の三十一の私と結婚したいと二十四の妻は両親の反対にあって家出した。そして十八年後、私が苦労して与えた専業主婦の優雅な生活に安住せず、私と別れると言う。妻には世の常識の逆を発想する芸術家の天与の素質、才能があるのだ。妻は挫折していない、怖いもの知らずだ。

学生運動でも、赤軍派など超過激、極左冒険主義に直進した者も、京大に現役で合格していた。入試に失敗して挫折した経験のある学生は、赤軍派には入っていかなかった。

家に帰ったが、妻も娘も出て来なかった。私について来ない理由を聞く気になれなかった。「ついて来ない」と言うなら、ついて来なくてよい。「別れたい」と言うならよい、別れてやろう。セックスを長年していなかったからか、妻に、妻の体に執着はない。北軽井沢山荘に妻が来たときには、妻の体にセックスに引かれたが、今はもう引かれることはない。別れてやろう。

翌朝、妻や娘が寝ているうちに家を出て、車で一学の大宮校に行った。午前の授業を終え、夜の高校生クラスの授業まであいていたので、外に出て大宮公園、氷川神社の方へ散歩に行き、途中、図書館があったので入った。キルケゴールの本を取って、ソファーに座って読んだ。キルケゴールは高校三年のとき『死に至る病』を読んだが、頭が痛くなって途中で投げ出した。しかし、解説を読んでレギーネ・オルセン嬢と婚約したのに、ゼーレン・キルケゴールが破棄した。この婚約破棄事件がキルケゴールの実存、愛、絶望、キリスト教信仰の核心になる哲学の種になったということを知り、キルケゴールの『反復』などの著作集を読んだ。中央大に入学したあと、木曜午後に中野教会の田辺牧師を訪ね、婚約破棄が絶望、死に至る病だというのは理解できるけれども、キリスト教信仰の核心の愛が、どうして婚約破棄を決断させるのか理解できないというようなことを質問した。愛しているから婚約破棄したというのは、世の常の逆である。逆説（パラドックス）がキルケゴールの実存ですか。田辺牧師がどう私の問いに応じたか覚えていない。妻は私についていかない、つまり愛していないと言った。私は妻を憎んではいない。一度も妻を殴ったことはない。暴言もあびせていないと思う。妻の肉体、セックスへ執着を全然感じないわけではないが、愛着していても、たち切れるだろう。私は、切れる男だ。家族の情愛を切れると思う。

母の懐を飛び出して京大に入った。最初の妻、寿美と離婚した。キルケゴールはオルセン嬢を愛しているから、婚約破棄した。パラドックス逆説的に、自己の実存哲学を確立したのかどうか私にはわからないが、私は妻の肉体、セックスへの愛着をたち切ることはできると思う。本を書架に戻し図書館を出て、杉並木の参道を歩き、氷川神社に行った。武蔵国一の宮。ふと、妻と結婚する前、妻の兄に殴られたことを思い出した。殴られたことを恨んでいたわけではない。あの時は妻の肉体、セックスへの愛着があったな、と思っただけだ。今は、ない。妻を愛しているから別れるなどという愚かな、キルケゴールを真似たタワゴトは言うまいと思った。私は、アンチ・キリストであって、クリスチャンではない。

夜、大宮校から帰宅したあと、妻と娘とは会わなかった。水戸、宮崎と筑ゼミへ出講した前夜は外泊である。休みで家にいるときも、夕方、散歩に出て、外で食事をして、帰っても妻とも娘とも会わなかった。私にとっても妻、娘にとっても人生の一大転換点である。この問題をどう解決するか、思案が決まるまで妻と娘に会わないようにしたのだ。私の実存、妻と娘の実存が、私の決断にかかっている。創造的な生き方をすべきだと思った。

創造性は問題解決、逆転、組み合わせによって発生する。組み合わせは、日本人の得意技で、あんパンが代表例である。逆転による問題の解決を採るべきか。妻は失業中、無収入の私と結婚しようと世の常の逆をいった。そして専業主婦の座を与えた私に「ついて行かない」と愛想づかしを言って、世の常の逆をとったのだから。いやまてよ、世の常の逆でもないか。恋愛の感情が結婚後、冷えて、夫への愛を失った妻は、結構世間に多いのではないか。夫への愛を失っても専業主婦のお気楽な生活に安住するために、夫への愛の作り花で夫をだまして、夫婦の仮面をかぶり続けている妻は世に多いのではないか。そうした嘘つき妻達に比べると、私の妻は正直に本音をもらしたのだ。仮面夫婦は、夫の場合もあるだろう。結婚は愛情ではなく、利害打算でもするから。

最初の妻、寿美と離婚せず、結婚生活を続けてもよかったのだ。京都御所近く、室町一条に百五十坪の土地、五百坪の貸した土地を持っていたのだから。バブル経済の土地暴騰期に売却すれば数十億の金が手に入ったはずだ。だが私は利害打算の道はとらなかった。仮面夫婦の欺瞞性を私は拒否しよう。世の常の逆を言った妻も仮面夫婦を拒絶するだろう。

西武線沿いの遊歩道を、夜、往復して、外食前と後、思案しながら歩いた。孤独な想像にふけった。問題が発生したのは妻が油絵描きに熱中没頭して芸術的人間になって、専業主婦の趣味の枠を破ったことによる。妻を芸術家に仕立て、描いた絵を売って生活できるようにしてやれば問題解決するのではないか。黒一色の抽象画の妻の絵が売れるためには、色彩、形体の美がないのだから、気韻を出すしかないだろう。ではどうしたら、絵から気が出るか。妻が必死の気迫で絵を描くことだ。どうしたら必死の気迫が出るか。生きるか、死ぬか、生活できるか、金がなくなって餓死するか、ぎりぎりの限界で絵を描くとき、気迫が出るのではないか。専業主婦の安楽な座を妻から奪うべきか。絵を売って金を稼いで生活していく覚悟を妻にもたせるようにすることではないか。つまり、別居、離婚というより、妻を家から追い出してしまうことだ。西行の逆をやることだ。西行は、仏道・歌道修行を決断して、四歳の娘を蹴飛ばして妻をふり捨てて出家した。西行の逆で妻を家から追い出して、否応なく売り絵稼業に追いこむことが、妻を芸術家として自立させる道ではないだろうか。妻は、私についていかないと言ったけれど、別居離婚、家出まで考えてはいまい。妻は今このときのことしか考えないタイプだ。注文建築で家を造ったのにそのあとで室を建て増しした妻だ。妻を家から追い出したとして、生活に窮して妻が必死で絵を描いたとして、妻から気迫が出るか、どうか。必死の気迫が出ず、生活に押しつぶされてしまったらどうするか。

獅子は我が子を谷底に蹴落として、はいあがって来る子だけを育てるという。つまり、谷底に落ちて死んだ子は、見捨てるわけだ。誰もついていかないと妻が言ったのは、妻は無論、娘も私についていかないということを意味しているのなら、妻を家から追い出せば娘も妻と一緒に家から出て行くことになるのではないか。獅子ではないのだ。娘を飢えさせることはできない。妻もそうだな。どうしたらよいのか。別居して、妻に生活費をやるという甘いことでは、妻は必死になるまい。夫から家を追い出された妻の恨み、夫を見返してやるという妻の意地を引き出すためにも甘いやり方は駄目だ。

妻に画家としての天才があるかどうか、正直のところ私にはわからない。絵が売れるかどうかもわからない。売れたら奇蹟かもしれない。ゴッホは生涯で一作しか絵が売れなかった。買ったのは弟のテオだから、実は一作も売れなかったのだ。妻の絵が売れずに生活に困窮したとき、どうするか。別居しても離婚しないほうがよいだろう。妻が家に戻って来れる余地を作っておくべきだ。

私の口からは、絶対、離婚するとは言うまい。ただ「家を出て行け、別居して、絵を描いて、売って、生活費を稼げ」とだけ言おう。娘の養育費、学費は出そう。娘の名義で五百万の定期預金をしているが、これは妻には黙っていよう。妻の女の意地、必死の気迫が出るか、これは信じるほかあるまい。

絵を描くときの妻の集中力、持続力、粘着力、妻には能力があることは確認している。とは言え、妻の絵が売れるまで妻の生活費をどうしたらよいだろうか。

妻は、結婚したとき、親からもらった持参金は、家の建て増しなどで、もう使いはたしただろう。シンガポールに妻の両親達と旅行したとき、私達一家の費用を妻の母は出してくれた。妻の父は金があり余って、コップについだ酒があふれてこぼれ出るようだ、と言ったことがあった。バブル経済崩壊後も、自動車の部品の金型製造業界は好調で、安泰だとテレビの経済番組で報じていた。妻の父の工場経営も黒字なのだろう。妻の母は海外旅行が生きがいだと言って、金をせっせと使っている。

妻に対しては冷淡な私だが、娘のどんな我が儘でも、あやまちでも黙って許し、金をやる。ならば、妻の父も同じことだろう。妻の父に別居後の妻の生活費を出してもらえばよい。

妻が娘を連れて岡山の妻の実家に戻れば、当然、妻の両親が妻の生活費を出すのだから。四十すぎて、親から養ってもらうとなれば、妻も意地でも絵を売って生活費を稼ぐようになるだろう。妻が画家として自立できる道はこれだと思った。一カ月考えて思案が決まった。

夕方、書斎で明日の授業の準備をしていたら、一カ月ぶりに娘が戸を開けて入って来て「ご飯一緒に食べてよ」と言った。二階の食堂に行って三人で食事をしたが、妻は無愛想に黙っていた。私も口をきかなかった。このあと、家にいるときは、夕食は妻と娘と一緒に食べた。仮面夫婦なら、妻のウワゴトは聞かなかったことにして、六十、七十の老い枯れたもたれあいの老夫婦になるのを待てばよいのだろうが、私は虚偽の仮面をたたきこわす決心を固めていたので、夫婦別居後の妻の生活費の算段のため、妻の母に手紙を書くことにした。ストレートに要求したのでは妻の母をおこらすだけだから、婉曲に遠まわしに暗示することにした。夫婦不和の起点を、シンガポール旅行にした。私達一家の旅行費用を妻の母が出すと言ったことが、そもそもの原因だといえば、妻の母に責任を感じさせると思ったからだ。

妻の兄の遊び慣れていたことに、私は旅行中劣等感を味わったが、これを妻が兄に比べて私を軽蔑し劣等視したのだと妻の兄にも責任を感じさせるように作った。妻の実家や妻の兄一家の生活水準にくらべて、定職のない一年契約の非常勤の私が妻にやってあげられる生活水準の低さが、妻が私に対して愛情を失った原因だとして、妻の母に責任をかぶせた。専業主婦で自由時間のある妻は趣味の油絵描きに専念でき、勉強もできるのに、私は賃金稼ぎの労働に追われて暇がなく、勉強もできず、やりたいこともできないと訴えた。この手紙は三十枚ぐらいの長文になったが、最後に、私は文章を書くことが好きなので、好きな作文仕事をしたいのですと、暗に予備校の講師をやめたいと告げた。

手紙をポストに入れたあと、妻が油絵描きに専念するように、私も作文書きに専念しようと決心した。妻と私が共に我を張っていては、我と我の衝突で、下手をすれば共倒れになる。

磁石のＮ極とＮ極は互いにしりぞけあう力が働く。要するに、夫婦別れするしかないのだ。

早稲田予備校のスモール教室に行って、愕然とした。教室には誰もいなかった。始業ベルが鳴って、三十分待ったが生徒は一人も来なかった。これで早予はクビだなと覚悟した。妻のことに気をとられて、授業がなおざりになったこともあるが、元々スモールクラスは、大学入試が無理な学力の生徒達なので、授業は特に困難だった。ベテラン講師をやめさせるためにスモールクラスの授業をさせると噂されていた。

教室を出て、講師室に戻ったが居心地が悪いので、予備校を出た。翌週、あと一回授業があるのだが、もういいやと早稲田予備校から立ち去った。妻が岡山の実家に行って、戻って来て、私に、母から私の手紙を読んで聞かせられた。涙が流れたと言った。それだけかと思いながら妻を見つめた。無口な女だ。それ以上何も言わなかった。妻の母の考えが読めず、少々困った。年末か年始かいつか、前後のいきさつを忘れてしまったが、妻が突如、近所中に聞こえるような金切り声をあげて、「金をくれ」とわめいた。ヒステリックで常軌を逸していた。冷静な話ができる雰囲気でなかったので、妻の言葉を黙殺した。

妻の母への手紙作戦は失敗したのかなと思った。娘名義の定期預金五百万のほかに、私名義の銀行預金が一千万、東京電力など数社の株券があった。買ったときは二十万ぐらいしたが、値下がりしてこの時ざっと八百万ぐらいになっていた。あと、百二十九平方メートルの土地。建物はもう評価ゼロだろう。妻に五百万ぐらい金をやってもよいと思ったが、それは妻が我を折って「ごめんなさい、助けて」とワビゴトを言うまでは渡さないでおこうと考えた。スポーツと同じで、芸術もギリギリの生活でハングリー精神にならなければ必死の気迫は出まい。島崎藤村は、学校の教師をやめて小説『破戒』の執筆に専念したとき、子供を赤痢の病気でなくしてしまうほど生活に困窮した。妻をそこまでの窮地に追いこむつもりはないが、絵を売らなければ生活はできないぐらいの苦境に追いこむことはしてもよいではないかと考えた。金をやらないから、妻は私を憎み恨むだろう。よい。おおいに私を恨み憎み呪うがよい。その感情を黒一色の抽象画にたたきこむがよい。黒一色の絵だからこそ、憎悪の感情が生きてくるだろうと、私は考えたのだ。

平成七年（一九九五）、正月をどう過ごしたか覚えていない。娘の高校受験があるので、娘の前では妻と言い争いはせず黙っていた。都立高入試は倍率が一・一倍で、偏差値で受験校を割り当てていたので、娘が落ちるとは全く考えられなかった。

一月十七日、阪神淡路大震災で三日間燃え続ける火事を見て恐怖した。特に阪急電車の西宮駅倒壊の報道に、地塩寮同期の福岡が西宮に住んでいたので、非常に心配になった。電話は全くつながらなかった。一週間後、谷と電話で話したら、谷は日本にいなかったのか、ひどくノンビリしたことを言うので腹が立った。

後日、知ったことだが、ＩＢＭは五十歳で定年になる社員が多いらしく、谷もＩＢＭをやめるので、身のふり方であちこち走り回っていて、大震災の報道を身にしみて感じていなかったらしい。福岡の家は中古を買ったので、改築して耐震対策で地下に鉄骨を埋めたので、倒壊しなかったけれど、近所の妻の母の家は倒れ義母は亡くなったと、電話が通じて福岡は言った。

娘の高校入試が終わったら、妻を家から追い出そうと思っていたのだが、阪神大震災でその気がなくなった。妻も不安になったのだろう。妻が新宿で開かれている展覧会を見に行こうと私を誘った。一緒に家を出て西武線に乗って新宿駅まで行った。妻が夫についていかないなら、夫が妻についていくという夫婦のあり方もありうるわけだが、私は言葉ではなく行動で妻についていかないことを示すことにして、先を歩いて行く妻の後を追わず別れた。妻は先を一人でどんどん歩いて行った。

二月初旬、毎年妙高山に家族でスキーに行っていたので、娘の高校受験直前だったが、これが最後の家族旅行になると覚悟を決めて、妻と娘を連れて出かけた。「すべる」「落ちる」という言葉を、入試受験直前で忌むのは馬鹿げている。娘は私のおよばない猛スピードでスキーですべりおりて行った。私は娘に一度も「勉強しろ」と言った覚えはなかった。娘が、好きなことを見つけてやればよい。放っておいても好きなこと、興味関心あることは勉強する。ただ、好きなことをやって金を稼げる幸運な人間は極めて稀なのだ。妻がそういう稀な幸運な人間なのか、わからない。スキー旅行からの帰り、信越線の特急が詳しいことは忘れたが大宮駅で停車したときか、どこかで妻と娘と別れて、私は別の電車に乗り換えてしまった。なぜそんなことをしたのか、覚えていない。

2、逆出家

妻と話していて、「世間が許さないわ」と言ったので私はおこって叱りつけた。世間こそ敵だ。妻の言う世間は隣近所の専業主婦達の世論である。妻が画家、芸術的人間として自立するためには、専業主婦としての自己を否定し、家庭を解体して飛び出して行くべきなのだ。世間を持ち出したことは妻に自己否定の自覚、覚悟のなさを示したものだから、叱ったのだ。芸術家は、とりわけ女の芸術家は、安逸保守、怠惰な家庭生活、専業主婦の座を破壊していかなければ、自立など出来るわけはない。女の芸術家には家庭の幸福幻想こそ敵だ。不幸な生涯を生きるべきなのだ。世間並みの家庭の幸福が敵だというようなことを太宰治は書いていたと思う。

太宰治は、妻と愛人にほとんど同時に娘をそれぞれ妊娠出産させ、別の女と飛び込み入水、心中死した。麻薬中毒で『人間失格』を自己宣言した太宰治は極端な例だ。妻に自己否定、家庭解体の自覚と覚悟が出来ていないから、荒療治をするほかないと私は覚悟を決めた。愛するレギーネ・オルセンと婚約を解消したキルケゴールはその弁明のためか、愛についてくどくど書いていた。私がこうして書いていることも私の弁明なのだろう。

私はキリスト教徒ではない。アンチ・キリストである。だから、キルケゴールのように、神の愛とは言わない。親鸞は、弟子の唯円の記述した『歎異抄』では師の法然を信じて地獄に落ちるならそれでもよい、と言ったようなことを語ったと記憶している。仏陀や阿弥陀ではなく、師の法然を信じる。これが日本人の信仰、思想なのだろう。私もまた妻の人間性、気丈さ、活力、不屈さを信じる。十八年間一緒に暮らして妻の人間的強さを信じることができる。妻の芸術的才能、画家とその実力は私にはよくわからなかった。ただ、画を描く集中力、持続力、粘着力を評価し、信じる。自分で偽悪者と言うのはおかしいけれど、私は世間の専業主婦達の眼には、悪者、敵になる行動に出る覚悟を決め、娘の高校入試受験を待った。合格発表の前か後だったか、覚えていない。合格祝いを口にした記憶はない。たかが高校入試合格ぐらい、祝うことはしようとしなかったのだろう。

寒気の厳しい早朝、二階の妻の室の戸を開け、妻の布団にもぐりこんで妻を抱いた。眼をさました妻は嫌がり、あらがった。私は布団をはねのけ、妻の腕を取って引き起こし、引きずるようにしてベランダの戸を開け、外へ妻を押し出した。「家を出て行け」パジャマ姿でベランダに突っ立った妻を残して、私は一階の書斎に行った。

十年前、家を建てたとき、一階の書斎は私の注文だったが、それ以外はほとんど妻の注文であった。その後、建て増しの室は全く妻の注文である。だから、妻は家に愛着があり、粘着気質だから、家にへばりついて離れられそうになかった。それで荒っぽい実力行使で妻を家から追い出そうとしたのだ。俗世間では、子はカスガイと言って、夫婦仲を取り持つと言うが、娘は逆で、妻に私と別れて家を出て行こうと言った。妻もそれで決断した。妻は借家探しに出歩いた。青梅の市立美術館近くに借家を見つけた。

妻が要求したら百万まで渡すつもりだったが、妻は金をくれと言わなかった。妻の母が金を出してくれるということが電話で話し合われたらしかった。妻は引っ越しの準備を始めた。筑波ゼミナールの春期講習の授業があったので私は水戸へ出かけた。一週間して家に帰ったときには、妻は荷造りをほとんど終えていた。

翌朝、姉が突然家に来た。忘れていたが、私が水戸の筑ゼミへ行く前に姉に電話で別居について話したので、姉は夫婦仲の取り持ちのためにやって来たらしかった。荷造りを見て姉は「もう手遅れね」と言って帰った。覚悟していたが、娘が妻と一緒に家から出て行ったことには打撃を受け、落ちこんでしまった。娘が生まれて十五年私は娘を愛し大切に育ててきたつもりでいた。娘が私を見捨てたことはショックで、入眠障害もあって夜飲む酒量が増し、肝臓を痛めることになっていった。

3、ボロ家の配置

地下鉄サリン事件があったのは、三月二十日だと言うから、妻が家探しをした後のことだが、テレビ新聞の大騒ぎの報道をよく覚えていない。

筑ゼミの水戸校の初日の授業前、春期講習の授業の終わりの一コマを私がしないで帰ってしまったので、あわてて代講の先生にかけつけてもらって穴埋めしたと校長に言われた。妻の別居転居のことに頭が奪われていたとは言え、五十一歳ではや、頭のボケが始まったのかと恐怖を覚えた。視力も落ちてテキストの細かい字が読みづらくなった。

早稲田予備校の授業はなく、一橋学院の大宮校が週一日だけ午前二コマ授業があった。

娘の都立立川高校の入学式に連絡を受けて、私も行ったが、娘と妻に会っただけで式には出なかった。

五月の連休、青梅に祭礼があるので見に来ないかと妻が電話をかけてきたので、車で出かけた。新青梅街道で四十分ぐらいで美術館に着き、市民会館の方へ行き、目印の看板を見つけ車を停めた。旧青梅街道の裏宿で中里介山の『大菩薩峠』に裏宿の七兵衛で出ていたなと思った。古い二階家の横の細い道を通って奥に行くと、平家《ひらや》の今にもつぶれそうなひどいボロ家があった。敗戦直後に急造されたバラックのボロ家だなと思った瞬間、私は激しい戦慄に襲われた。長い間忘れていた新宿の百人町のボロ家を思い出したからだ。十歳から十九歳まで過ごした百人町の家も、表通りに面した祖母の住む二階家の横の小路を通って奥に入った所にあった。妻の借りたボロ家の前庭の前に空地があり、さらに一段さがった所に駐車場の空間があった。百人町のボロ家もレンガ壁で仕切られていたが、壁の向こうはアメリカの宣教師館の広々とした芝生の庭の空間があったのだ。

妻の借りたボロ家と少年時代私が住んだ百人町のボロ家の配置図がほとんど同じなのだ。百人町のボロ家を私は嫌って、家を出て京都へ行った。そのボロ家と同じようなボロ家を妻は選んで借りた。名状し難い戦慄で私は呆然となった。

私は最初の妻と離婚したこともあって、妻には全く過去の昔話をしなかった。だから、妻は百人町のボロ家のことは知らない。改めて別居した妻に言うべきことでもないので黙っていたが、何とも言葉で表現できない不思議な戦慄だった。家に入って妻と娘と話しているうちに気持ちが落ち着いてきて、私はまた家の配置図に気がついた。妻が住んでいた吉祥寺のアパートも表通りから小道を入ってアパートの前には中学校の広い校庭の空間があったのを思い出した。娘が生まれてから住んだ恋ヶ窪のアパートもまた表通りから小道を入った所にあり、前に材木置き場の空間があった。家のある配置図が吉祥寺のアパート、恋ヶ窪のアパート、青梅の借家と同じなのだ。東大和の家も表通りから導入路を通って奥に入り、前に広い空間がある。妻が選び好む家の配置図がどれも同じだということは、妻の空間選好に独特の形状、言いかえるとスタイルがあるということではないか。妻の描く絵は抽象画で独特の形体がないので、妻の芸術的才能に私は疑問を持っていたのだが、家の配置図の形状、スタイルの独特さを考えると、抽象画だが、眼に見えない独特のスタイルが妻の頭の中にはあるのだろう。妻の芸術的天才を私は垣間見た気がした。妻は画家として自立して成功できるのではないか、私なりに直感した。黒一色の抽象画で眼に見える形体は描かれていないが、眼に見えない形体の独創的なスタイルを感じさせる気が出れば画家として成功できると確信した。しかし、これは、素人の私の見立てにすぎないから、妻には黙っていた。

東大和の家は、夜は森閑として静かだったのに、青梅の借家は新旧の青梅街道を走る車の騒音がひどくうるさくて、夜眠れないらしく、また、地下鉄サリン事件の連日の大騒ぎのテレビ新聞の報道で妻と娘は不安になって、私を呼んだらしかった。

祭礼は山車《だし》が何台も出て、見物客も多くにぎやかだった。昭和三十年頃の白黒映画の看板絵が数十枚飾られていた。夜、妻が言うのでボロ家に泊まった。妻は娘の養育費、学費で月五万くれとだけ言った。月一回娘と会って、五万渡した。手紙作戦は成功で、妻の母が仕送りで生活費を出してくれたようだった。妻はパートに出、節約のため新聞を取るのをやめ、昼はマックのハンバーガーだと言った。

死傷者五千人を超える犠牲者を出した都心の地下鉄サリン事件の首謀者、オウム真理教のグル麻原彰晃こと松本智津夫が、山梨県上九一色村のサテアンに隠れているところを警官隊に逮捕された。テレビの画面で、髭面で肥満した体の麻原を初めて見て、これはニセモノ、ペテン師だと思った。新聞週刊誌などの写真で見ても、品性下劣なむくんだ顔、修行を積んだ宗教家にはほど遠いぶよぶよした体つきの、いかがわしい男としか思えなかった。生身の麻原に接触したことがないから、どうして東大、京大、早慶などの出身者の信者幹部達が、ニセ宗教家のグル麻原のマインドコントロールにかかって、殺人を肯定、実行する悪魔教の組織を作り、毒ガスを製造して撒いたのか、理解できない謎であった。

連合赤軍の浅間山荘銃撃戦事件と似ているという意見があったが違うと思う。革命を志向する政治党派なら、首相官邸、自衛隊統合幕僚本部、警察庁警視庁など権力中枢機関を戦略目標として攻撃するだろう。霞ヶ関という官庁街の地下鉄の駅では、官僚機構の襲撃にはならず、毒ガスサリン撒きは一般市民を殺傷する犯罪にしかならない。

通行人を無差別に殺傷した通り魔事件が、このあと続発したが、無差別テロという点で地下鉄サリン事件も同じで、豊かな社会幻想の実は貧富の格差を生むアメリカ金融資本主義の影響下にある戦後日本が生み落とした暗黒面の犯罪現象だろう。

他方、アメリカンドリームをメジャーリーガー、野茂英雄がトルネード投法で勝ち続け、日本人初のアメリカ・オールスターの先発投手という栄冠で私たちに見せてくれた。

ソ連邦が消滅して唯一の超大国になったアメリカのコンピューター社会を形成するインターネットをつくったマイクロソフトのウインドウズが日本に上陸し、それを買いに走った若者達で大騒ぎになった。ネット社会の到来に、私は完全に時代遅れとなって、情報工学の技術革新の猛スピードに圧倒されるばかりだった。

妻と結婚したので、生活のため、予備校の講師になったのだから、妻と別居してしまうと生活の意欲がなくなり、予備校の授業にも身が入らなくなって、筑ゼミでも小論文クラスで元々生徒は一人だったのだが、その一人も教室に姿を見せなくなってしまった。

十二月、一橋学院の高田馬場の新館に講師全員が集合させられ、金子教育財団の財務理事が、累積赤字が数億円になったので新館閉鎖、リストラ敢行を宣告した。私も解雇された。一橋学院では私は私学共済保険に入れてもらい、準専任で勤続二十年を配慮してくれたのか、慰労金七十万をもらった。代ゼミ、早予、筑ゼミではゼロだったのだから、一学の七十万は異例である。予備校業界で、一年契約の非常勤講師の勤続二十年は異例であったのだ。

この七十万で、スーパーコンピューターでアメリカを抜いて世界一になろうとしていた富士通の株を買った。大晦日、青梅の家で妻と娘と夕飯を食べ、ビートルズのテレビを少し見て、家を出て車で東大和の家に帰った。妻の絵は売れそうもなく、失敗したかなと少々弱気になった。

青梅の展覧会でも妻の絵は相変わらず大賞を取れなかった。黒一色の抽象画は妻の粘着力で同じだが、マンネリになっているのではないかと、あきっぽい私には思えた。妻は新境地を開かないと、絵は売れないのではないか。前に見た自画像の絵の鉄サビの赤茶色には見所があった。独自の色の味があったと思った。

表通りから小路を奥に入ったボロ家の前に広い空地があるという配置の形状に妻の独特な空間構成感覚があるのではないか。赤茶の鉄サビ色で形体の空間配置の構成をすれば、妻の独創性がでるのではないかと考えた。具象画の具体的個別を解体して、ドイツ表現主義派の画家カンデンスキー、パウル・クレーが抽象画を描いた。この逆をやればよい。つまり、抽象画から具体的個物を生み出していくプロセスを描いていけば、独創になるだろう。こう正月休み、酒を飲みながら考えたが、妻には言わなかった。画家である妻自身の内発的な自覚によるべきことであって、他人がとやかく指図がましく言うことではないと思ったからだ。私が何か言ったところで、別居した妻は聞く耳を持っていなかったろう。

4、不思議な失言

平成八年（一九九六）、本屋で、独立開業の手引きなるハウツー本を立ち読みして、テレビゲーム機器のレンタルのチラシ配布の仕事を見つけ、面白そうだと思って二十万を振り込んでチラシを買った。西新宿のテレビゲーム機器の販売店前でチラシくばりをして店員におこられた。東大和の高校や中学の自転車のカゴにチラシを入れたが、全く反応はなく、大失敗に終わった。私自身、テレビゲームをほとんどやらなかったから、すでにテレビゲームの大ブームがすぎ去りつつあったことに気がつかなかったのだ。

商売は時の勢いに乗らないと成功しない。予備校業界が少子化の時勢によって不振に陥ったのと反対の商売を探そうと、新聞の求人広告を見た。リフォーム業界の求人が多く目についた。学歴経験年齢不問、電話営業という朝日ハウスの求人に応じて、池袋支店に入社した。就職氷河期でも、こういうセールスマンの会社の職には簡単につけるのだ。履歴書には、中央大中退、金子教育財団勤務とした。二十年前大和観光に入ったとき、京大卒と書いたためさんざん社内で噂の種にされたのを覚えていたからだ。松下電工の軽量の新素材の屋根の取りつけ工事の受注契約を取る仕事で、電話で見込み客から面談のアポを取るのが私の業務だった。課長からセールストークの紙を渡され、暗記することが初日の仕事だった。二日目は、課長以下四人車に乗って、現地に行き、家ごとに松下電工製屋根のチラシを配って歩き、屋根の破損した家を見つけ、電話番号を調べるのが仕事だった。私は眼が悪くて、屋根破損など全く見つからなかった。三日目、調べた家に電話をかけてセールスを始めたが、朝日ハウスと言ったところで電話が切られた。松下電工と言っただけで電話を切られもした。同じ現場の家にこれまで何度も電話セールスをしておこらせていたのだ。セールストークの紙通り、終わりまで話せた電話は一つもなかった。

入社して一週間は見習研修で、六日目、課長以下四人は朝九時に車で現場に行き、私は一人社内に残って、前日チラシを配って屋根を見てきて調べた家に電話をした。三十分ぐらいして、電話に出た主婦が私のセールストークにふんふんと言ったので、阪神大震災で重い瓦が屋根から落下して被害が甚大になった。それで補修するとき軽量の新素材の屋根に葺き替える家が続出した。奥尻島、阪神淡路と地震が続発して、関東大震災から七十年たって東京にも大地震が起こる確率が大きくなっている。「重い瓦を軽量の新素材の屋根に葺き替える必要があるかどうか、まず無料ですからお宅の屋根の状態を診断させてみてはどうですか」と言った。主婦は承諾し、翌朝十時に来てくれと言った。訪問の約束アポ取りが私の仕事で、初成功であった。当時はまだ携帯電話はなく、ポケットベルが使われていた。現場に到着した課長達が社に連絡の電話をしてきたので、私は課長に報告した。「契約が取れました」「エッ、契約って、アポの間違いやろ」「アッ」失言であった。不思議な言い間違いをなぜしたのかわからない。しかし、契約を取ったという私の言葉は、課長に暗示を与え、いわばマインドコントロールをかけたようであった。

翌朝、約束の時間にその家を訪問し、課長が梯子をかけて屋根にのぼり、写真を撮った。探せば必ず瓦一枚ぐらい破損しているものだ。私が主婦と雑談していると課長が梯子からかけおりて来て、私を遠く離れた車に連れて行き、「余計なことをしゃべるな」と叱った。夜、その家の主人の帰宅を待って、課長と係長が訪問し、商談交渉した。私は社内で待った。十時過ぎ課長から電話が入って、「契約、二百十万の工事が成立した」と報告があった。

よく覚えていないが、固定給が十五万、歩合給が二十万で月末に三十五万もらったと思う。入社六日目の契約取り成功はスピード記録だったらしく、この後、課長は何度も不思議だと言った。田崎課長は豆タンクのような背の低い肥満型で、大阪の河内男、元ヤクザの土地の買いあげ、地上げ屋であった。バブル経済のまっさかりのときには、億の札束を鞄に入れて、地上げに暗躍したそうだ。刑務所帰りの暴力団員が足を洗って、このセールス会社に大阪では少なからず入っていたと言う。「わいは、半年ぐらい契約が取れへんやったんやで」係長は日大卒後、大手デパートに入社して、やめた人だった。私立高校の英語教師をやめた社員がいた。消防署の副司令をやめた社員とか、いろいろな経歴の男達の吹きだまりのような会社だった。武蔵大を中退して、セールスの会社を転々としている若い社員が私になついて、よく一緒に食事をした。現場回りで東大和の私の家を見たと言った。

翌月も私は契約を取った。眼の調子がよくないのでコンタクトを新しく作ろうと眼鏡店に行き、医者から精密検査を受けたほうがいいと言われた。病院に行き眼底検査など受けたが、緑内障、白内障など病気は見つからなかった。ただ、左眼の視野がひどく減少して失明の恐れがあると言われた。老化による細胞の死滅だから治療法はない。

夏になって、外回りが暑さできつくなった。夜遅くまで会社に居残りさせられて疲れた。営業の裏事情を知ると、セールスできなくなった。二百十万の工事受注契約は、松下電工から工務店に納入するときは、七十万ほどなのだ。割高な歩合給を考えればわかる通り、販売代理の朝日ハウスの営業費の取り分が百四十万もあるのだ。こうした裏事情を全く知らないから新入りがセールスできるので、セールスマンは使い捨てなのだ。悪どい三分の二の利ザヤを稼ぐ商法を平然とやれるのは、元地上げ屋のヤクザあがりの課長たちプロだけなのだ。

朝日ハウスをやめたあと、求職活動でいろいろな会社の面接に行ったが、どこでも驚くほど多くの応募者がいて、就職氷河期を思い知らされた。失業者の多くの群れを見て、生活費に困窮していない私は、競争から脱落して遠慮したほうがよいと思った。この頃から自殺者が急増しだして、年間三万人を超えたのではなかったか。

月一回娘に学費五万を渡していたが、青梅に行って料理屋で妻とも食事をしていた。妻が、父が七十歳になり、銀行が資金を貸してくれなくなったので、兄が住友重機を退職して父の跡を継ぐことになった、と言った。東大法学部を出て、岡山の小さな部品工場の社長になるのは不本意で、かわいそうだなと思ったが、口には出さなかった。妻の兄が後継社長になっても経済の実権は妻の母が握っているのだろうから、妻への生活費の仕送りは支障ないだろうと考えた。ある時一人三千円ぐらいの食事のあとで、妻が「有り難う」と言ったので「アレッ」と思った。他人行儀になった。娘は私と食事をしたって、絶対そんな礼の言葉を言わない。妻を車に乗せて、新青梅街道の料理屋に入って食事をしたあとか、別れ際に妻が低い声で、別居して五年たったら、離婚できるのよねと言った。私は黙って聞き流した。イギリスのチャールズ皇太子とダイアナ妃が離婚したニュースが妻に離婚を口に出させたのだろうと思った。娘は立川高校でドイツ語の授業を聞き、英語より発音が楽だと言い、大学の独文科に行きたいと言った。

筑波ゼミナールで一緒になった世界史の野元講師が、「小さな予備校で求人しているけれど来ないか」と電話してきたが、もう働く気がないと断った。朝日ハウスの課長から電話で「支店長が替わった。勤めに出て来い」と言ってきたが、私は行かなかった。

妻が離婚を口にしたので、妻を受け取り人にしている生命保険を解約しようかと考えた。車の免許更新で試験場に行き、視力検査を三回やったが、〇・七が出ず、更新できなかった。販売店に電話して車を一万円で引き取ってもらって廃車にした。生命保険を解約したら、予想外に五百万も積み立て金が払い戻しになった。不況は深刻化し、妻の絵画仲間の一人が東京から去って田舎に帰ったと妻が言った。

5、個展と出版

平成九年（一九九七）、保険の払い戻しの五百万からいくらかを妻に慰謝料としてやるかどうか悩んだが、「誰もついていかない」と言った妻への許しがたい思いがよみがえってきて、やめにした。

黒一色の抽象画も相変わらず、粘着力もよいが、新境地に妻は挑もうとしていないように私には見えた。無から有を生む、例えば、卵子が精子を受け入れ、受精卵が細胞分裂して、新しい体の部位を作り出していく過程を描いていく。絵画もアイデアなのではないか。シュールレアリズムのダリのぐにゃりと折れ曲がった時計の絵など、アイデアの成果だろう。ボロ家の配置などに妻には独特のスタイルの感覚があるのに、それを自覚して表現していかない限り、妻をサポートして金を援助する気になれない。

五百万で自費出版しようと思い立った。卒論のカリスマ革命を思い出し、日本史の古代律令革命、中世の武家革命、そして近代の維新革命の論文を書こうとプランを考えた。古代律令革命は中国から、近代維新革命は欧米から、それぞれモデルの輸入模倣であるのに中世武家革命は日本独自であり、鎌倉幕府を北条執権体制とする見方もまだ当時定着していないように思えた。革命家としての北条時政を主人公とした論文、小説があるか調べたが、見つからなかった。前半生が不明だから小説化しようと思い、下書きを始めた。

妻が銀座の画廊で個展を開くと葉書をよこした。画廊の経営者が、妻の絵が売れると見込んだのだろう。プロの眼力だから確かだろう。私は個展には行かなかった。後日、娘に聞いた話だが、妻の兄が上京して画廊に行き、妻の絵を見てわけがわからんとおこって帰ったそうだ。妻は小品を三万の値をつけて売ったそうだ。近所の主婦や私の次兄の妻が買ったと聞いた。個展開催の祝儀金だろう。結婚式の祝い金と同じで、引き出物のように絵を受け取ったということだと私は思った。

後に妻は、予想外にいろいろな人達が見に来てくれたと感激した口調で食事のときに言った。娘は、筑波大を受験すると言った。無理だろうと思ったが、口には出さなかった。私の娘だ、数学が苦手なはずだ。国立大合格は不可能だと思っていた。

平成十年（一九九八）、娘は私の予想通り受験に失敗し、浪人になり、代ゼミの立川校に入った。妻とはほとんど会わなくなった。娘とは月一回青梅で会って食事をした。ある時、お母さんは私にとって毒だと娘は言った。毒の具体的意味を娘は説明しなかったが、前後の考慮なく失言する妻の言葉が娘を傷つけるのだろうと推察した。電話で妻に忠告したが、妻はむくれておこって電話を切った。青梅の展覧会で大賞は取れないものの銀座の画廊の個展で妻は自信をもったようだった。

かつて日本一だった山一証券が倒産した。一橋学院からもらった退職慰労金七十万で買った富士通株が、原稿を書いている間に急騰し続け、原稿を書き終えてひと息ついて、株式市況を見て百五十万以上もうかっているのに気がついた。株は買うのは金があれば誰でも出来るが、売るのが難しいのだ。どこまで値上がりするか、天井高で売り抜けることができるか。どこで見きるか。毎日の値動きに一喜一憂しだした。この株のもうけで自費出版の費用にあてようと思い、二百万もうけたいと願った。二千七百円の値がついたとき売った。その後も値上がりは続き、三千二百円ぐらいまでいった。七十万の投資で二百万のもうけだから上出来である。このことを書いたのは、自慢するためではない。予備校の講師をやめて失業して三年後に二百万で自費出版したから、「どうしてそんなことが出来るんだ」と不思議がる友人達がいたからだ。その時は株でもうけたことを話さなかったので、不思議がられたのである。本書で、年収など金の話を書いたのは、兄達や娘、友人達が不思議がるのが、ほとんど金の出所にかかっているからだ。

三百五十枚の北条時政の原稿は、新聞広告で見た近代文芸社に持って行った。印刷に入ったあとで、「なぜ、日本が唯一、非欧米諸国の中で、主要先進国になれたのか?」という論文、原稿二十枚を一日で書きあげた。本来ならこちらを三百五十枚の本にするはずなのだが、読後の印象を強烈鮮明にするために短文にしたのだ。この序論はいわば望遠鏡で、中世、近代と西洋日本と広大な視野で歴史をとらえたので、印象を拡散させないために短文にしたのだ。北条時政は、いわば顕微鏡で、三十年ぐらいの鎌倉、京都の狭い政治都市の群像を三百五十枚の長編で書いたのである。ただ、この私の仕かけに気づいた読者は一人もいなかったようだ。平成十一年(一九九九)に出版できた。

新宿高校、京大の卒業者名簿を見て、友人、知人に葉書を送り、カンパだと思って買ってくれと頼んだ。反響は予想以上だった。ほとんど皆序論への反応だった。短文だから一気に読めたから、感想がもちやすかったからだろう。社会学では作田啓一京大名誉教授が有り難いことに私を覚えていてくださって、葉書をくださった。

井上俊京大教授は、研究費で買ってくださり、研究室に置いてくださった。序論は、いわば、書かなかった修士論文のようなものだから、井上教授が研究書として認めてくださったのは大変うれしかった。もっとも、たぶん全共闘運動の私達の活動が、大学改革の一つのきっかけになったから、それを後追いで評価してくださったのだろう。先輩の大木仏教大教授は、十七冊買って学生達に読ませたそうである。

田端英雄京大理学部教授は、十冊買ってくれた。歴史学では、野田宣雄京大名誉教授が初志貫徹とほめてくださり、封建制度の再評価は面白いと葉書をくださった。山室信一京大教授は、視野が大変広いと評価くださった。

経済学では、尾崎芳治京大名誉教授が気宇壮大と葉書をくださった。講座制解体をとなえ、社会学、歴史学、経済学の分野にわたる論文を私は書いた。全共闘は新しい学問を創りますと教授会団交で言った責任もわずかでも果たしたという思いがあった。教授会団交で対立した清水京大中国文学名誉教授が、独自の学説をつくったが、まだ小さい、もっと大きくしなさいと葉書をくださった。

滋賀県立図書館、同志社大、甲南女子大、などの図書館に友人達が納入してくれた。予想以上の反響で出版した甲斐があった。ただ、朝日新聞の論説委員の中川謙が、会議に出してくれたけれど、書評欄には取りあげてもらえなかった。感激で、もう死んでもいいと友人の田中にもらした。田中は自伝を書けよと言った。友人の柏木も面白いから自伝を書けと言った。

立川の駅ビルの料理屋で昼食をするために、立教大学独文科に入学した娘を呼んだ。娘は振袖の和服を着てやって来た。「岡山のお婆ちゃんの着物を借りて、美容院で一万二千円の着つけ代を出して、着て来たの」そうか、娘が二十歳になるのかと気がついた。妻の絵が百万で売れたと、娘から聞いたのはいつ頃であったか。「インテリアデザイナーが間に入って、外資系企業が買ったので、ビルの壁に飾るインテリアとして買ったのよ。お母さんの絵、結局、展覧会で大賞取れなかったんだから」「壁の飾り絵か」なるほど。そういう商品価値があると銀座の画商は見抜いたのか、と感心した。

黒一色の抽象画だから、好きも嫌いも、うまいもへたも、タテもヨコもわからないから、壁に画を飾っておいても無難なのだろう。ニューヨークでは中国や日本の現代絵画がちょっとしたブームになっていて高値で取り引きされていることが噂になっていた。外資系企業は案外、投機に妻の絵を買ったのかもしれない。

別れて、妻の絵は百万、後に値上がりして百五十万で売れた。一方、私は本を出版できた。娘の助言にしたがって私達が別れたことは結果としてよかったんだと娘に言った。別居して五年たったある日、妻が東大和の家に来て、離婚届を私に見せたので、私は署名して妻に与えた。

第七章　何故、日本が唯一、非欧米諸国の中で主要先進国になれたのか？　梟雄・北条時政

歴史の連続性と非連続性。つまり、地方分権で農業生産に依拠する中世封建制度と中央集権で工業生産に依拠する近代資本主義には、産業革命という歴史の非連続性があるのに、前者が後者の母胎になっているという歴史の連続性がある。この歴史の転換の論理の解明を私は志したのである。歴史的史料による実証を志したのではなかった。浅学非才の私は、この論理の解明に三十年かかってしまった。

欧州でもスペイン、ポルトガルは、中世、イスラム教国に占領されて、封建制度をとれなかったので現代工業社会としては主要国になっていない。ロシアもロマノフ王朝時代、封建制は不十分であったために、現代の工業社会として、ロケット宇宙工学以外、主要先進国になっていない。ドイツに比べてイギリスは、封建制が不徹底であったため、いち早く十八世紀に産業革命に成功しながら、二十世紀後半、脱工業化して、金融資本主義に移行してしまった。ドイツは日本とほぼ同時期にイギリスに遅れて工業革命に成功して、二十世紀後半以後も主要先進工業資本主義国である。これは歴史的事実である。

封建制度の担い手は、騎士、武士である。欧州の騎士、日本の武士は言いかえると軍事技

術者である。これが要のポイントである。

日本の武士の魂は刀だから、刀剣の製造の手工業の技術の高精度を要求したから、江戸時代の刀剣は世界の最高水準の手工業の技術によって製造された。欧州の騎士は鉄砲の発明、開発を要求し、製造の手工業の技術を高めた。十六世紀、戦国時代、鉄砲が日本に伝来すると、刀鍛冶職人は鉄砲の模造に成功し、改良によって欧州製に匹敵するものを製造した。

第二の要のポイントは、軍事技術者として合理主義精神をもった戦国武士達が、江戸時代初期、大量の大名家取り潰しで失業して、職人商人になったことである。江戸時代の武士は行政官、役人として教養人になり、道徳人になってしまい、軍事技術者とは言えなくなった。軍事技術の合理主義精神は、民間の職工、商人に受けつがれたのであった。第二次世界大戦の敗戦後の日本で、特に海、空軍事技術者が、民間の企業に入って、工業製品をつくりあげた事情と同じようなことが江戸時代初期おこなわれたのだ。万有引力の法則を発見したニュートンの古典力学をもとにして、ワットが蒸気機関を改良、実用化に成功し、イギリスは百年近くかかって工業革命を行い、資本主義社会を形成した。

第三の要のポイントは、ドイツや日本は、イギリスで開発された工業革命の技術や資本を導入、改良して、それぞれ独自の製品を作って、工業革命に短い年月で成功し、資本主義社会を形成できたのは、優れた手工業の職人、商人達が自国内にいたからなのだ。

十九世紀、中国、韓国など、中世に封建制をとらなかった諸国では、武士のような軍事技術者が多数存在しなかったから、手工業の技術精度が高くなく、中国では日本より早くイギリスの工業製品を受けいれながら、技術者群がいないから、技術、資本の導入も定着、改良もできなかったのだ。

二十世紀後半以後、韓国、中国などが工業化できたのは、日本などからの学校教育、工場研修などで、技術移転を受けたからではないか。

十九世紀末、日本が非欧米諸国の中で唯一、工業革命に成功できたのは、日本に優れた手工業の技術者群がいたからだ。中国、韓国にはそうした技術者群がいなかったのだ。日本に多数の手工業の技術者群がいたのは、封建制のおかげだ。武士が軍事技術者だったからだ。単純明快なことで、革命は革命家や革命勢力がいなければ成功しなかった。

中世の武家革命は、革命家北条時政や関東の武家、つまり開拓農場経営者達が主体的勢力として推進し、成功させたのだ。鎌倉幕府の初代将軍の源頼朝は、北条時政ら武家達、革命勢力がかつぎあげた神輿に乗った象徴的代表であった。映画でたとえれば、主役は頼朝だが、脚本演出は北条時政で、頼朝死後は、時政が初代執権になって主役になったのだ。北条時政を主人公にした歴史小説は私の調べた限り、見つからなかった。商業出版としては売れないと思われたからだろう。だから私は自費出版したのだ。

ここでは、小説で書けなかったことを書くことにする。まず、何を時政達武家階級は革命しようとしたのか。つまり、打倒すべき敵は何であったか。敵は古代律令体制であり、藤原摂関家の体制であった。奈良時代の律令により公地公民つまり、土地は国家所有となり、私的所有は律令違反として公認されなかった。だから、関東など地方で新しく開拓した農場の所有者、つまり武家は、自家の農地を国有地の名義にせざるをえなかった。平安時代初期には、荘園は天皇家や藤原摂関家や伊勢神宮などの所有となるが、名義上はあくまで国有地なのだ。この律令の名義を空文化し、実質上の農場経営者たる武家の所有であることを公認する革命政権を樹立することが北条時政達武家階級が志向したことだ。

古代律令体制は、天皇を最高の官職官位としているけれども、実質上の政治権力は律令の行政官僚機構を統率する藤原摂関家に握られていた。平安王朝の栄華は、藤原摂関家の栄華である。平安王朝、つまり藤原摂関家の衰微は、摂関家を外祖父としない後三条が天皇を退位して上皇となって院政を開始したときからで、治天の君といわれた白河上皇のときから急激に勢力を失っていった。平清盛は白河上皇の落とし種とする『平家物語』の説は、当時の血統尊重の思潮を考えれば真実だと思わざるをえない。清盛は藤原摂関家の真似をして、娘を天皇の妻にして孫を天皇に即位させた。だから、地方の武家階級の革命の敵になったのだ。

私が、ここで革命と書いているのは、古代中国史の易姓革命ではなくて、マルクス主義などの社会主義の階級闘争の史観によってである。桓武天皇の子孫である平貞盛の血統の北条時政や、通説では清和天皇、その実、陽成天皇の子孫である源義家の血統の源頼朝や義家の弟の義光の血統の甲斐の武田一族などは、自家の血統の総本家である天皇家と敵対することはできない。だから、北条時政達は、守護地頭体制で、朝廷から軍事警察などの権力を奪取して、代官として国家統治を行い、後鳥羽上皇達の鎌倉幕府打倒の動きを鎮圧した承久の乱の後も、天皇家と朝廷を温存したのである。つまり、易姓革命はしてはいない。この路線は承久の乱前の北条時政達によって、すでに確定ずみであったのだ。にもかかわらず、北条時政の知名度が低く評価がされていないのは、戦前の非科学的な皇国史観の影響のせいだろう。しかし、鎌倉幕府を打倒した後醍醐天皇の建武の親政は、日本史の異常な例外でしかない。明治、大正、昭和二十年までの、天皇を現人神に祭りあげた政治イデオロギーの皇国史観が勢力をふるった約八十年間も、日本史のなかでは異例の時代であったと思う。

北条執権家は、承久の乱の前も後も天皇家、朝廷を温存していたのだから、鎌倉幕府を否定する皇国史観は誤っている。

革命政権の礎石を築いたのは時政である。だから、頼朝死後、二代将軍頼家を名目上祭りあげ、豪族武家達と行政官僚達の合議制を時政は主導して実権を握った。

後代の豊臣秀吉の死後、武将派の福島正則らと官僚派の石田三成らが対立分裂し、関ヶ原合戦で徳川家康に漁夫の利をさらわれて、豊臣政権が崩壊していったことと比較すれば、頼朝死後の革命政権の舵取りを行った時政の政治力の優れたことがよくわかるはずだ。

三代将軍実朝が幼若であったから、外祖父の時政は初代執権として政権を運営した。将軍を祭祀権だけで行政権を持たない権威だけの職にしたのは、天皇と摂関の先例を踏襲した、権力と権威の分離並存という日本政治史の伝統を時政がよく心得ていたからだろう。実朝横死後も革命政権が承久の乱を鎮圧し確立したのも、将軍の権威と執権の権力を分離し、合議制をとった時政の政治路線が十分に機能したからだろう。にもかかわらず時政の評価が低いのは、なぜか、鎌倉幕府の正史とされている『東鑑』（『吾妻鏡』）の記述だけを絶対視して鵜呑みにする想像力欠如の史料べったりの実証主義史観のせいである。

時政の後妻の娘婿平賀朝雅が将軍職に就こうとしたという陰謀事件があったとして、時政の先妻の子の政子、義時が父子対立からクーデターをおこし政権を奪取して、時政を鎌倉から追放した。二代執権になった義時の家系を得宗というが、時政は得宗家の始祖とされていない。このため、時政の評価は『東鑑』では極めて低いのである。しかし、俗にいう牧の方の謀反事件は濡れ衣だろう。このことは小説で書いたので、ここでは省略しよう。

徳川幕府末期、明治維新の革命のシンボルに尊皇がなったことを思えば、時政達武家革命勢力が天皇家を温存した歴史的英知に感嘆せずにはいられない。

第八章　革命と伝統の弁証法

何故、日本が唯一、非欧米諸国の中で主要先進国になれたのか？　この問題に私なりの解答案を出せたのは、資本主義社会は、工業社会であり、工業の絶えざる技術革新を本質として発展する社会だ、と定義できたからであった。この定義を考え得るまで、鈍才の私は三十年かかった。

一九九一年、社会主義のソ連邦が崩壊した。ソ連崩壊の理由は数多くあるだろう。専門家の多くの研究もあるが、私は、資本主義諸国、米、日との技術革新に、工業技術の沈滞したソ連邦が遅れ、冷戦に敗北したのだと思う。具体的には、米、日の半導体の高速度集積回路によるスーパーコンピューターの開発に、ソ連の真空管を使った旧式コンピューターが完全に遅れて対応できず、軍事技術力の敗北が明確になったからだと思う。

そもそもマルクス主義が、工業の技術革新の重要性を問題にしなかったことが間違いだった。近代資本主義社会は、近代欧州にだけ成立できたというマックス・ウェーバーの学説もまた、工業の技術革新に着目しないで、金融資本の成立の経済倫理エートスを重視しすぎた。日本が十九世紀末、非欧米諸国の中で唯一、産業革命に成功し、近代資本主義社会を成立できたのは、欧米の先進技術を導入し、改良定着できたからだ。

私は結論をこう書いた。

「近代資本主義は中世封建制度を否定し、克服して成立したのだが、中世封建制度こそ近代資本主義の母胎なのだ。歴史の連続性と非連続性」

歴史の連続性と非連続性と書いたあと、一年ぐらい経って、これは、弁証法ではないかと気がついた。

製鋼の手工業が、近代資本主義を成立させた工業の技術革新をうながし、蒸気機関のカマを製造し、ワットの改良で蒸気機関は、実用化できた。それまでに約七十年ぐらいかかった。力学の原理研究、蒸気機関の発明と改良など実用化まで、およそ百年かかったろう。製鉄では不充分で、製鋼の手工業の技術力の成果であった。

イギリスの産業革命は社会構造の大変革を行った。手工業から工場制工業への革命であった。毛織物などの紡績、繊維工業の蒸気機関による機械化として具現化したが、製鉄、製鋼の重工業がやがて中核基幹になった。

製鋼の工業革命を弁証法として解釈してみた。この弁証法は、ヘーゲルの論理学の弁証法ではない。弁証法の図式化は正しくないとヘーゲル論理学の研究者、富山愛知大教授は私に言ったが、あえて図式的に弁証法を解釈したい。複雑な歴史の諸要素を大胆に切り捨てて、単純化し、明確に歴史のダイナミックスな動態をつかみ取りたいと考えるからだ。

テーゼ対アンチテーゼ↓アウフヘーベン↓ジンテーゼ。

この弁証法の工業革命の図解。

テーゼ
製鋼の手工業

対

アンチテーゼ
自動機械
力学
蒸気機関の発明

アウフヘーベン
テーゼの否定
手工業の否定
アンチテーゼの肯定
ワットの蒸気機関の改良・実用化

ジンテーゼ
製鋼の機械工業化

この弁証法の解釈の大事な点は、アウフヘーベンだけでなく、ジンテーゼ成立をも包括することである。

ドイツ語のアウフヘーベンの翻訳語はいろいろあるが、適切な漢語がない。中国、日本には、アウフヘーベンの概念に対応できる考えが歴史的になかったからだと思う。

テーゼの一部、手工業を否定して、アンチテーゼ自動機械、蒸気機関の実用化による工業革命がアウフヘーベンである。アウフヘーベン革命は、弁証法論理の転回点であって、論理の結着点はジンテーゼである。アウフヘーベン、革命の印象が強烈なため、ジンテーゼをアンチテーゼの実現ばかりで見てしまうが、テーゼの一部の回復、連続性つまり、伝統を、特に近代日本人は見落としがちだった。

明治維新のヒーロー、志士として、高杉晋作や坂本竜馬をすぐ思うが、二人とも維新を見ることなく死んでおり、正確には、倒幕の志士である。維新政府の革命政治家は、大久保利通、木戸孝允である。

明治維新の弁証法的分析の前に、より弁証法論理が典型的に具体的に実現しているイギリス近代史を二段にわけて分析してみる。

テーゼ

スチュアート朝
絶対王政
イギリス国教会

対

アンチテーゼ

1628年
議会主権
権利請願
ピューリタン

アウフヘーベン

1649年　ピューリタン
　　　　革命政権
1653年　護国卿
　　　　クロムエル独裁

ジンテーゼ

1660年
チャールズⅡ
王政復古
議会主権
確定

ピューリタン（キリスト教プロテスタント新教のカルバン派のイギリス清教徒）を中核とした革命政府は護国卿クロムエルの軍事独裁が行われたから、議会主権は成立したとは言えなかった。

王政復古（テーゼの一部回復、伝統の連続性）と議会主権確立（アンチテーゼ実現、革命の非連続性）

を具体的内容とするジンテーゼ（総合）で歴史の弁証法論理が結着した。しかし、歴史のダイナミックスには一休止はあっても、終止符はない。王権と議会主権の権力闘争は続き、新段階に入った。

テーゼ

1685年
ジェイムスⅡ王
カソリック
王政絶対化

対

アンチテーゼ

プロテスタント
二大政党化
議会主権

アウフヘーベン

1688年　名誉革命
ジェイムスⅡ亡命
国王交代

ジ ン テ ー ゼ

1714年　ジョージ国王
ドイツ人で英語がわからず
内閣に出席しなかった。

総理が
内閣主宰
議会に
責任を負う

国王は君臨すれど統治せず、というイギリス政治の鉄則が確立したが、王国の伝統は保持された。議院内閣制度は確立し、弁証法論理は結着した。

十七、八世紀の約百年に及ぶ近代イギリスの王権と議会（国民）主権の対立は、ピューリタン革命、名誉革命によって、国王の権威と内閣総理（行政）議会（立法）と司法裁判所の三権分立の権力機関の分離、併存の形態で落着した。単純化すると国王の権威と議院内閣制の権力の分離併存である。弁証法の論理の解明のために、イギリス近代史を図式化したのだが、権威と権力の分離併存という弁証法論理の結着点に、あっと驚いた。

権威と権力の分離併存こそ十二、三世紀の中世日本史の革命（鎌倉幕府樹立、承久の乱）で勝ち取られた政治的成果だったことを私は小説『梟雄・北条時政』で確認した。近代イギリスよりも約五百年前の中世日本で権威と権力の分離併存は実現していたのだ。日本人の政治的英知の優秀さに日本人自身が気づいていないのではないか。理由は、歴史教育の専門分業化、細分化のせいだ。イギリス近代史の専門家は日本中世史に言及せず、日本中世史の専門家はイギリス近代史をほとんど無視している（学問的禁欲と言って、専門以外に言及しないことを美徳としていた）。

京大の大学院を追放されたあと、私は知の流浪者になって、専門の家なきアウトロー、インテリヤクザのような予備校講師として渡世してきたので、歴史教育の常識破りで日本中世史を弁証法論理で図解してみる。

近代イギリスの革命の成果は、「国王は君臨すれど統治せず」であったように、中世日本の革命の成果もまた、天皇は君臨すれど、国政を統治せず、であった。このことを実現したのは承久の乱においてであった。

テーゼ

京都朝廷
後鳥羽上皇院政

対

アンチテーゼ

鎌倉幕府
将軍実朝暗殺
執権北条義時

アウフヘーベン

1221年　承久の乱
後鳥羽ら三上皇の流刑
幕府、近畿、全日本支配権

ジンテーゼ

後堀河天皇即位
皇位は幕府の意向で決定された。

歴史に仮定の話は禁物だが、承久の乱後、天皇位の断絶を武力で強行しようと思えばできたはずだが、幕府は京都朝廷の伝統の存続を守った。初代将軍源頼朝や北条時政が、朝廷の天皇から軍事警察など治安権力の大政を委任されたと幕府支配の正統性を主張していたから、執権北条義時は大政委任論を継承して、天皇制の伝統を温存したのだ。鎌倉幕府の滅亡まで天皇は君臨し、将軍など官位官職を名義上幕府幹部武士に与える権威を保持したが、国政を統治する権力はなかった。建武の中興の例外的一時期はあったけれど、室町幕府、織豊政権、徳川幕府を約七百年間、朝廷の権威、幕府の権力の分離、天皇は統治せず、という日本政治史の伝統は貫徹していた。

天皇の祭祀権威と行政権力の分離併存の体制こそ、日本の政治史の伝統である。天皇制が強大な政治権力を持った時代は、むしろ伝統からの逸脱で日本国民に悲惨な禍いをもたらした。現人神天皇イデオロギーをふりかざした昭和軍閥が中国侵略、アジア太平洋戦争を行った愚劣な惨禍である。だが、昭和軍閥の誤った失敗は、明治維新政府、大久保利通や伊藤博文の、イギリスでなくドイツをモデルとして選択したことの失敗にもとづいていたと考えられる。

国王の権威と議院内閣(国民)主権の分離併存を国政の伝統として確立していた近代イギリスこそ、天皇の権威保持、権力放棄を伝統とした中世、近世の日本政治の伝統にドイツよりはるかに適合していたはずだった。皇帝が絶対的権力をもったプロイセン、ドイツを明治維新政府がモデルとして選択してしまった理由は、革命政権は独裁を不可避として必要としたからだろう。

アメリカのペリーが四隻の蒸気機関の軍船を率いて江戸湾浦賀に来てから十五年で徳川幕府は倒れ、維新政府が樹立した。驚異的な速さの革命成功劇で、夏目漱石が外発的開化と評したのは誤りで、幕藩体制は二百六十年の存続ですでに内部倒壊の状態にあったから、黒船ショックで内発的に開化せざるをえなくなったのだ。

倒幕、維新を弁証法の論理で図解してみるが、その前に、いわゆる鎖国がなかったことを言っておきたい。幕府は制限はあったが、中国、朝鮮、オランダと貿易していたからだ。

テーゼ　対　アンチテーゼ

テーゼ	アンチテーゼ
徳川幕府	京都朝廷
欧米と開国	攘夷排外
貿易通商	長州藩

アウフヘーベン

1867年　大政奉還

1868年　王政復古幕府滅亡

ジンテーゼ

明治維新政府
欧米と国交
廃藩置県
内閣制度
帝国憲法
帝国議会召集

明治維新が革命だったから、強大な権力を政府は必要とし、現人神天皇制イデオロギーを宣伝した。実権は革命政権にあったわけだが、名目上、天皇絶対神権をかかげざるをえなかった。

一般論として、革命政権は臨時に特別に独裁権力を不可避的に必要とするのだ。世界の各国の歴史で、革命時に独裁権力が誕生しなかったことはないと言ってよいのではないか。だからウェーバーは理念型としてカリスマ的支配を抽出した。しかし、革命の独裁権力は、特別の臨時的措置であるべきだ。

ピューリタン革命で、クロムエルは軍事的独裁権を握ったが、彼の死後、賢明にも独裁権力は消滅した。

鎌倉幕府樹立時、初代将軍源頼朝は独裁者になったが、彼の死後、北条時政は豪族武士と行政官僚の合議体制を作った。北条時政は非常に優秀な政治家だと私が評価するのは、革命政府で独裁者を排除して合議体制を作ったからだ。明治維新政府が、革命断行のため、現人神天皇制イデオロギーをかかげ、プロイセンドイツの皇帝絶対体制をモデルに選んで、内閣、憲法、議会を整備したのは仕方のないことだったと言える。

欧米の帝国主義に対抗するために、日清、日露戦争を行い、台湾、朝鮮を植民地にしたことは誤りであったとはいえ、列強の帝国主義と互角に対抗するためには不可避であったのだろう。

歴史に仮定は禁物だが、明治天皇が崩御したあと、現人神天皇イデオロギーを捨てて、象徴天皇制の根本にある天皇の権力放棄、権威限定の伝統に戻るべきだったのだ。それができなかったために、昭和軍閥の乱暴な蛮行を許してしまったのだった。

さて、十七、八世紀の近代イギリス史と十三世紀の中世、十九世紀近代の日本史を弁証法論理で図式的に解釈して、改めて弁証法論理が、時代社会の時空の壁を突破した不変、普遍性をもっていることを痛感した。ヘーゲルの観念論でもマルクス主義の唯物論でもなく、歴史的事実を整理して抽出した論理があり、かつまた具体的な歴史的事実を理論的に明快に解明できる論理である。具体と抽象を往復する思想運動によって確認できる論理が弁証法である。

二十代の時、探求した不変、普遍の論理を三十年かかって、やっと見つけた思いがした。学生運動をしていたとき、関西ブント系シンパの活動家がそうであったように私もまた藤本進治の『革命の弁証法』を熟読した。しかし『革命の弁証法』は、著者の藤本自身、中途半端だと書いていた通り、私を充分納得させてくれなかった。弁証法論理の展開点であり、転回点でもあるアウフヘーベン革命に焦点をしぼっていて、『革命の弁証法』は、ジンテーゼを解明していなかったからだった。

近代イギリス史、中世、近代日本史を弁証法論理で解明して、改めてジンテーゼが重要であることを痛感した。つまり論理の結着点、歴史社会の伝統の重要性である。イギリス人と日本人には無数の相違点があるが、ともに中世に封建制度をつくり、近代に工業革命をおこない、資本主義社会をつくった。日本では十三世紀から、イギリスでは十八世紀から、細部に相違点はあったが、ともに国王は権威を保持するものの権力を失って国政を統治せず君臨したことを政治の鉄則とする伝統を形成したのだ。

アメリカ占領軍が押しつけた日本国憲法だが、アメリカ軍は日本史を充分研究したのだ。象徴天皇制は、日本政治の伝統にかなっている政体である。

革命に焦点をしぼると、テーゼの一部否定とアンチテーゼの肯定、勝利だけに目がいくが、ジンテーゼの伝統を分析してみると、テーゼの一部復活肯定、アンチテーゼとの折り合い、総合がよくわかる。

革命と伝統の弁証法と名づけて、やっと論理は結着するのだ。

ところで、ジンテーゼがテーゼの復活であることは、アウフヘーベンで転回した論理が出発点のテーゼの一段上の点に帰着したといえるだろう。ちょうど、ラセン階段を一回転して、始発点の一段上の点に来たのと同じだ。弁証法の論理構造は言い換えると、ラセン状なのだ。なんとまあ、二十の時読んだ田辺元の『哲学の根本問題』の、無の弁証法で解説していたことを、三十五年たって私はやっと理解し、納得できたのだった。

私の人生は、弁証法的ラセン階段のようだと思う。卒業した中学校から歩いて五分の予備校の講師になった三十二歳のとき、ラセン階段を一回転して一段上に来たと思った。二十代のとき、『革命の弁証法』を読んで中途半端だと思ったが、五十代で革命と伝統の弁証法を書いて、一回転してラセン階段をまた一段上に来たと感じた。

人生の三段階は、ラセン階段の三回転にあたるように思える。私の人生のかたちがラセン構造の明確さを示すのは、私が意識的に時空の壁を突破する、不変、普遍の論理を探求して、天命を具体的に実現しようとつとめた成果だと思う。これこそ、私の探求した生きる意味だったのだ。

革命と伝統という絶対的矛盾を弁証法の論理で自己統一することが、私の人生の意味だったのだ。

ヒトの遺伝子が二重のラセン構造であることが解明されたことを何年に知ったか、覚えていないが、弁証法をラセン構造だと書いた田辺元の思索を思い出し、遺伝子の構造と田辺元の弁証法の思索と何か関係があるのか考えた。

二十世紀末、半導体の集積回路の設計図を見た仏教僧が、古代仏教の一派、密教の仏像配置図曼陀羅と非常によく似ていると思ったそうだ。モーツァルトが五歳で作曲したメロディーと三十五歳で死んだとき作曲したメロディーはそっくり同じだったことは有名だが、そのメロディーの音符の配置の仕方が、母牛の乳線の配置の仕方と非常によく似ていて、モーツァルトの作品演奏を聴くと、母牛の乳がモーよく出るのだそうだ。

学問、宗教芸術の探究した真実と、自然科学の客観的事実の真理と一致することを私は信じる。二十世紀初め、最新の分子生物学の研究を知って、私は非常に感動した。細胞の新陳代謝は知られていたが、舌の味覚細胞は二週間で古いモノが死に、新しいモノが生まれるという。分子生物学の研究では、動物の血液と植物の葉緑素のタンパク質のアミノ酸の構造が非常によく似ていて、生命体の始原と分裂は微妙な違いによるという。

無から物が生成し、物は死滅して無になるという、色即是空、空即是色、つまり諸行無常の仏教の哲理と分子生物学が解明した真理が一致するらしいのだ。古代の宗教家の深い思索で探究した論理が、二十一世紀の最新の自然科学の研究で実証されていくことは感動的だ。

遺伝子が二重のラセン構造であるという客観的真理と私の人生のかたちがラセン階段のようだったという感慨にどんな関係があるのか私にはわからない。革命と伝統の弁証法の論理がラセン構造をとる人間の歴史のかたちを明確にすることを私は確信する。
私の考える弁証法の形式論理を図式にまとめると、次の図解になる。

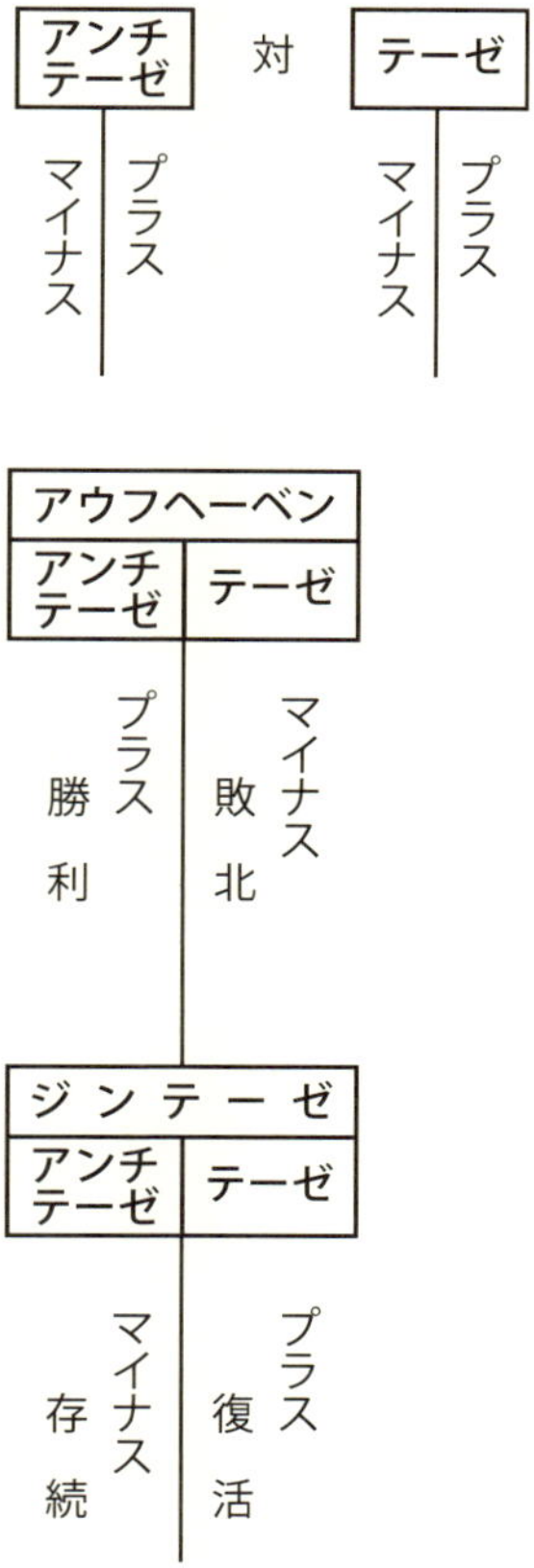

私の考える弁証法の論理は形式の論理学で、内容は不問である。
アウフヘーベンでテーゼのマイナスが敗北し、アンチテーゼのプラスが勝利して革命が成功するが、革命は臨時の特別の形式で、ジンテーゼでテーゼのプラスが復活し、伝統が保持される。だから、革命と伝統の弁証法と私は名づけたのだ。個別具体的な歴史的事実とは直接関係ない、理念型として抽象した形式論理である。勿論、ヘーゲルやマルクス主義の唱える弁証法とはなんの関係もない。

第九章　無の遺伝子、神、天皇

1、日本的無の遺伝子

「ゆく河の流れは絶えずして、しかももとの水にあらず。よどみに浮かぶうたかたは、かつ消え、かつ結びて、久しくとどまりたるためしなし」

有名な『方丈記』の冒頭の文で、日本人の多くが暗誦しているだろう。

通常、同じ鎌倉時代初期の『平家物語』の冒頭の文とともに、和漢混淆文の代表として、仏教の無常観の典型と評されている。著者は『方丈記』の最後の文で「桑門の蓮胤」と名乗っている。桑門は仏教徒で、蓮胤は僧としての法号である。だから、仏教の無常の思想で著述したと解釈されてきたのである。

しかし、私達は『方丈記』の著者は、鴨長明と教えられてきた。大学入試で『方丈記』の著者を蓮胤と答えて正解とされるかどうか。鴨長明は、京都の下鴨神社の神官の子として出生したが、父の死で神官の職につけなかった。後鳥羽上皇が『新古今和歌集』を撰集されたときに、和歌所の寄人の一人として長明は採用された。説話集の『発心集』、歌論書の『無名抄』の著作もしていた。鎌倉幕府の三代将軍源実朝とも面会している当時の有名な文人であった。『方丈記』は長明が出家遁世して仏教僧になってから著述されたけれど、根底に下鴨神社の神官の子として成育した長明の神道思想があると言えると思う。

「ゆく河の……」一文の具体例として、伊勢神宮をあげることができるだろう。天皇家の始祖たる太陽の女神、天照を祭る伊勢の神宮は七世紀末の天武天皇の時代に建っていたことは歴史的事実として定説になっているが、六九〇年から二十年ごとに内宮の神殿は建てかえられているのである。伊勢の神宮は千数百年永続して建っているけれど、二十年ごとに新しく建てかえられているのである。これは、神道の思想による式年遷宮である。つまり、無常観は、神道にもあるのだ。無常観が共通しているからこそ、日本では神仏が習合したのである。現代二十世紀、いや二十一世紀にも、無常観は日本人の心、思想に遺伝子として生き続けているのではないか。

「ゆく河の流れ……」の文から、私はよくスポーツ芸能のスター達の浮き沈み、栄枯盛衰を思って無常を感じる。神仏習合と言うが、仏教と神道にはいちじるしい明白な違いがある。仏教には数々の経典や絵画、彫刻があるけれど、神道には教理書や神の姿絵や像はない。伊勢の神宮に参拝しても、天照大神の教理の書物も姿絵も彫像もない。神体は鏡である。天皇家と由縁の深い、愛知県の熱田の神宮の神体は剣である。これらは、神器、つまり、神のやどるモノであって、神そのものではない。神は無、つまり人の目に見えないモノであるといえよう。私は多くの神社の奥の院を訪ねて行ったが、みな、ただ神域をかこってあるだけで何もない、無なのだった。

昭和四十五年（一九七〇）頃、二十代の私は、日本の神は無なのか、と思った。しかし、無といえば、中国古代の「老子」「莊子」の思想、無為自然や混沌を思わざるをえなかった。老莊の無の哲学が日本の神道の無にどんな関連、影響があるのか、二十代の私には思いつかなかった。私は昭和十九年（一九四四）生まれなので、アジア太平洋戦争で敗北した後の混乱、無秩序、虚無の時代に育った。心に虚無を感じて、この虚無感とどう対応していくかが、私の人生の、特に青年期の課題であった。そして六十歳をすぎ、二十一世紀に入ってから、虚無は私だけでなく、日本人の心、思想に底流として永続している遺伝子ではないかと思うようになった。芭蕉や漱石については自伝のところで述べた。絶対無をとなえた西田幾多郎の哲学は難解なのでここでは解説しない。

敗戦後の日本人に希望の明星となった日本人初のノーベル賞を受けた物理学者湯川秀樹は、自伝『旅人』で『老子』『莊子』を読み、無の思想に深い影響を受けたと述べている。原子は、原子核を電子が回っている構造で、原子核は陽子と中性子で成立している。陽子と中性子の中間に素粒子、つまり中間子があると湯川博士は理論的に予測して、二年後に宇宙線の実験で、そのことが実証された。湯川博士の予測した中間子は平成二十五年（二〇一三）現在、百以上発見されている。そして極小の素粒子が極大の宇宙の生誕にかかわっているという宇宙物理学の理論が定説になっている。極小と極大が宇宙の無の空間場において、絶対矛盾の自己統一としてあるのだ。ちなみに宇宙は、「荘子」において初めて使われた漢語である。中国古代の『老子』『荘子』の無の哲学がどうして神道、仏教を通じて日本人の心、思想の遺伝子になったのか。このことを探究するのが本章の目的である。

2、遺伝子の流れ

およそ二十万年前、アフリカの森に最初の人類が突然変異で生誕したらしい。ユダヤ教の『旧約聖書』の「創世記」の男アダムと違って、最初の人間は女であったと推定されている。母系社会がまず形成された。およそ六万年前、アフリカを出た人類の部族があらわれた。『旧約聖書』の「出エジプト」を思うと、海が割れて出来た陸路を通ったのだろうか。アフリカに残った部族は、海への恐怖を克服できなかったのではないか。アフリカ大陸西部のナイジェリアの黒人タレントが海を見て、恐怖で後ずさりする姿をテレビで見たことがある。運動能力が優れていて走力抜群のアフリカ人が水泳競技に全然出場しないことは肌の色による人種差別だけのせいではないと私は考える。アフリカを脱出したのは、食物を求めてだろう。

人間の女は、三十年間子を産むことができるから、人口が増えて食物不足になるのだ。植物だけでなく、動物の肉も原始から食べたのだろう。火の使用は、料理の必然性からだろう。また、夜、移動した。つまり夜行性だったのだろう。太陽と同じくらい、月、星の光が重要だったはずだ。およそ三万年前、旧石器が作られたらしい。道具の発明、製作、つまり文明の起源である。アフリカを出たあと、三ルートに分かれて人類は移動したらしい。エジプト、チグリス・ユーフラテス川（イラク）、ペルシア（イラン）、インドと東進した。高い山脈にへだてられて、このルートでは中国へはいけなかったのではないか。後のシルクロードのペルシアから中央アジアを通って中国へ行ったのではないか。馬、牛、羊など、どこが起源かわからないが、家畜を連れて、つまり牧畜をして移動したのだろう。チグリス・ユーフラテス川流域で原生していたとされる麦の種も持って中国へ伝えたのだ。

エジプトからギリシャ、ローマを経て、ヨーロッパへ北進した人種は、ロシアのシベリアの極寒の地ではばまれたと思う。シベリアのバイカル湖近くで、日本人のグレート・マザーが突然変異で生誕したと遺伝子で解明された。二十一世紀の現在でもバイカル湖畔の少数民族は日本人そっくりの顔立ちだと言う。日本人のグレート・マザーはシベリアを通ってきた北ヨーロッパの白人種ではなかったと思う。モンゴルから北上して来た人種であった。シベリアから日本へ来るルートは二つあった。一つは、樺太、千島列島から北海道に上陸した。後のアイヌの先祖になる部族で、列島を南進して九州まで来たらしい。これはごく少数派であった。船を作り、乗りこなす技術がなかったから、稚内、根室や津軽の海峡を通過できた幸運な人数が多いはずはないからだ。同じことは、シベリアからモンゴルを通って満州（中国東北部）をへて、朝鮮半島へ来た部族も日本海に臨んで立ち往生してしまっただろう。船がなければ日本列島には渡来できなかったはずだ。

モンゴル人が日本人の遠い先祖だと、二十一世紀、大相撲を見て誰もが確信することだろう。モンゴル語は日本語と同じ語順である。朝鮮語もそうである。しかし、中国語はヨーロッパ語と同じで、日本語とは語順が違うのだ。モンゴル人は騎馬民族で、羊の牧畜で移動した。満州、朝鮮は勢力範囲になったが、中国の漢民族とは衝突し、戦闘を続けた。

モンゴルからどこを経過したか、わからないが、一部のチベット人は日本人と同じ遺伝子をもっている。チベット語は日本語と同じ語順である。チベットの密教が後に日本の真言密教に近似し、影響関係が考えられている。チベットは五千メートル級の高い地帯だが、原始古代は山脈の尾根伝いに移動したらしい。中国とインドの国境地帯、長江とメコン川の水源あたりで、稲などの穀物が自生していたと遺伝子解明でわかった。稲作は長江をくだった中国南部と、メコン川をくだったタイ、ラオス、カンボジアの東南アジアへひろがった。中国とインドの間のミャンマー、昔のビルマ語も日本語と同じ語順で、仏教国である。稲作は麦より生産量が多い。

およそ一万年前、新石器時代になり、農業革命が起こったらしい。中国の黄河水源上流で麦作、長江水源上流で稲作が行われ、農村社会が形成されだした。長江の中流地域で土器が作られた。日本史で縄文土器の時代区分を二十世紀後半までしていたが、二十一世紀になってから、土器製作は日本に限定されないことが確定したので縄文時代とは言えなくなった。また、東南アジアから日本列島に縄文人が移動して来たという説も遺伝子の解明で完全に否定された。

中国の雲南省の少数民族の農村は、二十世紀前半の日本の農村とそっくり同じだという報告がある。およそ五千年前、黄河上流で、漢字、青銅器が作られたそうだが、長江上流にも同じ時期に伝来したらしい。中国に旅行して、北京から上海へ飛行機で行ったとき窓から下の大地を見て、川、水、田など漢字がきざまれているので、なるほどと思った。見た物の形を漢字にしたのだ。視覚の文化である。麦作で農村に定住して社会を権力支配したので、国家が出来た。しかし、長江上流の稲作では部族国家が出来なかったらしい。長江の水源上流地域では、大きな水田が作れなかったからだろう。麦作と違って稲作は水田への用水作りが難しかったのだ。水田作りのため上流から中流さらに下流へと移動せざるをえない、移動のために船造りが不可欠となった。

新石器や青銅器では、木材の加工が難しい。水もれしない船底を作るためには鋭利な鉄器がなければならない。製鉄は、小アジア半島（現在のトルコ）のヒッタイト国で、紀元前約二〇〇〇年前に初めて製作されたらしい。約五百年前、長江上流地域で砂鉄を見つけて、製鉄が行われ、農機具や大工道具が作られ、船が造られたのだろう。船を造り、乗りこなす技術を体得した部族が、より広い水田稲作の土地を求めて、長江の中、下流へと次々と移動したのだろう。

遺伝子の分子人類学の研究報告による崎谷満京大医学博士の『新日本人の起源』を録音図

書で聴くと、長江の南方地域の中国人の遺伝子が日本人の遺伝子と同じであることが確認されている。言いかえると、漢民族ではないから、漢文による文書記述はできなかったということになるのだろう。『老子』の著者とされる李耳は伝説、つまり架空の人物で、『老子』は通説と違って、『荘子』より約百年ほど後に書かれたらしいが、紀元前約五〇〇年前の江南地方の水田稲作、船乗りなどの少数民族の生活に根ざした思想を約二百年後に文章にした書物らしい。

3、呉、越、楚、倭人

紀元前約三〇〇年頃、黄河上流の中原の王国周が次第に衰微しだして、いわゆる春秋時代から戦国時代になっていく。紀元前約五〇〇年前、インドの釈迦族の仏陀、ゴーダマ・シッタルダとほぼ同じ頃に孔子が生まれ、儒教を理論化し、弟子達が『論語』を書いた。儒学を批判する『荘子』が荘周によって、紀元前約三〇〇年頃書かれたらしい。長江の南方地帯を百越と言ったらしい。越は長江を越すということで、百は数多くの部族があったということである。水田稲作の生産力があがり、呉、越、楚などの国家ができた。いずれもやがて滅亡し、漢民族でなかったから、自国の歴史を漢文で書き残さなかったから、正確な事実は不明である。

この呉は後の三国志で有名な孫権のたてた呉とは別の国である。呉越同舟や呉王夫差の逸事で高校の漢文の教科書にあった国である。この呉王太伯の子孫が、日本人、神武天皇だという説を室町時代の僧がとなえたそうだ。このほか、呉の遺臣、伍子胥《ごししょ》の怨霊を鎮める神事が行われたそうだ。『老子』『荘子』道教研究の最高権威、東大、京大の教授を歴任された福永光司著の『馬の文化と船の文化』にある記述である。

私は昭和五十三年（一九七八）中国へ旅行し、南京に行った。まだ反日政策や南京大虐殺を問題にしていなかった頃で、南京の街を自由に歩いて看板の漢字が日本のそれと同じで、発音も同じだった。街のたたずまい、匂いは、昭和三十年（一九五五）頃の新宿と同じで、なつかしい感じがした。南京が、春秋戦国の呉の都市であった。呉王太伯が日本人の先祖の一人だというのは、伝説で物証はない。ただ、日本人の漢字の発音は呉音であり、日本の着物、和服を昭和四十年代、呉服と言っていた。デパートの三越、高島屋、大丸など、江戸時代、呉服屋だった。

日本人は着物を左を右より前にして着るが、これは長江南方の少数民族の着方と同じで、黄河上流の漢民族や北方の騎馬民族は右を左の前にして着るそうだ。呉が滅亡したあと越も滅亡したが、正確な年代は不明である。楚が江南地方を統治したが、始皇帝の秦によって滅亡させられた。秦が二世皇帝の代で滅亡したあと、司馬遷の『史記』で有名になった漢の劉邦と楚の項羽の対決になったが、楚は滅亡した。

呉、越、楚の滅亡のとき、多くの遺民達はそれぞれ船に乗って逃亡したと思われる。北方の騎馬民族の匈奴の影響を受けた漢帝国は刑罰が残虐であった。皆殺し、奴隷化によって部族の血統が断絶することを恐れたからだ。漢の劉邦の呂皇后は、政敵の女の両手足を切断、自殺させないため舌を切り、眼耳をつぶして生き続けさせたそうだ。馬の去勢にならって男の性器を切断して、なお官吏として使用した。司馬遷も武帝の命でこの刑罰を受けたのであった。

呉、越、楚は紀元前五〇〇年から二〇〇年、春秋戦国時代に興亡したが、漢民族でなかったから、無文字で歴史記述は無で、正確な史実は不明である。『老子』の著者とされる李耳は架空の人物と現在断定されているけれど、楚の人であったという伝承がある。『老子』の無の思想の中核は、無為自然である。抽象語の自然を具体語でいえば、水である。水が最高の原理である。水によって生きる、つまり水が生命の源である。水田稲作で生活する。魚という漢字はク田灬と分ければわかる通り、水田にすむ魚、どじょう、鮒、鯰などで、農民は稲作とともに魚をとる漁民であった。長江の上流から中、下流へ移動するときは、水の流れ、つまり自然の力にまかせて無為にならざるをえない。まして、海に出れば潮流にさからうことはできない。漁師は〝板子一枚下は地獄〟と俗に言われるが、川でも海でも水難事故は死にいたる。「老子」を開祖として、やがて道教が形成されてくるが、その一つの神仙思想の神は、特に水、川、海の神々、八百万の神をうむことになる。神宮、神道は道教によって作られた漢語である。

日本では平安時代以後、神仏習合になったが、漁民は仏教を受けいれず、神信心だけであった。海という漢字には母があるけれど、漁民にとって海は凶暴な力をもっている神だから、すさまじい力をもつ男、日本神話のスサノオと思ったのではないか。少々先走ってしまったが、野菜や魚を生《なま》で食べる少数民族が長江の流域に現在もいるそうだ。太陽を女神と信じる少数民族チンポー族もいるそうだ。遺伝子の解明がすすめば、長江の南方地域の少数民族が日本人の先祖であることが明確になるかもしれない。縄文土器とほぼ同じ土器が長江流域から出土しているのだ。

ところで、秦の始皇帝によって、中国は統一され、亡国の民は虐殺されることを恐れて逃亡した。長江の河口、海にいたって、一つは南進しベトナムへ行った。かつてベトナムは漢では越南と言われ、今も水田稲作盛んである。もう一つは、北進し朝鮮半島に移動した。沿海伝いで沖へ出る船はまだ出来ていなかった。後漢の班固が書いた『漢書』の地理志に倭人が出てくる。福永光司著『馬の文化と船の文化』によると、倭人は背が低く、前かがみの姿勢ですわりこみをよくし、裸で水にもぐり、顔や身体に文（イレズミ）をしているという。イレズミは江戸時代、刺青として花咲き二十一世紀の今も日本男子の背を美しく彩色した見事な絵で描いている。褌《ふんどし》を私は昭和二十年代小学生のときしめていた。二十一世紀になって女性のファッション、Tバックとして使われている。

『漢書』では、倭人は朝鮮半島の南西部から中国に住んでいたとされているが、『後漢書』

では日本の九州の北西部に住んでいたと福永先生は述べている。

4、鮮は南の魚と北の羊の組み合わせ

シベリアのバイカル湖畔で突然変異で出生した日本人の始祖母グレート・マザーの遺伝子の流れの一つは、モンゴルをへて、羊飼いをして北朝鮮にいたり、麦作によって定住した。他方、チベットをへて、長江上流で稲作と出合い、長江をくだって海に出て朝鮮南西部にいたり、水田稲作と船乗り漁をした。漢民族は半島に住む東夷を鮮人と見た。北部は羊飼いで南部は魚捕りで、一つの組み合わせにして漢字を作ったのだろう。

北の馬の文化と南の船の文化が朝鮮半島で一つの組になったのだと私は考える。しかし、朝鮮半島の北の羊飼い騎馬部族と南の魚捕り船乗り部族とは、非常に仲が悪く、古代から対立抗争が絶えず、二十世紀後半、共産主義中国と資本主義アメリカとの代理戦争で南北は戦争した。また少々先走ってしまった。北の羊飼いと南の魚捕りの部族対立は、紀元前二〇〇年から一〇〇年頃までで、漢の武帝が朝鮮半島を征服し、植民地にしたとき、南の魚捕り船乗り部族は半島の水田を捨てて海上に逃げ、日本列島に移ったらしい。北の羊飼い騎馬部族は船がないから半島に残った。

紀元前一〇〇年頃、倭人の造った船は、まだ海の沖をこぎきる能力はなかったし、馬、牛など家畜を乗せることもできなかったのだ。

日本に水田稲作が伝来したのは、およそ二千五百年前頃とされているけれど、船作りの技術から考えて、少数の家族、部族が長年かけて少しずつ移住して来たのだろう。羊が日本に船に乗せられて来たとしても、非常に少なかったのだろう。山羊《やぎ》は昭和二十年代私は見たが、羊は全く見たことがなかった。二十一世紀の今も、日本人はほとんど羊肉を食べない。日本人の大多数の深層の意識は、水田稲作魚食いの文化、無為自然の思想を基本にして形成されたのだと私は考える。河合隼雄京大教授の説では、母性が基層にある社会が形成されたとされている。

5、漢委奴国王

客観的な事実の記述は、五Ｗ一Ｈの形式でしなさいと中学生のとき教えられた。五十年以上前の高校の日本史の教科書とは全く違った記述を五Ｗ一Ｈ形式でしてみよう。

What　水田稲作を
Who　中国の長江の南部に住んでいた農業技術者が
Why　呉、越、楚などが、秦漢に滅亡され、逃げ出し
When　紀元前五百年から二百年頃、次第に
Where　長江の河口から沿岸沿いに、朝鮮半島南西部にいたり
How　船に乗って海を渡り、九州北西部にもたらした。

文書遺物などの物的証拠がないから、実証史学では記述できないとは思うけれど、水田稲作の原生地から日本の九州へいたる道程に船を造って乗って来たという記述が従来なかった。もっとも私も福永光司著『馬の文化と船の文化』を録音図書で聴いて気がついたのだが。

九州各地に水田稲作が広まったあと、一つは奄美諸島から沖縄本島へ行き、さらに南西諸島に渡った。『新日本人の起源』で遺伝子の解明で沖縄諸島は、フィリピンなど東南アジアから黒潮に乗ってやって来たことは否定されている。沖縄諸島の人は日本人の遺伝子そのものなのだ。沖縄では中国大陸の漢民族と同じように豚肉も食べているが、日本本土では、十九世紀の幕末維新以前豚肉は食べられていなかったし、豚の飼育もなかった。野生の猪は日本の本土にはいるのに。家畜では、中国の江南地方で家鴨《あひる》が飼われ食べられているのに、日本にはほとんど家鴨の飼育食肉はない。

八世紀の奈良時代以後の仏教の殺生戒つまり肉食禁止の戒律の影響というより、私は水田稲作を紀元前五〇〇年頃から日本へもって来た農民達の乗った船に、羊、豚、家鴨などが乗せられていなかったためではないかと推理する。水田稲作には魚肉があっていたから、牛、豚の肉食はしなかったのだ。

九州から本州へ稲作がひろまっていったルートは三つあった。一つは日本海岸沿い、一つは瀬戸内海を通って、一つは四国の南沿岸を通ってである。まだ沖に出て、親潮、黒潮に乗ることはできなかったはずだから、瀬戸内海ルートが大多数だったろう。大阪湾に着き、一つは淀川をのぼって琵琶湖に行き、一つは大和川をのぼって奈良盆地のヤマト（山門、山戸）に着いた。この頃はまだ川の上流ヤマトでなければ水田稲作ができなかったからだ。関東平野は富士山と浅間山の火山灰土のため水田稲作はほとんどできなかったろう。また、約一万年前新石器時代からシベリアを出て北海道に渡り、本州を南西進して来た狩猟採集の先住民達と水田稲作の農民達は出会い混血したろう。

紀元前二〇〇年頃、日本人の人口は十万ぐらいという推計があるようだ。水田稲作で定住すれば富んだ家が出来て国家が形成される。まず九州北西部に出来たはずだ。国家といっても数千人の村か町の規模だろう。船に乗って魚捕りや、海にもぐって、海草、貝などを採っていたろう。朝鮮半島へも行き、中国大陸の政治情勢のニュースも聞いたろう。朝鮮では漢の武帝がつくった楽浪郡の他の三郡は次第に統治力を失い、秦によって滅ぼされた斉の漢民族が移住して来て、南西部で反乱したが鎮圧された。北朝鮮に騎馬部族の高句麗が建国され、漢の楽浪郡を圧迫した。紀元零年頃、漢はたおれ新が建国された。遠く越南（ベトナム）で女首長の部族が反乱を起こした。新は短命で、前の漢と同姓の劉によって後の漢が建国された。

『後漢書』に、九州北西部の倭人が使者をよこしたので、皇帝は国王に任命する金印を与えたとあるそうだ。志賀島で発掘された漢委奴国王の金印が、それだろうとされている。私は五十年前、漢の倭の奴の国王と教えられたが、福永光司先生は、漢の倭奴《わど》の国王と読むべきだと述べている。陳舜臣著『中国の歴史 5』も、録音図書でワドと言っている。私も倭奴と読む説である。漢帝国の北方の宿敵、匈奴は馬賊だから、東の海賊を倭奴とさげすんで呼んだと考えるからだ。匈奴も倭奴も賊だから、捕えたら奴隷にして酷使するのだ。匈奴も倭奴も無文字民族で、漢からみれば文化人ではなかった。

前漢では強盛だった匈奴は後漢では次第に衰退しだした。『漢書』を書いた班固の弟の班超は、優秀な武将で西域を征服し、遠くアフガニスタンまで勢力をのばし、西ローマ帝国へ使者をおくろうとした。漢の武帝のとき、秦の始皇帝によって虐待された。儒教が官僚統制のための礼楽として使われ、やがて国教化された。他方、武帝は道教の一つの流れ、不老不死の思想を体得しようともした。道教はまだ形成途上だったが、儒教と共存するようにして発展していった。仏教はインドを出てアフガニスタンから中央アジア西域諸都市にひろがって来たが、後漢時代末に中国に伝来したらしい。

日本は百余国の部族国家が、九州、本州などに建てられた。中央統一集積国家でできるほどの権力武力支配が形成されなかった。

6、親魏倭王・呪術力支配

紀元一〇〇年頃の『後漢書』の記事に対応したと思われる「漢委奴国王」の金印を倭の奴の国王と従来解釈したのは、二三九年半ば頃の『魏志倭人伝』の邪馬台国の卑弥呼に魏の皇帝が「親魏倭王」の金印を与えた記述から、倭の王だから、倭の奴の国王と安易に考えてしまったからだろう。

倭奴にせよ、倭にせよ、中華文化思想、政治イデオロギーの漢民族の皇帝政府が東の夷《えびす》の倭《わ》国に上から与えた漢名である。倭にしろ邪馬にしろ卑にしろ、文化人でない東夷の倭人を軽蔑した意味の漢字である。だが、まだ倭人のヤマト国のヒミコ王の使者達はそのことに気がついていなかったようだ。倭は背の低い、つまり小人の意味だが、女が入っているので、特に背の低い女の印象が強かったのだろう。

二十一世紀になっても、八十歳ぐらいの、百四十センチないぐらいの女が日本には多くいる。倭国は背の低い女人の国で、王は女ヒミコであった。ユダヤ教『旧約聖書』イスラム教、仏教、儒教など男尊女卑だが、『老子』の道教は女尊である。いわば生命の哲学でもあった。永遠の生命の存続、子孫繁栄（万世一系神話）を願望する本能肯定主義である。言うまでもないが、倭の王卑弥呼たちは、漢字の隠された意味がわからないくらいで『老子』や道教には全く無智の無学であったはずだ。だが、倭《わ》人達の遠い祖先は『老子』の著者と伝説でされる李耳のいた楚、中国の長江上流地域の水田稲作の農業技術を体得していた漢民族ではない。少数民族であったと考えられるから、無意識のうちに生活の思想として、いまだ未形成の混沌とした道教を体現していたのだと私は考える。

邪馬台はヤマトと読むのが普通だと思うが、ヤマト、山門、山戸、山口、山崎は日本国中いたる所にある。九州北西部のヤマト国を想定すると、後の応神王朝の大和（ヤマト）大王（オオキミ）の奈良県のヤマト国と対決合戦を考えなければならなくなる。しかし『古事記』『日本書紀』や古墳などの考古学の遺跡などに、九州のヤマト国と奈良のヤマト国の合戦の痕跡はほとんどない。

九州の国をはじめ、百余国あった部族を統合した邪馬台国の女王卑弥呼が、中国大陸の魏の皇帝に使者を派遣できた外交特権をにぎったその理由は、卑弥呼が鬼道をよくしたからだったと『魏志倭人伝』は述べている。鬼は、死者、死霊が基本的な意味だが、恐ろしい正体不明の無限のエネルギーをもつモノとして原始古代人は見ていたのではないか。道は元来、儒教学者が用いた漢字らしいが、「老子」の開祖とする道教、道徳真経で真つまり無を意味する漢字に使われ、抽象語の無を具体化する体術を意味するようになったらしい。『老子』の無為自然の自然は人間の肉体で、生命、性器崇拝、性交（房中術）、不老長生、医術、薬草学などに道教はひろがっていった。鬼道、つまり死霊など正体不明の恐ろしい無限のエネルギーを駆使する体術、つまり呪術を女王卑弥呼はよくしたことで、百余国の連合体をまとめて支配統治したのだと私は考える。具体的には神器として鏡を用いたのだろう。ヒは日、火でヒミコは日神、火神につかえる巫女《みこ》であろう。日の神の光を鏡に集めて、枯木枯草に火をつける術をまず見せたのだろう。鏡に顔が映ると、幼児や猿は鏡の後方に人や猿がいると思い、鏡の後方へ探しに行く。さらに幼児は鏡の中に人がいると思う。

二十世紀、テレビが出来た当初、子供はテレビの中に人がいると信じた。テレビが現代日本人の神器になったゆえんは、古代人の神器鏡にあったのだ。

二十世紀、靖国神社にアジア太平洋戦争の指導者東条英機たち七人のA級戦犯が神として祭られていることを韓国中国政府が激しく抗議するので、彼らの霊を分祀せよという意見が出されたが、神職者達はこれを頑としてしりぞけた。戦犯達の死霊が、文書の姓の文字を介して神器の鏡に映され、吸いこまれ、神霊として他の戦死した軍神達の霊と合体しているから、分祀することはできないという非合理きわまりない、迷信じみた神職者の弁明をテレビで聞いて、呆然となった。二十世紀でこれだから、三世紀の古代日本人達が女王卑弥呼の神器、鏡の呪術、つまり、人々の霊魂を鏡の中に吸い取ってしまう呪力に恐れおののいたことは想像できよう。鬼道もさることながら私が重視するのは、女王の男弟が女王を補佐して実際の政務を行っていたという記述である。後代の用語で言えば、摂政、執権、総理の役職を男弟はしていたのだろう。女王と男弟、つまり、呪王と執権、言いかえると権威者と権力者の一組が日本の統括の構造の元型で、卑弥呼と男弟にその原型があり、三世紀以来、二十一世紀まで続いた日本政治支配の伝統ではないかと思う。

ヒミコの姓は『魏志倭人伝』には書かれていないが、後代の『隋書』には、応神王朝の大王（オオキミ）家の姓は阿毎《あま》と書かれている。ヒミコは名前だろう。姓は何であったのか。それとも姓はなかったのか。文献実証主義の歴史学では何も答えられず、思考が停止してしまう。想像力をはたらかせてみよう。

黄河上流、麦作農業で定住社会に入った漢民族は家の姓をつくり、やがて儒教倫理は同姓の男女の結婚を禁じた。父方の姓を女は他姓の男と結婚したあとも変えずに守った。日本でも儒教倫理を受け入れた応神王朝以後大王（オオキミ）以下の豪族の家は姓を持ったし、女は結婚したあとも実家の父姓を変えずに守った。例えば有名な北条政子は鎌倉幕府の初代将軍源頼朝の妻になったが、決して源政子と姓を変えることはなかった。明治二十年頃民法が制定されて、結婚した妻が夫の姓に変えるまで、妻は実家の姓を名乗った。

江戸時代、公家、武家の他、農家、商家など公然と姓の名乗りを許可されていなくても、土地、家の所有者は誰も皆、姓を持っていた。もし、姓がなくても家号、屋号を持っていた。しかし、土地、家を所有していない最下層の貧民は姓がなかった。

明治維新のあと、全ての国民が姓を持つことを許可、命令されたとき、これはラジオで聞いた話だが、富山県の新湊の漁師達は姓がなかったので、神社の神官に姓をつけてもらったそうだ。船乗り漁師は無姓であった。

水田稲作の農村を形成したとはいえ、基底層には船乗り漁民の無意識があったろう。彼らは姓を持っていなかったと私は推理する。したがって彼らの代表である女王ヒミコも姓がなかったのではないか。後述するが、天皇家に姓がないことは周知の事実だ。言い方を換えると、卑弥呼の女王統治の時代、まだ儒教倫理は受容されていなかったのではないかということだ。

天皇家が無姓であるのは、儒教倫理の拒絶である。無の思想を中核とする道教を受容したといえるのだろうか。また先走ってしまったようだ。女王卑弥呼は天皇家の祖先になるのだろうか。そもそも卑弥呼は結婚して男子を産んでいたのだろうか。『魏志倭人伝』では卑弥呼の死後、男が王になったが、国がおさまらなかったとある。数代、男の王が替わったあと、再び台与《とよ》、一説にイヨという女王が擁立されて、ようやく国がおさまったという。トヨも無姓だったようだが、ヒミコとトヨとの血統は全く不明である。

儒教倫理では、姓の血統は父方、つまり男系だけを認めている。周知のように天皇家は男系の血統を守っており、この点、儒教倫理に従っている。つまり、天皇家は道教、昔の言い方なら神道と儒教の混成した倫理を守っていることになる。また先走ってしまった。邪馬台国の女王卑弥呼が天皇家の始祖であったのなら、天皇家の政府が作成した正史の『古事記』『日本書紀』にそう明記すればよいはずだが、史書というより神話の創作記述の政府官僚達は、そうしなかった。だから、裏返して言えば、邪馬台国の女王卑弥呼は、日本国の天皇家の祖先ではなかったと結論づけてよいのだろう。つまり、万世一系ではなかった。万世一系の天皇制神話イデオロギーを創作した史学官僚達は、女王卑弥呼をモデルにして、太陽女神たる天照大御神をつくりあげた。太陽女神天照が天皇家の始祖であるという万世一系神話が、律令政府の正しい歴史書たる『古事記』『日本書紀』の中核である。

かなり前に読んだ本なので、書名を忘れてしまったが、二三〇年頃、女王卑弥呼のとき日蝕があったそうだ。記紀神話の天照女神が天の岩戸に隠れて世が真っ暗闇になったという事件は、この日蝕から創作されたのだろう。このとき、神々は相談して鏡を作り、岩戸を開け、天照女神に鏡を見せて外に連れだした。女王卑弥呼が所有していた鏡は、魏の皇帝からもらった、当時最新の鉄製の鏡だったと思うが、記紀神話から推測すると、日本国内でも鉄鏡が製作できていたのだろう。神話の架空の女神天照の神器のヤタの鏡が、伊勢の神宮の御神体として、また天皇の住む皇居の賢所にも神器として安置されている。天照女神は架空で非実在なのに、ヤタの鏡は二十一世紀の今も実在している。この矛盾きわまりない不合理。これを信じることができるか。もっとも、伊勢の神宮、東京の皇居にある神器ヤタの鏡は複製の模造品である。いわゆる天皇家の三種の神器、鏡、剣、玉は、壇の浦合戦で瀬戸内海に水没死した安徳天皇とともに海底に沈み、行方不明になってしまったからだ。

話を三世紀の中国の後漢末、魏、蜀漢、呉の三国時代の宗教にもどす。

儒教は元来、葬儀の礼楽として形成され、後漢で後の科挙、官吏採用試験のもとなる制度が作られて、『論語』など儒学の経典が試験の問題に出されたので、宗教性を喪失し、採用試験に合格して出世した上、中流官吏達の倫理道徳になった。有能な儒学派官僚は血統だけで世襲相続した皇族、貴族を無能として軽視した。文武に優秀だった曹操は実権を掌握して、子の曹丕は皇帝から帝位を譲り受けて魏王朝を創立した。曹植は詩文の大家として有名だった。

前漢と後漢でおよそ四百年続いた王朝が曹家の魏に、いわば乗っ取られたのだから、社会に不安がひろがり治安が乱れた。道教系の太平道や五斗米道などが反乱した。後漢末に、後のシルクロードになるルートを通って仏教が流入し、一部の経典が漢訳された。無常、虚無、反俗感などで、仏教は道教に似ていたので、仏教の経典の漢訳語には、道教の語句が用いられた。仏教の浄土思想は、道教の水の清浄、尊重にもとづいていると福永光司先生は言っている。

天下三分の計をとなえた諸葛孔明の策に従って漢の皇室の末裔の劉備は蜀の成都に入った。呉の孫権は、現在の南京を都とした。蜀の漢と呉は連合して、魏の曹操の軍と赤壁で対戦して勝利した。呉の水軍の戦力が大であったと思う。魏、蜀漢、呉の三国とも短命で、五十年前後で次々と倒れてしまった。以後、七世紀初頃の隋までおよそ四百年間、中国は分裂し、国々が興亡した。蜀漢の皇帝劉備の将軍、関羽は、呉との連合に反対したため非業の死をとげた。蜀、長江中流の地は、老荘、神仙、土俗など道教の信仰が深い民衆が多い土地柄で、死んだ関羽の怨霊の祟りを恐れ、怨霊鎮魂のため、関羽に皇帝の称号を追贈し、関帝と呼び墓所の廟を建てた。関帝廟はその後、各地に建てられた。中国の関帝廟は、日本の菅原道真を天神として祭った天満宮と同じであると陳舜臣は『中国の歴史　6』で指摘している。私は、祟りを恐れ、怨霊鎮魂のため死後に天皇と追贈された崇道《すどう》天皇、つまり桓武天皇の弟の早良皇太子の場合を連想した。

7、倭の五王、武力支配

『日本書紀』は、天皇家の律令政府の正式な歴史書だが、天皇家の万世一系神話イデオロギーの布教の宣伝の本だから、客観的な歴史の事実の記述ではない。『後漢書』の漢倭奴国王の時代には古墳が造成されていたけれど、邪馬台国の女王卑弥呼の古墳は推定されていても確定していない。

『魏志倭人伝』の親魏倭王の記述のあと、『晋書』に倭の五王の記述がある。高句麗の広土王の石碑にも倭の五王の一部に関係のある記述がある。魏が五十年足らずで倒れ、晋が建てられたが、北方の騎馬牧畜民族の鮮卑が、匈奴を追い払い、黄河上流の中原の洛陽に攻め込んだので、晋は長江中流の南京へ都を移した。『晋書』の五王と『日本書紀』の五人の天皇との対応は諸説あるが、通説では讃が応神、珍が反正、済が允恭、興が安康、武が雄略である。讃を仁徳とする説もある。いずれにしても仁徳の父の応神天皇を祖とする王朝で、四、五世紀の大和、河内（奈良県、大阪府）の巨大な前方後円の古墳の埋葬者と推定されている天皇達である。『古事記』『日本書紀』では、初代神武から十五代応神までの天皇が記述されているが、史実ではなくて架空の神話である。

神武という漢語は、福永光司先生の考証で、儒教の古典の『易経』にあるそうだ。奈良県の橿原に神武の神宮があるが、七二〇年の『日本書紀』の成立以後に建てられたのだろう。記紀神話に登場する神々を祭っている神社はほとんど八世紀以後、神話を裏づける目的のために創建されたのだろう。

第十代崇神天皇の神宮はないらしい。崇神の崇は祟と似てタタリガミとよまれるから、崇神王朝は、応神によって打倒されたのではないか。崇神の神宮が建てられなかったのは、八世紀の古墳造成時代の末期頃、まだタタリガミの怨霊鎮魂のために神社を建てる思想が普及していなかったからか。記紀神話の崇神天皇の夢に出た三輪山のオオモノヌシが実は崇神で、三輪山を拠点にした王朝ではないかという説がある。

三輪山を神霊とする神社がある。山が神であるというのは、道教の神仙思想が源初である。初代神武、十代崇神、十五代応神と神名の付く三人の天皇は、神を王朝の始祖と考えると、それぞれ新王朝の創始者を意味し、万世一系の天皇家神話イデオロギーと自己矛盾している。神を王朝の始祖とする例としては、徳川幕府王朝を創業した徳川家康が死後、東照大権現として神となり、幕府の正史の『徳川実紀』では、神君と記述されているのが有名だ。奈良時代末期、称徳天皇が愛人の僧道鏡を法王にしたくて、その許しを求めて、九州の宇佐にある応神天皇の神宮に和気清麻呂を使者としてやり、神託をきかせた。神託は不可だったが、この例え話は称徳天皇が応神を王朝の始祖と信じていたことを暗示していると思う。

大分県の宇佐の応神天皇を祭る神宮は、八幡宮と呼ばれて、日本全国に四万以上ある八幡神社の本宗である。八幡大神の神託で、元来、中国の神であることを明示していることを福永光司先生は指摘し、朝日新聞紙で八幡大神の正体を解説された。『唐太宗李衛公問対』という出典をあげ、蜀漢の劉備の軍師、諸葛孔明が魏の軍勢を破って武勲をあげたときの戦法を象徴する八幡を神としたものだという。

平安時代後期、源頼義が京都郊外の石清水八幡宮に願文をささげ、氏神としてこの神宮で元服式をあげた八幡太郎こと源義家が武勲をあげ、子孫の源頼朝が鎌倉に鶴岡八幡宮を創建した。武神として八幡神は有名だが、その由来を日本人はどれくらい知っているだろうか。

応神は架空の神話の天皇だが、応神の母の神功皇后の三韓征伐も神話である。三韓は、朝鮮半島の南部の馬韓、弁韓、辰韓だが、四世紀頃、百済、新羅、伽耶諸王国になった。倭の五王の一人、済は允恭天皇とみなされているが、その王名から、百済との関係を連想してしまう。伽耶諸王国の一つの任那《みまな》を日本府として、五十年前、私の高校生の頃、考えられていた。

北朝鮮の高句麗はモンゴル系だが、南朝鮮の新羅は、後の展開からツングース系鮮卑流の一部族のように思える。百済を私達はクダラとよんでいるが、韓国語ではそうよまない。百は数多くの意味である。斉は中国の戦国の雄の国名で、済は斉国の水、河や海にかかわる少数部族を暗示しているのではないだろうか。秦によって斉が滅亡したときに逃亡して来た船乗りの水田稲作、漁撈民が朝鮮西南部につくった国が百済で、蜀漢、呉が滅亡したあとに、江南地方から流転して来た部族も入国したのだろう。

三、四世紀頃、沿岸から沖へ出て航海できる船が出来たらしい。中国から陸路インドへ行った仏教僧が帰路、船で中国に帰って来たと陳舜臣は『中国の歴史 6』で書いている。

剣などの武器だけでなく、大工道具なども新鉄製が使われ、沖を航海できる船が建造されたのだと思う。朝鮮半島から九州へ武装した部族、馬や牛を乗せた大型船団がやって来たのではないか。記紀神話のスサノオがヤマタノオロチを殺して入手した剣はたぶん川の砂鉄で作ったものだったろう。鉄鉱石からとり出した鉄で作った剣で武装した馬に乗った軍勢が、船に乗って日本に上陸したとき、在地の国王達は戦わずして降伏したのではないか。

神功皇后は、オキナガタラシヒメと言われている。オキナガは息長をあてられているが、私は沖長で、沖を航海できる船と船乗りの技術者を象徴しているのではないかと思う。文献実証主義の福永光司先生は書いておられないが、類推すると、母の神功皇后は道教的な船の文化を、子の応神天皇は儒教の馬の文化を象徴し、二人を祭神とする八幡宮は道儒の混成によって成立していると言えるのではないだろうか。そしてより重要なことは、神功、応神の肖像画も彫像も教義書も一切無であることだ。だから、基盤は、無の思想なのだ。無の思想が母胎だから、儒教が、後には仏教が子として混合できるので、この逆はできないことだ。呉越同舟のように、敵と味方が同じ舟に乗ることはできるが、一頭の馬に敵と味方は乗れないのだ。舟＝道教の上に馬＝儒教は乗れる＝混成できるが、逆はできないのだ。

日本の思想史は無原則、無原理だという説がある。より正確に言えば原則・原理が無なのだ。無の思想が根底に遺伝子として流れているのだ。

応神王朝は、武力で全国支配をとげ、大和に中央統一政権を初めて樹立した。その余勢をかって、朝鮮半島にも出兵して戦ったのだろう。『晋書』に武と記述された雄略の存在を歴史的事実として確認できたのは、埼玉県の稲荷山古墳から出土した鉄剣の銘によってであった。ワカタケル雄略を大王（オオキミ）とした銘があったのだ。

『古事記』『日本書紀』の記述と違って、雄略は天皇ではなくて、大王（オオキミ）と号していたのだ。後述する『隋書』では、姓は阿毎《あま》、称号はオオキミと記されている。応神王朝の大王（オオキミ）の姓はアマである。アマは、母神功の海系《アマ》と子応神の天系《アマ》があった。天系の大王の直系の血統が絶えたとき、越前にいた継体が、応神の五代の孫という血統のゆえに養子に迎えられたが、大和に入るまで二十年ぐらいかかった。継体は、近江のオキナガ氏を母方にしており、海系《アマ》であった。倭の五王時代の巨大な前方後円の古墳群が継体大王以後、次第に小型化していった。継体で王朝が替わったという説があるが、継体の文字通り、応神王朝は継続したと思う。

ワを倭から和へ変え、ヤマトを大和とあてた。大和は大王（オオキミ）と大臣（オオオミ）、大連（オオムラジ）の豪族の大連合政権を意味しているのだろう。継体は、大連（オオムラジ）の大伴金村らによって、養子に擁立されたのだった。大王アマ家の武力権力が衰退しだしたのだろう。

中国大陸では、三百年ぐらい晋の分裂、北の五胡十六国、南の六朝、南北対立の状態が続いた。強力な中央統一政権の不在、治安の悪化、社会不安のなか、五世紀頃、道教がようやく仏教に対抗して教義が体系化した。仏教は土着の道教の用語で、サンスクリット語を漢訳することで民衆をとらえだした。朝鮮半島の高句麗をはじめ、百済、新羅にも仏教はひろがっていった。

8、蘇我政権・仏法力支配

六世紀になって、大和川上流のオオキミ家に対して飛鳥川上流を根拠地とした蘇我オオオミ家が勢力を拡大してきた。大王（オオキミ）と大臣（オオオミ）と漢語を書くと、主君と臣下と上下関係が固定した形態になってしまうが、大和（ヤマト）の大豪族連合の国家体制では、オオキミ家とオオオミ家とは、互角対等ぐらいの関係だったというのが実態だったと思われる。天（アマ）大王（オオキミ）家と蘇我大臣（オオオミ）家とは、数代にわたって結婚を続け蘇我の娘の産んだ子が天（アマ）大王と次々になっていった。平安時代の藤原摂関家と天皇家の関係の先がけで、藤原氏は蘇我氏のやり方を真似たと言えるだろう。ヤマトのアマ大王家は、南朝鮮の伽耶諸王国、特に任那《みまな》や百済《くだら》と親和関係があったように思えるが、アスカの蘇我大臣家は、北朝鮮の高句麗と親しい関係があったようだ。

シベリア南部を起源とする騎馬牧畜のアルタイ語族はモンゴル系とツングース系とに分かれ、匈奴はモンゴル系、鮮卑はツングース系が主流であったらしい。高句麗は、モンゴル系が中国東北部北朝鮮に入って、農耕定住した部族らしい。

後漢末、匈奴は勢力を失い、西域へ移動して、インドから流伝されてきた仏教と出合った。高句麗は、新羅、百済より早く仏教を受け入れたらしい。中国の儒教に対抗するためだったと思う。

蘇我氏は早くから仏教を受け入れ、信徒になったが、高句麗からの僧が来日し、蘇我氏の師になっていた。中国では、魏、晋の後、五胡十六国のなかから、ツングース系の鮮卑族の拓跋が北魏を建てた。この北魏の拓跋の太武帝は、儒教崇拝が強く、孔子が理想化した周王国の政治にあこがれて、公地公民的な均田制を行おうとした。北魏が倒れたあと、同じ鮮卑族の宇文部が北周を建て、その後、隋が建国した。隋も鮮卑系だが、姓を漢字一字楊に改めた。隋の煬帝は約三百年ぶりに中国を統一する大事業を成功させ、長江と黄河を結ぶ大運河を建設した。隋に朝鮮半島の三国は慶祝の使者をそれぞれ送った。大和の大王家も外交特権で使者を送り出した。

蘇我大臣家の仏教拡大に対して、大王家の武闘派物部守屋が仏教排撃に乗り出し、蘇我馬子によって、守屋は倒された。そして、大王の崇峻は馬子によって暗殺されてしまった。崇峻暗殺の理由は不明である。中国なら大王の暗殺によって、大臣の馬子が大王になって、国家乗っ取りになるのが通例なのだが、『日本書紀』では、推古女王が天皇になり、アマ大王家は存続したことになっている。天皇家の万世一系神話イデオロギーの建て前上そう記述しないわけにはいかなかったのだろう。蘇我馬子は天皇殺しの大逆罪人であるはずだが、馬子が政権を掌握して黒幕となり、摂政の聖徳太子が理想的な政治を行ったことになっている。『隋書』の倭国伝には、使者からの聞き取りの記事がある。姓は阿毎《あま》、字は多利思比孤《たりしひこ》、号は阿輩鶏弥、そして妻と子がいたと明記されている。六〇七年だと学者によって確定されている。『日本書紀』では崇峻は五九二年十二月に暗殺され、翌年、推古女王が大王（オオキミ）になっている。推古天皇に子はともかく妻がいたはずはない。では、アマ・タリシヒコという大王（オオキミ）は誰だ。この謎は史料がないので、迷宮入りである。

『隋書』と『日本書紀』の記述が相違している場合、どちらの歴史書が史実としてより正確で、信用できるのかと言えば、断然、『隋書』である。『漢書』を後漢の班固が書いたように、中国ではある王朝の歴史は、その王朝が滅亡したあと、その王朝の次の王朝の歴史官が書くのが原則であった。『隋書』は、唐の史官が書いたわけだ。前代の王朝を後代の王朝の史官は批判的に書くのが通例だから、前代王朝の最後の皇帝は必ず悪事を数多くしたとされてしまう。隋の煬帝も大悪人と『隋書』ではされてしまったが、前述の、中国の南北を結んだ大運河や、官史採用試験の科挙（正しくは科目別選挙）を正式に制定したことなど、功績は大であったと私は思う。

『日本書紀』は、天皇家政府の万世一系神話イデオロギーの宣伝のための書だから、その目的のために史実は変更、歪曲、ねつ造もしくは無視、隠ぺいされたと考えられる。『古事記』も『日本書紀』も歴史物語であって、客観的物的証拠にもとづく実証主義的な歴史書ではない。東夷の倭人伝は隋唐の王朝権力にとってどうでもよい小事だから、史官の記述には、あまり主観は入らないだろうが、野蛮未開の国を蔑視する感情は無意識に働いただろう。「後宮に女六、七百人有り」など、少々大げさすぎる。それはさておき、『隋書』では国名は倭であって、日本になっていない。後代の『新唐書』では日本になっている。天皇の称号はまだ使われていない。称号は阿輩鶏弥大王（オオキミ）である。

天皇家には、姓はないが、大王家には阿毎の姓がある。大王アマ・タリシヒコには太子がいた。聖徳太子がタリシヒコだという説があるが、大王と太子は極端に言えば主君と下臣の違いがある。アマ・タリシヒコも歴代皆同じの大王の名乗りであったという説がある。だが、隋に使者は二回行き、答礼で隋の外交官が大和の大王家に来たが、いずれも大王はアマ・タリシヒコで、『日本書紀』の推古天皇のときにあたる。推古天皇でも聖徳太子でもないとすれば、アマ・タリシヒコは、蘇我馬子であったのではないか、と考えざるをえない。馬子は大臣であって、天皇ではないというのは『日本書紀』の記述である。しかし、崇峻天皇を理不尽に暗殺して、馬子は大王家の実権を握った。

漢の最後の皇帝は幼くして位についたが、外戚の王莽が王朝を乗っ取って、新という王朝を建てて皇帝になった。後漢が魏に、また魏が晋に乗っ取られたのも同じことであった。

大臣の蘇我馬子が崇峻天皇を暗殺して、大王家を乗っ取ったと中国の歴史感覚では考えたくなってしまうだろう。しかし、天皇家の万世一系神話イデオロギーの『日本書紀』ではそう記述しない。崇峻の崇はタタリの字に似ており、暗殺された天皇の祟《たた》りを恐れて、怨霊鎮魂をしたという記述は『日本書紀』にはない。『日本書紀』が完成した七二〇年頃、まだ御霊信仰はなかったのか。崇峻天皇を祭神とする神社も建っていない。八世紀はまだ古墳時代で、神社は建てられていなかったようだ。前述した、八世紀の桓武天皇のとき、早良皇太子に崇道《すどう》天皇の称号を追贈した場合、崇道神社が建てられた。もしかすると、崇道天皇のように、崇峻にも、死後天皇の称号が追贈されたのではないか。暗殺された崇峻の怨霊鎮魂のために、天皇と言ったのではないか。『日本書紀』では、隋に送った国書に「日の出ずる国の天皇」と記述したとあるが、『隋書』では、「日出ずる国の天子」と記述されている。天皇と天子とは、厳密に言えば違う。

天の最高神である天皇大帝、つまり天帝の命、つまり天命を受けた天子が地上の国家権力を掌握して皇帝になる、というのが中国史の通説である。天皇は天帝で、天子は皇帝である。だから、日本の天皇が中国の皇帝に国書を送るというのは、天帝が天子に、つまり天の帝が地の天子に命令するような感覚になり、極めて無礼である。野蛮未文化の日の出ずる国の天子が文化の中華たる隋の天子に国書を送ると変えたところで、無礼だから隋の煬帝は激怒したのだ。国名を倭から和、さらに日本へ変え、大王（オオキミ）を天皇（スメラミコト）へ変えるような国威発揚の感覚が、蘇我政権のときに強まったらしい。

蘇我馬子が女の推古を大王の位につけたのは、暗殺された崇峻の怨霊を慰撫する祭事を行うために巫女（シャーマン）の役割であったと思うが、大昔の女王卑弥呼を隋から帰った使者の報告で知ったからではないか。約三百年前の女王ヒミコのことなど全く忘れられていただろうが、隋へ行った使者が史官から『魏志倭人伝』の記述を教えられたのではないか。大和の大王崇峻の横死後の不安動揺をおさえ、治安を守るためには、ヒミコのように女王のほうがよいと蘇我馬子は判断したのではないか。推古天皇の名は七二〇年『日本書紀』の記述者達によってつけられた。帝記国記の元になる書、史料を作成したとある記述から、古を推理したことにちなんで名づけたのであろう。この古の中核に邪馬台国の女王卑弥呼についての『魏志倭人伝』の記述がなければならないのに、『日本書紀』では完全に無視、除外されている。

推古天皇のもとで聖徳太子が摂政となり、十二階の冠位や十七条の憲法を定めたなど数々の功績をあげ、聖人としての高徳な言動をしたことを『日本書紀』は筆を尽くして書いている。聖徳太子は日本史上最初の宗教政治の思想家であるというのが、二十世紀末までの通説であった。しかし、画像学の研究によって、聖徳太子の肖像画が別人のそれとして二十一世紀に否定された。

七世紀初め頃、天皇、皇太子、摂政の官職の話は史料では使われていないことが確認された。聖徳太子の名や功績、言動は七二〇年『日本書紀』の記述者達が創作、脚色したのではないか、という説が二十一世紀になって、強く主張されだした。聖徳太子と書かずに、ウマヤドのミコと生存中呼ばれていたと思われる名を書く本が多くなった。ウマヤドミコ、中をけずって縮めると、ウマ……コとなる。ウマコ、「えっ」蘇我の馬子。「えっまさか」もしかして、崇峻天皇を暗殺した大臣の蘇我馬子が、隋に外交使節を送り国交を結び、十二階の冠位を定め官僚機構を整え、十七条の憲法によって国家の理想、方針を定めた。

つまり、『日本書紀』の聖徳太子が行った政治上の功績は、実は蘇我馬子が実行したのではないか、という疑い、推理である。このことは次の節で視点を変えて改めて考えてみたい。ともかく、こういう疑いが生じたのは、聖徳太子のイメージに分裂があるからだ。摂政、皇太子という政治家のイメージと法隆寺や四天王寺など創建した世間虚仮と洞察した仏教信者、宗教家のイメージの分裂である。普通若き太子が政治家として業績をあげ、中年過ぎて政界から離れて、仏教信心を深めたと解釈されている。法王として太子の伝記が後に書かれている通り、仏教信者としての太子像は疑いなく定着して受けいれられている。宗教家としての太子像にリアリティーが強く感じられるだけに、政治家としての太子像は稀薄になる。これは、逆に言えば時の権力者、蘇我馬子の存在の巨大さを感じとるからだろうが。

「和を以て貴しとなす……」という有名な十七条憲法の冒頭の一文の和の意味は、通説ではヤワラギだが、それはあまりに政治的センスがなさすぎる。聖徳太子が自筆で書き署名した原書が残存しているはずはない。和の政治的意味の解釈は、八世紀初めの政治、つまり律令体制の発足時の藤原不比等の立場の分析によって考えたい。

9、朝鮮戦争と乙巳《いつし》の変

『古事記』は、推古天皇の記述で終わる。その後は、七二〇年『日本書紀』完成時の執筆陣にとっては、現代史になり、まだ記憶があざやかに残っていただろうから、書紀の記述は信用できる、というのが、通説であろう。大化の改新のドラマは、書紀のなかでも迫真力があって魅力的である。

崇峻天皇を暗殺した大悪人蘇我馬子の孫入鹿は専横をきわめ、聖徳太子の子、山背大兄一家を惨殺した悪党であった。大化の改新の理想と正義の人、中大兄皇子が入鹿を暗殺し蘇我氏を打倒して、皇権を回復した。

大衆小説的勧善懲悪のストーリーで、書紀は大化の改新のドラマを書いている。

二十一世紀になって、大阪地検の特捜部の検事達が組織ぐるみで物的証拠を改ざん、でっちあげて無実の人を犯人として逮捕したことが発覚し、幹部検事達が逆に逮捕され、有罪と判決された。東京地検の検事も、調書をでっちあげた犯罪ストーリーで書いたことが発覚した。八世紀の歴史記述の官僚達を信用できるか。

大化の改新を二十一世紀になってから、学者達は乙巳の変と書きだした。日本史の枠をこえて、中国、朝鮮の歴史、特に新羅の唐の力を借りた朝鮮統一の展開の過程の中で、日本の乙巳の変を考えなければいけないとされてきた。

朝鮮史（国会図書館の録音図書）によると、新羅は、高句麗の属国であった。新羅は、鉄の産地であった伽耶諸王国を攻め、滅亡させた。カヤ、ミマナ、アラなど諸王国は、倭のアマ大王家と親交があった。カヤ諸王国から亡命者が多数来日し、救援を大王に求めたと思う。ミマナには、倭の有力氏族もいたと思われるから、大王の崇峻は、カヤ救助、新羅打倒を叫んだのではないか。これに対して、大臣の蘇我馬子が断固として反対し、崇峻大王を暗殺して実権を掌握した。馬子は倭国孤立主義説で、国内の統一強化のために十二階の冠位を定め、十七条憲法を発布して、官僚軍事機構を整備した。

崇峻暗殺の動揺をおさえるため、鎮魂の祭神事を女王の推古にさせ、仏教の法力による人心のとりまとめをはかって、ウマヤドのミコに法隆寺などの建立を求め、蘇我氏も飛鳥寺（法興寺）を建てた。そして新羅が伽耶諸王国を滅亡させたのは、中国大陸における統一王朝隋の建国の影響だと考え、隋に使者を送った。無論、高句麗、百済そして新羅にも使者を送り、政情を視察させただろう。使者は言うまでもなく江戸時代の隠密で、敵国の政治軍事情報の収集活動を行うスパイである。隋から正使裴世清《はいせいせい》が倭国にやって来た。大王阿毎多利思比孤が蘇我馬子であったのか誰であったのかはさておき、隋の使者と会って接待し侍したのはウマヤドのミコ、つまり聖徳太子だったと思う。『日本書紀』にも『隋書』にも書かれていないけれど、仏教の経典は漢文訳されており、それを読解できたウマヤドのミコは漢文が作れただろうから、隋使と筆談できたと考えられるからだ。

外交使節は、今も昔も相手国の軍事政治の情報の探索をしに来るものだ。これは政治の鉄則のイロハだ。隋使が倭国の軍事外交の情報収集に来たのはなぜか。隋使の来日以前、隋は高句麗を攻撃し戦争を始めていた。漢の武帝が、紀元前二世紀頃、古朝鮮を征服して植民地にしたあと、紀元頃、高句麗が建国して北朝鮮、中国東北部の一部を領土にし、後漢の勢力を追い出した。約三百年ぶりに中国を統一した隋は、高句麗を打倒して朝鮮半島を再び植民地にしようと目論んだのだ。高句麗は激しく抵抗して隋軍を撃退した。

高句麗は、後方の南朝鮮の新羅と百済の向背が気になった。新羅が南朝鮮端の伽耶諸王国を滅亡させ、伽耶諸王国と由縁の深い倭国が新羅征討に立ちあがるなら、高句麗は倭国と同盟を結んで新羅を倒してしまいたかった。それで高句麗は友好を求めて使者を何度となく倭国に送った。実権者蘇我馬子が仏教徒だと知って、高僧を来日させた。

『日本書紀』には書かれていないが、大王崇峻を蘇我馬子が暗殺した理由は、新羅を征討する軍を出すか否かの対立であったと私は推理する。

軍事外交の大権は、蘇我馬子が握っていたのだ。ウマヤドのミコは筆談で隋の使者に、「和を以て貴しとなす」と伝えたのではないか。十七条の憲法の第一条は、軍事外交の政治方針を書いたと考えるのが合理的解釈だろう。

王朝内部のアマ・オオキミ家とソガ・オオオミ家の対立を推古女王樹立で和合させ、対朝鮮外交では和平を守るというのが、ウマヤドのミコの主張だったろう。仏教信者の聖徳太子は、当然、仏教の殺生戒を守っていただろう。ユダヤ教のモーゼの十戒の一つ、汝殺すなかれは殺人の禁止だが、仏教の殺生戒は人だけでなく全ての動物を殺すことを禁じている。仏教の中核は輪廻転生説である。人に限らず全ての動物は死ぬと魂が体を離脱して、中有四十九日後、他の動物の体に転生する。

『今昔物語集』に、蝶を見て死んだ父の生まれ変わりだと言った貴族の話がある。僧は修行中、蚊に刺されても蚊を殺さない。師の僧が死後、蚊に転生しているかもしれないからだ。牛馬は無論、魚鳥も殺して食べることは厳禁である。だから、猟師、漁師は仏教信者にはなれない。この転生が永遠にぐるぐる回って繰り返される。輪廻するわけだが、これでは、たえがたい。そこで、出家して修行して、悟りを開き、解脱し、浄土に往生して永遠の生命を得る。この解脱した釈迦如来の教えを信じて修行するのが、仏教徒である。宗派によっていろいろ差異はあるが、大体骨子はこうである。伝説では、聖徳太子は法王とされている。絶対的な恒久平和を太子は信念としていたと思いたい。

一九四五年、敗戦後、アメリカ占領軍によって押しつけられた日本国憲法だが、アメリカ軍は敵国情報を徹底的に研究したのだろう。憲法前文の恒久平和の理念は十七条憲法の一条と同じで不変、普遍の理想だと思う。隋の使者は帰国して、倭国の不戦の態度を報告しただろう。隋は大軍をもって高句麗を攻撃した。高句麗は隋軍を撃退した。この敗戦で威信が低下して各地で反乱が起きて、隋国は滅亡してしまった。

唐の初代皇帝李淵は中国の統一をまず目ざし、高句麗遠征には動かなかった。道教の開祖とされる伝説的人物老子が李姓とされていたので、李淵は老子を尊重し、そのため道教が唐代で勢力を伸ばした。老子の無の思想は、最高権力者の皇帝と最下層の反権力的民衆に浸透するといった、絶対矛盾の分裂を示した。皇帝が無為であることによって、国力が回復していったということは、かつて漢の劉邦が秦の滅亡後、建国して武帝の代まで古朝鮮へ進撃しなかった先例に学んだのであろう。

李淵の次男の李世民は性急であった。父を上皇として退位させ、皇帝になった李世民は高句麗征討の策を練った。夷をもって夷を討つ作戦で、高句麗の後方の南朝鮮の新羅を味方にして、高句麗をはさみ討ちにする策をたて、使者を新羅に送った。

時に新羅は善徳女王の代だったので、唐の王族との婚姻を求めたらしい。新羅の王族は、親唐派と親高句麗、つまり朝鮮統一派に分裂した。高句麗は隋との戦争に勝ったとはいえ、国力の衰退は激しく、王は唐への服属もやむをえないと考えたらしい。重臣の淵蓋蘇文は高句麗の自立を叫んで王を暗殺し、実権を掌握して、軍制を整備し、新羅、百済そして倭国に支援を求めて使者を送った。

朝鮮は北の騎馬牧畜の王族と南の水田稲作漁撈の民衆の混成で、近代つまり十九世紀の朝鮮民族統一という意識は、七世紀の頃にはなかった。しかし、扶余族という血縁関係の意識が百済の王族にはあった。扶余はツングース系騎馬牧畜民族で中国東北部にあった国だが、五世紀頃、高句麗の広開土王によって滅ぼされた。百済の王族は扶余を姓としていた。百済は高句麗も同じ扶余族のわかれと信じていたので、高句麗と同盟をすることで、まとまったらしい。百済と同盟を結んだ高句麗は、唐が進撃して来る前に後方の新羅を先に討ってしまおうと考えた。高句麗と百済は倭国に使者を送り、新羅を征討する同盟に加わることを求めたに違いない。新羅の王族の金春秋、後の武烈王。金春秋は高句麗に行き、また倭国へもやって来た。さらに唐に行き太宗李世民に会った。新羅が唐に服属することを契約した金春秋は新羅に帰って女王を善徳から真徳にかえ、軍制官制、服装、礼式を唐風に変えた。これを知った高句麗と百済は、新羅を攻撃した。新羅は唐に援軍を求め、唐の大軍が陸海進撃して来た。

さて、倭国の動向である。『日本書紀』では崇峻天皇の暗殺の理由は明白に記述されていない。しかし、伽耶諸王国が次々に新羅に滅亡させられた情報を知った倭国の大王が手をこまねいて静観していられたはずはない。前に倭人は南朝鮮、そして九州、本州に住む船乗り部族で、「漢委奴国王」の倭奴は海賊を意味していたと書いた。南朝鮮の伽耶諸王国は倭人の住む土地であって、倭のヤマト大和のアマ大王家と血縁関係があったと考えられる。同じ南朝鮮の百済、新羅でも同じことがあったと想定できるのではないだろうか。

漢民族の文化、例えば儒教の『論語』など、またインドの仏教の仏像や経典などが、百済の王から天皇家に伝来したと『日本書紀』にあるので、ついその先入観から逆コース、つまり倭国から南朝鮮への進出を忘れてしまいがちである。しかし、倭の五王の時代、海を船でこぎ渡って、倭国の軍勢が南朝鮮へ上陸し戦って領土を奪い獲得したのだ。つまり、倭国の大王家が本家で、伽耶諸王国や百済、新羅に分家の倭の王族がいたと考えられる。仮に、カヤのミマナがワのアマ大王家の本家なら、本家の滅亡を分家は黙視してはいられない。しかし、一部の分家が滅亡させられたとしても、本家は総力をあげて救援にはいかないだろう。まして、分家と分家の争いであったとしたら、本家はあえて分家同士の戦争に介入しないのではないか。つまり、新羅の王族が倭の大王家の分家であったとしたらという仮想である。

伝説だが、新羅の訖解尼師今《きっかいにしきん》という十六代の王は倭人であったという。四世紀中頃の王である。つまり倭の五王の時代の人である。この王の次の十七代は奈勿尼師今《なこつにしきん》というが、金姓であった。ともあれ、伽耶諸王国の全滅を崇峻大王は座視できず、救援の軍勢を出すべしと命じたのではないか。しかるに、崇峻大王は暗殺された。軍事外交の大権をアマ・オオキミ家に独占されることをソガ・オオミ家の馬子が許せなかったからではないか。というのが私の推測である。しかし、伽耶諸王国に分家があった大王家一族推古女王の要請が強くあったのだろう。軍勢がととのえられて北九州へ出征したと書紀にはある。けれど南朝鮮へ渡海、上陸して戦うことはしなかった。

隋へは四度、倭から使者が行った。隋が高句麗を攻撃して敗北し、地方の反乱続出で隋が滅亡した情報を得た倭の大王家はどう考えたか。

高句麗は予想外に強かったんだなあ、というのが私の驚きであった。扶余族の血縁関係で百済の王が高句麗と同盟を結んだのも、隋に勝った高句麗軍の強大さを信じたからだろう。

高句麗と百済から倭の大王家には使者が来て、唐が進撃してくる前に、唐と同盟した朝鮮民族の裏切り者の新羅を滅ぼす援助をしてほしいと言ったのではないか。倭の軍勢が渡海、上陸して新羅と戦えば、高句麗と百済が新羅を破ることは難事ではないはずだ。今こそ絶好の時機なのだ。こういうことは『日本書紀』には全く書いていない。だから従来の歴史の本にも一切書かれていない。歴史といいながら、実は『日本書紀』の漢文をただ現代の日本語に訳しただけだったというのが、従来の歴史の本だからだ。

高句麗と百済、そして倭が新羅を取りかこんで攻めこめば新羅に勝てる。唐の大軍が高句麗、百済に進撃する前が好機なのだ。こういう意見を倭の王族の誰かが言ったのではないか。反対に平和をとなえた者や倭は孤立を守って、朝鮮にかかるべきでないと言った者もいたであろう。倭は漢民族の蔑視のこもった差別語だから、和に改め、さらにヤマトに大和の字をあてた。大和の含意に全会一致があったかもしれない。オオキミ家の独裁ではなく、オオオミ家、オオムラジ家など大豪族の会議で全会一致してこそ大和がたもたれるというのが伝統だったろう。しかし今、朝鮮半島は戦乱の非常時であった。

『日本書紀』では、皇極天皇、大臣は蘇我蝦夷だが、執政はその子、入鹿である。朝鮮の戦乱については書かれていない。入鹿が聖徳太子の子の山背大兄一家一族二十五人を惨殺させた事件が書かれている。入鹿が山背大兄を殺す理由が不分明なので『日本書紀』に疑問をもつ人が多く、真犯人は皇極天皇の弟で大化の改新のあとで天皇になった孝徳ではないか、という説が有力である。皇位継承のライバルの山背大兄を孝徳が暗殺したというのだ。孝徳をそそのかしたのは中臣鎌子、後の藤原鎌足だという説もある。まさに床屋政談である。

山背大兄は父の聖徳太子と同じで、篤信の仏教徒だから平和主義者であったから、朝鮮出兵には大反対であったと思う。山背大兄を殺したのは平和論をたたきつぶすためだったと思う。犯人は、朝鮮出兵、新羅打倒を主張する軍事派であったと思う。執政の蘇我入鹿は祖父の馬子と同じで、大和の伝統保持で孤立主義者だったと思う。結局、平和主義に同意するから、山背大兄の味方だったはずで、山背大兄殺害の犯人ではないと断言できる。『日本書紀』は無実の入鹿に山背大兄殺害の濡れ衣を着せたのだ。

平和主義者の山背大兄を殺したのは軍事派だと思うが、この場合、陸軍つまり騎馬隊ではなく海軍、つまり船乗り組が重要なのだ。渡海しなければならないからだ。海軍を掌握していたのは、近江の息長氏一族であった。神話のオキナガタラシヒメこと神功皇后の末裔で、継体天皇の母方の氏族である。皇極天皇、孝徳天皇の姉弟は敏達天皇の曾孫と『日本書紀』

の血統ではなっている。ひ孫は四代あとだが、皇族といってももう臣下と変わりないだろう。ともかく父が天皇でなかったのだから、通例ならこの姉弟は天皇になれなかったろう。皇極は夫の舒明天皇の死後、皇后から天皇へなったケースで、推古天皇の先例があった。

しかし、孝徳は姉が天皇というだけで通例なら天皇になれるはずはなかった。大化の改新という異例な事態がおきたからといって、孝徳天皇の登場は異例で、これは山背大兄殺しに関係があるのではないかと考えたくなる。孝徳の母方は息長氏なのだ。孝徳は息長海軍を握っていた開戦論者だったのではないか。大化の改新のあと、大和の飛鳥から大阪湾岸の難波に都を遷して、孝徳は天皇になった。『日本書紀』では、中大兄つまり天智天皇の主導による遷都で、孝徳はロボットのような記述になっているが、はたしてそうだろうか。『日本書紀』では天智天皇を理想と正義の英雄視しているが、そうだろうか。大化の改新の直後に天智天皇が即位しなかったのはなぜか。孝徳天皇の死後、なぜ天智の母が再び斉明天皇として即位して、天智が天皇にならなかったのか。斉明天皇の死後も天智がすぐ即位しなかったのはなぜか。天智天皇の即位には疑問が多くある。それはともかく平和論者の山背大兄一族は惨殺された。

一九七〇年頃、梅原猛は『隠された十字架　法隆寺論』で、山背大兄の父の聖徳太子の死霊が子孫惨殺をいきどおって怨霊になったという非常識な説を述べた。惨殺された山背大兄が怨霊になったというのならわかるが、すでに死んでいた聖徳太子が怨霊になるなど、わけがわからない。まして太子は仏教信者なのだ。それも法王と尊称された人で、悟達、解脱した仏陀、つまり釈迦如来のような仏教徒であったはずだ。怨霊になることなど仏教理上絶対ありえないはずだ。しかし、梅原猛の本はベストセラーになった。この出世作のおかげか、梅原猛は大学の学長になり、文化勲章を受けた。

ところで大化の改新は明治時代の皇国史観によってつくられた造語である。大化の元号がつけられたのは『日本書紀』の記述通りだろうが、改新については史実か疑われているようだ。二十一世紀乙巳の変という言い方が多くなり、定着してきたようだ。日本、天皇、皇太子の称号も六四五年の乙巳の変のときにはまだ使われていなかった。七二〇年の『日本書紀』完成直前になって、一般に普及して定着したのだと思う。乙巳の変が大和から日本へ、大王から天皇への転換点であったけれど。乙巳の変のとき、三韓、つまり高句麗、百済そして新羅の外交使節が倭国の大和の朝廷に来ていた。朝鮮では高句麗、百済の同盟軍と新羅軍が戦闘しているのだ。倭国はどちらかに味方、敵対するのか、中立、孤立を守るのか。朝廷の議論は白熱したはずだが『日本書紀』はそのことを全く書いていない。蘇我氏の分家の倉山田石川麻呂が本宗家と対立したから、娘の遠智を中大兄の妻に入れたのだ。この婚姻を進めたのは、中臣鎌子だった。入鹿暗殺の陰謀をめぐらして中大兄をそそのかしたのは、鎌子であった。歴史の軌道の転換の舵取りをしたのは、陰謀家の鎌子だった。仏教信者の山背大兄一家惨殺の陰謀も神祇を家職とした中臣鎌子であったに違いない。孝徳は鎌子の陰謀をきいて、巨勢徳太をかたらって、山背大兄一家を惨殺させたのだろう。孝徳は四十すぎの、当時としては初老の年齢だから、執政の蘇我入鹿の暗殺には尻ごみしたのだろう。十九歳の中大兄は腰軽で、後述するが無道徳で権力欲がある活動家だったから、鎌子の陰謀に乗ったのだ。

中大兄の母の女王皇極と執政の入鹿が愛欲関係だったという説がある。入鹿への私的な憎悪の感情も中大兄の入鹿殺しの動機としてあったのかもしれないが、根本的な動機は大和の大豪族の合議体制の伝統を執政の入鹿暗殺によって打倒し、大王家の軍事外交の大権回復であったと思う。中臣鎌子自身の野望は、蘇我大臣家を打倒してそれに取ってかわろうということだったろう。

『日本書紀』の入鹿殺しの場面は劇的で、執筆者の文学的才能の優秀さがわかる。刺客達が恐縮して立ちすくんだのを見て、中大兄みずから剣をふるって、入鹿を殺したことが最大のポイントだろう。

母の皇極が大王の位をしりぞいたあと、長男の中大兄皇子が大王に即位できなかった理由は、中大兄は人殺しで、不浄だからだった。アマ大王家の神事観の中核に、清浄、キヨラカ観があったから、人殺し、血でケガレタ者を大王にすることを忌避したのだと思う。後述する壬申の乱で大海人皇子は軍の司令長官ではあったが、自ら槍をふるったかもしれないけれど、人殺しはしなかったと思う。大海人といえば乙巳の変の時、大海人がどう動いたのか、『日本書紀』は全く書いていない。

入鹿暗殺の後、大臣の蘇我蝦夷は自死し、蘇我本宗家は滅亡した。馬子と入鹿、つまり馬鹿と敗北者は勝者によって歴史に書き残されてしまうのだ。蘇我家は仏教信者だったから、寺に葬られた。怨霊とはならなかったはずだ。入鹿神社がつくられたのは平安時代十世紀以後だろう。古市大兄皇子も出家剃髪して吉野に隠退したが、暗殺されてしまった。

10、白村江の敗北と近江京

孝徳が大王になり、飛鳥を去って難波に都を移した。蘇我の倉山田石川麻呂、巨勢徳太が大臣になった。しかし、実権は中大兄が握っていた。

朝鮮出兵、つまり、高句麗、百済に同盟して、新羅攻撃のために軍船をつくらせた。唐の二代皇帝の太宗李世民が陸海の軍勢をひきいて、高句麗、百済を攻撃してきた。新羅も高句麗、百済を攻めた。高句麗軍は祖国防衛で強かった。冬将軍が応援にやって来た。厳寒の冬に唐軍は敗れた。戦陣で太宗が死んだ。唐軍は撤退した。高句麗は勝ったものの、実権者の淵蓋蘇文が死んでしまった。息子達が対立して、戦力は著しく落ちた。百済の王族の扶余豊璋は、倭国に在住して百済応援、新羅征討を要請し続けていたが、中大兄は唐軍が撤退した直後の絶好の機会に、朝鮮へ出兵しようとしなかった。なぜか。『日本書紀』は一切そのことについては書いていない。天皇家の万世一系神話イデオロギー以外にも『日本書紀』の執筆には偏向がある。百済の重視と新羅への軽視である。舎人《とねり》親王のもと川島皇子ら十二人の執筆者がいた中に、『古事記』の執筆者とされる太安万侶《おおのやすまろ》がいる。太安万侶の父、多品治は、滅亡した百済からの亡命者で、壬申の乱で大海人軍に入って武功をあげた。父の武功のおかげで太安万侶は出世して民部卿になった。『古事記』『日本書紀』の執筆者には、太安万侶だけでなく、ほかにも百済滅亡後、日本に亡命して来て、朝廷に仕えた王族、貴族の子の知識人がいたにちがいない。

百済を滅ぼした新羅への憎悪は強かったはずだから、新羅との外交をも黙殺して『日本書紀』に書かなかったと考えられるのだ。『論語』など儒教の経典や仏像など仏教のことなど、新羅から倭国にもたらされたことがあったと思われるのに、全く『日本書紀』には書かれていない。

倭の五王時代を特徴づける前方後円の古墳は日本独自といわれていたが、新羅の南朝鮮東部から前方後円墳が発掘されている。前述したように、新羅建国の王の一人は倭人だという伝説があるのだ。百済よりも新羅のほうが倭の大王家とは関係が深かったのかもしれないのだ。金春秋こと武烈王が新羅を唐風文化、衣冠、服装、官職、軍備、組織、姓など儒教道徳に改めた七世紀以前、新羅は倭国と同じように、中国の江南地方、紀元前三世紀頃の呉越楚などの道教的な文化生活様式をしていたらしい。儒教では父方の姓を重視し、同姓の男女の結婚を禁じた。しかし、儒教に反対した道教の影響が強かった江南地方では、同姓の近親婚が多くあった。兄と妹の結婚神話をもつ少数民族がいる。儒教から無道徳、野蛮だと非難された。新羅でも、近親婚が七世紀以前あったらしい。倭国では、アマ大王家と蘇我大臣家の婚姻関係を見れば、あきれるほどの近親婚である。中大兄の娘二人が共に大海人の妻になっている。姪と叔父の結婚である。

中大兄は難波京を去って、飛鳥の古京に帰ってしまった。官人達は実権者の中大兄に従い、間人《はしひと》皇后も孝徳天皇を難波京に置き去りにして、中大兄とともに飛鳥に移り住んだ。間人皇后は、皇太子中大兄の同父母の妹である。『日本書紀』血統図には、これ以上のことは書いていない。しかし、中大兄と妹間人の愛欲関係は公然の秘密で、口に出して言わなかったとしても、誰もが知っていたことであったらしい。アマ大王家の、実の兄と妹の愛欲関係は、中大兄と間人の前に、『古事記』『日本書紀』に明記されている有名な先例があった。『古事記』と『日本書紀』とで記述が違うので、ただ衣通姫と実の兄との愛と死、心中事件とだけ書いておこう。衣通姫は允恭天皇の娘というが、別説もある。ともかく天皇の子の兄と妹の愛欲関係で、衣通姫と兄は悲劇的な死をとげた。しかし、中大兄皇子と妹の間人皇后の愛欲関係では、間人の叔父で夫の孝徳天皇が置き去りにされた難波京でいきどおって死んだ。

実力者の中大兄皇子は天皇に即位しなかった。母の皇極が再び即位し、斉明天皇となった。『日本書紀』では天皇、皇太子と書いているけれども、私はまだ律令体制の天皇制は確立しておらず、大王大兄と言っていたと思う。孝徳のときも、斉明のときも、大王（オオキミ）は祭事《まつりごと》、つまり宗教的行事を司《つかさど》って、現実の政治軍事は大兄（オオエ）が行っていたのだと思う。
宗教的権威の大王（オオキミ）と政治的権力の大兄（オオエ）の分離と共存の相互補完関係による支配統治の構造が、乙巳の変後に確立したのだろう。天智の智の意味するものはこのことだと私は考える。しかし、これには先例がある。崇峻大王暗殺の後、崇峻の怨霊鎮魂の祭事を女王推古が行い、十二位階、十七条憲法など政治を実権者の蘇我馬子が行った。蘇我入鹿を暗殺して、政治の実権を奪回したアマ大王家は、天皇家の万世一系神話イデオロギー創作のときに、蘇我政権の功績を奪い取って、アマ大王家の聖徳太子の功績に作り変えたのだ。

宗教的権威と政治的権力の分離、共存、相互補完関係の構造の元型は、邪馬台の女王卑弥呼と男弟の組み合わせである。これは無意識、無自覚であったが、女王斉明と中大兄のときは、意識的、自覚的に実行したのだと思う。もっとも、人殺しで手が血でケガレたうえ、実の妹とできて、大王の妻を寝取って、大王を憤死させた中大兄には、無道徳、非情、人でなしといった非難が声高に言われなかったかもしれないが渦巻いていて、神祭り事を行う大王にはなれなかったのだろう。中大兄は、孝徳大王の子、有馬皇子、大臣の蘇我倉山田石川麻呂を暗殺させた。

女王斉明はシャーマン（巫女）の神がかりの才能があったようである。飛鳥岡本宮や多武峰の天宮の建造物の『日本書紀』の記事を福永光司先生は、道教にもとづくものだと述べておられる。

道教の寺、つまり道観の遺跡があったという福永先生の指摘には少々驚いた。蘇我政権時代の飛鳥寺や法隆寺の建立に対抗したものとして道観が建造されたのだろう。

前述したように、唐を建国した李淵が同姓の老子を尊重し、唐代で道教が流行し隆盛したのを、遣唐使や留学生達の帰朝報告で知った斉明女王が流行にのったのだろう。シャーマニズムはシベリア南部のアルタイ語族に発生したとされているが、中国江南の少数民族にもシャーマン、アニミズム信仰があった。

女体の乳部や臀部を誇張した土偶は、シベリア、樺太(サハリン)、北海道、東日本、北陸に分布して発掘されたが、南朝鮮東部の新羅にも土偶が発掘された。これは、日本から南朝鮮東部へ進出したルートの物証になるだろう。蒙古、満州、北朝鮮、南朝鮮西部、つまり高句麗、百済からは土偶は発掘されていないのだから。土偶のあった地域は、アイヌ、蝦夷《えみし》といった大和の王朝に服属していなかった原住民の居住地でもあった。中大兄は東北の蝦夷の征討に軍勢を派遣した。しかし、百済滅亡の悲報が来た。高句麗攻撃に失敗した唐は、狙いを弱敵百済にしぼって、西域の騎馬民族突厥の部族を先陣に立てて、電撃的に百済を急襲した。新羅も百済を攻撃した。百済王は捕虜になって、王朝は滅んだ。しかし、忠臣鬼室福信はゲリラ戦で抵抗し、倭国に救援を求めて来た。

倭国に三十数年滞在していた百済の王族、扶余豊璋を百済王に、倭国の大王が皇帝のように任命し、救援の軍船、軍勢三万余を渡海させることになった。瀬戸内海を渡って、北九州の朝倉に大本営を置いた。大分の宇佐の応神天皇、神功皇后を祭った八幡大神宮へ戦勝祈願に斉明女王、中大兄皇子達が参拝したという記事が『日本書紀』にはない。神宮の建物はまだなかったのだろうか。

神話の三韓征伐の神功皇后は九州の宇佐で死んだ。斉明天皇は北九州の朝倉で死んだということは、斉明をモデルにして神功を創作したのではないか。軍船が玄界灘を渡海して朝鮮半島へ出発したあと、中大兄は朝倉の大本営を引き払って飛鳥へ帰ってしまった。

倭国軍は白村江の戦いで、唐・新羅連合軍に大敗した。中大兄は自ら軍船に乗り、渡海して前線で司令長官として戦おうとはしなかったのだ。白村江の戦いで死んだ数万の軍兵の遺族達は、声に出さずとも敗北が十二分に予測できたのに、死地へおもむかせた中大兄を激しく恨み憎んだだろう。中大兄は飛鳥へ帰ったあと、伝統的な都であった大和を捨てて、近江の大津へ逃げこんだ。唐・新羅の連合軍が倭国へ渡海襲撃して来ることに恐怖したからだ。中大兄は九州、中国などに出城をつくらせ、防衛しようとした。

六六〇年頃だった。斉明の死で空位になった大王に、中大兄はすぐにはつかなかった。実の妹で愛人だった間人《はしひと》の死に関係があったのではないか。儒教道徳からみれば、無道徳、野蛮な行為だから大王になるにはあまりに中大兄は不徳すぎるという声なき非難が激しく、白村江戦敗北の責任問題もあったであろう。こういう批判を一切全く『日本書紀』は書かず、従来の歴史学者達も書かなかった。私は前に、天智天皇は理想と正義の人と書いたが、実像はその逆であった。しかし、『日本書紀』というか、皇国史観の影響力は二十一世紀に入っても依然として根強い。天智天皇の和風おくり名の天命開別尊（アメミコトヒラカスワケノミコト）の天命が、天智天皇の理想と正義のイメージを形づくっているように私には思える。

中国の歴史では天命があらたまる、つまり革命によって天帝の命を受けた有徳の皇帝が不徳の皇帝の国を打倒して、新しく建国する。天命を開別した天智天皇によって、古い伝統的な大和の豪族連合の支配体制が打破されて、新しい革新的な日本の中央統一集権の天皇制支配統治が開始されたというのが皇国史観だ。しかし、これは『日本書紀』の執筆者達の仕組んだ歴史創作の虚像だと私は思う。蘇我入鹿暗殺によって、中大兄は伝統的な大和の豪族連合支配体制を打破した。しかし、革新的政治を行ったと評価できるだろうか。

朝鮮では唐・新羅連合軍の攻撃でついに高句麗が滅亡した。朝鮮は、唐の属国になり、新羅が唐軍の撤退をかちとるまで六十数年かかった。新羅は唐風文化、儒教、科挙など全面的に自ら積極的に取り入れて、小中華になろうとした。淵蓋、扶余、鬼室など漢字二字の姓を金など中国と同じ漢字一字の姓に変えたらしい。朝鮮独自の文字、ハングルの元になるものがあったらしいが、王族、貴族、官僚など支配者層は漢字漢文を公用語にした。四千五百首の『万葉集』の和歌のような朝鮮独自の歌謡はわずか二十五首しか残っていない。倭国と新羅のつながりを示す文物など破棄消却されてしまったと思う。この時以後、日本と朝鮮はそれぞれ独自の歴史を形成したと思うのだ。

中大兄が大王になった。大王ではなくて天皇になったという説があるが、単なる称号の名乗りではなく、律令体制の天皇としては、中大兄はなっていないと思う。朝鮮の白村江の戦いの敗北の責任は中大兄にあったのだから。

無道徳で権力欲が旺盛な中大兄は、大和の大豪族連合体の伝統的支配を破壊しようとして、執政の蘇我入鹿を暗殺した。同じように地方の豪族国造（クニノミヤツコ）の伝統的支配を打破しようとした。隋と唐の攻撃を高句麗が撃退した直後、新羅を征伐できる絶好の機会があったのに、それをせず、唐・新羅の連合軍によって百済が滅亡したあと、敗北が予測できたはずなのに、あえて百済救援に軍勢を渡海させ、白村江の戦いで敗北させることを、なぜ中大兄がしたのか。その理由は、九州、中国地方の豪族の勢力を朝鮮へ出兵させることで、そぎおとすことだと思う。豊臣秀吉が朝鮮へ出兵させたとき、九州の島津氏、中国の毛利氏を出兵させて、戦力を減退させたのと同じだろう。

唐・新羅連合軍の九州襲撃の不安、恐怖をつくりだして、九州の豪族達を反乱させずに、朝廷の命令に服従させることを狙ったのだと思う。地方の国造の伝統的支配を打破し、朝廷が任命し派遣する地方長官たる国の守（カミ）による支配体制を樹立しようとした。日本の全ての土地を政府の所有たる公地にし、国民を公民として、口分田を与える。そのために、人口動態を掌握するために戸籍を作った。この狙いは税金の取り立てである。つまり、政府の財政、税収入の確立をはかったのである。これらの政策は、遣隋、遣唐の使者、留学生達の持ち帰った知識をもとに立案されたのだろう。

　これらの政策が、中大兄のときに、方針として示されたとしても、実行、実現できたわけではないだろう。中大兄の懐刀として働いたのは、中臣鎌足であった。乙巳の変の後、神祇伯になった鎌足は、中大兄から内臣（ウチツオミ）に取り立てられた。伝統的な氏姓（ウジカバネ）制の例外の内臣をつくることで、この打破の一穴をあけたのだ。大王家と合議、婚姻できる蘇我などの大臣（オオオミ）などの臣（オミ）に対して、軍事の物部、大伴や神事の中臣は大王家に仕える連（ムラジ）であった。連の中臣の鎌足が内臣とオミに変わったことは、伝統的な自分、氏姓制の打破の一歩を意味している。およそ五十年くらい前、私が二十歳頃、『万葉集』について解説した本を読んでいて異常な感じを受けた箇所があった。内大臣藤原卿、采女安見児《やすみこ》を得たときの歌「我はもや　安見児　得たり　皆人の得がてにすとふ　安見児得たり」（巻二、九五）

　天智天皇が愛した采女の安見児を藤原鎌足に与えたのだ。采女は地方豪族の娘で、天皇家に奉仕したが、天皇の愛人になることが多かった。安見児の姓は書いていないが、鎌足の次男不比等の母は車持氏である。車持氏は上野の豪族である。藤原不比等の母はこの安見児である可能性が高い。安見児はヤスミコだが、安見児を得たりは一字けずると、ミコを得たり、御子を得たりとなる。

鎌足の死の直前、中大兄大王は、鎌足を臣下最高位の大織冠にし、藤原の姓を与えたと『日本書紀』にある。『日本書紀』の天智天皇と藤原鎌足のえがき方は、この二人によって新政のスタートが切られたことを読者に印象づけようとする意図があるからだと思う。

しかし、現実的には、中大兄大王の治世は、空回りしていて、臣民の支持を得ていなかったのではないか。伝統的支配体制の打破という中大兄の役割と仕事は、保守的心情を持つ多数の臣民の反発を受けずにはいられなかっただろう。

無道徳、無責任な中大兄の行動も反感を買っただろう。中大兄が死んで、子の大友皇子が政権をついだあと、大海人皇子が剃髪出家して遁世していた吉野を脱して、反乱軍をおこした壬申の乱で、内戦というにはあまりに小規模な戦闘で呆気なく大友皇子の軍勢が敗れ、政権が倒れたのも、結局、中大兄政権の不人気のためであったろう。

11、壬申の乱・カリスマ革命

壬申の乱は、叔父の大海人と甥の大友の権力闘争がひきおこした国の内戦だが、伝統的な大和の大王家支配から革新的な日本の天皇制支配への歴史的転換、つまり革命であった。

大海人軍の将軍として活躍した大伴御行は、大王《おおきみ》は神にましませはと『万葉集』（巻一の歌）で大海人をたたえた。大王を神とたたえる歌はもう一首『万葉集』にある。

合戦に勝ったから、軍神とたたえられたわけだが、大海人は陣中で占いをしたり、伊勢の神宮の方角を拝んだりした。ドイツの社会学者ウェーバーがカリスマを用いたが、カリスマは神の恩寵としての賜物という意味である。伊勢の神宮の天照大神と天皇家との結びつきは、壬申の乱のときにできたのだというのが定説である。大海人の娘大来皇女が伊勢神宮の斎宮としてつかわされた。神風が吹いたから勝ったという信仰が生まれたのも壬申の乱のときで、「神風」は伊勢神宮の枕詞になっている。壬申の乱で大海人はカリスマを体得して戦勝したのだ。

ウェーバーは支配の理念型として、伝統的支配、カリスマ的支配、合法的支配をあげ、それぞれ超歴史的な理念型であって、相互に歴史的関係はないと述べている。しかし、私は京大の卒業論文で、伝統的支配を打破して、合法的支配へ歴史を転換する革命時はカリスマ的支配になるから、カリスマ革命とよぶべきだと主張した。四十五年も前のことだ。しかし、池田義祐教授に無視されてしまった。この時のくやしさが六十九歳になった私に、本章を書かせたのだ。本章はいわば、私の人生の卒業論文である。壬申の乱は大和の大王家の伝統的支配を打破して、日本の律令天皇制の合法的支配への転換をなしたカリスマ革命である、と私は主張する。

前述したが、中大兄は大王になったが、天皇にはなっていない。中大兄の死後、息子の大友は大王になったと思う。大友の敗死後、大海人は大王になって飛鳥の浄御原に入り、京（ミヤコ）とした。律は刑法、令は行政法だが、律の制定には時間と手間がかかり、まず令だけが作成された。『日本書紀』では天智天皇が近江令を作成したとあるが、戦火で焼失したので、真偽は不明であるが、私は近江令は『日本書紀』の執筆者の創作だと思う。飛鳥浄御原令も現存していないが、実在したと思う。

大嘗祭、つまり天皇の即位式が行われ、大海人は天武天皇となった。壬申の乱の記述は、神武天皇の東征、特に大和平定の戦記に非常に似ているという説があり、壬申の乱の記述をネタにして神武東征の神話を創作したのだという説が有力である。ということは、神武は初代の天皇だという神話を逆転させると、天武こそ律令制天皇の初代だということになる。天武と神武。天＝神とすれば同意である。壬申の乱で、大海人は赤旗をたてたと記述から、漢の初代皇帝劉邦の赤旗を真似たのだというのが、江戸時代の伴蒿蹊の説である。これに対して福永光司先生は、天武の武は漢の七代武帝からとっているという。しかし、私は福永説には反対である。天武＝神武＝初代天皇と考えるからだ。『日本書紀』は勿論、天武を初代の天皇とは書いていない。神武天皇から始まる万世一系の神話イデオロギーを貫徹する意図で『日本書紀』は書かれているからだ。神、天皇は無だという仮説を種に考え続けて、無の遺伝子の流れを追ってカリスマ革命、初代天皇は天武説にたどりついた。

天武天皇は、唐と新羅に外交使節を送り倭国が日本へ国名を変えたことを告げ、友好を求めた。新羅は唐の属国だから、国王だが、日本は白村江戦でこそ敗北したが、領土を侵略されてはいないので、唐の皇帝に対して等しい立場として、天皇だと称号したのだ。唐新羅と価値を同じくする友好国として、都城の建設、律令の制定、公地公民の全国支配、そして国史の執筆という新政の方針を天武は定めた。

大和の大豪族連合の支配を打破して、大臣、大連を廃止して天皇独裁の皇親政治を行った。地方豪族の国造を廃して、皇族を国守として派遣して戸籍をととのえ、民に口分田を与えた。『日本書紀』では天智天皇の代にこれらが行われたとされているが、私は天武天皇のときが最初だと思う。中大兄大王は、大和や地方の豪族支配を破壊したが、新体制の樹立はできなかったと思う。壬申の乱の勝利によってカリスマ性を得た天武天皇のカリスマ革命によって、親政は開始できたのだ。

前に伊勢神宮について述べたが、二十年に一度の遷宮の神事は、この時から始まったとされている。神の宿り木を神体（ミハシラ）として立てるだけでなく、神宮の建物もこのとき建造されたのではないだろうか。出雲や諏訪、鹿島、香取、宇佐などの大社、神宮も壬申の乱のあと、七世紀後半に建造されたのではないか。権力を奪われた各地の国造の屋敷を神社にしたように思える。仏教の寺に対抗して、道教の天宮が多武峰に建造されたように、神宮が建造されたのではないか。しかし、道教と日本の神道とは福永光司説のように同じではない。決定的に相違している点は、道教では神の絵や像や教義書があるのに、神道ではそれらが一切無であることだ。

12、疑惑の天武天皇

壬申の乱をカリスマ革命戦と考えると、天命開別尊という和風の死後の贈り名は、天智よりも天武にこそふさわしいと私は考えるけれども、天武の和風の死後の贈り名は、天渟中原瀛真人（アマノヌナハラオキノマヒト）である。真は道教の神仙思想で、神になる仙人のことで、真に達した人のことである。天武が道教を母の斉明天皇と同じく信奉し、神仙になったと考えられて、この贈り名が後代の学者によってつけられた、というのが通説である。通常、ここで解説が終わってしまうのだが、私は「アレ、おかしいな」と感じたのだった。天武天皇は、伝統的な氏姓（ウジカバネ）の臣（オミ）連（ムラジ）を廃して、八色（ヤクサ）、姓（カバネ）を新設したが、その第一位が真人であった。真人の名は、応神や継体の子孫である守山公、酒人公などに与えられている。神功皇后系の息長真人がある。

古い王族だが、高位とはいえない氏が真人になっている。天武天皇が、低位の王族の真人の姓（カバネ）と同じ贈り名とは、おかしいではないか。大体、天皇は姓（カバネ）を臣下に与える最高位の存在だから姓が無なのだと解説されているはずだ。姓と同じ名を死後つけるというのでは、まるで生前天皇とうやまっていたけれど、実は死後、姓ある臣下、たとえ王族だとしても天皇にとっては臣下であると後代の学者が天武を考えていたことを示しているのではないか。この疑問は私だけでなく、多くの人達がもったので、天武天皇に疑惑の目をそそいで研究した。天武の生年が不分明で、兄とされる天智との年齢差が不明である。弟の天武のほうが天智より年上ではないかという疑いが生じた。『日本書紀』では、舒明と皇極斉明の子として天智、天武、間人皇后《はしひと》をあげている。皇極は舒明と結婚する前、高向王と結ばれて漢《あや》王子を産んでいる。天智には異父兄がいたのだ。漢王子は消息不明の人である。天武の幼名の大海人は大海人氏に養育されたからである。大海人氏は渡来系である。漢王子も漢氏に養育されたのだろう。漢氏も渡来系である。漢アヤ海人アマ。

高向王は用明天皇の孫だが、父親は不明である。漢王子は用明天皇のひ孫だが王族とはいえ、臣下と同じである。平安時代になるが、『伊勢物語』で有名な在原業平は平城天皇の孫で臣籍にくだり五位の中将が最高官で三位以上の貴族になっていない。高向王とほぼ同時代人で、高向玄理《たかむくのくろまろ》という国博士になった漢学者がいる。ここまでの知識はインターネットで調べてもらった。

漢王子が大海人皇子だとしたら、天武天皇は高向氏で、真人の姓を与えられるのがふさわしいことになり、アマ大王家の大友の政権を打倒して、高向氏の漢王子＝大海人皇子が天武王朝を樹立したのであれば、壬申の乱はカリスマ革命どころか、中国史でいう易姓革命である、ということになる。天皇家の万世一系神話イデオロギーが崩れ去ってしまう。逆に言えば天皇家の万世一系神話イデオロギーを確立し、貫徹させるためには、絶対に漢王子と大海人皇子を同一人物と認めることはできないことになる。勿論、漢王子と大海人皇子を同一人物とする物的証拠も史料もない。だが、疑惑は残る。二十一世紀でも疑惑が消えないのだから七世紀、天武天皇の死後のときは、もっと深い疑惑があったのではないか。しかし、壬申の乱の勝利で、神とたたえられたカリスマ、初代天皇の天武の威厳に服《ふく》して誰もその疑惑を口に出す者はなかっただろう。

神武天皇は橿原の神宮に、応神天皇は宇佐の神宮に祭られていることは有名だ。しかし、天武天皇はどこの神宮に祭られているのか。インターネットで調べてもらったら、飛鳥浄御原神社に祭神としてあった。しかし、驚いたことに天皇家が祭る神社ではなくて、大伴氏が祭っていたという伝承である。天武天皇を神とたたえたのは、大伴御行であった。

天武は舒明天皇の子ではないという疑惑は、ごく一部の王族の間でもたれたのだろうが、この疑惑を押しつぶして、カリスマ天皇天武死後の動揺、不安を鎮静させ、王朝の安泰を得るためにも、天皇家の万世一系の神話イデオロギーを創作し、確立する必要があったのだろう。天武の死後、皇太子の草壁皇子が天皇に即位できればよかったのだが、草壁は病死してしまった。草壁の母で皇后だった持統が天皇に即位し、天武の長男で壬申の乱で将軍として功績をあげた高市皇子が太政大臣になった。高市が天皇になれなかったのは、生母が九州の豪族宗像氏の娘だったからだ。持統は天皇になって、権力を握るとすぐに大津皇子に罪をきせて殺してしまった。

大津は、天智の娘の大田皇女と天武の子で、漢詩文や『万葉集』にある歌で有名な秀才であった。持統も天智の娘だから、死んだ草壁と大津は異母兄弟で、従兄弟ということになる。

若くして病死した草壁より大津のほうが優秀であったと考えられるが、大田皇女が早く死んだのに対して、持統は壬申の乱のとき、天武と行動を共にして王朝の樹立に功労があったから、持統の子の草壁を天武は皇太子にしたのだ。天武天皇と草壁皇太子が死んだあとは、通常の時代ならば大津皇子が天皇に即位できたかもしれない。しかし、国内戦の壬申の乱後まだ社会秩序は安定していなかった。持統は、無実の罪で大津を殺した。大津は怨霊になったとはいわれていない。

13、天孫降臨神話の創作

持統が天皇に即位した儀式には、伊勢神宮のヤタの鏡と熱田神宮のクサナギの剣の二種の神器があったと『日本書紀』には書いてある。あと一つの神器マガ玉を持統はこのとき持っていなかった。ともあれ、鏡と剣の二種の神器をもった持統天皇は現人神《あらひとがみ》と天武天皇と同じように臣民達から崇拝されたろう。

時をほぼ同じくして、中国では唐の高宗の皇后武が高宗死後、摂政となり、ついに王朝を乗っ取り、周という新王朝を樹立して、中国史上初めて女性の皇帝になった。則天武后という通称のほうが有名だが、一時的に皇帝の称号を天皇にしたと唐書に記述されている。

天皇は北極星である。道教、儒教以前の中国の天文思想で、不動の北極星を天皇大帝、つまり天帝と考えられていた。太古原始の狩猟生活時、夜行性だったから不動の北極星を天空の帝王とあがめたのだろう。

しかし、水田稲作で漁撈生活の倭人は夜行性ではなかったから、天皇は北極星と考えず、昼の太陽を天皇と考えたのだろう。中国の江南地方の少数民族では、太陽を女神、夜の月の妻と尊崇している。伊勢神宮の天照大神の前名はヒルメつまり昼の妻であったといわれている。持統が即位式に伊勢神宮のヤタの鏡の神器をもっていたことは、天照大神が天皇の祖先神であるという記紀神話がすでに確立していたからだろう。まだ『古事記』も『日本書紀』も記述成立していなかったけれど。

持統は行政を太政大臣の高市皇子にまかせて、三十三回も吉野の宮滝や伊勢に行幸した。吉野が道教の神仙の地だと考えられていたらしい。祖母の皇極・斉明と同じく持統もシャーマン巫女王の資質があって、神がかりになったのではないか。中国の周の武皇帝のイメージと重なって、持統天皇のカリスマ的宗教的権威は高まっただろう。持統は天の天武の治政の方針を受けついで、都城建設、律令制定、班田収授法、戸籍整備、国史編集を推進した。藤原京を建設して、飛鳥から遷都した。

持統の最大の関心事は、後継の天皇の選定であった。持統の唯一人の息子で皇太子の草壁は二十八歳で病死してしまった。姉の大田皇女と天武の子、大津皇子を無実の罪で殺害した。天武が、持統以外の女達に産ませた皇子達を天皇にする気持ちは持統には全くなかったのだ。なぜか。考えられる理由は、天武の血統がアマ大王家の直系ではなくて、傍流、分家の分家、王族とはいえ別姓ともいえるような血統だからではないか。天武の血統をできる限り薄くして、アマ大王家の直系の天智の血統を少しでも濃くしておきたいと持統は考えたのではないか。

持統が後継の天皇に選んだのは、草壁の唯一の息子、文武である。持統は天智の娘だが、草壁の妻で文武の母の元明も天智の娘であった。文武は天武の孫であるだけでなく、天智の孫でもある。祖母持統は孫文武へ皇位を継承させたかった。しかし、天武の血統への疑惑は、公然のものではなくて、持統など限られた皇族だけが感じていたことだったと思われる。祖母から孫への皇位継承には、当然、天武の皇子達から反対の声があがるだろう。天武の皇子達の兄弟の跡目争いで、また壬申の乱のような合戦が起きるのを避けるために、天武の孫文武に跡目相続をさせるのだという理屈で、天武の皇子達が納得して引きさがるだろうか。祖母から孫への皇位継承は史上前例がないのだ。持統は苦慮しただろう。

無位無官だが、神事の家職の若い男が持統に近づき進言した。天皇家の始祖の天照大神が孫に日本国統治の大権を与えて、地上に降臨させるという神話を創作する。祖母から孫の男子への皇位継承は、天照大神の孫が地上に降臨して、日本国を統治するという神話の実現である。天武の皇子達は壬申の乱を天武とともに戦った持統のカリスマ的権威を天照大神のあらわれのごとく感じているはずだから、孫の文武の皇位継承に反論しないだろう。神話は、天照大神から長男へという筋書で、すでにできていたのかもしれないが、それを天照大神から孫へと書き換えればよいだけである。持統は手を打って喜んだであろう。持統以上に喜び、かつ天孫降臨神話を創作した男に深く感謝したのは、文武天皇であったろう。

天武朝では全くの無位無官だったが、持統朝後期に任官し、文武天皇のとき、右大臣に出世して大宝律令の実質上の制定者となる功績をあげた、男の娘は文武天皇の妻となり、聖武を産んだ。男の別の娘が聖武天皇の皇后になった。文武天皇は二十五歳の若さで死ぬが、死の直前、男を太政大臣に任命すると言ったが、男は辞退した。孫の聖武天皇が即位したとき、男はすでに死んでいたが、もし生きていれば外祖父として、平安時代なら、摂政になったであろう。文武天皇即位後の男の異例の出世と政治の実権獲得、天皇家との婚姻成功は、男が持統天皇に天孫降臨神話創作を売りこみ、祖母持統から孫文武への皇位継承を成功させた功績によるものだとしか私には考えられない。そしてまた天孫降臨神話こそ、記紀神話の天皇家万世一系イデオロギーの中核であると思う。

この男は、史（フヒト）と言ったが、文武天皇即位成功時に、持統から不比等《ふひと》という名を与えられたと思う。天智天皇の内臣だった藤原鎌足の次男である。だから無位無官の若さでも持統に接近して懐刀になれたのだろう。

14、権威と権力の相互補完性

聖武の苦悩は、皇祖皇霊、天照大御神の祭事を行わなければならない天皇が東大寺の大仏建造など仏法の国教化を断行したことによる自己内分裂、矛盾、葛藤であったろう。この魂の苦悩を尊いとみた後人が、死後、天皇に聖の字をつけて、鎮魂を祈願したのだろう。聖の字から、聖徳太子を思い出す。聖徳もまた、祭神と仏法の選択に苦悩したに違いない。それゆえ記紀の執筆者達は、聖徳と死後贈って、慰霊鎮魂を祈願したのだろう。

『隋書』と『日本書紀』の記述のくい違いから、またウマヤドノトヨトミミノミコの生存中、聖徳太子の名や摂政の職名がなかった史実があったにせよ、八世紀の記紀の執筆者達が、推古天皇と聖徳太子の摂政による統治支配の政治体制を理想視したことが重要だと私は考える。『古事記』七一二年、『日本書紀』七二〇年の執筆者達の頭は藤原不比等だったと思う。天皇の祭神の権威と摂政の支配の権力の組み合わせが国家統治の政体の理想形態であると不比等は考えていたと思う。

隋が中国大陸を統一した王朝を建てると、すぐ使者を送り、その使者が帰国して報告した情報で、『魏志倭人伝』の邪馬台国の女王と男弟の組み合わせを知ったからこそ、天皇と摂政の組み合わせを思いついて、推古という名を天皇に不比等はつけたのではないだろうか。女王卑弥呼の神事と男弟の政事の組こそ、日本政治史の基本的な原型である。女王の権威と執政の権力の分離と相互補完的組み合わせの政治形態が、三世紀の邪馬台国で実現していたのだ。

合理化が進化すると同時に、非合理性も深化する、というドイツの哲学者カントの純粋理性批判の二律背反アンチノミーにもとづく新カント派のつくった定理がある。二十一世紀の情報工学の技術革新が高速化して合理化が徹底すると、七五三の宮参りや地鎮祭に神主をよんだり、パワースポットだとか迷信騒ぎがおきるなど非合理性が若者達にひろがってくる。これが、合理化と非合理化の同時進化、深化である。

無罪なのに死んだ人の怨霊が祟《たた》りをなすという御霊信仰は、社会の政治・経済構造が安定化した十世紀、平安時代中期になっていちじるしくなった事例も、この定理の一ケースである。逆に言うと、八世紀のまだ律令体制の政治経済の構造が不安定で、合理性が固定しない時代には、非合理な怨霊の祟りを恐れる非合理な感情は深まらないものだ。聖徳太子が怨霊になって、法隆寺は太子の怨霊鎮魂の寺だという梅原猛の説は、人文科学の定理からみて、絶対に成立しないのだ。ちなみに、梅原のこの説は敗戦直後の無秩序混乱が終わり、高度成長経済が一段落し、六〇年、七〇年安保反対の政治学生運動が息たえたあとの一九七〇年代初めの頃、発表され、その頃、映画や小説で「たたりじゃ」のブームがあった世相に合ったから、本が売れて世に受けいれられたのだ。

話をもとにもどそう。権威と権力の相互補完的組み合わせによる統治形態というのも、ウェーバーのいう理念型だと私は思う。文武、元明天皇の代、藤原不比等は摂政でこそなかったが、実質上の権力者であった。平安王朝の摂関体制についてはひろく知られていることだから、言うには及ぶまい。鎌倉幕府でも初代将軍頼朝の代以外は北条執権体制になり、将軍の権威と執権の権力の組になった。また、京の朝廷の権威と鎌倉の幕府の権力の組にもなっていた。

二十世紀の日本国憲法の象徴制天皇と総理内閣制もまた、権威と権力の組の一例であるといえよう。革命は臨時の特別な短期の政治形態であって、本来永続しないものだし、永続させてはいけないのだろう。独善的な独裁政治になるからだ。二十世紀ドイツのヒットラーの悪魔的政治やソ連のスターリンの粛清の惨酷さを思えばわかるだろう。

十四世紀の後醍醐天皇の建武の親政は、武家政権時代の進行の中での反動、反革命であった。天皇独裁は特別で、短命で終わった。明治維新後、薩長閥政府が現人神に天皇を祭りあげて諸外国と戦争侵略を軍部が行った時期も約七十年ぐらいで、二千年以上の日本の歴史の中では、長期間とは言えまい。権威と権力の分離と補完的組み合わせの政体を理念型と無意識に確信している日本人は、独裁的権力者を、まるで本能のように排除、暗殺してしまう。代表例は織田信長である。

十九世紀末、明治十年、西南戦争で薩摩の西郷隆盛が戦死し、長州の木戸孝允が病死し、大久保利通が有司専制といわれ、独裁的権力を掌握したとたん、大久保は暗殺された。

政権をになった聖徳太子は、「和を以て貴しとなし」と、憲法第一条で宣言したのだろう。天皇の権威と摂政の権力の分離と相互補完の関係を一語で言えば、和なのだろう。七世紀初の政治状況から言えば、大和大王家と蘇我大臣家の和でもあったろう。

そもそもヤマトに大和の漢語をあてたのも、大王アマ家の権力が、継体以後衰弱して、大連の大伴家、大臣の蘇我家などの台頭で、いわば豪族達の連合体制になってからだろう。大和は、言いかえると調和、平和であって、諸豪族間の利害を調整する政治能力を要求し、祭神の権威の名目でとりまとめるのが権力の仕事になるのだろう。実力者の蘇我馬子は黒幕としてひかえ、祭神にふさわしい女王推古の権威を上に立て、和合を重んじる摂政の聖徳太子が政権をとりまとめたのだろう。

聖徳太子は日本史上最初の政治思想家だと思うが、記紀執筆陣トップの藤原不比等の無言の聖徳太子にことよせた思想表明だったのかもしれない。無言と言ったが、和は以心伝心、暗黙の理解など、権威と権力の相互補完的なその場の雰囲気を無言、無意識を察知することが大切である。社会心理学的に言えば権威と権力の相互補完的な中心の和の無言、無意識の雰囲気づくり、権威と権力の均衡バランスづくりが、政治能力として評価されるのだ。

15、中心の無の気

無意識の性欲抑圧がヒステリー神経症の原因であると解明し、精神分析学を開拓したフロイトの個人主義的傾向に反して分離し、民族などの集団の深層の無意識を究明しようとしたユング派の心理学者、河合隼雄京大教授は『古事記』など神話の分析から「中空構造日本の深層」で、私の言う権威と権力の相互補完性の組み合わせによって、権威と権力の均衡バランスの中心が空無になる中空構造と書かれている。

ユダヤ教では、神ヤハウェは宇宙の万物、人間を創造した唯一絶対の不変、普遍、永遠の超越的な存在である。中心に不動の核があるのだ。日本の八百万《やおよろず》の神々には唯一絶対の超越神は存在せず、中心に核がなく無である。

史実である女王卑弥呼と男弟、理想化された女帝推古と摂政聖徳、そして律令制初代の女帝持統と不比等、これらの事例から抽出した理念型、権威と権力の相互補完性の組み合わせが、中心を空無とする構造だったことが日本人の思想心理の深層に決定的な影響を二十一世紀まで及ぼしていると言えよう。権威は自らの権力を無化し、権力は自らの権威を無化し、権威と権力の均衡の中心点が無になるという中空構造は理念型だから、これを現実の歴史的事例にあてはめてみよう。

アメリカとの戦争の開戦宣告の文書に署名した昭和天皇は、国際法では最高責任者として戦争犯罪を行ったことは明白であるのに、無責任、無罪であるとして、戦勝国の極東裁判に訴追されず免責された。アメリカ占領軍の三十代の女性が二週間で草案を作成したと噂されている日本国憲法の象徴天皇制によって、昭和天皇は退位の制度がないので、終身在位した。明治の大日本帝国憲法にも退位の制度がなかったから、憲法を遵守された昭和天皇は退位しなかったそうだ。

明治の憲法では、天皇は補佐役の重臣の助言に従うとされているが、重臣は当然、天皇の意向に従うのだから、最終的責任が天皇にあるのかどうかわからなくなってしまい、いわゆる無責任の体制になってしまう。このことは、政治史学の解明したことである。美濃部達吉の天皇機関説は、天皇無責任説であった。昭和天皇は無責任、無罪、つまり無かというのが、昭和天皇が崩御されたときの私の感慨であった。これが本章執筆の最初の動機であった。

権威たる天皇は、自らの権力を無にすることで、権力闘争の興亡の場外に立ち、絶えず負け馬からおりて勝ち馬に乗りかえて、権力に支配統治の正当性の承認を与え続けることで延命し続ける、歴史の連続性。

権力は自らの権威を無にしてしまうため、政治力、軍事力が衰退すると、新興の権力に倒されて、次々と興亡していく。歴史の非連続性。歴史の連続性と非連続性の構造のゆえに、日本では千数百年前の古式の神事儀礼、俗習、迷信が二十一世紀初も生き続けている一方、歴史の非連続性から、最新の技術が宇宙、情報、医薬などの分野で次々とつくられてくる。これらが不思議な現象だと、日本は諸外国から驚かれるのだ。中心が空無だという中空構造を哲学的に考えると、全てのものが死滅して無化すると同時に、全てのものが無から生成するという、無の絶対矛盾の自己統一と定義できるだろう。

河合隼雄京大教授は、中心は空無であるとして分析をやめられた。しかし、空無は空気と言い換えることができると私は思う。無は目に見えないが、目に見えない気はあるのだ。無の絶対矛盾の自己統一と言ったが、自己統一できるのは気があるからだ。外部の宇宙万物にある気(電子)と人間の内部の肉体精神にある気(電子)とが合体(気合)したとき、自己統一できる。無心無欲、無念無想、無の気合によって、底力、深層の潜在能力が発揮できるのだ。生理学では、顔の眼の下（視床下部）あたりに、渡り鳥が持っているのと同じような地磁気があるという。鳥能力、超能力である。気は物理学的には地磁気だろう。中心の無は気である。気は木から発する。光合成で酸素（空気）を木は発散している。神は、老荘の無の思想から出た漢語だから、日本に渡来しても神は無で、神体も神の教説も無で、神の姿の彫刻、絵画も無である。神社の奥の院は縄張りされた空地、聖域であるが、杉の巨木でかこまれている。日本特有の風景である。しかし、木、気は世界どこにでもあるから、日本固有とはいえない。

二千年以上、日本人が大切に守ってきた霊気だと思うが、中心の無の気は海を渡って列島に住みついた原始古代の日本人の思想感情の深層の遺伝子になって、二十一世紀初まで生き続けていると私は考える。

16、皇太子・摂政・聖徳の歴史の創作

祖母持統天皇から孫文武への皇位継承を、祖母天照大神から天孫ニニギへの日本統治権の授与という万世一系神話イデオロギーの中核である天孫降臨神話によって正当化しようとしたが、太陽の神の孫が地上に降りて来るという神話は現実離れしていて、七世紀末とはいえ、天武天皇の皇子達王族の反論を封じる威力に欠けるという不安を持統や史（フヒト）は感じ

ただろう。

天照大神の子で、孫ニニギの父は誰か全く知られていないが、持統の子で孫文武の父草壁も異母兄弟の漢詩文にすぐれ、万葉歌人として有名な大津皇子にくらべると、あまりに存在感が薄い。持統から草壁、そして文武への直系相続の皇位継承を押し通すためには、草壁の存在感、権威を高める必要があると史（フヒト）は考えたのだろう。草壁は、律令天皇制の初代の皇太子であった。草壁皇太子には、何の政治的実績はなかった。それならば、皇太子を天皇に対して、単なる後継者以上の権威を持った職としてつくりあげればよい。天孫降臨の神話を創作したのは藤原史（フヒト）だと思うが、アイデアマンはそう多くはいないから、皇太子神聖視の歴史を創作したのもやはり藤原史（フヒト）だと私は思う。史（フヒト）が目をつけたのが推古天皇の皇太子聖徳である。

前述したように、推古は大王（オオキミ）であって、律令制天皇ではないから、聖徳も律令制皇太子ではなく、摂政でもなかっただろう。女王推古のときに政治の実権を握っていたのは、大臣（オオオミ）の蘇我馬子であったろう。十七条憲法など政治的実績は蘇我馬子の実行であったと思う。

入鹿暗殺、蘇我本宗家滅亡によって、馬子から十七条憲法などの実績を奪い取って、聖徳太子の功績に変更してしまったのだと思う。皇太子は天皇のかわりに摂政として十七条憲法を定め、聖徳と最高の儒教からも道教からも賞讃される人格者なのだという虚像イメージを創作したのだ。

十七条憲法の種になるものは蘇我馬子政権下で作られたのかもしれないが、十七条憲法の文言は、持統、文武天皇のとき、大宝律令制定の後に創作されたというのが、二十一世紀学者の通説である。十七条憲法の官吏の服務規定は、文武天皇時代の大宝律令に準拠しているそうだ。私は目が悪いので、ここでいちいち引用できないが。二条の三宝、つまり仏法僧をうやまえという命令も、蘇我馬子と聖徳太子が仏教信者であったにせよ、朝廷の官吏達に命令できる状況に七世紀初めまだなっていなかったようである。

文武の子の聖武天皇のときに、東大寺大仏が創建され、全国に国分寺、尼寺が建てられた史実を考えれば、二条の文言は、文武天皇時代に命令されたと考えるのが適切だろう。

十七条憲法一条の「和を以て貴しとなす」の文言の解釈も推古大王、蘇我大臣の政権の状況からではなくて、持統、文武天皇時代というよりも、草壁皇太子の権威づけの目的のために作文されたという観点から解釈されるべきだと考える。

十九世紀の大日本帝国憲法でも、二十世紀のアメリカ占領軍に押しつけられた日本国憲法でも、一条は神聖不可侵の天皇、象徴の天皇と天皇の政治的規定になっている。十七条憲法も一条は天皇の規定であったに違いない。だから、憲法の漢語を十九世紀でも二十世紀でも採用したのだろう。和をヤワラギなどという心構えなどとする通説の解釈は全くナンセンスである。和は政治的意味として解釈しなければならない。

和は大和を想起させる。大和は、ヤマトの大豪族、大王（オオキミ）、大臣（オオオミ）、大連（オオムラジ）などの和合の連合政権を意味していた。だが、この伝統的支配体制は、乙巳の変、壬申の乱によって破壊された。だから、大和は採用されなかった。しかし、和と書いたとき、無意識に伝統的支配体制の復活を感じていたのではないか。言いかえると、天武天皇の独裁政治という壬申の乱後の革命を否認と感じたのは、私だけだろうか。カリスマ革命にせよ、易姓革命にせよ、天皇と独裁政治は臨時、特別、短期の異常事なのだ。

天武の死後、持統は天皇に即位してから高市皇子を太政大臣に任命して、行政を行わせた。有名無実だったかもしれないが、草壁は皇太子になった。天皇、皇太子、太政大臣の和合によって、持統の政権は運営されていたと言える。推古天皇のときは、天皇と皇太子聖徳の和によって政権が運営されて、憲法がつくられたという歴史が創作されたのだ。和は天皇独裁政権の否認であり、天皇の権威と摂政の権力の和、相互補完の組み合わせによる政権体制を意味していると私は解釈する。草壁皇太子が聖徳太子のような摂政であったわけではないが、皇太子は摂政として、天皇とともに政権をになっているというイメージ印象を七世紀末、八世紀初の王族、官人達にうえつけることができると藤原史は考えたのではないか。

皇太子の権威づけとしては、七世紀末の現代史として、天智天皇が、孝徳、斉明天皇のとき、また斉明死後も、また長く皇太子として政治の実権を握っていたと『日本書紀』は記述した。

太政大臣の高市皇子が死んだあと、まだ『古事記』『日本書紀』は広く読まれていなかったにせよ、その内容は藤原史などの根回しによって、天武の皇子達には知らされていただろう。皇子達の反論を封じこめたうえで、持統は退位して上皇になり、孫の文武が天皇に即位できた。史（フヒト）に不比等、つまり等しく比べられ不という抜群の才能を賞讃した名前を持統が与えたのもうなずける。

持統が建造した都を藤原京というが、藤原不比等と無関係とは思えない。藤原の氏名は不比等とその子孫に限定され、中臣氏と切り離される勅命が文武天皇のときに出された。不比等の父鎌足は天智の懐刀として、最高位の大織冠を与えられた。持統、文武天皇時代、不比等が右大臣に昇進して実権を掌握していくと、天智のときの勢力が復活してきた。

敗死した大友には弘文天皇の名が贈られた。大友の子の葛野王は式部卿に任命された。文武が二十五歳で死んだあと、皇位は驚いたことに、文武の母の元明が継いだ。子から母への皇位継承を正当化したのは、藤原不比等が不改の常典が天智天皇に定められていたという説であった。このことは上山春平京大教授の『神々の体系』にくわしく述べられている。私達が「埋もれた巨像」藤原不比等の存在を知ったのは、上山教授の著書によってであった。

17、血統信仰

二十一世紀でも競馬で一番重視するのは、血統である。駄馬の雄は去勢断種される。雄の種馬の血統を重視する馬の文化は男尊、つまり男系血統の尊重になる。儒教は男系血統の先祖崇拝である。男尊女卑はユダヤ教でもイスラム教でも仏教でも同じである。しかし、道教は女尊であった。

アマ大王家達の先祖は、女尊の道教と男系血統の先祖崇拝とを混成していたと思う。女の大王は道教の無為自然のシャーマン的呪術力で、男の大臣は儒教の有能な行政力で、一組になって、相互補完的に支配統治にあたったのだと思う。この原型が邪馬台国の女王卑弥呼と、男弟であったのだろう。

推古女王と蘇我馬子大臣、皇極女王と執政入鹿、斉明女王と中大兄皇子、持統女帝と高市太政大臣などがこの型である。アマ大王家の血統は持続したが、蘇我本宗家は滅亡した。高市皇子の子の長屋王も暗殺され滅亡した。宗教的権威の天皇家は万世一系で血流は永続するけれど、政治的権力の執権家は、有能であれば存続できるが、無能であれば敗者として滅亡していくことがわかる。とはいえ、血統信仰は二十一世紀になっても根強い。

アホ太郎と言われた麻生太郎元総理大臣の血統はこうである。明治の元勲大久保利通、その次男伯爵牧野伸顕、その娘婿総理大臣吉田茂、その娘婿衆議院議員、その長男総理大臣麻生太郎。主権在民の二十一世紀、アホ太郎の自民党は総選挙で敗北した。かわって政権を取った民主党の鳩山由紀夫の血統はこうである。衆院議長鳩山和夫、その長男総理大臣一郎、その長男外務大臣威一郎、その長男総理大臣由紀夫。

八世紀初めはもっと血統信仰は濃厚であったろう。子の文武天皇から母の元明天皇への皇位継承は通例の逆だから、皇族達は納得できなかったのではないか。それで藤原不比等は、天智天皇が定めた不改の常典を持ち出して、元明は天智の娘であるという血統を言い立てたのだろう。推古、皇極、斉明、持統は、皇后から天皇になったが、元明は草壁皇太子の妻で、皇后ではなかった。天智の娘という血統で、元明は皇位継承できたのだろう。天武から文武への血統が天智から持統、そして元明への血統にすり替えられたことは何を意味するのだろうか。天皇家の万世一系神話イデオロギーで隠されている秘事をあぶり出そう。

祖母持統から孫文武への皇位継承を正当化するために、祖母天照大神から天孫ニニギへの統治権授与の神話を創作したと考えた。祖母持統は、祖母天照大神ということになる。持統が天照だとすれば、天照の弟で夫になった須佐之男は天武ということになる。須佐之男は海神で、天武は大海人であった。天照の父はイザナギで、持統の父は天智である。須佐之男は乱暴をしたので、高天原から追放された。カリスマ革命いや易姓革命を行った天武にこそ、天命開別尊の死後の贈り名がふさわしいのに、臣下の姓の真人を天武の死後の名につけた。イザナギは国生みの始祖神であった。大化の改新後の律令体制の開祖は天智なのだ。

天武の革命政治の否認、皇后持統の裏切りである。記紀神話の、たとえば、イザナギが死んだ妻イザナミの腐敗した姿を見て恐れて逃げ出したことや、左の眼からアマテラスを産んだことなど、記述が道教の経典からとられていることは、福永光司先生の考証にくわしい。

平成二十五年（二〇一三）、ＮＨＫ総合テレビで、『古事記』は道教の経典によって書かれているという放送がなされたそうだ。

易姓革命の否認といえば、大王家には、『隋書』によれば阿毎《あま》の姓があったのに、天皇家には姓がないこと、天皇家の始祖神がアマ・テラスであることは無関係ではないだろう。持統天皇までは死後の贈り名にアマがあるが、文武天皇のそれにはアマはない。大宝律令を発布した文武の代から、律令制天皇家になったので無姓になったのだ。しかし、無姓を決めたのは持統だろう。姓が無であれば、易姓革命、例えば曹姓の魏から司馬姓の晋へ王朝が替わったことなど起こりえないと考えたのだろう。天皇家の無姓化は、万世一系皇位継承の永続を願ったからだろう。『古事記』『日本書紀』の最終的な内容決定者は、持統であったと思う。持統の血統の維持の真意は、天智の血統の持続であって、天武のそれではなかったのだ。これが隠された、私以外の誰も言わなかった秘事だ。持統の真意を察知したから藤原不比等は天智の定めた不改の常典を言いたてて、元明の天皇即位を行ったのだろう。

祖母元明から孫聖武へ皇位継承できれば、祖母持統から孫文武への皇位継承の前例があったから、何の問題も生じなかったのに、元明は娘の元正に皇位を継承させたのだった。元正は天智と天武の孫だが、天皇の孫など何人もいたから、元正の天皇即位はキングメーカー藤原不比等のすご腕の政治力の力わざであったろう。

大宝、養老の律令を作り、律令制官僚機構のトップに立って行政の実権を握り、平城京へ遷都した藤原不比等は、幼い聖武天皇が即位する前に死んでしまった。生きていれば天皇の外祖父として、摂政になれたのではないか。不比等の娘宮子が文武天皇の妻となり、産んだ長男が聖武天皇になり、不比等の娘光明子が聖武の皇后になった。天皇家と藤原家は表裏一体の血族となる婚姻関係をこれ以後、永続していく。

血統信仰の濃厚だった八世紀、不比等の血統が天皇家に入っていったのに反論が出なかった。不比等が天智の御落胤だという噂があったにせよ、不比等の圧倒的な政治能力だけでは、反論を封じこめることは難しかったのではないだろうか。

これは私の全くの空想話である。持統の即位のとき、鏡と剣の二種の神器はあったと『日本書紀』にはあるが、玉の神話はなかった。平安末期の『讃岐典侍日記《さぬきのすけにっき》』の著者は『蜻蛉日記』の作者右大将藤原道綱母の子孫藤原長子だが、堀河天皇が神器の曲玉を痛む胸におし当てたという記述がある。マガ玉は天皇が身辺離さず持っていたもので、映画テレビドラマの水戸黄門の印籠のような物らしい。印鑑（ハンコ）のように使ったのではないか。若い無位無官無名の藤原史（フヒト）は天智の懐刀だった鎌足の子として天智の娘の持統に会見できたとき、天智の持っていたマガ玉を献上したのではないだろうか。

鎌足の妻として天智が与えた安見児がみごもっていた子は天智の実子だという証拠として、天智は自分の持っていたマガ玉を安見児、鎌足に与えた。それを安見児、鎌足から受け取った史（フヒト）が持統にさし出した。このマガ玉が三種の神器の一つになった。だから、藤原不比等の血統は天皇家の血統と一体化し、万世一系永続したのだというのが、私の空想だ。平城京には、藤原の氏神の春日大社、氏寺の興福寺があるが、天皇家の神宮はない。神宮ではなく、東大寺大仏を聖武天皇は建立した。

18、無の神道・空の仏教

日本の記紀、神話は、中国の道教の経典からいろいろな記述を抜き出し借用して、作成したものだという説は二十一世紀になって、福永光司先生達の尽力によって認められだしたが、五十年前、私の高校生のときには、全く道教についての言及はなかった。しかし、日本の神道が、完全に中国の道教の衣替えしたものかといえば、そうではないと思う。日本人特有の遺伝子があるという研究レポートがある。日本特有の神観念がある。前にも述べたが、道教では八百万の神々の絵や彫像がある、開祖老子の姿絵がある。しかし、日本の八百万の神々には、絵も彫像もなく、神の宿った神体、神器はあっても、神は無である。神の教義も無である。天照大神の姿絵も彫像も教義もないのだ。

聖武の娘の孝謙・称徳天皇が愛人の僧道鏡を法王にしたくて、九州の宇佐の神功皇后、応神天皇を祭った八幡神宮に使者をやって、神託をうかがって否認された。この神託はきわめて珍しい例外で、他の神々は全て沈黙している。八幡大神は武神だが、兵法について何も語らない。無口である。無神ではなく、神は無なのだ。道教と無の思想の老子、荘子は厳密には違っているようで、儒教の開祖である孔子に対抗するために、道教は老子を開祖にもちあげたのだ。道教の経典として、『荘子』はまったく重んじられていない。

二十一世紀、インドの仏陀ゴーダマ・シッタルダの生誕地には全く仏陀の遺跡はないそうだ。八世紀頃にインドでは仏教が勢力を失い十三世紀ごろ消滅してしまったらしい。儒教も中国より、朝鮮でより純粋化されて定着した。同じように、中国江南地方で発生した老荘の無の思想も日本の神道により純化して定着したのではないかと私は考える。中国人は現実的欲望むきだしで、非現実的形而上的観念を好まない。いや、日本の庶民も同じか。中国人、日本人の別ではなく、知識人は無思想を受容したのだ。仏教の中核思想は、龍樹のとなえた空（クウ）である。

『般若心経』で有名な語句「色即是空、空即是色」である。仏教にはいろいろな宗派があるが、空の思想は基本として全ての宗派が認めていると思う。有と無は対立概念で矛盾排中律だが、空（クウ）は無でもあり、有でもある。空は目に見えるものはないが、目に見えないものが有るのだ。空（クウ）には酸素などが有るが、目には見えない。西洋の論理学の用語でいえば、色は現象で空は本質になるのだろうか。

空の本質論をもった仏教は、その現象として仏陀や阿弥陀などの姿絵、彫像を作った。ユダヤ教、イスラム教の唯一絶対超越的創造主たる神ヤハウェ、アラーは、人間ではないから、姿絵、彫像など偶像を作らず、それらの崇拝を禁じた。キリスト教では、イエス、マリアは人間だから姿絵彫像を作った。

中国の儒教、道教には、仏教の空の本質論がなく、現象論だけであったから、特に道教は仏教の経典を漢文訳するときに道教の用語、例えば自然や浄土などを用いたことで仏教と混合していた。だから道教では神々の絵や彫像が作られたのだ。道教の建物の道観も仏教の寺に対抗して建てられたのだろう。

仏教は支配統治者たる王にとって、人民を支配するのに有利であった。輪廻転生説を利用して、王は仏陀の生まれ変わりだと宣伝すれば、仏教信者は王の支配に喜んで服従するはずだ。聖徳太子は、有名な中国の高僧の生まれ変わりだという伝説がある。

仏陀の姿絵や彫像を庶民は崇拝する。特に黄金の仏像を国王は庶民支配に利用した。インドのアショカ王やカニシカ王の時代、仏教が国教になった。百済の聖明王が倭国王に黄金の仏像を与えたのも、宗教、信仰というより、人民支配の道具としてだったろう。仏教の殺生禁止の戒律は、殺人を予防できるし、社会の治安維持には有利な教えであった。

世間は虚仮《こけ》だと聖徳太子が言ったのは、空（クウ）論を理解していたからだろう。太子の子の山背大兄は『日本書紀』で、入鹿の軍勢に攻められたとき、一度は館を抜け出したのに、戻って討ち死にしたが、そのとき「東国に逃げて兵をあげれば勝てると思うが、戦えば多くの人々の命を失わせることになる。戦わずに私一人死ねば、多くの人々の命が助かる」と言ったそうだ。飢えた虎の命を救うために、自分の肉体を虎に食べさせたという高僧の逸話に通じる自己犠牲、無抵抗である。

藤原不比等の死後、聖武天皇の重臣になった不比等の子四兄弟が相ついで疫病で死んだ。光明皇后たちは、法隆寺に多額の寄付をした。寺の資材帳に、そのことが記述されていた。聖徳太子の法力で疫病を根絶して人々を救済してほしいと願って皇后は寺に寄付した、と考えるのが正当だろう。それなのに、疫病は山背大兄の惨殺を恨んだ聖徳太子の怨霊がひきおこしたものだから、怨霊の鎮魂を願って、皇后は寺に寄付したのだという非常識な、真理に反する珍説を、一九七〇年代、梅原猛は『隠された十字架　法隆寺論』で述べた。聖徳太子の怨霊による仏教が日本化したとも梅原猛は書いた。怨霊鎮魂は、日本特有の神事ではなくて、中国江南地方、道教のふるさとで紀元前の呉の伍子胥《ごししょ》の怨霊の例があった。蜀漢の関羽も怨霊となったので、今は鎮魂のための関帝廟を建てたことは前に述べた。

仏教では、輪廻転生説で、死体は霊魂の抜け殻だから、無意味だから焼却してしまう。葬式は、中国では儒教が孔子の時代とり行っていたが、浄土へ解脱して往生できるように僧が死霊に引導をわたすことを葬儀で行ったので、仏教の専売特許のようになった。

神道には現象論だけで本質論が全くなかったから、仏教が日本へ入って来ると、神道は仏教に敗北して、仏教の本質論の下におかれた。神仏習合というが、実態は神社の境内に寺が建てられた。神宮寺というが、仏教に神道は占領されたようなものだ。この逆はなかった。平城京には、天皇家の神宮はなく、仏教の東大寺大仏が天皇家によって建立されたのだ。仏教の空と神道の無は空無と一つになった。空なる神は目に見えない無だが、感知できる霊気としてあるのだ。

19、東アジアの平和と文化の成熟

唐王朝の治世によって、東アジア世界に平和が維持されて、中国、朝鮮、日本で文化が成熟した。唐の皇帝は李姓であったので、同姓の老子を先祖として崇拝したので、老子を開祖とした道教が、皇室に受け入れられ、特に玄宗皇帝の代に隆盛となった。

玄宗と楊貴妃の愛を作詩した白居易の『長恨歌』には、道士の活躍が語られている。日本の斉明、天武、持統天皇が道教を受け入れたことは前述した。儒教を官僚登用試験科挙の課目にしたので、上、中流官吏は儒教を道徳とした。

日本でも聖武天皇の代に、科挙を行った。地方豪族出身の吉備真備が唐に長期留学して、帰国後、出世して右大臣になった。しかし、日本では律令官僚が藤原氏を筆頭に貴族になったので、科挙は聖武天皇以後行われなくなり、儒教も普及せず、『論語』などを学ぶ儒学は、菅原、大江など特別の家柄でしか行われなかった。

仏教の禅宗の開祖達磨《だるま》は伝説ではインド人とされているが、実在は疑問視されている。中国で生まれた仏教だと禅宗は認定されている。浄土教もインドのサンスクリット語の経典を漢文訳するとき、老荘思想の漢語を多く採用したので、中国特有の仏教といえるようになったようである。

日本と違って中国では仏教の諸宗派が普及せず、禅宗と浄土教とが一体化して、禅僧が「ナムアミダ」と浄土教の題目をとなえるようになった。遣唐使が停止されたあとも、日本人の僧達は多く中国に留学したが、浄土教、禅宗を日本にもち帰った。

朝鮮でも新羅の王権の下で、仏教が隆盛となった。しかし、その後の高麗、朝鮮の王朝時代には、仏教は根絶され、儒教、特に朱子学一辺倒になった。日本では、唐風文化は嵯峨天皇の代に隆盛したが、やがて国風文化に変わったのに、朝鮮では中国文化、儒学、漢詩への心酔がはなはだしく、中国以上に小中華思想となり、漢文尊重のため、朝鮮民族の文字が発達せず、日本の『万葉集』『古今集』などのような民族の詩歌集が古代に作成できなかった。

陶磁器、生糸、絹織物、紙と古代の中国人が発明した商品が、西アジアやヨーロッパにシルクロードを通って販売され、ゾロアスター教やキリスト教も中国にもたらされ、長安は世界の都となった。長安を模倣して、日本でも平城京、平安京が建設された。

藤原良房が摂政、基経が関白となって、藤原摂関体制が確立し、天皇は政治権力を失い、宗教的権威となっていった。

天皇の権威と摂政関白の権力の分離併存の相互補完の体制は、中世の武家革命によって幕府と朝廷の権力と権威の分離、併存の相互補完体制となった。そしてまた、幕府でも将軍と執権、管領、老中などの権威と権力の分離、併存をはじめた。権威と権力の分離、併存の相互補完の体制は、近代の維新以後の立憲天皇制、戦後の象徴天皇制の内閣制度にも引きつがれて、日本政治史の伝統となっている。

私は、天皇制が老荘思想、道教の影響を受けて成立したので、天皇制には無為自然、言いかえると自己の権力の無化による権威の獲得といった深層心理的メカニズムが作用したのではないかと考える。

権威は、自己権力を限りなく無化し、反対に権力は自己権威を限りなく無化し、権威と権力の相互補完体制の中心が空無化する構造になったのだと考える。そのため、権威権力の中心の空気によって左右に揺れ動く傾向が不可避となるのである。これが日本の政治の歴史の社会心理学的特色だと私は考える。

ところで道教の日本への流入、普及については福永光司先生の研究で、私は初めて知った次第である。特に平安時代に盛んに行われた陰陽道を福永先生は道教であると断定されている。陰陽道が道教ではないという学説もあるが、陰陽道が日本の土着思想ではなく、中国から伝来した思想であることは明白である。平安文学作品にえがかれている方違えなどの風俗迷信は、陰陽道つまり中国の土着思想なのだ。無実の罪で流され死んだ菅原道真の怨霊タタリ神を慰撫するために天神として祭った御霊信仰を日本土着の神道と従来説明されていたが、前述したように、呉の伍子胥《ごししょ》の怨霊や、蜀の関羽の霊を帝廟に祭る中国の道教の習俗なのだ。

中国の老荘思想の影響をこれまでの国史国学はあまりに無視しすぎていたと思う。『古事記』

『日本書紀』の神話の記述や神道の著作に老荘思想、道教からの借り物が、多数あるのに、律令政府や神道家は知らんぷりをして、日本土着の独自思想のように思わせて国民をだましていたのである。

日本民族にとって重大事だったのは、九世紀、かな文字をつくったことであった。『万葉集』の仮名は、まだ漢字の借用であったが、『古今集』以後の歌集はかな文字で書かれた。

朝鮮と比較すれば、かな文字の作歌がどれだけ決定的に重大であったかわかる。朝鮮では十三世紀に国王の命令でハングルが作られたが、民衆にまで普及せず、朝鮮の官吏、知識人は二十世紀に入るまで漢文で読み書きしていたのだ。

かな文字で書かれた『土佐日記』は、紀貫之と作者がわかっているが、この作品以外、平安時代の文学作品で作者名がはっきり確定されている例は皆無である。『讃岐典侍日記《さぬきのすけにっき》』は例外で、藤原長子と作者は確定している。長子はあの道綱母の子孫である。道綱母も菅原孝標女も本名は不明である。清少納言、紫式部は女房の通称で、本名ではない。紫式部は通称ですらなく、読解のための便宜的な名でしかない。『大鏡』などの歴史物語、『平家物語』などの軍記でも、作者名は不明である。いや、無名であると言うべきかもしれない。『蜻蛉日記』など女性の日記では登場人物の名前が全く書かれていない。『源氏物語』には二、三、登場人物の名前が書かれているが、あれは男性が筆写したとき書きこんだのではないか、と私は推定している。

作者も登場人物も無名である。この事実は何を意味するのか。これまで国文学では十分に検討されていなかったようである。

儒教は名教という説がある。中国では、文学作品で作者として名をあげることが、最も名誉とされている。『史記』の司馬遷の名は二十一世紀になった今も不朽である。しかし、日本では平安時代の文学作品の作者名は不明で、皆、無名作家であるから、儒教の影響はなかったと言える。

道綱母と孝標女は近い親類で、紫式部はやや遠い親類だと確定しているが、文学作品の作者になったと考えられる皇族、上、中流の貴族とその家族、僧侶など、狭い平安京の社会で、千人ぐらいもいなかったと考えられるから、作者名は皆わかっていたのではないか。にもかかわらず、あえて作者は無名とし、登場人物達も皆無名としていたのだとすれば、無の思想、老子、荘子の影響を考えるほかない。

『源氏物語』は、唐の詩人、白居易の『長恨歌』の影響を受けていることは有名である。『長恨歌』には前述したように、道教、老子の思想が濃厚に浸透している。道教だけでなく、仏教の影響も『源氏物語』特に宇治十帖には著しい。東アジアの文化の成熟のなかで、『源氏物語』は創作されたと言えよう。

光源氏の正妻の葵の上のお産に、光源氏の愛人、六条御息所の生霊、物の怪があらわれ、その後、覚醒した六条御息所が、物の怪調伏のためにたかれた護摩の臭いを感じる場面の描写の迫真力には、評論家が絶讃しているが、私も被害者だけでなく加害者も同時に物の怪の幻視、幻臭を感じることに紫式部の、独創性を認める。

中国では、唐のあと宋がおこったが、北方の異民族ツングースの金、モンゴルの元に圧迫され亡国し、古代文化が滅んだ。朝鮮では新羅が亡国した。日本でも武家革命によって鎌倉幕府が樹立して、古代文化は終わった。

『平家物語』の冒頭の一節で、諸行無常は、祇園精舎の鐘と関連されられたので、仏教思想と断定され、二十一世紀の今日まで誰も無の思想と関連づけて論じていない。しかし、インドのサンスクリット語の経典を中国で漢文訳するとき、老荘思想の漢語を採用したことは、今日学界でひろく認められている。無常は、仏教の空と老荘の無の思想の混成であると考えるべきだろう。

清盛を筆頭とする平家一門の急激な隆盛と没落を見て、盛者必衰の理《ことわり》を認識して、無常を感じた事実は、仏教より、むしろ中国で漢が滅び、晋以後、数百年間に五胡十六国、南北六朝の興亡の歴史的事実を見て、老荘思想、仏教が普及、流行したことの日本版だったと言えよう。

これまで老荘の無の思想の日本古代文化への影響が無視されてきたのは、神道や陰陽道を道教とは関係ないと誤解してきたからであろう。また道教の不老不死、長生の生への執着が仏教の生への諦観、死後の世界、極楽浄土の観念と相反すると考えられたからだろう。しかし、道教の開祖とされた老子は、さておいて『荘子』の思想では生と死は等価で無差別である。無常の思想には、仏教の空と『荘子』の無が混成していると私は考える。『方丈記』の冒頭の川の流れの無常観は、上から下へ流れる水の理法を説く『老子』の影響を仏教思想以上に受けていると私は考える。

中世、鎌倉時代以後、東アジアの文化圏の中で、日本独特の文化が開始したと考える。それを最も端的に示すのは、和漢混淆文、今日まで続く、漢字かな文字まじりの文体、表音文字と表意文字という原理の異なる二つの文字の組み合わせ、今日的に言えば、ハイブリッドの創造こそ、日本化、いや、二本化であると思う。

十九世紀の明治政府による皇国史観、万世一系天皇制神話イデオロギーによって、中世の武家革命封建制度、漢字仮名まじり文体、無常の思想文学は軽視されてきたが、それは誤りである。日本文化の独創性は、中世の武家革命以後に開始されたのだと私は考える。権威と権力の分離、併存、相互補完体制の中心空無の構造。無常の思想、漢字仮名まじりの文体こそ、日本文化の伝統である。

終章　明日への課題

親鸞は、自ら僧でも俗でもない、と言い、信者を同朋、寺を道場とよんだ。親鸞を開祖とする浄土真宗は仏教ではない、という説が有力である。そもそも仏陀、ゴーダマ・シッタルダには、大衆救済の教えはない。だから、法蔵が開悟、解脱して、阿弥陀になって極楽往生して大衆救済の本願をたてた。

ローマで異端とされて東方へ転進したキリスト教の救世主キリストの思想の影響を受けて、浄土教三経典は創作されたのではないかと、私は仮説をたてている。前述したように浄土教の経典の漢訳には、老荘の無の思想の漢語が多数採用されている。森三樹三郎先生は、親鸞は『荘子』を読んだこともなかったろうが、無意識、無自覚のうちに、親鸞の思想に『荘子』の無の思想が血肉化していると言われる。また親鸞の信心は、キリスト教プロテスタントの宗教改革者、ドイツのルッターの信仰と酷似しているという説もある。

紀元前四世紀の中国の荘子、十三世紀の日本の親鸞、十六世紀のドイツのルッター、これら三者の思想に共通性があるのならば、それこそ、時空の壁を突破した不変、普遍、永遠の真実なのではないか。和漢洋の時空の壁を突破ブレイク・スルーした真実の思想こそ、知の放浪者たる私が探し求めてきたものである。

孤立無援、無頼漢、六十九の老爺の私の肉体の一部は左眼失明と死んでいる。日ごとに体内の細胞が死んでいき、新しい細胞は生まれてこない。遅いか、早いか、長いか短いか、わからないが、決定している死、生の最後のときまで、与えられた不完全な肉体、才能、音痴、弱視、京大文学部二百人中百九十五番合格の限界まで不変、普遍、永遠の真実の思想の言葉を探究していくことが、明日への課題だと思う。「誰もついていかない」と、妻は言った。誰もついてこなくてもよい。妻と別れた。たった一人ぼっちで放浪して生きていくのが、虚無を肯定した無の思想を探究する自己を肯定した私の、主体的実存である。

おわりに

五十七歳の春、アルコール性急性肝炎になり、自律神経失調症、非常に軽い脳梗塞になり、六十歳をすぎて左眼失明、右眼弱視になって、大活字本も読めなくなった。

眼を七、八センチほどまで用紙に近づければ字は書けるのだが、視野が所々欠落しているので自分で書いた文章が読みとれない。

右眼失明の不安と恐怖で読書ができなくなった。平成二十四年（二〇一二）春、病気になっても恨まず、与えられた苦難に耐えることで、神の恩恵を知って信仰を深めるといったような意味の、ユダヤ教の苦難の「神義論」を学生時代、ウェーバーの『古代ユダヤ教』で読んだことを思い出した。『旧約聖書』の「ヨブ記」を読みたいと思ったが、持っている聖書の字は小さくて見えない。歩いて一時間で行ける教会に行って聞いたが、視覚障害者のための聖書の録音はないといわれた。有志の信者が「ヨブ記」を朗読して録音してくれるかと期待したが、誰も申し出はなかった。

そういえば、図書館に音楽や落語などの録音カセットがあったのを思い出した。東大和市中央図書館に行ってたずねたら、録音図書があった。

第八章の「革命と伝統の弁証法」は、左眼失明の前に書いたものだが、それ以外は、録音図書を聞きながら、一年間かけて書いた。一日二時間ほど書くと頭痛がして、原稿用紙五枚が限度だった。肉体才能の限界をいやというほど知らされた。録音図書で一番困ったのは漢字である。六十九歳、もう記憶力がガタガタなのだ。

また作文で困ったのは、引用や年数の表記が厄介で出来なかったことだ。「革命と伝統の弁証法」の文章と比べてみると、視覚障害者の文章の粗雑さは明らかだろう。

国会図書館をはじめ全国各地の図書館、ライトハウスの視覚障害者支援の録音図書の助けなくしては、本書は出来なかった。東大和市中央図書館の全ての職員の皆様に、片端からいろいろ質問して、パソコンで調べてもらって、助けてもらった。特に朗読図書のボランティアの音訳グループには、はげまし、激励していただいた。皆様に深い感謝と御礼を申しあげます。

飯澤　喜士朗

著者プロフィール

飯澤 喜士朗（いいさわ きしお）

1944年（昭和19）、東京に生まれる。

戸山小学校、西戸山中学校、新宿高等学校卒業。

1968年（昭和43）、京都大学文学部哲学科卒業。

全共闘運動に参加し、文学部教授会団交で、議長として、作家で助教授の高橋和巳を批判した。後に連合赤軍によって総括虐殺された山田孝と共に京都反戦青年委員会を指導した。ブントの内ゲバに失望して、活動をやめた。

一橋学院、早稲田予備校、代々木ゼミナールの講師を歴任。

著書に『何故、日本が唯一、非欧米諸国の中で主要先進国になれたのか？ 梟雄・北条時政』がある。

不思議な迷い人 無の遺伝子、神、天皇

2014年5月15日 初版第1刷発行

著 者 飯澤 喜士朗
発行者 瓜谷 綱延
発行所 株式会社文芸社
〒160-0022 東京都新宿区新宿1－10－1
電話 03-5369-3060（編集）
03-5369-2299（販売）

印刷所 株式会社エーヴィスシステムズ

©Kishio Iisawa 2014 Printed in Japan
乱丁本・落丁本はお手数ですが小社販売部宛にお送りください。
送料小社負担にてお取り替えいたします。
ISBN978-4-286-14883-0